高等院校艺术设计教育专业教材

GAODENGYUANXIAOYISHU
SHEJIJIAOYUZHUANYEJIAOCAI

许劭艺 编著

U0668895

设计艺术心理学

>GAODENGYUANXIAOYISHUSHEJIJIAOYU
 ZHUANYEJIAOCAI

SHEJI YISHU XINLIXUE

GAODENGYUANXIAOYISHU
SHEJIJIAOYUZHUANYEJIAOCAI

中南大学出版社
www.csupress.com.cn

图书在版编目(CIP)数据

设计艺术心理学／许劭艺编著．—长沙：中南大
学出版社，2020.9

ISBN 978 - 7 - 5487 - 4140 - 4

Ⅰ.①设… Ⅱ.①许… Ⅲ.①设计－艺术心理学－高
等学校－教材 Ⅳ.①J06 - 05

中国版本图书馆 CIP 数据核字(2020)第 157409 号

设计艺术心理学
SHEJI YISHU XINLIXUE

许劭艺 编著

□责任编辑	陈应征	
□责任印制	易红卫	
□出版发行	中南大学出版社	
	社址：长沙市麓山南路	邮编：410083
	发行科电话：0731 - 88876770	传真：0731 - 88710482
□印　　装	湖南鑫成印刷有限公司	

□开　　本	889 mm×1194 mm 1/16 □印张 14.75 □字数 389 千字 □插页 2	
□版　　次	2020 年 9 月第 1 版 □2020 年 9 月第 1 次印刷	
□书　　号	ISBN 978 - 7 - 5487 - 4140 - 4	
□定　　价	48.98 元	

前 言

　　中国设计经过三十多年的发展，已有更多的人认识到设计，接受了设计，也更需要设计。设计不是美术绘画，不仅仅是表现自我情绪，而更重要的是为满足人们物质和精神的需要。人们通过设计来改造世界，改善环境，规划生活方式，提高人类生活质量，达到人与自然、人与社会的和谐。

　　"设计改变生活，设计创造和谐"是现代设计活动的主题目标。这要求设计师不仅要熟知购买者与使用者的心理，观察分析社会文化现象，而且要重视自己的职业心理和个性素质，不断加强创造性思维的培养和训练，完善设计心理，提高设计质量，养成设计职业自觉。

　　本教材在普通心理学的基本知识上，分析了视觉心理规律、消费心理规律、审美心理规律与设计艺术的关系和作用；同时还揭示了艺术设计师在创作过程中自身的一般创造心理活动规律，总结了设计艺术专业创造性思维能力的培养方法和模式，从而使读者能够掌握设计艺术心理原理，并通过设计来引导、满足消费者的心理需要。

　　本书以全新的体例比较综合地对设计艺术领域的心理现象与规律进行了有益的探索。它既能作为高等院校平面设计、产品设计、环境艺术设计、广告设计、工业设计、包装设计、品牌设计、服装设计、动漫画设计等相关设计艺术专业教材，也可供从事艺术设计的专业人员以及开发使用设计成果的人士阅读使用。

　　本书是作者在近四十年艺术设计教育与实践的基础上，结合国内外设计心理研究成果和目前高等院校艺术设计教育的实际，对设计艺术心理学的知识体系加以综合、完善和发展而成。由于写作时间比较仓促，很多内容可能还需要补充或修正，不足之处，请诸位同行和读者给予指正。

　　在编著本书过程中，参考了诸多相关教材和专著，在此向这些资料的作者表示诚挚的谢意。同时，也非常感谢设计教育界各位友人和劭艺设计工程机构同仁的帮助，感谢中南大学出版社的支持，感谢给予研究实践条件的亲人。

编者

许劭艺 天津大学工学硕士、注册平面设计师、高级室内建筑师，40年的艺术设计教育与实践阅历，中国十大品牌策划专家、全国商务策划专家团专家委员，"中国之星"设计艺术大奖赛全国资格评委，《中国设计年鉴》编委、《海南设计年鉴》主编，组织文化设计主义学说创建人，海南省高层次拔尖人才，海南省文化艺术职业教育指导委员会主任委员，教育部职业院校艺术设计类专业教学指导委员会环境艺术设计专门指导委员会副主任委员。

目 录

第一章 设计艺术心理学概况

第一节 设计艺术与心理学

在很长的历史时期内，设计活动与技艺创作是融为一体的，可称作是装在头脑中的设计。各种器具都是由"意匠"边琢磨边制做出来的。今天，设计的触角已经深入到人类活动的所有领域，而且分工越来越细致，大体上可分为工程设计类（产品设计、建筑设计、服装设计等）、工艺美术类（陶瓷工艺、家具工艺、染织工艺、陈设工艺）、艺术创作类（语言艺术、表情艺术、造型艺术、综合艺术）。但是，设计是造物活动的本质没有改变，只不过造物的冥思苦想的程度越来越艰难，而且与审美活动、艺术创作活动的美学关系越来越密切。所以，现代的设计活动已实现了工程设计与工艺美术及艺术创作的联姻，完成了技术与艺术的结合，出现了把设计活动多称为"设计艺术"，较少表达为"设计技术"的局面。因此，现代设计活动的"艺术"成分越来越多，以功能、原理、结构为特点的技术成分成为必备基础，产生显艺术的倾向或趋势。这对于研究和把握其设计艺术心理过程中的活动规律是有着十分重要的意义的。

一、设计艺术的心理活动

设计艺术心理是指设计者在产品的市场定位策划、功能原理构想、结构设计计算、设计方案表达、工艺规程制定过程中的一系列心理活动。设计是人类特有的一种实践活动，是伴随着人类造物与创形而派生出来的概念。无论是远古时代还是科学技术迅猛发展的今日，人类要生存和发展，要在自然和社会中获得和谐的生存空间和生活环境，就无时无刻离不开对造物的冥思苦想和实际的造物活动，借此调节主客体之间的关系。这种造物的冥思苦想正是设计中的心理活动过程。人和动物最根本的区别就是有目的、有意识地造物并能制造和使用生活工具。因为人的认识有感觉、知觉和思维，有接收、分析与处理外界刺激与信息的能力。

"人猿相揖别，只几个石头磨过。"自380万年前起，古猿学会了用火、造石器，就意味着人与动物的分离，因为"没有一双猿手曾经制造过一把即便是最粗笨的石刀"（恩格斯：《自然辩证法》，人民出版社，1956），同时也意味着设计的心理活动从此开始。

人类依靠自身特有的头脑，不但能将人类活动的结果，尽量符合自然规律的制约，而且善于克服不利于实现目标的困难，学会借助客观规律去驾驭自然。如同恩格斯所说的：人离开动物越远，他们对自然的作用就越带有经过思考的、有计划的、向着一定的和事先知道的目标前进的特征。设计的心理活动，对应了马克思评价的"人类的特性——自由的自觉的活动"。人类这种自由的自觉的认识世界、改造世界的能力，称为人的本质力量。而人的本质力量在感觉与知觉上的显露与表现，是设计心理活动的本质。

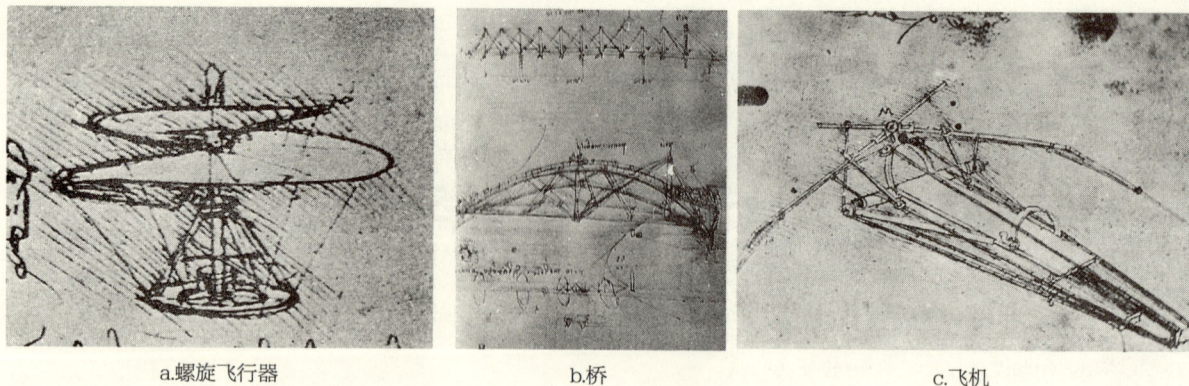

a.螺旋飞行器　　　　　　　　　b.桥　　　　　　　　　c.飞机

图1-1 达·芬奇设计的草图

设计艺术的历程告诉人们，设计心理的开始与萌发，是在15世纪的欧洲文艺复兴时期。这时期的艺术家开始将预先设想的方法写在纸上，或绘制图样。比如，1452—1519年，达·芬奇不但留下了《蒙娜丽莎》这幅不朽的艺术作品，还有许多关于工程、机械设计方面的设计草图（图1-1）。因此，西方习惯上把达·芬奇称为第一位设计师。

从16世纪近代科学的产生开始，人类在各个领域的基础理论研究都实现了重大的突破，自然科学相继分化出来。它不但为设计活动奠定了雄厚的理论基础，也为设计理性的推理与分析提供了科学的方法，设计中的思维方式及心理活动开始受到重视。今天，自然科学的迅猛发展，环境科学、能源科学及空间科学等综合学科，系统论、控制论及信息论等边缘学科的兴起，极大地促进了设计的科学方法的发展。尤其在当代，当人类清醒地意识到，人的造物活动必须与社会、自然之间求得和谐的关系时，设计活动成为协调社会、自然、科学与文化艺术的一种物化手段。设计不仅要满足人类生活的物质需求，而且还要满足精神文化方面的需求。

二、心理学在设计艺术中的应用

设计艺术心理学包括两方面的内容：一是艺术设计师在创做过程中自身的心理活动；二是艺术设计师通过产品满足、引导消费者的心理需求。相比之下，目前国内在第一方面的研究还非常薄弱。

由于研究薄弱，我们还无法解释艺术设计师在创做过程中所发生的心理活动。例如，美国早期艺术设计师德雷弗斯偏爱平稳的、静态的结构；而意大利艺术设计师设计的鲜红塑料打字机则充满热烈、奔放的情调。他们对设计风格的不同爱好与他们的创作心理有什么关系呢？准确地解读他们的心理有助于我们加深对其作品的理解。达·芬奇在回忆自己的童年时写道：看来我是注定了与秃鹫有着如此深的关系；因为我想起了一件很久以前的往事，那时我还在摇篮里，一只秃鹫向我飞了下来，它用翘起的尾巴撞开我的嘴，还用它的尾巴一次次地撞我的嘴唇。弗洛伊德根据这段回忆来解释达·芬奇的创作：达·芬奇作为一个私生子，没有父爱，因而过分依赖母爱。秃鹫都是雌的，它的形象象征母爱，使达·芬奇回忆起自己童年时母亲把无数热烈的吻印在他嘴上的情景。依恋母亲的温情成为达·芬奇创作的最隐秘的精神冲动。他一生创作了一系列以微笑的女性为模特的画，其中最著名的是他50岁时遇到的蒙娜丽莎（图1-2）。这些女性迷人的微笑体现了他对母亲的微笑的回忆。我们虽然不能完全认同弗洛伊德的解释，然而，这种解释的价值和意义在于，它是心理学的。设计师及艺术家的创作也需要得到心理学的解释。

意大利的孟菲斯组织命名的来源之一,是美国西部一座城市的名称。这座以摇滚乐著称的城市就叫孟菲斯,可见孟菲斯设计师深受美国大众文化,特别是摇滚乐的影响。摇滚乐和设计艺术是两个不同的领域,摇滚乐怎样影响设计艺术呢?这在心理学中叫表象转化。在解释表象转化时,我们先看一下表象。

我们看一朵花时,是对花的知觉,我们头脑中留下花的形象,包括花的形状、结构、色彩等,这就是花的表象。表象的一系列特征使它对设计的艺术创作具有重要的意义。花从我们的视线中消失了,我们对花的知觉就终止了,然而花的表象仍然保留在我们的头脑中。表象具有变异性,它可以进一步深化和分化,在原初的表象的基础上产生出新的表象。表象也具有综合性。我们不仅看过一朵花,而且看过很多花,各种各样的花,玫瑰花、牡丹花、梅花等等,我们头脑中花的表象就综合了所有这些花的特征。

表象转化是一种活动中产生的表象转移、渗透到另一种活动中的心理现象。摇滚乐的表象当然无法直接进入孟菲斯艺术设计师的创作中,然而这些表象经过转化,它们的动势、节律、奔放、热烈却可以影响设计师和艺术家的创作。

在我国古代艺术创作中,也有很多表象转化的例子。例如,东晋王羲之的书法相传是从鹅掌拨水之中悟得的,他在书法创作时也常常和鹅的形象联系在一起。鹅掌拨水的表象不能直接进入书法创作中,然而鹅掌拨水的轻松自如、从容闲适却可以使书法家得到一种特殊的感悟,从而对书法创作有所帮助(图1-3)。

第二节 设计艺术心理学的定义

设计艺术心理学是一门新学科,既是设计艺术学的一个分支,又是应用心理学的一个新分支,具有自然科学与人文科学的双重属性,以往学者对它所做的界定不多。美国认知心理学家唐纳德·A·诺曼是最早提出物品的外观应为用户提供正确操作所需的关键线索的学者之一。他借鉴英国学者W. H. 梅奥尔1979年在《设计原则》中提到的所谓"物质心理学",将其所做的研究称为"物质心理学"。从研究内容上来看,物质心理学在一定程度

图1-2 《蒙娜丽莎》
达·芬奇,板面油画,1503—1506

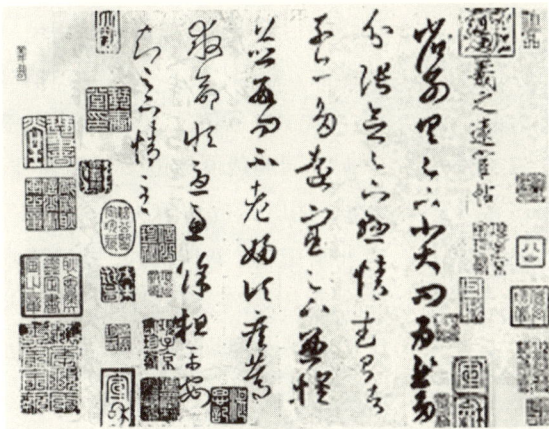

图1-3 《远宦帖》,(王羲之)

上接近于"设计心理学"。唐纳德·A·诺曼认为这些关于日用品设计的原则"构成了心理学的一个分支——研究人和物互相作用方式的心理学","这是一门研究物品预设用途的学问,预设用途是指人们认为具有的性能及实际上的性能,主要是指那些决定物品可以做何用途的基本性能……"诺曼通过大量设计案例,分析了用户的使用心理,丰富了这一定义,其定义至今看来也还是极有意义的。

另外一名美国认知心理学家赫伯特·A·西蒙在《认为事物的科学》中则着眼于主题思维,将设计(广义设计)当作问题求解的思维心理学。

近年来,几位国内学者也对设计心理学做出了自己的界定,主要观点如下:

(1)设计心理学是工业设计与消费心理学交叉的一门边缘学科,是应用心理学的分支,它是研究设计与消费者心理匹配的专题。设计心理学是专门研究在工业设计活动中如何把握消费者心理,遵循消费行为规律,设计适销对路的产品,最终提升消费者满意度的一门学科。(李彬彬:《设计心理学》,中国轻工业出版社,2001,第1页)

(2)设计心理学是建立在普通心理学基础之上来研究人的心理状态,尤其是研究人们对于需求及使用的心理意识并运用于设计实践的一门科学。(张成忠、吕 屏主编:《设计心理学》,北京大学出版社,2007,第3页)。

(3)设计心理学属于应用心理学范畴,是应用心理学的理论、方法和研究成果,解决设计艺术领域与人的"行为"和"意识"有关的设计研究问题。(赵江洪编著:《设计心理学》,北京理工大学出版社,2000,第1页)。

(4)设计艺术心理学是设计艺术学与心理学交叉的边缘科学,它既是应用心理学的分支,也是艺术设计学科的重要组成部分。设计艺术心理学是研究设计艺术领域中的设计主体和设计目标主体(消费者或用户)的心理现象,以及影响心理现象的各个相关因素的科学(柳沙编著:《设计艺术心理学》,清华大学出版社,2006,第2页)。

以上学者的定义各有侧重,前者是从消费者心理的角度出发,侧重于利用心理学原理来掌握不同消费群体的多样性需要,用于设计实践中。后者则综合筛选出心理学各方面的相关知识,用以分析和解决设计艺术领域的问题。他们的研究对于中国设计艺术心理学学科的形成非常重要。笔者认为,设计艺术心理学既是设计艺术学的一个分支,又是应用心理学科的一个新分支。它是在普通心理学基础上,专门研究在设计艺术活动中如何遵循视知觉规律,应用审美心理规律,把握消费者心理与行为,综合分析相关的影响因素,创造性地设计适用满意的产品的一门科学。

这一定义中的"相关的影响因素"意在强调在设计艺术活动中对消费者的心理与行为产生影响的环境和行业因素,它既包括物理环境、社会文化环境,又包括相应的行业、产业或品类美的审美、消费的不同要求。因此,设计艺术心理学应将环境、情景的影响作为考查主体心理现象和行为的一个重要依据。但也并不应将设计目标主体(即用户或消费者)视为完全理性的行为系统(刺激一反应),仍然要重视主体意识的能动作用,承认主体的行为同样受到情绪、情感等感性因素的影响和驱动,并与其与生俱来的个性、能力密切相关,而且其本人的知识及以往的体验也很重要。环境能对人的心理、行为产生重要的影响,主体也能能动地对环境施加影响。

举一个简单的例子即可说明以上观点。面对商场中的同一产品,盲人因其视力的差异性可能对其没有多少感知,这可以归属为个体差异性的影响(包括个性、能力、知识、以往经历等）；心情愉悦者能感知的是鲜艳的色彩和活泼的装饰；焦虑者可能看到的仅仅是刺激和杂乱，这可以归属为情绪、情感的影响；繁忙的过路者可能对环境的装饰、布置毫无察觉，可以归属为情境的影响；不需要这一产品的人也可能不会注意它，即意志（包括需要、动机等）的影响；而当商场中的人恰好需要这一产品，即便它放置在很不显眼的角落，人们也可能主动搜索到这一产品，这应属于主体能动地对环境施加的影响。

另外，定义中的"创造性地设计适用满意的产品"，既考虑了产品的"使用与情感"，又强调了设计者的"艺术"创造心理素质，从而不但尊重了纯逻辑性设计心理学（可用性）过渡到带情感式设计心理学（可用性与情感性并存）的过程，而且适时地提出艺术式的设计心理等（可用性＋情感性＋艺术性），推进了设计艺术心理学研究的完善过程。

第三节　设计艺术心理学的研究对象

从设计艺术心理学的定义说明这一内涵主要有六个方面的问题：其一是设计艺术活动；其二是视知觉规律；其三是审美心理规律，其四是消费者心理与行为，其五是创造性设计，其六是适用满意的产品。

从心理学研究来看，影响主体的心理活动的因素，即心理学的研究包括四个部分的内容。

第一个部分是基本部分，包括生理基础和环境基础，其中生理基础是主导一切心理活动和行为的内在物质条件，环境基础是心理活动和行为产生的外在物质条件。

第二个部分是动力系统，包括需要、动机和价值理念等，这是人的心理活动和相应行为的驱动机制。

第三个部分是个性心理，包括人格和能力等，它是个体之间的差异性因素，并使个体的心理、行为存在独特性和稳定性。

第四个部分是心理过程，普通心理学将其划分为认知、情绪、意志三个部分。心理过程的发生，是主体接收内、外环境的刺激或信息，在动力系统的驱动下，受个性心理的影响而产生相应心理活动和行为的全过程。

设计艺术心理学的研究对象——设计主体和用户消费者，其心理行为也同样包含以上四个部分，并外显于围绕设计艺术的一系列行为之上。从用户的角度来看，包括了用户评价、选择、购买、持有、使用甚至鉴赏这一系列消费过程中的全部心理行为；从设计主体的角度来看，则是以"创造"为核心的一系列设计艺术行为；并且正如设计艺术心理学的定义中加以强调的那样，环境和情景也是影响艺术设计主体心理的主要因素，因此围绕设计的其他主体行为也应在研究中加以综合考虑。

设计艺术心理学是研究设计者和消费者心理活动规律在设计中的运用的，它属于应用心理学范畴，有多学科的内容参与，是一门交叉性、边缘性的学科。

第四节　设计艺术心理学的研究范畴

设计作品，一般而言，首先是为了满足一定的实际需要而产生的，其次作为客观存在的实体，它呈现在人们面前，为人所知，同时还成了审美的对象，审美的结果会影响用户做出决策、使用、评价产品的全部消费过程。设计作品不论在购前的鉴赏和选择或者购后的使用过程都能引起人们的各种情感体验——美学中称为美感。美感不仅仅只是客观带给主体的愉悦感，从广义上而言，美感包括一切情感体验，这是以往美学中的主要命题。当物最基本的实用目的实现之后，人们更多的是将物视为诱发情感体验、进行审美观照的对象。所以说设计艺术是一项有目的的创造性活动，具有实用与审美双重属性。

一、设计艺术的实用与审美双重属性

可以这么认为，艺术设计作品，它的实用和审美的双重属性使其一方面是平凡的、解决问题的手段和方式，对于设计者而言就是要充分了解消费者（用户）的实际需要和潜在需要，并综合其特点和特征来完善设计对实际目的的适宜程度，另一方面，艺术设计作品作为日常生活的重要组成部分，是人们最常见、最普遍的审美对象，用户无论在鉴赏、选择、购买和使用设计作品时都会产生相应的情感或审美体验。因此情感成为用户心理的本质。

实用与审美——消费者（用户）心理的两个主要方面——既相互区别，又相互联系（图1-4）。

首先，审美对象不能完全等同于实用对象。审美对象不求助于使用它的那个动作，而是

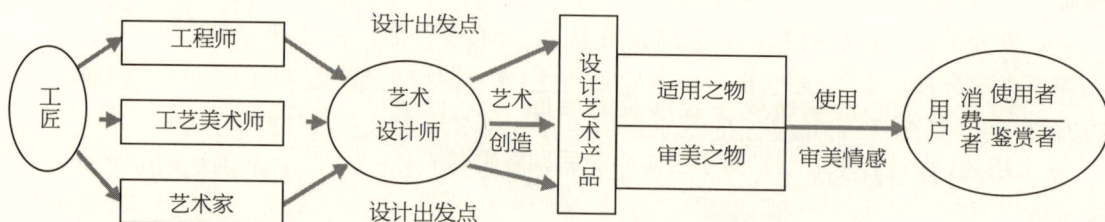

图1-4　设计艺术的实用与审美双重属性

求助于静观它的那个知觉。而实用对象则不然，与所有存在的客观事物一样，它固然可以被审美地感知，但它的美还在于"显示出赋予它本质的充实性"，适合于其预期的用途。从这个层面上看，实用对象本质并非审美对象，它可以附带地成为审美对象，而其被审美时所激发出来的美感与一般审美对象——艺术作品存在一种重要差异，即后者主要是基于感知方面的，而前者则是与使用过程、行为和结果密切联系的。

其次，设计艺术本身既不同于一般的实用对象，也不同于以审美感知为目的的艺术作品，其同时包含实用性和审美体验两重属性，并且这两种属性天然地结合在了一起，这种结合包括两个因素：①需要存在一种表明该实用对象也是审美对象的"提示"——设计物上非功能的组成部分，例如装饰物、非必要的形的起伏变化、质感处理、色彩的运用等；②设计物的实用性以及使用这一对象的行为、过程、动作也是它们审美体验的重要组成部分。在这样一些对象身上，审美特质不是以实用性来衡量的，例如花瓶不是砂眼越少越美，扶手椅不是越舒适越美。如果对象首先是审美的，其次才是实用的，那么我们使用它时就不应该完全脱离审美知觉。或者说，对象至少要以某种方式提醒我们：它是审美对象，不允许我们把它同随便一个实用对象混为一谈。

从设计主体（设计者）的角度来看，设计者用设计将设计之物与用户联系在一起。多默（Peter Dormer）在《现代设计的意义》中将设计分为"显性设计"和"隐形设计"两类，其中"显性设计是风格设计；隐形设计是工程设计。显性设计的目的在于引导消费，而隐形设

计决定设计品的功能。因此,风格设计家实际上是处于制造商、工程师及应用科学家与消费者之间的中间人,三者之间的关系有赖于共同的价值观"。(尹定邦:《设计学概论》,湖南科学技术出版社,1999,第19页)设计的重要职责在于沟通用户与制造方(制造商和功能提供者)之间的供需关系。用户对于物的需要体现在两个方面:其一是功能需要,在设计上即体现为工程设计。在这里,工程师起关键作用,艺术设计师则往往基于对人身心需要的了解,着力于物品使用方式或流程的革新。其二则是艺术设计师(前面所说的"风格设计家")本质的职责,即引导消费的职能。设计师应能洞悉用户对于超出产品功能之外更加主观性的需要——情感方面的需要。总之,艺术设计师为了真正沟通制造商、工程师和应用科学家与用户(消费者)之间的供需关系,其设计就必须同时着眼于用户对"显性"或"隐形"设计的双重需要,也就是对使用性和主观体验(情感)的需要。

二、设计艺术心理学研究主要涉及的层面

综上所述,设计艺术心理学对于主体心理活动的研究又可分为以下三个方面(图1-5)。

第一,如何使设计易于使用,最大限度地实现它的目的性。这个层次是设计的基点,尤其是对于工业设计、环境设计等与使用结合较为紧密的设计艺术学科。它的重点在于通过心理学研究,分析和判断设计对象是否能解决所面临的问题,是否能更好地解决这一问题。相应而言,这个层次上设计艺术心理学主要解决的是"使用"的问题,即如何使产品符合人的使用习惯,做到安全、易于掌握、便于使用和维护,与使用环境相匹配协调。

第二,如何使设计在商业营销中获得成功,这个层次的设计艺术心理学主要针对用户"情感体验"的问题。虽然物的实用性是其获得营销上成功的重要因素,但决定设计物能否在营销中获得成功的因素非常复杂,广泛涉及社会、文化、经济、审美等诸多方面。从这个层面来看,设计心理学解决的是如何使产品符合用户超出"使用"需要之外的多样性需要,在用户对设计物进行评价选择、购买、持有、使用以及鉴赏等这一系列消费过程中更加吸引消费者,在异常激烈的市场竞争中获胜的问题,本书统称之为"情感"因素。

第三,设计师心理,即研究设计师在设计过程中,围绕

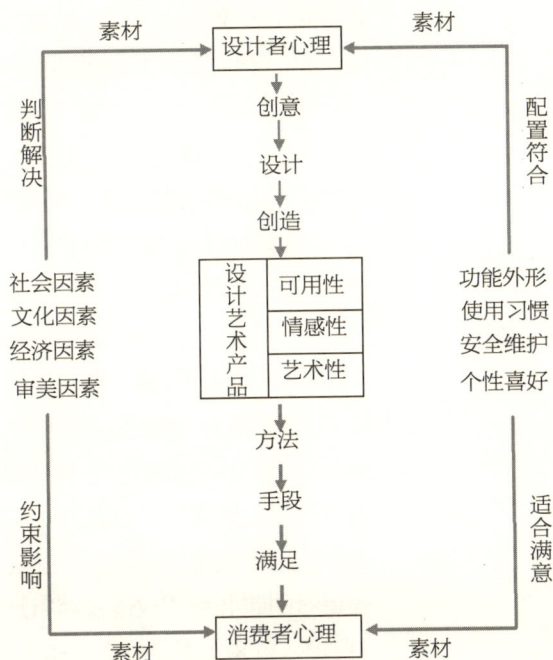

图1-5 设计艺术心理学的研究范畴

设计实践活动所产生的心理现象（设计思维）及其影响要素，以及如何帮助设计师提高其"创造力"的问题。在这一层面上，设计艺术心理学的目的在于运用心理学，特别是创造心理学和思维科学的一般原理，研究设计思维的特有属性，帮助设计师发展创造性思维，激发灵感；并且还可用于设计教育中，帮助设计专业学生培养和提高其设计创意能力。

从这三个层次的划分来看，用户心理研究主要涉及了第一、第二两个层面，关注围绕用户购买、使用、评价及反馈这一整体过程中的用户（消费者）的心理现象及影响要素，但研究的结果和最终目的则是针对第三个层面，是为了给设计师提供设计的素材、方法手段和灵感来源。

第五节 设计艺术心理学的研究背景和意义

我们身边充斥着各种各样的产品，且时时刻刻都在使用着形形色色的产品，大到飞机、火车、汽车、电脑；小到电话、桌椅、茶杯、餐具。虽然心理学作为一门独立的科学研究开始于1879年冯特建立的世界第一个心理实验室，设计艺术心理学的研究也刚刚起步，但人类在造物中考虑人的心理感受却由来已久。现代物质文化的高度发展以及人类造物能力的不断强大，更为设计艺术心理学的产生和发展创造了条件，并提出了迫切需要。

一、消费社会必须通过艺术化的设计满足用户需求

设计为生活服务。在大众消费的时代，这种服务又具有了更多的内容，因为它所面对的是更具选择能力的消费者。消费者既是产品的使用者，同时也是直接或间接鉴赏、选择和审美者；消费者是消费的主体，是产品实现其审美价值和使用价值的终端，也是消费社会的运转核心。

以用户为核心的消费社会最先产生在欧美发达国家。"二战"后，科学技术迅速发展，物质生产能力急速提高，大批量生产导致商品品种、数量剧增，社会进入丰裕时期。大批量的商品生产必然要求大批量消费，如果市场不能及时吸收和消化大批量生产的产品，那么就可能导致产品相对过剩而引发经济危机，这成为"丰裕社会"的一大隐患。大规模商品生产与大规模消费推动西方社会进入到所谓的"消费社会"，消费成为当今社会最重要的行为之一。

在这个消费社会中，不仅社会、经济结构发生转变，并且文化也在整体上产生了巨大转变，人的消费观和消费方式也随之转变。一方面，消费绝对不能简单地理解为对使用价值、实物用途的消费，而更应被视为对记号的消费，物扮演了一种"沟通者"的角色；另一方面，就一般消费者而言，人们的关注点不仅只是商品的使用价值，而更多地关注商品的文化意味、审美价值、符号属性，商品（服务）更多地提供给人们的是情感、体验和梦想。人们在消费社会中，被少数消费文化的先锋（他们是时尚的创造者，是掌握较多文化资本的知识分子）所引导和诱惑，去精心选择、布置、替换、展示自己的物品，获得满足并体现自己的个性。因此，我们发现，消费者在选择商品时，使用价值成为一个必要而非充分的条件，或是有待落实的承诺，而真正决定消费者是否相信这一承诺的要素是这一商品的外观、广告、品牌、包装、展示等要素。商品外观的生产在西方发达国家构成了一门专门的技术，它生产出完全独立于商品的物质躯体的"第二层皮"——这种美丽的包装并不仅仅是简单地为了在运输过程中保护商品，而是它的真正的外观，它替代商品的躯体，首先呈现在潜在的购买者面前。艺术设计很大程度上是赋予商品这层美丽外壳的行为，消费社会中的艺术设计的主要职能之一就是促进消费，在这个意义上，当今的设计师不仅需要让商品在被购买后能提供使用者满意的功能，同时也需赋予商品以美学、符号和文化等方面的

意味，多角度、多层次满足用户需求。

今天，西方强大的经济基础和强势文化输出使消费文化不再是西方社会特有的社会、文化现象，而被作为西方生活方式的代表波及全球每个角落。中国曾经由于种种历史原因，工业发展滞后，消费社会的出现相对较晚，20世纪90年代以来，改革开放的深入，物质文明的繁荣，使中国正成为全球市场的一个重要部分，中国式的消费社会正在显现。但是中国人与西方人相比，刚刚摆脱物质的贫乏，开始经受消费文化的浸渍，因而还来不及形成成熟的"文化资本"的社会消化力，各阶层也还没有形成稳定的消费文化，中国各种消费品的流行风尚倾向于从众及群体领袖的影响，并且具有明显地追随国外的趋向。由于中国消费者的这些特点，使得许多中国设计师更愿意去仿效国外的设计，为消费者提供各种样式以刺激他们的购买需求，一味追随外国设计，忘记了本土文化，而总在市场中处于"落后半拍"的地位。

二、信息社会需要用设计化的艺术来衡量人与环境

与滚滚而来的信息化浪潮同步，全世界的人们都在对新技术的经济、社会及文化影响加以思考。"信息社会"的来临同样是今天设计艺术所面临的一个重要的机遇与挑战。远在天涯，近在咫尺，是信息社会的最佳写照。正是这一距离消失的进程改变着世界，改变着人们的生活观念，更重要的是，赋予人们自由，电话、电视与个人计算机共同构成了今日宏大的通信革命的三块基石，互联网更是以前所未有的力度推动着革命向纵深发展。这改变了企业与消费者的关系，企业与企业的关系，以及政府与民众的关系，为中国与世界带来了新经济。在这个用各种数据网络贯穿的世界中，人们无须对距离做过多考虑，电子技术、信息技术正在使人与人、人与物、物与物之间的相互约束（时空距离、条件限制等）被弱化，人们被数据流、电子幻影所包围。信息社会给人们的生活带来了种种便利，但也同时带来了担忧，电子化奇迹造成了人际关系的空虚和隔阂，人们甚至要问，高技术的现代生活是否正在以人性的缺失和疏离作为代价？《第三次浪潮》一书的作者认为：这使人们面临"旧心理环境"——"心理环境的崩溃"，他呼吁为"正在出现的未来文明建立一种完美的感情生活和一个健康的心理环境"，其中的要点是解决人的三种（心理）需要，即"集体生活、生活秩序和生活意义"的需要。（[美]阿尔温·托夫勒：《第三次浪潮》，朱志炎、潘琪等译，北京，三联书店，1984，第460页）可见，崩溃源于人造物（电子技术和设备）带来的心理失调，要解决这些问题还需从缓解和解决人造环境与人的需要之间的矛盾入手。

另一方面，高技术产品如同100年前最新的机器产品一样，没有既成的样式和风格。原来机制产品遵循的"形式追随功能"有时失去了可参考的标准，因为今天的高科技产品有可能只是一小片芯片，甚至直到最后完全成为"非物质化"的数据流或电子流。正如Ezio Manzini所说，在智能产品身上我们只能看到果而看不到因，为此他提出，高技术产品仍然需要一种表面或是一种皮肤，在这种皮肤上仍然需要充斥情感的和符号的张力（[法]马克·第亚尼编著：《非物质社会——后工业世界的设计、文化与技术》，滕守尧译，四川人民出版社，1998，第10页）。高技术产品应该以何种面貌示人成为信息社会的艺术设计理论和实践共同关注的焦点。我们唯一能确定的是，信息社会使设计更大程度地摆脱了技术以及生产可能性的制约，对"人"的关注被提到最前列，这种关注涉及人的方方面面，包括需要、情感、效率、体验等诸多方面。设计师肩负着这样的责任：用艺术化设计的高情感去弥补和平衡人们在高技术社会环境下人际关系的疏离，心灵深处的孤寂以及人、人造环境与自然环境的对立，减少功能复杂、信息过载的人造物品与人性之间的裂痕。

三、现代设计的背景需要理解人的心理因素

现代设计是伴随着工业化生产以及消费社会的产生而诞生并逐步发展壮大的。20世纪，现代主义运动彻底地改变了艺术设计的面貌，它以简洁、几何、理性的"机器美学"与现代化大生产方式相结合，形成了席卷世界的"国际风格"。此后，现代主义一直被当作主流设计风格，广泛应用于建筑、产品、平面、服装等各个设计艺术领域中。消费社会的来临打破了现代主义的统治地位，生产再也不能仅满足人们单纯功能上的需求，人们的消费观发生了巨大变化，人对物的需要呈现了多元化的趋向，设计上反映为"后现代主义"和多元化趋向。很难说究竟什么是后现代主义设计，它代表的是对现代主义的一种反动，是建立在现代主义基础上的一种多元化设计趋向，或者说是"现代主义加了一些什么东西"。后现代设计的设计观是开放的、兼收并蓄的，它不拘泥于某种固定的风格或样式，将历史、地方特色、传统和创新糅合在一起，原有的现代主义的风格也并未完全消失，它作为后现代的一个成分被保留了下来，但也被"风格化"了。我们发现，此时各种设计风格并存，没有任何一种能占据绝对主流的地位，人们任意地移植、模仿、拼贴、发明各种风格和样式，设计艺术处于动荡之中。复杂性、多元化的设计背景一方面为设计提供了更大的可能性和创意空间，另一方面也对设计师提出了更高的要求。设计师不仅仅是提供必要的功能和服务，也不是简单地去美化和装饰产品，而是要使人造物更贴近人的情感、生活和多样性的需要。

正是在这样的背景之下，设计艺术领域的学者、设计师感觉到了解设计的最终对象——人的重要。从这个意义上来看，设计师应该是消费者（用户）的代言人，设计应基于对人的理解，是关于人的设计。心理学正是关于人的学科，是研究人的心理现象以及造成这些心理现象原因的科学，其研究获得的各种理论成果能帮助我们更好地理解人。掌握与设计相关的心理规律能使我们有效地捕捉用户的心理，发现设计的关键问题和创新点，从而对设计进行行之有效的调整和改进。

例如：雀巢咖啡将新开发的速溶咖啡投放上市的时候，将省时省事作为主要的卖点，却在市场上受到冷遇。为了调查滞销的原因，厂商聘请了心理学家海尔来做研究。1950年海尔通过一个投射实验发现滞销的原因是主妇们认为购买速溶咖啡的家庭主妇是懒惰的、邋遢的、生活没有计划的。在这个案例中，心理学研究暴露了目标用户的真实动机，有助于对产品进行改进和选择更合适的宣传定位。又如有人发现原来设计能容纳三个人的公共座椅，由于心理上的社交距离存在，一般只坐两人。设计师利用掌握的设计心理学知识简单地使用两种颜色来区分三个座位，就解决了问题。

这都是利用心理学原理解决设计中问题的例子。说明了设计心理学并非什么高深玄妙、神秘莫测的东西，它研究的是日常生活中随处可见、却易于被人们所忽视的道理，而且这些道理和规则一旦被真实运用于设计中，就能帮助设计师更充分地考虑设计中存在的问题，提供更合理、有效、适宜的解决方案。而以人的心理现象和行为为研究对象的设计艺术心理学也就显得尤为重要。

四、设计艺术心理学研究具有的积极意义

综上所述，设计艺术心理学研究的意义包括两个方面：一个方面是其实践意义，另一个方面则在于它的理论意义。

（一）增强设计者的心理素质，提升产品设计价值，保障消费者满意度

具体而言，设计艺术心理学对于设计艺术的实践意义包括：

第一，设计艺术心理学帮助设计主体通过科学、系统的研究方法正确认识人与物品之间的互动关系，增进设计的可用性——合目的性及功能性。在现代技术使生活更加方便、舒适的同时，是否也带给我们许多困扰？如何使人与产品建立和谐、友好的人机交互系统，其关键在于设计师在设计时应充分考虑人的因素，让设计最大限度地符合人的身心需求。设计心理学正是一座跨越设计者和使用者（消费者）之间的桥梁，通过研究人机交互中的心理现象，使产品的功能、造型及其使用方式都尽可能符合人的需要。

第二，能帮助设计中的主体加深对于设计的评价、理解、鉴赏的能力，从更深的层面上来理解每件设计作品的本质和意义。例如为什么有些设计使人赏心悦目，有些设计能使人忍俊不禁，有些设计能促使我们集中注意力、更加警惕小心等。这样，不论是设计主体还是设计的一般使用者对于设计的理解都更趋于科学、全面、立体。

第三，通过对用户心理的研究，设计师能更好地迎接跨文化、多样性市场需要的挑战，针对目标市场设计出更加适销对路的产品，有效地预测广告效果，采取更适当的宣传、推广和促销手段，提高企业的市场竞争力，这对于即将与全球市场接轨的中国企业尤为重要。

第四，设计是典型的创造性工作，通过关于创造力和创造性思维的研究，设计艺术心理学有可能帮助设计者拓宽思路，增强设计思维能力。

此外，设计艺术心理学对于设计教育和设计管理也具有重要的作用，它能帮助设计教育工作者设计出更加行之有效的培养方式，帮助学生更好地掌握设计知识；它还有助于设计管理者有效地组织设计活动和机构，管理设计开发流程和设计组织。

（二）完善学科体系，揭示消费心理与行为，实现创造性设计

综上可知，历史上的审美心理各学派关于主体审美愉悦感的研究和理论对设计艺术心理学研究具有重要借鉴作用，可用于解释设计用户审美经验中的各种现象：艺术史学家对艺术心理学的研究倾向于艺术风格、趣味所产生的心理机制，揭示了艺术从感觉推向知觉的种种内在规律；消费心理学、广告心理学的发展探明了消费行为过程中的感知规律，消费者的需要和动机、人格差异对于消费者行为的影响，消费者的决策规律及其影响方式和手段；工业心理学以及人机工程学的发展促成了设计艺术心理学的雏形。原因主要在于：首先，"二战"中人机工程学和心理测量等应用心理学科得到迅速发展，战后转向民用，实验心理学以及工业心理学、人机工程学中很大一部分研究都直接与生产、生活相结合，为设计心理学提供了丰富的理论来源；其次，西方进入消费时代，丰裕社会物质生产繁荣，为了在激烈的市场竞争中获胜，当时的市场主流是以样式设计、风格的交迭促销，消费者心理、行为研究盛行；最后，设计成了商品生产中最重要的环节，并出现了大批优秀的职业设计师。这些职业设计师中的一部分人反对单纯以样式为核心的设计，想要真正为使用者设计，其中的代表人物是美国设计师德雷弗斯。他率先开始想要用诚实的态度来研究用户的需要，为人的需要设计，并开始有意识地将人机工程学理论运用到工业设计中。

美国著名设计师亨利·德雷弗斯（Henry Drefuss）原是位舞台设计师，1929年改变专业开始了自己的工业设计事务所。他的设计生涯与美国贝尔电话公司的设计有密切的联系，他是影响现代电话形成的最重要的设计师。他共为贝尔公司设计了100多种电话机，在设计中强调产品的高度舒适性，提出了"从内到外"（from the inside out）的设计原则，集中体现在电话机的完美功能性的设计方面。1937年他提出了"话筒与听筒合一"的计划，主张从功能出发把听筒与话筒合二而一，不仅外观好看，而且内部结构、安装工艺都适应家庭和办

图1-6
德雷弗斯1949年为Bell公司设计的"500"电话

公环境。计划得到采用并不断投入生产，从而奠定了现代电话机的造型基础（图1-6）。德雷弗斯的电话机因此进入了美国和世界的千家万户，成为现代家庭和组织的基本设备。

德雷弗斯1955年出版了著名的有关人机工程学的著作《为人的设计》（Designing for People）；1961年，他又出版了一系列有关《人体尺度测量》（The measure of man），为设计师提供了非常实用的参考资料和人机工程学模数。美国波音707飞机的设计成功，成为人机工程学运用于大型工业设计项目而大获成功的范例。德雷弗斯为人机工程学的形成及理论宣传做出了卓越贡献，不愧是美国工业设计的先驱。

建立于工业心理学、消费行为学和广告心理学等应用心理学分支基础上的设计应用心理学研究还衍生出若干崭新的交叉学科，主要包括可用性工程、感性工学等（图1-7）。

近年来，设计艺术心理学发展历程中还有两位重要的人物，他们同为美国认知科学家，一位是多才多艺，曾获得诺贝尔经济学奖的赫伯特·A·西蒙；另外一位是最早运用认知心理学知识解决产品可用性问题的唐纳德·A·诺曼。1969年赫伯特·A·西蒙发表了现代设计学中最重要的著作之一《人工科学》（《关于人为事物的科学》），他的思想核心就在于所谓的"有限理性说"和"满意理论"，即认为人的认知能力（信息处理能力）有限，人不可能达到最优选择，而只能"寻求满意"。作为行为系统的人，其行为表面的复杂性在很大程度上是所处环境的复杂性的反映。他认为：凡是以现存情形改变成想望情形，为目标而构想行动方案的人都在搞设计。（[美]赫伯特·A·西蒙：《关于人为事物的科学》，杨砾译，解放军出版社，1987，第129页）

设计则是方案的筛选过程，人们根据复杂的环境要素进行优化计算，做出合理选择，但是人们几乎不可能做到最优选择，就像计算机中的不等式，大于如何或是小于如何的条件，就能达到目的。使人们满意，这就是设计的目的。他甚至为设计结果风格差异的产生找到了一个极为科学的解释，认为这是由于设计过程的差异所导致的，他将复杂的设计思维活动划分为问题的求解活动，其理论为人工智能、智能化设计、机器人等研究领域提供了重要依据。

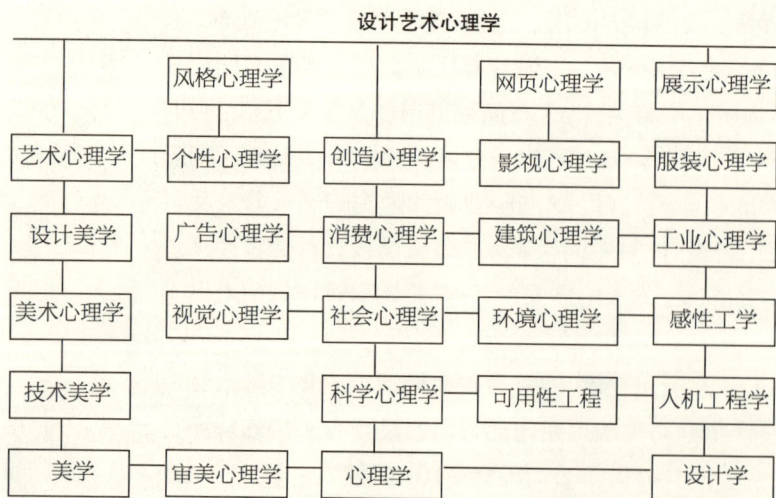

设计艺术心理学

艺术心理学	风格心理学		网页心理学	展示心理学
设计美学	个性心理学	创造心理学	影视心理学	服装心理学
美术心理学	广告心理学	消费心理学	建筑心理学	工业心理学
技术美学	视觉心理学	社会心理学	环境心理学	感性工学
美学	科学心理学	可用性工程	人机工程学
	审美心理学	心理学		设计学

图1-7　设计艺术心理学的哲学学科基础和发展脉络

美国西北大学计算机技术系教授、认知科学和心理学家唐纳德·A·诺曼对于现代设计心理学以及可用性工程做出了最杰出的贡献。20世纪80年代他撰写了The Design of Everyday Things（《设计心理学》），成为可用性设计的先驱。他在书的序言中写道：本书侧重于研究如何使产品的设计符合用户的需要，重点在于研究如何设计出用户看得懂、知道怎么用的产品。这简直就是"可用性工程"的定义。他将认知原理应用于日常生活中，以提高产品的可用性，降低因物品而导致的错误和事故的发生率，以改善人们日常生活的质量。一时之间，所谓的"诺曼门""诺曼开关"成了那些设计拙劣产品的代名词。诺曼虽然率先关注于产品的可用性，但他同时提出不能因为追求产品的易用性而牺牲艺术美，他认为设计师应设计出"具有创造性又好用，既具美感又运转良好的产品"。2004年，他又发表了第二部重要设计心理学方面的著作Emotional Design（《情感化设计》）。这次，他将注意力转向了设计中最为神秘，但最重要的内容之一——情感和情绪。作为一名认知心理学家，他仍旧运用认知心理学原理解释了情感对于用户（或消费者）的作用，以及其产生的生理、心理方面的原因。他根据人脑信息加工的三种水平，将人们对于产品的情感体验从低级到高级分为三个阶段：内脏控制阶段、行为阶段以及反思阶段。（国内译为"本能水平的设计""行为水平的设计""反思水平的设计"，如图1-8所示）其中内脏控制阶段是人类的一种本能的、生物性的反应，而反思阶段则是有高级思维活动参与，以记忆、经验等控制的反应，而行为阶段则介于两者之间。他提出三种阶段对应于设计的三个方面，其中内脏控制阶段对应"外形"；行为阶段对应"使用的乐趣和效率"；反思阶段对应"自我形象、个人满意、记忆"。（[美]Donald A.Norman：《情感化设计》，付秋芳、程进三译，电子工业出版社，2005，第21页）

目前国内的设计艺术心理学才刚刚起步，以往该方面的研究以及院校中所传授的知识主要以美学中的审美经验或者消费心理学中的相关内容为主，理论研究基础薄弱，还没有明显的学科框架。近几年，相关学者已意识到这一领域的重要性，2001年到2008年短短7年间，已出版了70本设计心理学方面的专著，主要侧重于工业产品设计心理学研究，而本书则以全新的体例比较综合地对设计艺术领域的心理现象规律进行了有益的探索。因此本书将把它作为一个 "可爱的卡洛曼壶"那样加以追述（图1-9）。

从我国设计艺术学理论目前的建构来看，正初步形成

a漂亮吧！这可是一辆使人一见钟情的跑车哟！本能水平设计的典范！

b想像一下，感觉上的快乐，实实在在水冲向身体的感觉。行为水平设计的典范！

（c）佩戴这块表的人该有多酷啊！想知道怎么从这块表中认时间吗？反思水平设计的典范！

图1-8 情感设计三种典范

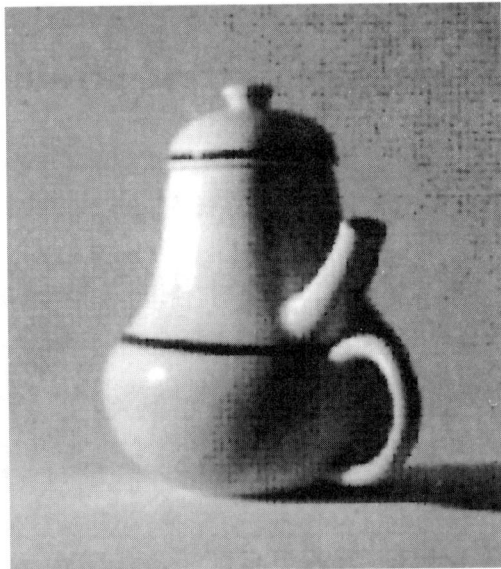

图1-9 卡洛曼壶——专为受虐狂设计的咖啡壶
（[法]雅克·卡洛曼）

一个整体、系统、全面的学科理论框架，设计艺术心理学正是设计艺术学学科框架中不可或缺的重要组成部分。国内学者将当代设计艺术学研究的基本框架概括为10个方面，包括设计艺术哲学研究；设计艺术形态学、符号学研究；设计艺术方法学研究；设计决策与设计管理研究；设计艺术心理学研究；设计艺术过程与表达研究；设计艺术的经济学、价值学研究；设计艺术的文化学、社会学研究；设计艺术的教育研究；设计艺术批评学与设计艺术史学研究。

从以上框架来看，设计艺术心理学是设计艺术学科理论框架中的一个重要组成部分，设计艺术学科同时还与其他学科之间存在重叠、交叉关系，例如设计艺术哲学中所涉及的感性与理性、设计美学等内容，也同样是设计心理学中不可忽视的重要内容。美学是文学（艺术）、哲学、心理学的"联系线索"，美学以文学艺术的创造和欣赏活动为研究对象，以哲学作为理论前提和指导原则，以心理学作为阐释基础和实证依据。设计经济学中的客户关系、设计与市场、社会价值也涉及设计心理学中的消费者心理、消费行为、决策的研究；设计艺术的过程与表达研究、设计艺术的教育研究涉及设计主体思维和创造力的研究；设计艺术社会学、文化学所研究的设计情境同时是设计艺术心理得以产生、发展、变化的外部条件和重要源泉。由此可见，作为以满足"人的需要"为核心的造物科学——设计艺术学，必须将以研究"人的行为及精神过程"为目的的心理学作为其重要科学基础和支柱。

当前国内不少学者已经意识到设计艺术心理对于设计实践和设计理论建设的重要性，开始在设计艺术心理学研究领域做出宝贵的尝试。可见，建立较为系统、完备的设计心理学体系也是中国目前蓬勃发展、日益壮大的设计学科走向成熟的必经阶段，是学科建设的必然结果。

第六节 设计艺术心理学的研究方法和实验

一、设计艺术心理学研究方法的原则

设计艺术心理学作为应用心理学的一个分支学科，其研究方法主要沿用了心理学的一般研究方法和研究范式。但由于研究者、研究对象、研究目的等方面的特定性，因此具有一定的特殊性。这些特点包括：首先，设计心理学的研究重点不是单纯的心理学基础理论，而侧重于心理学在设计艺术及相关领域中的运用；其次，设计心理学的目的是为了帮助设计师更好地设计，使设计的成果更好地为人服务；最后，设计艺术心理学的研究者必须同时掌握心理学和设计艺术学两个领域的知识，才能有效地运用心理学来解决设计中的实际问题。

由于这些特殊性，设计艺术心理学的研究方法应遵循两个原则。

（一）定性与定量相结合原则

从研究取向上看，定性研究应与定量研究相结合。定量研究倾向于实证主义研究，主要借用自然科学的研究方法，例如采用实验法、测量技术和观察法等方式收集数据，进行统计分析，来验证假设，取得研究结果。虽然定量研究中发现的东西是描述的、经验式的，但如果这些数据是遵循随机性原则进行收集的，并且样本的大小达到一定水平，研究结果就可以被推广到更大的人群。定性研究则倾向于阐释主义的研究，研究结果不经过量化或定量分析。它主要的研究方法包括深度访谈、焦点小组（中心小组访谈法）、隐喻分析、抽象调查、投射技术、有声思维等。定性研究的样本小，更侧重于研究的深度而非广度，因此得出的结论有限，不具有普遍性，所发现的结果一般不能推广到更大人群中，但非常适合于用来发现问题，提出新观点,为进一步的研究提供假设和问题。虽然两类研究的方法论截然不同,但两者并不冲突,而是形成了一种相互的补充。

(二)系统考察人—机—环境关系原则

设计艺术心理学研究应系统考察人—机—环境所形成的整体情境,着重于研究设计主体或设计使用(传达)主体、设计物之间的相互关系以及外界相关因素对于这一组关系的影响。自科学心理学形成以来,心理学研究的主流倾向于定量的实验室研究,认为心理学研究应重视研究主体行为过程,而应排除外部情境的干扰。因此为了保证实验的信度,确认自变量与因变量[因变量是指被预测或解释的变量,自变量是指实验中研究人员可以操纵、改变或修正的变量,在实验假定中,自变量是导致因变量变化的原因。例如,收入的高低(自变量)决定了消费手机的档次(因变量)]之间的对应关系(相关或不相关),情境往往被严格地加以控制,以排除其他干扰因素。

设计艺术心理学则不尽然,有时设计艺术心理学研究也应严格控制变量,以确认明确的对应关系;但更多时候其研究核心在于人机系统的整体关系。不管是人设计物,还是人使用物,设计艺术心理学研究必须重视与真实情境的配合度,有些研究甚至需在真实情境下才能得以进行。例如调查用户使用某一物品的流程以及可能产生的心理现象时,如果条件允许,最好能在真实的场景中进行研究,或者使用实验室模拟真实的情境。此外,用户心理研究中使用焦点小组、深度访谈、有声思维等方法,使他们能够畅所欲言。不同于一般实验室研究—— 一般实验室的研究者常常使人产生"控制一切"的错觉—— 设计艺术心理学中用户测试之类的实验室研究通常处于一种轻松、自由的氛围中,研究者(主持人)扮演一个引导流程的角色,并且整个实验可以根据用户的身心情况随时中断,休息后再继续进行。

二、设计艺术心理学研究的具体方法

(一)观察法

观察法是研究者依靠自己的感官和观察工具,有目的、有计划地对特定对象进行观察以获取科学事实的方法。观察是最基本的研究方法,按照定量研究与定性研究的差别,观察法可以分为结构式观察和非结构式观察。前者中,观察者以被观察对象填写结构式表格,最后用于定量统计分析;后者则应详尽记录对被观察对象的全部观察过程,获取尽可能多的材料。观察法根据实施原则的区别可以按以下几种方式分类:①控制观察和自然观察;②直接观察和仪器观察;③参与观察和非参与观察。

(二)心理测量法

心理测量法是运用一套预先设定的标准化问卷(结构性问卷)或量表(scale)来测量某种心理品质的方法,如果不是标准化问卷就应称为调查而不是测量。心理测量有两个重要的特点:一是使用一定的测量工具;二是测量结果用数值表示,即量化。

最常用的心理测量工具是量表。量表是一系列结构化的符号和数字,用来按照特定的规则分配给适用于量表的个人(或行为和态度)。各国研究者设计了许多不同类型的量表工具进行调查研究,主要的量表类型包括类别量表、顺序量表、等距量表和等比量表。

(三)问卷法

问卷法是以书面形式向被研究者提出问题,并要求被研究者以书面或口头形式回答问题,进行资料搜集的一种方法。它可以在较大的空间范围内同时使用于众多的被试者,能在

较短的时间内搜集到大量的数据，但成本较高。

问卷分为结构问卷（即标准化问卷）与非结构问卷。问卷设计是否有效非常关键，一般而言，很难一次性设计出最合适的问卷，因此预发问卷对于那些成本高、人群面广、实施难度大的问卷调查具有重要作用。当研究者对所设计问卷存有疑虑的时候，不妨先进行一个20~50人的预问卷，一方面了解被试者对于问卷的感受如何，另一方面通过预问卷所收集的数据进行初步分析，制定未来的统计方法，并修改问卷中的不足之处。

（四）焦点小组法

焦点小组法通常由6~10名应答者和一位分析主持组成一个中心小组，对一种特殊的产品或其他主题进行集中讨论（图1-10）。调查对象被鼓励充分详尽地表达他们对主题的兴趣、观念、想法、感情和体验等。这种方法的重要假设前提在于人们相互作用、相互刺激能比面对同样数量的人做单独访谈获得更多的信息。目前多数市场调研公司、广告公司、设计机构、生产厂商都使用这一方式进行用户（消费者）心理调研。

（五）深度访谈法

深度访谈法是由专业访谈者与被调查者进行一对一的、较长时间的、详细的、非结构式的会谈。这种方式对访谈者的访谈技巧要求较高，他必须有技巧地诱导被调查者谈论主题，而他本人则应尽量减少参与，因此有时会聘请心理学家来做。访谈者必须注意被调查者的语言、情绪、手势、身体语言等可以传递其心理活动的一切信息，用来进行事后分析。

（六）投射法

访谈法和问卷法都能搜集到大量的资料，但在使用一般的访谈法和问卷法时往往会发现，消费者或受测者对问题的回答可能并不真实，他们自觉或不自觉地会把自己内心真实的想法掩饰起来，而用合乎社会一般见解的说法应付测试。如何克服访谈法和问卷法的这种缺点，能够真正了解到受访谈者或受测试者的真实动机和态度呢？运用投射法就可以解决这一难题。这种研究方法不让被试者直接说出自己的动机和态度。而通过他对别人的描述，间接地暴露出自己的真实动机和态度，这种方法亦称角色扮演法，它是从心理测验的投射测验借鉴发展而来的。

投射法最先来自临床心理学，目的是研究隐藏在表面反应下的真实心理，获取被试者真实的情感、意图、动机和需要等。投射法的基本原理来自精神分析心理学中的理论，认为在人的意识之外存在着难以或不能察觉的无意识，因此，投射法常常给被试者提供一种无限制的、模糊的情景，要求其做出反应。即让被试者将他的真正情感、态度投射到"无规定的刺激"上，绕过他们心底的心理防御机制，透露其内在情感。常用的投射法包括词语联想法，句子、故事完型法，绘图法，示意图法，照片归类法等。

最著名的投射实验是瑞士著名心理学家罗夏（H.Rorschach）1921年创立的"罗夏试验"，让被试者来评价用纸折叠而形成的浓淡不一的对称的墨迹图案，如图1-11和表1-1所示。还有前面举出

图1-10 焦点小组法

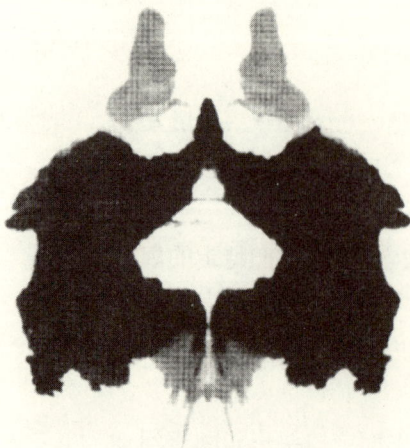
图1-11 罗夏墨迹实验

表1-1 被试者对墨迹图的典型反应

图形编号	反 应
1	个圣诞老人用手臂夹着两把扫帚
2	一只蝴蝶
3	两个提线木偶的形象
4	家具上的一件装饰品
5	一只蝙蝠
6	一只飞蛾或一棵树
7	两个人头或两个动物的头
8	两只小熊
9	两个小丑或燃烧的火焰
10	一只兔子的头,两条毛毛虫或两只蜘蛛

的调查"速溶咖啡滞销原因",也是利用了投射法。美国麦肯(McCann-ErickSon)广告公司因灭虫碟销售效果不佳,而利用投射法,将其与蟑螂喷雾剂比较进行用户心理分析。研究者令一些家庭主妇绘制捕杀蟑螂的过程(图1-12),从而发现下层家庭主妇之所以喜欢选用蟑螂喷雾剂,而不是实际效果更好的灭虫碟,原因在于她们将蟑螂看成是男性的象征(她们所绘出的蟑螂全是男性的),是造成她生活不幸福的主要因素,因此期望以更加直接的方式消灭蟑螂,喷雾剂更能满足她们的控制权。

(七)口语分析法

口语分析法又称"有声思维",也有人称之为内省法。认知心理学家认为二者实际有所区别。内省法指19世纪末20世纪初,冯特等人提出的给被试者一个明确的指示,让他报告自己头脑中的活动、形象或心理状态的方法,它当时被作为心理学实验中最常用的方法。口语分析法是通过分析从被试者的口语报告中获取被试者认知活动信息的一种方法。这是一种能够较为直观地研究人的认知活动的实验方法。我们也将其视为一种科学实验方法,其目的是获得客观数据用于定量分析研究,而非定性分析。

口语报告分为两种,一类是当时的口语记录,另一类是追述的口语记录。

(八)仪器测量法

仪器测量法,即运用仪器作为主要手段来记录和测试主体外在行为,分析和发现其背后的心理机制的一种方法。常用的仪器包括脑电图、眼动仪、虚拟现实设备等。使用仪器研究能保证研究结果的客观性,并可反复检验,因此正如近年心脑科学成为心理学研究的热点一样,仪器测试也得到了设计艺术心理学领域的学者们的广泛关注。

图1-12 消费者绘图法

(资料来源:小卡尔·麦克丹尼尔、罗杰·盖茨:《市场调研精要》,范秀成译,电子工业出版社,2002,第112页)

近年来，设计艺术心理学研究中较常采用的测试仪器是眼动仪（眼动照相机），即使用精密视线追踪装置，将被试者观察设计物的眼动轨迹记录下来，并通过分析眼动仪记录的数据，判断被试者对设计的注意程度、关注的部分，据此对产品原型提出改进建议。目前存在多种眼动测量指标：注视时间、注视次数、视觉扫描路径、长度和时间、眼跳数目和眼跳幅度、回溯性眼跳比、瞳孔尺寸的变化等。从产品可用性的测试来看，注视次数少、注视时间短、扫描路径和时间短的通常表明原型设计合理，用户容易使用且较少出错。相反，如用以评价广告设计、造型设计时，瞳孔变大、注视时间变长、次数增多等则表明用户对所观察的产品感兴趣（但原因并不能确定）。

（九）实验法

设计艺术的心理现象同其他心理现象一样，可以用实验的方法来研究。这样，设计艺术心理学才能够不断地发展。而且拥有设计特色的心理实验方法获得的实验数据，对于评估设计者智慧，对于理解大脑是永远不可能缺少的。

设计艺术心理学实验在实验心理学的基础上，揭示设计心理活动特征，探索设计者心理素质的评估方法与强化途径，使实验心理学由心理学之塔上走下来，服务于设计。

实验心理学是以人类的心理现象为研究对象，探索一个人对另一个人心理谜团的破解方法。如果说普通心理学奠定了心理现象研究的理论基础，那么实验心理学则是探讨心理现象的科学方法，是心理学不可缺少的心理测量方法论。心理学告诉人们：任何一种用来进行设计活动中的心理学实验的效果都不完美，因为其始终受到自变量、因变量及额外变量动态变化的影响。所以，实验心理学的研究目的是如何提高实验的精度，而不在于那一种实验的具体应用。通过实验总结设计心理活动的一般规律，提高设计心理素质。

设计艺术心理学实验范式是面向设计，进行心理实验范式的研究。所以，设计艺术心理实验没有必要、也不可能达到心理学专业实验的程度。而应从宏观感性的方法开始，研究设计者都能理解的实验，先从局部的心理实验开始，使实验内容既符合设计，又有趣味性，都能以别开生面的新鲜感积极参加；并逐步深入与扩展，创造可行的实验范式。

思考与作业

1. 名词解释：设计艺术心理学、投射法、焦点小组法、罗夏墨迹实验问卷法
2. 设计艺术心理学研究的对象是什么？
3. 试述设计艺术心理学产生的必然性。
4. 阐述设计艺术心理学研究的意义。
5. 根据设计艺术心理学的研究方法，以团队形式讨论，设计一套"当地特产包装"的设计调查问卷。
6. 根据设计艺术心理学研究的实验法，进行"宾馆客户衣服晾晒空间信息采集实验"，撰写一份《关于宾馆客户晾晒空间的观察实验报告》，并附观察记录。

第二章　设计艺术与视知觉心理规律

第一节　观照习惯

　　"我看见了一件东西"，"我看见了周围的世界"，这样一些叙述所提到的"看见"和我们日常生活中的"观看"没有较大的差别。从这个意义上说，"观看"就是通过一个人的眼睛来确定某一件事物在某一特定位置上的一种最初级的认识活动。所谓"观看"，就意味着捕捉眼前事物的某几个最突出的特征。人们观看除了定点地相对静止地审视对象外，更多的是运动地观照，即移步换景、多视角、多方位的感知。观照更侧重于显示、反映、表现，含有静观世界以智慧而照见事理的深层意思。

一、视知规律

（一）看与视觉、知觉和感觉

　　人类有这样一个共同的心理特点：当观众看到表现真实世界的画面出现时，他一定还想看到想象世界的东西，因此构成了视觉的原理和方式。图像要达到表现的要求，必须是真实世界和想象世界的融合。

　　世界上最优秀的电影、广告、设计等，它们所产生的巨大经济效益，都源于它们有这样三个特点：①引起观众的注意和重视；②观众把这样的作品看成是自己最需要的东西；③看完以后不容易忘记，对作品所传达的内容有很强的记忆，使观众感觉到是一种具有天赋的创造力。他们能创造出世界上最优秀的作品，是因为懂得视觉语言是一种特殊的语言，是在看的基础上，通过一种特殊的抽象形式来完成语言的特殊性。作者的作品使观众的头脑经历他们制定的特殊的抽象活动。这个活动的瞬间过程，是当抽象思维发生作用的时候，形象思维也开始作用。以一棵树为例：一棵树在图像中，本身不能表现自己，它必须通过角度、光线、背景、环境或其他形式，才能表现"树"所表达的含义或意象。视觉描绘是要通过两次转换，才能使"树"的图像变成一种语言符号。所谓两次转换，是指第一次转换使图像发生作用，第二次转换使作用达到效果。"看"和"视觉"是两个不同性质的概念。所谓视觉，指图像必须达到一定的效果或效益，没有感觉的视觉不是真正的视觉，所以说视觉是描绘图像的隐蔽部分，而不是表面部分。但看却是描绘图像的表面部分。我们的艺术作品需要应用视觉把图像的内在含义描绘出来，使观众对图像达到一种抽象的认识，把图像转变成符号，即视觉语言。

　　看，是指使视线接触人或事物，或观察其动态并加以判断的过程。看是一般性的感知活动，相对于这种低级的感知方式，视觉称得上是高级活动了。所谓低级活动，就是指一切事物都合并在一起，不加以任何区别地观看，与视觉相比，没有重点和目标，与我们内心需要的东西并不一致。所以"看"是感知的一般性活动。事实上，人的眼睛不能对事物产生单独的、直接的认识，因为事物的形式都是普遍性的，事物与事物之间所发生的关系也是 连成一片的。假如直觉不参与眼睛的观看活动，那么眼睛所看到的一切都是空洞的。眼睛单独地观看事物，等于什么都没有看进去。从哲学上讲，观看、观察和观照的主要区别是观看、观察是一种主体对于客体的行为，而观照则没有主客体的分别，是一种能动认识的存在状态。那么知觉对眼睛有审美帮助吗？知觉主要帮助眼睛选择心灵需要看到的东西，通过人的意识，显示自己的选择，使意识到的事物成为自己需要看到的东西。

人类在观看活动中，意识到某一件事物，都是从感官活动开始的。感官活动是人类认识事物最简化的形式。一般来说，感官活动不包含思维的特殊活动，仅是思维的一般性活动。因此感觉认识是一般认识，它也是人类最重要的认识活动。眼睛要把一件事物体现出来，必须涉及知觉。没有知觉参与的观看活动不会产生对事物的感觉，所以眼睛不能体现个别事物的观看活动，并不等于眼睛具有观看事物的能力。进行知觉活动的观看活动，是人类思维发展起来最重要的一个步骤。人类的眼睛拥有这样一种能力，促进了形式的发展，提高了大脑表达事物的能力。而知觉与眼睛的关系所形成的感官形式，具有描绘事物和表现事物的本领，发展了视觉世界的表现形式，并形成了形式的抽象物，导致了有意义的抽象形式的发展。人类掌握了图像的视觉语言，继而又从图像的一般语言发展到图像的特殊语言。由于眼睛不能单独地识别图像，所以绘画艺术、雕塑艺术又促进了知觉形式的发展，使人们意识到艺术与形式的重要关系，也促进了抽象形式的发展，并出现了一批抽象派和印象派画家的作品。这证明了感官形式的艺术，是可以通过眼睛来表现事物的本质和特点的，能够使物体的性质和特征以形式的方法表现出来，并把不同事物融合成整体的绘画作品。

人类在长期的艺术实践中，把逻辑形式看成一般的形式，或者看成艺术的机械形式，或者一个俗套的方式。人们开始意识到，需要重视事物的特定种类，界定事物的特殊性。人类心灵从本质上说需要看到偶然和意外瞬间的变化，感官需要看到突变的形式。只有这样，才能使观众看到区别于其他事物的特定种类。当人们看到这种特定种类的存在时，艺术家也会认识到，从一般性中会产生特殊性的原理。抽象性是心理世界最好的形式，使艺术有了生命的原理。

人的眼睛与知觉的相互作用，提高了人类观看事物的能力，所以一般的图像很难满足观众的观看要求，在眼睛中并没有被凸现出来，它很容易在眼前消失掉，艺术形式需要有一定的知觉层次，如何达到这种知觉层次？这需要形式的帮助，使图像的造型成为知觉型的表现，具有知觉活动的特点，使图像的某一部分被突现出来，使之容纳到概念的形式中去。这种容纳方式在感官中属于一种突变方式，或者说是一种偶然或意外的变化。概念在这种特殊的形式中产生，属于艺术的感官形式，也是最高级的认识。这种形式所带来的创造性思维，也使艺术成为最有影响的发展。这样一种方法所产生的效果，是人类对艺术的实际应用。只有把"看"的模式容纳到感觉形式中，才会产生视觉概念模式，才能取得文学语言的概括和描绘，使视觉图像等同于文字的力量。从感觉上讲，图像也具有美感，不同美感质的差别，往往是根据图像内容所包含的意义决定的。因此形式与内容的关系，成了艺术表现最重要的方面，不能为内容服务的形式是空洞的艺术。观众很难理解图像的意义，一个很美的图像，我们不一定能看到它所包含的内容；一个好的三角形可以包含着尖锐的矛盾；9根柱子却能体现一个中心；一个商标能包含着这个企业的信誉和产品的质量……这一切都不是"看"的关系，而是知觉的关系。一个不包括任何内容的色彩斑斓的图案，会很快在视觉中消失；一个没有文化内涵和图形寓意的"漂亮"标志，同样不久也会埋没在市场中。

（二）视知觉是一个能动处理信息的过程

视觉比其他感觉器官都要发达，并与外界的大量信息有关。人从环境中所接收到的信息大部分是通过视觉和听觉。其中视觉可以得到听觉的千倍以上的信息。信息的传播主要是经由受众的视觉进入破译阶段的。

视觉是能动的。那种将视觉当作镜子式反映的观点具有明显的臆想性。从视觉的生理机制到视觉活动过程，都体现出观看者的主动性，从而也就带有相对性。阿恩海姆指出：一个人在某一时刻的观察，总要受到他在过去看到的、想到的或学习到的东西的影响（积极的或者是消极的影响）。在创作一幅画的时候，人的大脑所具备的各种不同的能力都是相互协作的，不管这幅画服务于什么样的目的，情况都是如此。（［美］鲁道夫·阿恩海姆：《艺术与视知觉》，四川人民出版社，1998，P208）这种潜在的经验图式对观察的影响，在设计活动中也是无时不有的。熟悉传统沙发造型的，在看到仿佛巨大棒球手套的波普风格沙发时（图2-1），一时会搞不清那到底是坐具还是雕塑。美国建筑师布克敏斯特·富乐（R.Bukminster Fuller）设计的1967年加拿大蒙特利尔世界博览会美国厅，是一个由精密网架组成的圆球形建筑，见过蒲公英球的人很容易第一眼将它看成是巨大的钢铁"蒲公英球"（图5-1）。熟悉几何抽象画家蒙德里安绘画（图4-36）的人一眼就能从服装设计大师圣洛朗设计的蒙德里安风格的时装中看出两者之间的联系，而不了解蒙德里安画风的人则可能只是将它看成大格子式样。过去的视知觉经验和知识修养可以有助于我们正确地观察面前的对象，也可以妨碍我们正确地看，这取决于观看者视知觉经验和知识修养的正确程度和水平高低，以及他们与观察对象的关系如何。另外观看者的即时心境和需要也起着重要作用。情绪很差的受众对精美的时装也可能不屑一顾，正打算购买空调机的消费者，进了商场在琳琅满目的商品中可能会首先看到空调机。

美国语言哲学家古德曼（Nelson Goodman）赞同贡布里希"视觉有主观性"的观点，指出："就其工作情况来说，视觉总是要受自身经验，受听觉、嗅觉、味觉、触觉、情感和思维旧的和新的暗示的烦扰。眼睛并不是作为一架自动仪器单独工作的，而是作为复杂多变的有机体

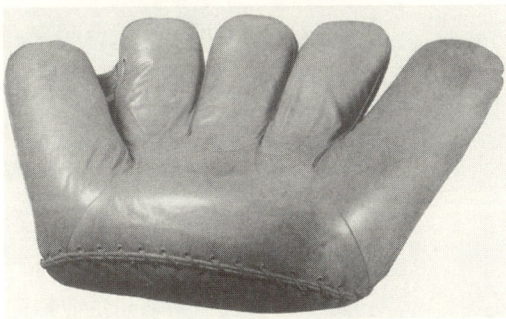

图2-1 "Joe"沙发充气椅

（意大利设计师德·帕斯、乌比诺和拉马奇合作设计，1970）

的一个尽职部分工作的。眼睛看什么，怎么看，都得受需要和趣味的控制。它选择、舍弃、组织、辨别、联系、归纳、分析、构筑。它与其说是反映，倒不如说是接纳和创造。"(《现实的再创造》，载《美术译丛》，1987年第3期)这样，设计师在设计产品前，就有必要针对产品的目标市场，针对设想的消费者，做些调查和了解，掌握有关他们的需要和趣味的情况，供设计时参考，以便设计出吸引他们视线的产品来。视知觉是一个适应的过程，一个信息处理过程。具有高密度信息的设计产品不能立即适合那些信息接纳、处理能力不强的受众。

观看一幅大型的街头广告牌，受众一般首先会感受到它的整体氛围，或者说它首先是以自己的整体氛围和大体形象使行人转过头来，甚至停住脚看上几眼。继而观者可能会较仔细地来看广告画面中从主体形象到辅助场景，从大字标题到小字说明的一个个细节，然后他会将这些细节再一次组合起来，较全面、深入地了解和把握广告设计图像。面对一件家具，受众一般也是依次经历大体造型感知，部件、结构及装饰的感知和细节组合的感知这样几个阶段。事实上，观者对设计产品的观照，就像观看一件纯美术作品一样，大都要经过大体感受、细节体察和形象联系这样三个步骤，才能达到对设计产品造型或图式的整体把握。在这种整体—局部—整体(深一层的整体感)的视觉感受过程中，第一步的完形感知或整体氛围的直觉具有促使受众观看下去的诱发性，它是对设计产品大体形、色、结构关系的概括提炼。一个企业形象设计应当有它与企业精神、企业行为和企业视觉相一致的特有的氛围；一件时装也应当有它或庄重或典雅或轻松或超群的整体面貌和所适合的氛围；一个室内设计的各个活动区、装饰小品、细节构件及其相互关系，也应当统一于一个整体氛围之中。我们不是没有看到过那种不中不西、风格芜杂、信息紊乱的室内设计，它给人的第一印象便很糟糕，当然很难吸引人去仔细欣赏品味了。

(三)人对平面空间的视觉规律

人对平面空间的视觉有如下规律现象。在垂直方向上，由于地心引力即重力的关系，人习惯于从上往下观看；在水平方向上，人习惯于从左往右观看，这与文字从左往右的常见排列方式是一致的。这样一来，在一个有限的平面中，观看者的视线落点有了先左后右、先上后下的规律。相应地，这个平面的不同部位成为对观看者吸引力不同的视域，据其吸引力大小依次为左上部、右上部、左下部、右下部，所以平面的左上部和上中部可以叫作"最佳视域"。当然，这种划分也受到文化的制约，比方说阿拉伯文书写自右向左横行，中国汉字直排时自右向左排行(这种排印方法今天仍然没有完全消失)，这时人们的阅读习惯有所改变，而"最佳视域"也改为右上部了。"最佳视域"在版面设计、书籍封面设计、广告设计、招贴设计、包装设计当中很有应用价值，标题、广告语、主体形象等需要首先让观者看到的构成部分可以考虑放在最佳视域。服装设计和个人形象设计中，人的左胸位置往往是最佳视域，这与以下原因有关：人的心脏位于胸骨后，居中稍偏左，左胸位置显得重要；绝大多数人主要使用右手。这样，人们总是把胸花、胸章等装饰品放在左胸位置。

人们的观看除了定点的相对静止的审视对象，更多的是运动的观照，即移步换景，多视角、多方位的感知。展示设计中观众在展示空间当中的行走轨迹被称作"动线"。动线不仅是空间位置的变化，也是时间顺序的体现。这种动线不仅在展示设计中，而且在室内设计、园林设计、建筑设计中都被作为一个不可忽略的因素加以考虑。设计师既要依据设计内容的主次、节奏，通过诸如空间分割、景点分配、标示导语等手段来安排受众的动线，也必须要考虑到受众的视知心理，比如说人们习惯于进展厅门后向左转开始参观，因为人的右腿比左腿更有力；人长时间观看没有变化或很少变化的空间场景容易产生烦躁情绪等等。

人的视知觉具有可变性，也具有常性。物体的形状感知随着观看距离、视点、光照等的变化而变化，在不同的环境背景和照明条件下，物体的颜色感知也有所不同。所谓视知觉常性是指即便距离、光线、视点、环境背景发生了变化，人们仍然能够辨认出一个物体的固有形状和颜色等，或者说人们对物体的固有形状和颜色等视知觉保持一种抗干扰的恒定性。视知觉常性是大脑用来预测和调整感知到的形状和颜色的，它的形成与人的视知经验有关，也与足够的有关信息相联系。

在具体的观照过程中，可变性和常性同时起作用。两者的关系也是一个变量。例如，在一个充满红光的屋子里，绿叶看上去也成了红色的。但是倘若那是长在一株植物上的，或者还与花在一起，那么人们仍然会感到那是绿叶，这也是视知觉常性在起作用。所以在室内设计、展示设计、商业设计等过程中，有必要考虑受众视知觉可变性和常性的关系，比如说通过提供有关的线索，使受众在不同于通常环境、光照的空间条件下，看到的东西不会在视知觉上有显著的变形或变色；或者相反，通过取消这类线索，让物体的视知觉恒常性减弱，使得物体的感知异乎寻常。

任何事物都是一个统一的整体，组成该事物的各个部分相互联系、互为依存，事物的各个特性也是彼此联系、互相补充的。这样，人对一个事物某一特性的感知也与对它其他特性的感知相联系，使得在一定的条件下，人们可以通过视知把握到事物的一些相应于其他感觉的特性。例如，雪造成晶莹洁白的色觉，也造成寒冷的感觉，有时人们从白雪的图片中可以感到丝丝寒意。人们在生活中见到的不加镀层的铁常常是深灰褐色的，摸上去让人感到坚硬。有时人们可以直接从对铁器的观照中得到这种坚硬感。青色的毛桃是生涩的，鲜红的桃子吃起来给人以甜美的味觉，但人们可以从鲜红的桃子的商业摄影中直接得到这种味觉。设计师出于特殊的需要，可以以青绿色的桃子的图像引起受众不快的味觉。

这些现象与人的"联觉"有关系，它其实是指"感觉相互作用：某种感觉感受器的刺激也能在不同感觉领域中产生经验"，有的学者称之为"通感"。抽象主义艺术大师康定斯基在其《论艺术的精神》中就曾说过："视觉不仅可以与味觉相一致，而且也可以与其他感觉相一致。"颜色可以被形容成"粗糙的"或"刺一般的"，"柔和的"，"干燥的"等等。关于"联觉"的生理机制，现在还不能说十分清楚。有的心理学家认为它是两种或多种分析器中枢部分形成的感觉相互作用的结果，是分析器相互建立起特殊联系的产物。这种特殊联系与生活经验有关。正是由于经验和知识储备才理解了事物视觉特性与非视觉特性的联系，才有可能"直接观照"到对象的重量、质地、温度等等。人们观看一件域外水果广告，是无法感觉到它的滋味的。

二、视觉质感

没有质感的食物是枯燥无味，没有吸引力的。质感增加饮食经历的兴趣和感官愉悦。同样地，艺术质感将我们五种感官的一种带入平衡——触觉。即使博物馆工作人员禁止我们接近艺术品，我们的眼睛和记忆也会一同唤起我们的触感，而且我们可以想象我们看到的会是什么质感。质感并不意味着粗糙。质感范围从玻璃或瓷器的光滑到大型浮雕、细麻画布或风干木板的粗糙表面。（图2-2a、b，图2-3，图2-4）法国视觉美学家德卢西奥-迈耶对"视觉质感"的分析不仅关涉到上面所说的事物非视觉特性的视觉感知，也联系到艺术感受、设计产品感

a.《E.O.W的小头》，板上油画，弗兰克·奥尔巴赫1957—1958年创作，板上油画，根据奥尔巴赫准则"什么也没有遗漏……在某种程度上，隐藏绘画中不相关的东西"，这幅绘画的厚度和质感经历上百次画中人物坐着供人画像。

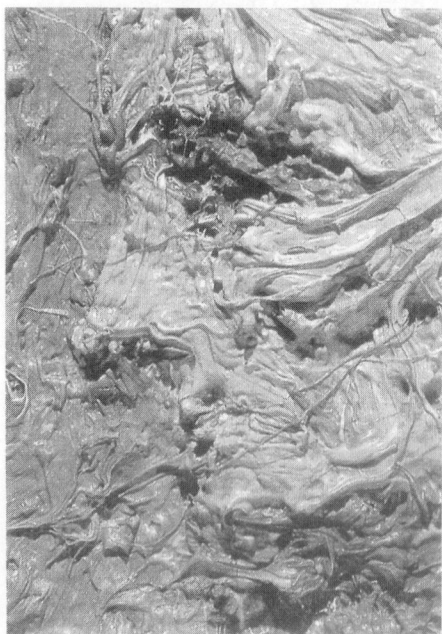

b.《E.O.W的小头》（局部），弗兰克·奥尔巴赫1957—1958年创作，伦敦泰特藏。

图2-2　绘画触觉质感的局部揭示了奥尔巴赫专心致志地修改图像的视觉记录，以及求与坐着被画人的"原始感受"相同的视觉感受。

图2-3　［西］巴塞罗那圣家族教堂（1893年至今），安工尼·高迪

高迪的大教堂几乎没有平滑的表面，即使有，那就是每平方英寸都覆盖精美雕刻。东边的钟塔装饰着多彩镶嵌饰面，俊俏的正面有地质感。

图2-4　梅里特·奥本海《实物》（1936）

奥本海以这套毛饰的茶杯、茶碟和勺子闻名。是得到广泛认可、值得纪念的超现实主义雕塑作品之一。超现实主义将不相关的东西与熟悉的器物和质感联系起来，作为装饰而非实用。这里光秃秃、光滑的茶杯表面被野生、不卫生的东西所取代。

知中的作用。他是这样说的："'视觉质感'这一术语最好的描述，也许就是我们所能看到的质感，这种质感吸引我们亲手去触摸，或至少同我们的眼睛很亲近，或者换而言之，通过质感产生一种视觉上的感觉。其实，这同样适用于一件雕塑、建筑作品，适用于室内装饰、家具、陶瓷、一件工业设计的作品，当然，这适用于凡有质感的任何场合。"（（法）德卢西奥－迈耶.J.J：著《视觉美学》，上海人民美术出版社，1990，第103页）的确，看出质感有赖于诸如粗糙光滑、坚硬柔软等相对的具体经验。

工业设计产品的表面，经过装饰的室内墙面，时装的质料，甚至装饰壁画的画面肌理，导致不同的、对于受众常常具有重要意义的质感。受众会通过触摸来感受某些产品材料及其加工处理结果的质感，而设计师有时会根据设计的意图和宣传、展示的需要，设法唤起受众的兴趣，去触摸设计产品。家具和餐具表面光滑的触觉常常是设计师所追求的效果。有时设计师有意把墙面和柱子处理得粗糙不平，甚至露出石块，以强烈的质感构成其设计风格的一个鲜明特色。牛仔面料质地的粗糙和丝绸面料质地的柔软、光滑，分别迎合了受众不同的触觉需要，它们不同的质地是它们设计审美特征的组成成分。贺卡、挂历之类设计产品传达了一种设法吸引受众去触摸的趋向：或者在一件产品上采用不同质感的材料，从硬卡纸、塑料到木材、草叶、金属；或者依据画面标题、图式的内容，做成凹凸不平的表面；或者以标志、文字提示受众去打开、翻折产品，使之形成美观的形状等等。通过吸引受众动手参与来调动受众的积极性，达到更好的宣传和传播效果，这是当代展示设计的一种发展趋向。这里受众的触觉对他的情绪和评价展品的态度是有影响的。受众在茶叶博物馆采茶、炒茶，在陶瓷博物馆制陶、烧陶，在民俗博物馆纺纱、织布，会引起受众的兴趣，促进展示空间里的信息交流和情感交流。海南兴隆咖啡馆在游客面前展示咖啡的烘焙、研磨、冲煮、品味整个调制过程，以吸引游客注意力，增加信息和情感的交流，促进销售。

设计师是通过触觉的创造性运用来十分贴切地感受材料的。德卢西奥－迈耶的这一论述很有道理。其实无论是否打算将自己的材料触觉传达给受众或者吸引观众来触摸自己的设计产品，每一个设计师都在感受材料里发挥了自己的触觉能力，都会以一种审美的态度和创造精神来对待材料的质感。他的触觉并非一般的感受，而是他的材料美感的组成部分，进而成为他的设计的一种感觉材料。德卢西奥－迈耶接着举例说明触觉在出版界等领域里设计产品的应用。他说：编辑们懂得，他们如何要求设计师与装订工人去发现表现方式使公众不仅想看、想读，而且还想触摸的款式——好的表现手感作为一本制作精良的书，特别是精装版本的书，历来就是公认的一个品质证明。同样的手感质量也被制造业用于巧克力的包装或香槟酒酒瓶和基安提红葡萄酒酒瓶。触觉还被用于帮助识别产品或指示打开包装的位置。容器设计师使用压痕为标记，指明为了正确地打开一个封套，如香烟盒、洗涤剂包装袋等，应该在哪一部分压下去。木头、丝绸、一把合用的刷子、一块柔软的床垫，这些东西的触觉特征都被广告撰稿人用来使公众的想象得到传播，并产生一种'梦想'，产生一种对这些产品的无理性的渴求。（（法）德卢西奥－迈耶.J.J著：《视觉美学》，上海人民美术出版社，1990，第102页）

当然，在多数情况下，设计产品受众的触觉是通过所谓"视觉质感"调动起来的，或者首先是被调动起来，再由他亲手触摸加以验证的。所以现代设计师，尤其是平面图像的设计师应当根据需要把调动受众的质感观照能力列入思考范围，这样，考虑目标受众相对共同的生活经验也成了必要的事。

第二节　图形错觉

没有一个设计师愿意看到自己设计的产品被湮没在人造物海洋当中无人理睬。吸引观众的注意甚至造成追逐竞购的流行，不但是设计师所要考虑的，也是制造商、经销商刻意追求的。

一、定势与注意

注意是心理过程的一种共同特性，或者说是心理活动对某个对象的指向和集中，并不是一种独立的心理过程。人们专注于某个事物时，总是同时在感知、记忆、想象、思考着，或者体验着一定的情绪。注意与知觉选择性有着直接的密切联系，正由于这点，有些心理学家将注意视作知觉的一种表现。在现代设计的心理活动中，视知觉因素有着首屈一指的重要作用，我们有必要集中来谈谈设计活动中的视知觉注意。

（一）设计的简洁化与注意

对于设计师来说，牵住观众的视线是个起码的要求，是打动观众的第一步，没有这一步，设计信息的传播、促成观众的购买欲等等就通通谈不上。许多设计师为此想出种种办法，甚至绞尽脑汁。有的研究者指出，对于一幅海报观众的注意力最多只能维持到两秒钟。要在这么短的时间里引起人们注意并留下些印象，海报图像必须相当简洁。设计作品的简洁体现在以下诸方面："质的简洁：用很少的构造特性，组织成干脆利落之画面"；"'形式'与'内容'须一致"；"使用简单的'质'，表现简单的'内容'：换言之，美术设计上的内容不可太复杂：最好只使用一个简单之内容，借简洁之形式，把其内容传达给观众"。（王秀雄：《美术心理学》，台北市美术馆，1994，第177页）其实，这种简单与复杂是相对的，再简单的内容仍然不止一个信息。趋于简洁或者说"简洁化"是当代设计的一种趋向，它实质上符合视觉的秩序化规律。心理学实验表明"通常我们的眼睛看东西，先把握几个大的形之构造特性，并不去把握那些琐碎之细节部分"。（王秀雄：《美术心理学》，台北市美术馆，1994，第60页）只要抓住大的构造特性，人们也就可以基本把握住对象的形了。

这种视知现象体现出视觉的提炼功能。观者对绘画的视觉提炼功能总是要将细节繁多、信息错杂的画面，最大限度地演绎、归纳、简化成尽量规则的、富有秩序感（统一、整齐、有序、和谐）的图式。绘画的视觉提炼是一种视觉的审美发现，是对画面有机秩序的发现。如果一件作品能较为有效地满足观者提炼的冲动，并且有尽可能多的细节被组织进一个尽量简洁的统一结构样式中，那么这样的作品就可以称作是简化性的，它就可能比较容易引起观众注意。这种情况不仅发生在对绘画的观照中，而且同样发生在对设计图形和造型的视知中。

简洁的设计容易引起观者注意不等于说一定会引起注意，注意的形成有其必要的主客观条件。在主观方面，即观者方面，他的经验、知识修养、需要、兴趣、对设计产品的态度和即时心境等等，是形成注意的主观条件和成因。这些条件以视知觉定势的方式表现出来。一个热衷于看时装表演的观众，在观看一台包括时装表演在内的综艺晚会时，会带着一种强烈的预期意向或者说接受定向等待身着时装的表演模特们登场。一个正在为某个商标设计反复构想的设计师，会在超级市场林林总总的商品及其包装中首先看到那些尺幅不大的商标。熟悉"麦当劳"标志并且中意其口味的人们较容易在一个招牌林立的市镇上找到"麦当劳"连锁店，这些都是心理学上所说的知觉定势，即"一种准备状态，一种以刺激的特殊组织去完成一种知觉的准备状态"。（克雷齐等：《心理学纲要》（下），文化教育出版社，1981）观者的观照总是被置于视知觉定势的某种程度的影响之下。心理学家指出知觉定势的两个成因：一是已有的经验，二是需要、情绪、态度、价值观念等个人因素。"我们倾向于看见我们以前看过的东西，以及看见最适合于我们当前对于世界所全神贯注的和定向的东西。"

（二）图形逆转与注意

视知觉定势的影响在对所谓"两歧图形"或"两可图形"的观照中看得较清楚，习惯上称"图地逆转"现象。这些图形常见的有：鲁宾（Rubin）"人瓶"两歧图，即一张黑白图，其黑色部分和白色部分依次看成背景—物体、物体—背景时，图形依次显现出花瓶或杯子和两张面对面的人脸（图2-5）；博林（E.G.Borimg）的"妻子或岳母"两歧图（图2-6），即一个可能会轮流看到一位年轻女人和一位老妇人的图形。对比决定即时定势的经验，刚刚发生的经验比起不那么近的经常的经验更重要。比方说看过一张清晰的年轻女人像以后，观者更容易从"妻子或岳母"两歧图中选定"妻子"。知觉不是简单地被刺激模式决定的，而是对有效的资料能动地寻找最好的解释。"（格列高里：《视觉心理学》，北京师范大学出版社，1986，第5页）需要和情绪等因素对知觉的选择或寻找也有很大影响。需要常常成为在知觉环境中选择目标的根据，并可以影响经验过滤器。展览会、博物馆设计不可轻视对门厅或门廊的设计，与展厅在气氛、风格上保持一致的门厅或门廊设计有助于观众形成一种有利的近因，促成其朝向展厅的审美知觉定势。柔和的灯光、适当的音乐作为展示设计的一部分，对调节观众的情绪也会起一定作用。

通过直觉思维，我们可以对物体的形状、大小、色彩等特征有比较深入的知觉。但是，物体或图形的特征并不都是十分明确的。瑞士博物学家内克尔在1832年设计了"内克尔立方体"（图2-7），因为用透明的结构画出了所有的面和线，因此，对它的透视关系可以做不同的理解。画有斜线的面可以在最前面，也可以在最后面。这就使"图地逆转"那样增加视觉趣味的图形，从二维的关系扩大到三维的关系中来。20世纪六七十年代以来，类似"内克尔立方体"这样的图形，在设计中应用逐渐广泛。我们把这种貌似单纯、正确，实际上复杂和矛盾的图形，统称为"悖论图形"。它包括两可图形和不可能图形。

1. 两可图形

"内克尔立方体"就是典型的两可图形。由于空间方位的模棱两可，忽而如此，忽而如彼，都没有错，使你不知作何选择

图2-5　鲁宾人瓶

图2-6　妻子或岳母

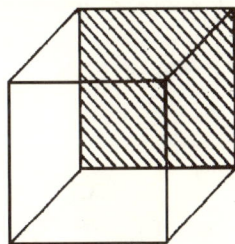

图2-7　内克尔立方体

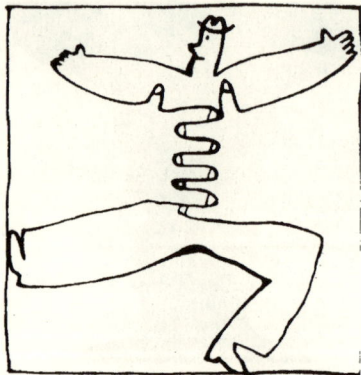

图2-8 漫画式两可图形

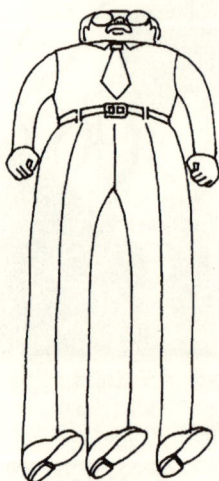

图2-9 三腿人

图2-10 不可能图形

左，埃夏立方体　右，版画《瞭望塔》（荷兰埃夏作）

为好。两可图形以几何形体的表现比较容易，并且比内克尔立方体更加充满矛盾，发展为不同焦点的平面形三维组合，有几分"冷静的荒诞"的意味。

大约在20世纪70年代，两可几何图形在商标、标记的设计中，几乎随处可见。80年代，可能是受"后现代"风格的冲击，这种十分冷静的机械式表现有所减少，一种以有机形为主题的两可图形，透露出一些人性的气息。图2-8这样的漫画式作品，虽然与"图地逆转"有几分相似，但前后景的关系往往比较密切，所以称为"两可图形"可能更准确些。

2. 不可能图形

几乎每一本设计技法书都会用"音叉错视"作图例，因为它是最典型的"不可能图形"。当我们分别注视音叉的两端，会看到不同的结构，一端是三根圆柱，一端是一个方框。虽然它们每根线都能联结，但却是不可能实现的，任何人都不可能做出实体模型来。这种原理具象化，就成为图2-9中的"三腿人"。与此相类似的有埃夏的版画《瞭望塔》，画中的木梯斜架在垂直的平面上（图2-10）。这种图形只是在空间关系上制造趣味，没有实现的可能，因此称为"不可能图形"。

不可能图形的构思，被称为是"超现实"的。它在现代派绘画的园地里，很自然地生长和发展。广告、海报为了更引起人们的注意，仅靠强烈的色彩、娴熟的技巧已经很不够了，因此，不可能图形就起了不小的作用。例如日本20世纪70年代的一幅展览广告（图2-11），两个人站在成90°的两个平面上，利用影子来发生联系，构思的别致，堪称一绝。

一件设计产品要引起观众注意，它本身还必须是对观众来说"似曾相识"的，也就是说它既要与观众已有的经验在一定程度上保持联系，又要让观众感到新鲜，或者说能为观众提供新的信息，这就是形成注意的客观条件。天天重复播出的电视广告人们大多不再专注于它，街头出现的色彩鲜明突出、款式新颖独特的时装会引来许多行人的目光。法国巴黎1976年建成的蓬皮杜国家艺术与文化中心是注重"高度工业技术"建筑设计倾向中涌现出来的名建筑（图2-12），是一座标新立异的建筑物。它不像通常的文化建筑有典雅庄重的外观和宁静的环境，而是将其结构和各种管道、机械设备全部暴露在外，看上去像一座化工厂。但它毕竟让人们感到是处在巴黎古老建筑群中的一座新建筑，不管是被反对的人蔑称为"化工厂"，还是被喜欢的人夸耀为"像神话中的建筑"，总之它牵住了观众的视线。它的设计者、第三代现代建筑师、意大利的皮阿诺（RenzoPiano）和英国的罗杰斯（RichardRogers）谈到自己的设计时曾说："它的目标是要……尽可能地吸引最多的群众。"（同济大学等：《外国近现代

图2-11　[日]无理空间,四人画展海报,1975

图2-12　蓬皮杜国家艺术与文化中心

建筑史》,中国建筑工业出版社,1982,第267页)看来这一个目标是达到了。

二、图一地(底)关系原理

了解注意的本质及其基本特征,将其具体应用于现代设计,这是一个有普遍意义的课题。实际上人在清醒的时候,无时不在注意着什么。展厅中的观众,不是在注意这件展品,就是在注意那个展品,或者注意展品以外的某个事物。一个打开报纸的读者,不是在注意某个广告,就是在注意某篇文稿,或者也可能手拿报纸却在注意报纸以外的某个东西。一件设计产品要为人们所接受,就要在它与观众共处一个空间的时候(在展厅、商场、街头、广场等),使观众的视线射向它而不是其他事物,并且延续一定的时间。一些设计师以突然的刺激或炫目的新奇造型来唤起观众的偶发性注意,比方说仿人脸的建筑外观、动物造型的电话机、取材于非洲部落装束的时装、一时出现空镜头而后再切换成文字画面的电视广告,都可能引起观众的注意和兴趣。一些设计师采用空间或时序安排上的方向性预示手法来引起观众的探究性注意,让人逐渐走向设计主题。例如有的报纸广告在一连几天的日报同一版面同一位置刊出,从画面到广告文字精心设计成环环相扣的悬念,在最后一天才揭开谜底,登出中心广告语。有的展览会博物馆展示设计将一系列展厅安排成具有某种内在的方向预示,让观众"欲罢不能"地参观完全部展厅,有"渐入佳境"之感。

观众的注意表现为其心理活动的一种积极状态,使心理活动具有一定的方向性,指向某个事物或者事物的某一部分,使之成为注意的中心,同时将中心周围的事物或部分处于注意的边缘,将离中心更远的事物处于注意的范围之外。这在图形的视知觉注意中就表现为所谓"图一地(底)"关系:注意的中心成为"图",而注意的边缘成为"地",即背景。"'图形'与'基底'之间的关系,就是指一个封闭的式样与另一个和它同质的非封闭的背景之间的关系。"这一看法是合理的。对"图一地(底)"关系的处理是现代设计,特别是平面图像的设计中应用视知觉注意的一个重要的方面。

视觉心理学家对"图一地(底)"关系原理的发现加以整理,并概括成9条原理:①被包围的或闭锁的形成为"图",包围者却成为"地"(即"底");②小面积者成为"图",大面积者成为"底";③密度高或有纹理描写者易成为"图";④二形位于上下之位置,而其面积、形状均相同,只有色彩或明度有差异,此时位于下面之形易成为"图";⑤对称性之形易成为"图";⑥相邻二形均具有对称性时,则凸形成为"图"之可能性较大;⑦愈单纯之形愈易成为"图",日常看惯了的形也易成为"图";⑧其方向与我们视野的水平垂直坐标相一致的形,易成为"图";⑨有动感、旋转感之形易成为"图",静止之形易成为"地"。(王秀雄:《美术心理学》,台北市美术馆,1994,第128~137页)与上述9原理相比较,有的研究者提出的以下5条是不同的:①与周围环境亮度差别大的部分比差别小的部分易成为图形;②亮的部分比暗的部分易成为图形;③含有暖色色相的部分比冷色色相的部分易形成图形;④具有幅宽相等的部分比幅宽不等的部分易成为图形;⑤与下边相联系的部分比上边垂落下来的部分易形成图形。(刘盛璜:《个体工程学与室内设计》,中国建筑工业出版社,1997,第69~70页)这样,我们发现了图—地(底)关系14条原理,或者说在图—地(底)关系中建立图形的14个条件。但是可以相信,随着进一步地实验和概括,还会有更多的原理或条件被发现。此外,在同一个图像或画面,或者图—地(底)限定的观照范围,特别是平面内,这些原理又是可以同时发挥作用的。哪个原理能够起优势或主导作用,要视具体情况而定,既要看哪种条件较为明显,还要看观者的视知觉定势的情况。

图—地(底)关系原理在现代设计中得到非常广泛的运用:在广告设计中,利用明暗、冷暖的不同对比来突出广告主体形象或广告语;在标志设计中,注意标志的造型完整和简洁单纯,并把它放置在较大面积的背景上;在报刊版面设计中,在文章报道的标题周围留出较大的空白,与四周较大面积排得相当紧密的文字形成明显的差别;在建筑物大面积统一的墙面上设计信息密集的大门;在园林里以粉墙为背景配置植物山石小品:凡此种种,都是要突出背景前的图形,那正是要引人注目的地方。其实图—地(底)关系的观照不仅存在于平面或准平面设计中,而且广泛地存在于三维空间立体的设计中,人对环境的观照中普遍存在着处理图—地(底)关系的情况。时装表演的T型台区是亮的,相对于展厅的暗空间背景,形成为全场观众注视的"图形"。室内设计中,家具、陈设和装饰壁画,以及灯具,相对于地面、墙面和天花板来说,往往成为"图形",而地面、墙面和天花板则成了背景。山林中的一座别墅会被人们看成绿色背景中的一个"图形"。博物馆展示设计中,出于保护的考虑,对一些著名绘画、雕刻、工艺品的照明度不能太大,同时又要让它突出于一般展品,就要让它的周围暗一些,而且有一个较大、较单纯的背景,使它成为这个背景中的"图形"。动态的广告方式正被广泛地运用,高楼顶上频闪变幻的霓虹灯广告,街头行走的广告模特儿队,还有公共汽车、出租汽车、无轨电车车身广告,都为人们所熟悉。

如果要达到分辨图形的目的,就需要造成图与地一定的差别。一般地说,差别越大图形就越容易被认出。假如图与地的刺激强度差不多,相互没有什么差别,就会使观者的视线一会儿落在图上,一会儿落在底上,因而感到困惑,或者感到"视觉僵持"。这种情况在设计中一般应该避免。我们经常见到一大批画得差不多同样色彩斑斓的街头广告牌排列在一起的情况,这些不同的广告互相干扰,哪个也无法轻而易举地成为公众注目的图形。

以上的分析集中在相对独立的图形被观众辨认和注意的情况。在设计中,我们还会经常遇到由一些相同或不相同的物体或因素聚合成为一个视知整体,从周围其他事物组成的环境背景中被分离出来的情况。这种认知也有其规律,常见的有以下一些:①接近律:在空间位置上相互接近的物体易成为一个视知整体，比方说一组灯具，一件由几块太湖石、几丛植物组合在一起而成的山水小品，由几张沙发和一个茶几组成的小型会客区，博览会上一个企业集中展示的一些工业产品等等。②相同律：在形态上相同或相似的物体易成为一个视知整体，例如在建筑物立面上安排的一排形状相同或相似的窗户，展厅中几个穿统一馆服的讲解员，大街上成排的、形状相同的路灯等等。这种相同还可以包括方向上的相同，几个方向相同的因素，也可能成为一组视知对象。③连续律：一个不完整的图形或形体，当其结构具有某种连续性时，可以被看成是封闭或完整的。心理学上所说的"趋合"也就是连续律。某些图形倾向于被知觉为比它们的实际情况更加完整或闭合，这种知觉的倾向称为趋合。发生趋合的一种情况是所造成的封闭图形较简洁而有规则。比如在广告设计、装帧设计和视觉传达设计的图形组合中常常要运用重叠的方法，倘若要使得被遮掩的图形显得闭合和完整的话，就需要使它的结构简洁而有连续性。

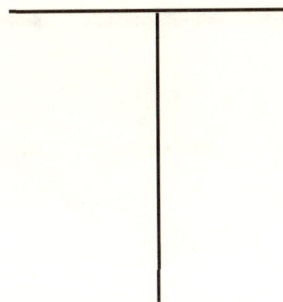

图2-13

三、视错现象

错觉是人们日常生活中广泛存在的一种心理现象。错觉的外延非常大，它既包括几何图形错觉、颜色错觉等视错觉，也包括空间定位错觉、轻重错觉等其他感觉的错觉和各感觉之间相互作用而形成的错觉，还包括一定主、客观条件下思维推理错误所引起的错觉。后者的情况比较复杂，一些艺术心理学家将图画再现整个看成是错觉现象，例如贡布里希就把古希腊画家宙克西斯画出几可乱真的葡萄引来鸟儿啄食，巴尔拉修在画板上画出逼真的帘子引得宙克西斯伸手去掀，都归到造成骗术的错觉上去。（《艺术与错觉》，浙江摄影出版社，1987。）我们在上面几节中分析过现代设计中经常加以利用的色彩的冷暖感、轻重感、距离感和心理空间，其实也都是错觉现象。在这一节中，我们要集中探讨一下主要与平面设计作品有关的几何图形视错觉。掌握它们的特征和规律并巧妙地利用它们，会使我们的设计变得更加生动有趣和富有吸引力。

图2-14

图2-15

图形与图形之间相互影响而导致的图形视错觉主要有以下4种：

第一，线条长短视错。例如：垂直线与水平线错觉——两条等长线，一条垂直而另一条水平，两者在水平线段中点处相交，那么垂直线段显得长些（图2-13）。米勒-莱依尔错觉（Miller-Lver illusion）——两条等长线，由于线的两端的箭头方向不同，线的长短也就发生视觉上的变化，即一条两端加上向外扩延的箭头而另一条两端加上向内收敛的箭头，前者显得长些（图2-14）。由于两条等长线两端圆的圆心位置不同，线的长短也感觉不同（图2-15）；两条等长线，由于受两组不同长度的粗线影响，其长度也感觉不同（图2-16）；两条等长线的线型一样，由于受两边线的长短对比作用，亦发生了错视现象（图2-17）；与上面同样原理，短线中间的白色间段，虽然与长线的间段相同，但却产生完全不同的视觉印象（图2-18）；

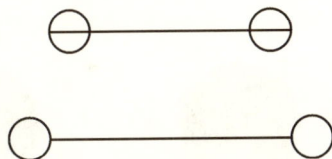

图2-16

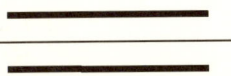

图2-17

图2-18

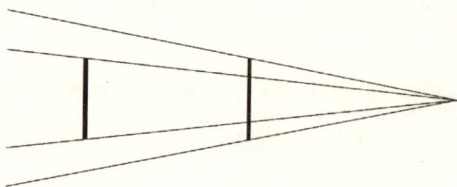

图2-19

庞佐错觉（Ponzo illusion）：4条相交的辐合线条，一头靠拢而另一头分得较开。在这辐合线条所围成的开放空间中放上两条等长的平行线段，那么处于两条辐合线狭窄处的那条线段显得长些（图2-19）。

第二，面积大小视错。例如：艾宾豪斯错觉（Ebbinghaus illusion）——因分别受周围不同大、小圆形的包围，这两个等圆也发生大、小变化，一圈小圆中的那个圆形看上去较大（图2-20）。同心圆错觉——面积相等的两个圆形，外围加有一个稍大些的同心圆的那个看起来要大些（图2-21）。图形内部结构错觉——同样大小两个圆形，一个在圆形外周有一圈向外放射的箭头，另一个将箭头置于圆内并且向圆心会聚，这样前一个圆形显得较大，这是因为带有方向性的点在起作用（图2-22）。关闭与开口图形错觉——面积相同的两个图形（正方形、三角形等），一边开口的图形带运动性，看上去比关闭的那个图形要大（图2-23）；同样大小的空间，被分割后的空间比没有分割的空间更感觉大些（图2-24）。两个扇形面积相同，但上面两条曲线与下面的两条曲线的长短给人以不同的视觉感觉（图2-25）。图2-26）中，ab的长度与bc的长度相同，但给人的感觉却迥然不同，bc看上去更长。下图bc标出刻度，给人印象更深刻。两个大小相同的圆，由于放置的位置不同，则给人的视觉印象不同，靠近角内的圆显得大些（图2-27）。不同颜色的两个相同面积的正方形，白的正方形要比黑的正方形显得大些（图2-28）。

图2-20

第三，形状视错。例如：庞佐错觉另一种情况是一组辐合线条呈上紧下松排列，仿佛从上向下放射的光束，这时，光束中的长方形看上去发生形变，呈顶比底宽的倒梯形（图2-29）。埃卜任斯坦错觉（Ebrenstein illusion）——位于密密匝匝一组同心圆当中的一个正方形看起来四条边均发生弯曲（图2-30）。图形背景错觉：一个放在由几组直线和曲折线构成的背景上的圆形看上去变形了（图2-31）。亥姆霍兹错觉（Hemhol zillusion）：三个同样大小的正方形，形内加有许多纵线的一个显得纵长，而形内加有许多横线的一个显得横宽（图2-32）。一条直线上加入数条斜线，那么这条线就感觉不直了（图2-33）。图2-34是一个平面三角形，却有凸、凹的错觉；图2-35在白线交叉处可以看到灰色的斑点，这是由于在这些交叉部分视网膜电流相对较高的缘故。这并不是错视，而是正常的视觉现象。图2-36是个平行四边形，其形愈扁，则两条粗线（等长）的错觉愈大。

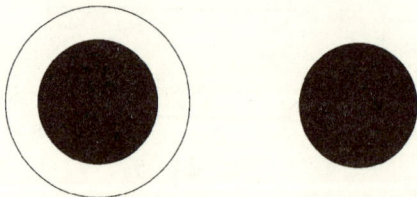

图2-21

如图2-37，水平线中央部分看上去往下凹陷，这是因为视网膜是球状而造成的。如下图那样让中央部分稍稍鼓起便

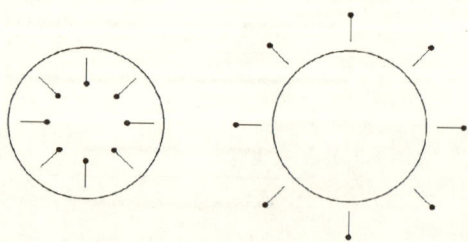

图2-22

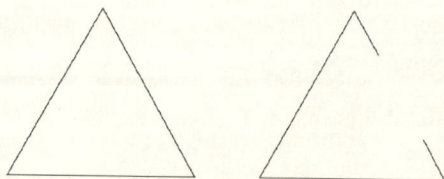

图2-23

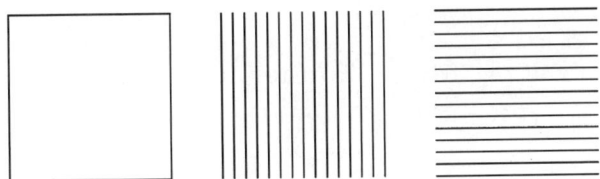

图2-24

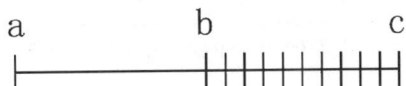

图2-26

图2-25

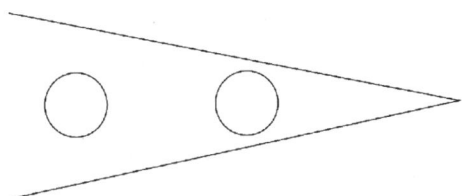

图2-27

图2-28

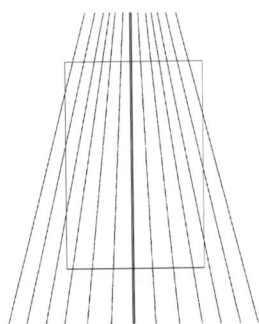

图2-29

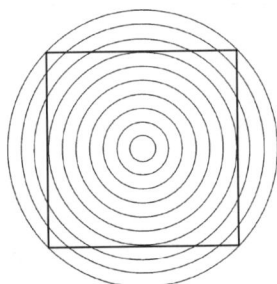

图2-30

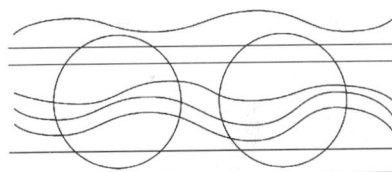

图2-31

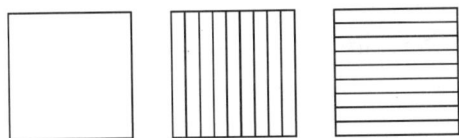

图2-32

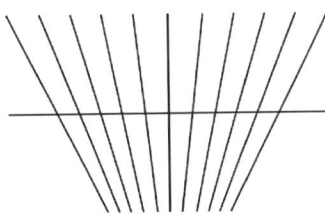

图2-33

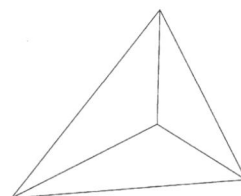

图2-34

图2-35

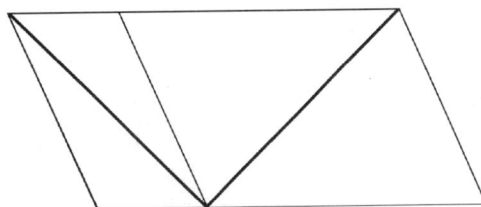

图2-36

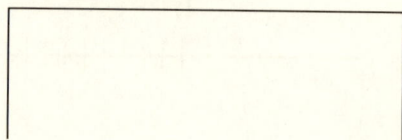

图2-37

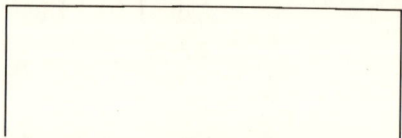

图2-38

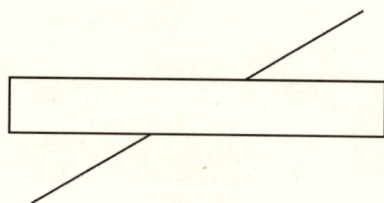

图2-39

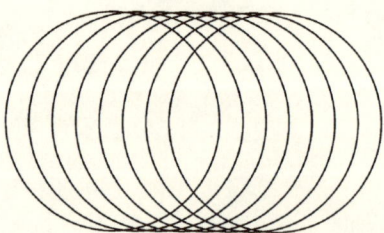

图2-40

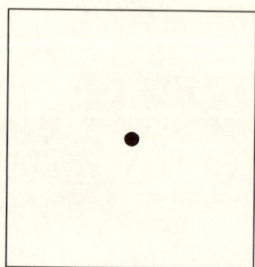

图2-41

能修正这错视。

第四，方向视错。例如：泽尔纳错觉（Zouner illusion）——在一组平行线上分别加了许多不同方向的斜行短线，平行线似乎改变了方向，显得不平行了（图2-38）。波根多夫错觉（Poggendorff illusion）——一条斜线被一个狭窄的长方形隔成两部分后，看上去并不连续（图2-39）。形成圆筒状的一组相交错的圆，能给人在视觉上产生左右方向上的变化（图2-40）；正方形的中心点，往往给人以偏上的感觉（图2-41）。

我们分类列举了一些典型的几何图形视错觉现象，它们并不是这类视错的全部，新的图形视错仍会不断地被发现和归纳出来。在设计中，图形视错的避免和利用是一个共同的具普遍意义的课题，而这种具体操作之不可悉举也是显而易见的。

由于普遍存在的垂直线与水平线视错，书写方形的汉字广告标题时应当把字的外框处理成横边略长一点以保持正方形视觉；在某些精密的工业产品和仪表的设计中，会通过相应地适当缩短垂直线段长度或者延长水平线段长度，达到矫正错觉、避免误差，使人感觉到这些线段的长度一致。由于面积相同的图形上下并置时上面的图形显得较大（图2-42），在字形设计、广告设计时就可能会根据需要将上部图形处理得稍小些，例如将"8""S"的上部写得小些会看起来上下相等。与通过衣服上的横、竖线条来对体形的视觉做出调整相类似，个人形象设计师也可以通过发型、头饰、眼镜等的处理从视觉上改变设计对象的脸形，脸形圆而偏大的人不宜梳向四周散开的蓬松发型和戴圆形框架眼镜，脸形瘦长的人适宜梳这种发型和戴扁方带圆角的眼镜，而脸形稍呈横宽的人梳向上耸起的发型比较合适而戴扁形帽子则不宜。利用艾宾豪斯错觉，设计师在设计成组的圆形或球形灯具时可以相应地放大或缩小位于中间的灯，以免它看起来过于小或太大。还有弗雷泽（Fraseler）螺线错觉也可以在视觉传达设计和展示设计中得到利用。在一个由无数朝向中心的交叉图案所构成的背景上，一系列同心圆看起来就像从圆心向无限远延伸的一条螺线。这是一种具有运动感的让人有点目眩的图形错觉。在一定条件下，对于活跃版面、造成画面运动感可以起作用（图2-43）。

人的视网膜是二维的，对物体的二维特征（形状、大小、色彩等）

图2-42

图2-43

的知觉是很好理解的。那么，我们又如何知觉距离、深度等三维空间呢？主要依靠双眼的视差。成人两眼相距约65毫米，左右眼看平面物时，视像完全相同，并在视网膜上重合。左右眼对立体的视像就有了差别，视像及位置都略有差别，因而在视网膜上不能完全重合。双眼的信息经大脑加工合成，就有了立体的视像，并能分辨远近、深度。但如果物体距离双眼超过500米，视差就不大起作用，1300米则是极限，只能靠经验，如明暗、阴影和中间物的重叠来判断。

事实上，人对距离、深度的知觉有许多是靠与参照系的比较而感知的，所以，单眼也能做到。如近大远小、近低远高等，这对于在二维空间里表现三维尤为重要，如图2-44、图2-45、图2-46所示。

心理学家列举了4种平面上表现三维的示意图（图2-47）：遮住其他东西的物体比较近；小球看成比大球远；高的比低的远；远密近疏。如果加上直线透视和光阴的表现，在平面上表现三维空间就是完全可能的了。设计不但需要像上面所讲的方法来实现三维效果，也需要在距离深度上制造悬念。

贡布里希将那种用于暗示的不完整形象或图形也放到错觉这一题目下来谈。例如：用三条直线组成一个开口向下的方形，上方边线上加一个三角，用以"再现"在布道台上酣然入睡的戴着帽子的嘉布遣会（Capuchins）修士；一条直线上画有半圆和三角，"再现"在墙的另一边的一个建筑工的帽子和泥刀。这类据说由卡拉奇（Carraccie）兄弟发明的视觉游戏，近来已见流行，被称为"涂鸦画谜"（Droodle）。（转引自贡布里希：《艺术与错觉》，浙江摄影出版社，1987，第253页）其他"涂鸦画谜"还可以举出：直线上画有一个大的半圆，其中有两个小的半圆，大的半圆旁边画有两条向上张开的短线，"再现"一位洗衣妇正在搓洗衣服，旁边放着水桶；直线上画有小半圆，旁边有一根小小的短粗线段，"再现"落入海平面的夕阳和远处汽船的烟囱，或者"再现"躺在长沙发上抽烟的胖子的大肚子与香烟头。

这种"涂鸦画谜"实质是一种"统觉"现象，即知觉与已有知识经验及个性特征相融合，从而清晰地理解当前对象的意义。统觉依赖而不限于知觉，是知觉的深化，体现出知觉内容

图2-44 线条粗细的渐变形式，能够产生空间感的错觉。

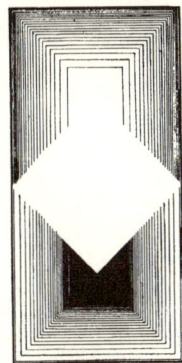

图2-45 线条之间距离上的变化，能产生空间感的错觉。

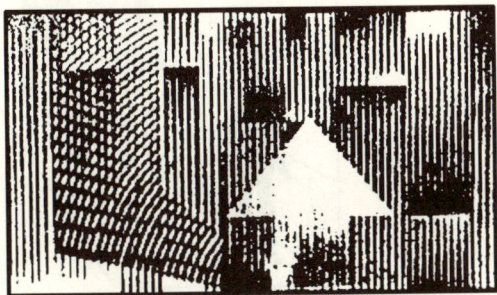

图2-46 线组的分割所构成的画面效果，即有其多维的空间错觉印象。

图2-47 四种平面表现三维的示意图

倾向对个人因素的依赖性。没有听说过嘉布遣会这一天主教方济各会独立分支的人不会从贡布里希所引用的图形中看出修士。没有见过尖头泥刀的人也不会从一个小三角看出泥刀来。但是"涂鸦画谜"同样是一种有趣的和有吸引力的图形。如果与适当的文字或其他图形提示结合起来，可以在企业形象设计、标志设计、饰件设计和招贴设计中起到以简胜繁的作用，增加图形画面的艺术感染力。当然，在这样做的时候应当考虑受众的主观条件及解读能力。

四、错觉与设计应用

正像我们在前面谈到的，错觉现象种类很多。对于某些复杂错觉，例如思维推理错误所引起的错觉，个人的经验、知识、个性及当前的情绪、需要等可能会起着决定性的作用。对于一些简单错觉，例如大部分几何图形视错，个人条件并不起主要作用。它是一种特定刺激条件下必然产生的几乎人所共有的心理现象，个体的差异只表现在错觉程度上的不同。观察者的情绪千差万别，但错觉对所有的人实际上是一样的。至少对几何图形视错来说，这一结论基本上是符合实际的。认识到这点，对于设计师来说很有意义。几何图形视错的必然性和普遍性，使得利用这些视错的设计努力可能得到受众广泛的普遍的回报。当然，在设计中图形往往有其含义，联系着色彩，所引起的歪曲知觉又可能结合着联想，造成复杂的心理效应。

究竟是什么原因引起了错觉？对于这一问题许多心理学家做出了不同的解释。一种解释依据眼球运动理论，另一种解释是基于人的知识经验等主观条件做出的认知性解释，还有一种解释强调行动创造出错觉条件和预测产生错觉。此外，还有以下解释：有限视锐说，生理混淆说，移情说，透视说等等。

事实上，到目前为止还没有一种解释或学说能将所有错觉的成因说清楚，即便对于几何图形视错的成因，心理学家们也还有尚未搞清的地方，彼此意见也不统一。一些心理学家提出由于错觉成因很多，只能对具体错觉进行具体分析。

在种种解释中，有一种得到了广泛的虽然远不是一致的认可，它就是所谓"一般恒常性学说"（general constancyth theory），由心理学家戴（Day）和格列高里（Gregory）先后于1972年和1973年详细阐述。按照戴的看法，错觉的产生是因为在正常保持知觉恒常性的情况下刺激呈现而物像不变。试以两幅示图来说明：在图2-48a中绘出了具有近大远小透视关系的场景（电线杆、树木、高

图2-48 a、b场景错觉分析图

楼体柱和逐渐升高变窄的道路），提供了产生深度视觉的线索。场景中近处和远处路上如各站着一个人，近大远小，因距离而改变。但场景的深度线索使观者的大小知觉恒常性得以保持，观者仍感觉到这两个人是同样大小的。这时并没有产生错觉。在图2-48中，同样的提供深度线索的场景中画了三个同样大小的人。这时观者视网膜上的人像大小不变，而深度线索使观者的大小知觉恒常性得到正常保持，在远处的人看起来似乎比前景中的人要大，于是错觉就产生了。（贝纳特：《感觉世界》，科学出版社，1983，第83~85页）格列高里努力使一般恒常性学说变得完善。他认为：大小评定的确可能因距离知觉而被规定（如恩墨后像律的演示），但也可以被深度线索尤其是透视所直接规定。我们可以设想，距离知觉不正确时会出现变形错觉；同样，有迷惑作用的深度线索也能引起变形错觉。（格列高里：《视觉心理学》，北京师范大学出版社，1986，第41~42页）当然，一般恒常性学说仍不能将全部错觉解释清楚。有的赞同这种学说的人认为：在我们的感觉世界中，错觉从很多方面说，是知觉恒常性的颠倒。（贝纳特：《感觉世界》，科学出版社，1983，第82页）很多方面而不是所有方面，这一说法也许更符合事实。

对于现代设计，尤其是平面的设计所经常涉及的几何图形视错来说，从知觉恒常性出发的解释具有比较普遍的实践意义。知觉恒常性包括形状常性和色彩常性等。受众对设计产品的形、色感知和解释受到知觉恒常性的影响，尤其在产品中具有深度线索等使知觉恒常性得以保持的因素的时候，常性是一种下意识的预测。在一幅空间透视关系明确的室内设计效果图中，地面上的一块椭圆形地毯或地面装饰，观者凭借知觉恒常性会把它看成是圆形的。一排从近处到远处颜色渐渐变暗的沙发，观者也会依据知觉恒常性将它们的颜色看成是统一的，只是由于光线和距离才有了改变。相反的，倘若在这幅效果图中，把地毯完全画成圆形或者把沙发画成一样颜色（就像我们有时看到的那些追求逼真或仿真而不到位的手绘或电脑制作的效果图那样），那么错觉就产生了，这样的图画多少让人感到别扭。由于视知觉恒常性，人们看一幅显示光照下三维物体而又没有交代光线方向的图画，例如看一幅商业广告摄影或一幅摄影招贴画时，往往设想光线来自上面的某一个光源，那正是自然光和通常人造光的情况。随意改变光位和光照角度，造成物像与知觉恒常性的冲突，于是错觉就产生了。根据这一规律，设计师可以采取措施避免或者有意利用错觉。

将知觉恒常性看成一种预测，让我们想起贡布里希的"预测产生错觉"的论断。实际上贡布里希略显宽泛的错觉观同样非常重视视知觉恒常性的作用。他认为：如果能依靠观看者的一些根深蒂固的预测或假定，透视法就造成了最具感染力的错觉。近大远小、近实远虚以及色彩冷暖、强弱所造成的透视变化，也被现代设计师们广泛用来处理平面作品中的字形图画，以造成受众的某种错觉。例如在现代招贴画中，"依靠我们对标准字母形状的预测，给我们以字母或词句向纵深排列或以咄咄逼人的势头向我们奔来的印象"。美国设计师凯斯特·比尔（Kester Beall）1964年设计的迈特公司宣传册，如图2-49，利用字体与图像的相应的覆盖，标题与正文在比例上的强烈对比，显示出对这两种元素的巧妙利用和主题的"咄咄逼人的势头"。1944年比尔成为一家药剂制造商的内部杂志《视野》（Scope）的艺术指导，他引入了一种受现代欧美艺术家和设计师作品影响较大的视觉混合，如图2-50。当然，这种复杂的图形错觉与观者的经验有关，那些情景和人物形象预测也需要一定的相应的知识储存。矫正视错觉和利用视错觉来造成新颖独特的美的设计，正成为越来越多的现代设计师关心的一个课题。

在室内设计中，有经验的设计师会在吊顶施工中稍稍指导工人把顶棚中央略提高一点，使吊顶看上去平整。标志设计定稿时同样也会碰到视觉调整情况。视觉调整是指在标志设计完成后,为了取得视觉上的和谐或对比,而对标志进行的微调,使标志更加精细和完美。人的视觉有错误的感觉,同样长度的线,感觉垂直比水平的线长;视觉的中心点比数学的中心点偏上;在色彩方面,同样面积的色彩,浅色的视觉感觉比深色的大。色彩对比的强烈会使视觉产生扩张和收缩感觉。例如奥林匹克五环标志是由红黄蓝绿黑五种色环组成,设计意图必须使五个色环最终具有相等粗细的视觉效果。然而在实际制作中,设计师加粗了黄环的宽度,而减细了黑环的宽度。其原因是在白色背景上,黑色因对比较强在视觉上具有扩张性,相反,黄色则因对比较弱而具有收缩感,这种现象在标志设计中经常出现,所以设计者在标志正稿完成后还要进行一些调整,以求得视觉上的和谐和平衡(图2-51)。

另一类调整与印刷有关,其中最多的是印刷工艺。比如,日本美能达相机的企业标志,其基本形态为椭圆形,中间有5条横置的白线,缩小之后细线常会纠结在一起,因为其产品属于精巧细小型,标志缩小是必然之事。设计师为了确保标志在小尺寸印刷时不使5条白线粘连模糊,精心设计了两种变例:一种将5条白线略加粗,使整个线条区域相比椭圆外形的比例有所增加,应用于高度8cm~13cm之间的场合;另一例不仅使线条的总高度比前一例更高一些,而且将白线减少至四条,应用于高度5~6cm之间的场合,这样不仅保证了小标志在小尺寸使用时的印制质量,同时也保持了标志在不同场合给人的基本印象的统一(图2-52)。

第三节 色彩效应

从小学开始,老师已告诉我们按不同比例混合三原色可以得到任何一种颜色,但是经验告诉我们,结果是很浑浊、呆板的。如同在后来的生活中得到的启示,商店里的颜料不是通过混合色彩得到的。颜色是颜料吸收部分光波的结果,在混合的颜色中多加颜料会降低光再传递的质量和数量,设计师和艺术家们可以通过光学混合成视觉混合的技术来避免这一问题。

一、色彩视知

任何一件设计都离不开色彩。设计师及艺术家通过了解色彩如何相互作用,进行颜色相配,选择配色方案。色彩设计如同音乐,色彩如同音符。这么说对五彩缤纷的产品当然没有问题,那些以黑白为基本色或者以不同程度的灰色调构成的设计产品又如何呢?它们也有色彩吗?回答是肯定的。实际上,由黑白置于两端的灰色系列都不过是完全的不饱和色,或者称为无彩的颜色,是由于不同波长的光混合(或反射出的混合)不能明晰地显出主要波长的光所造成的。而人的眼球视网膜上存在有视杆细胞和视锥细胞。前者能敏锐地感受弱光,这时只引起亮度的经验。在晨光熹微、暮色笼罩或彤云密布的时候,人们眼前的大自然恰似一幅黑白画,那正是由于视网膜上杆体光受纳器细胞的作用。黑白灰系列构成的设计产品突出了视杆细胞的作用。这些产品的色调,其实是对生活中不可胜数的丰富色彩进行凝缩提炼、概括归纳而成,甚至是色度向两极的归化。

观者对设计产品色彩的视知有着丰富的内容。日本有些学者将人的色彩感受概括成7种,它们是冷暖感、轻重感、软硬感、强弱感、明暗感、宁静兴奋感和质朴华美感。这当中有些取决于色彩本身的维度(如明度、浓度或者说纯度),有些涉及前面谈到过的"视觉质感",而有些联系到色彩的情感效应和色彩的形式特征等。

图2-49

图2-50

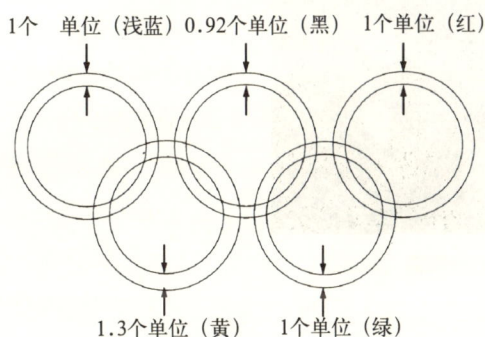

1个　单位（浅蓝）0.92个单位（黑）　1个单位（红）

1.3个单位（黄）　　1个单位（绿）

图2-51　奥林匹克运动会标志的视觉调整

标准型
适用于高度16 cm以上

修正型1
适用于高度8 cm～13 cm

修正型2
适用于高度5 cm～6 cm

图2-52　日本美能达企业标志的视觉调整

　　室内设计师常常在色彩的冷暖处理上动脑筋。冷饮室选用蓝、绿或青色基调，会造成一种"清凉世界"的感觉。"火锅城"以红、橙等暖色调为主，让顾客一进门就立即感到温暖，忘掉门外的北风呼啸、大雪纷飞。而广告设计师将以滑雪为主体形象的冬奥会招贴处理成蓝白调子，将救助困难者的志愿者运动招贴处理成红橙色调，也都是利用了色彩的冷暖感。关于色彩是否真的能够影响人的温度感觉，心理学家的看法并不统一。贝纳特（Benett）和雷伊（Ray）通过实验说明，色调产生一种"严格地讲是理性上的影响，只是一种信念，即这种颜色是暖些或那种颜色是冷些，但是并不真正影响一个人的温度舒适感"。而阿金（Acking）和库勒（Kuller）的实验则表明颜色的确可以对人产生某些直接的生理影响。例如红色促使人血压升高、脉搏加快从而造成温暖感，青色促使人血压降低、脉搏减缓从而造成凉暗感。不过这些分歧应当说并不影响色彩冷暖感知或认知的客观存在及其在设计中的应用价值，而色彩冷暖感的形成与人的生活经验和心理联想又是有联系的。此外，色彩的冷暖感或者说冷暖效果又是相对的，不但介于蓝、绿色和红、橙色之间色彩的冷暖取决于它离哪端更远，例如远离蓝、绿色的棕色显得暖，而且一块色彩的冷暖会因它周围颜色的情况而有所改变，例如放在红色背景上的棕色会显得有些偏冷。

　　与冷暖感相关的色彩轻重感的形成也与色彩的生理影响和观者的生活经验有关。一般说来暖色让人感到偏重，密度大；冷色让人感到偏轻，密度小。白色有一种"上升"的倾向，显得轻；而黑色带有"下降"

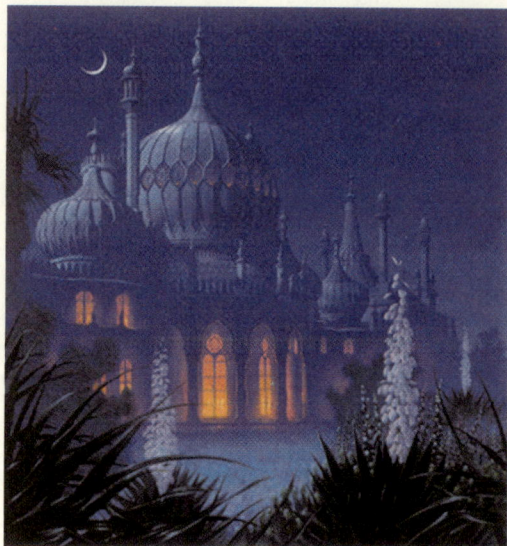

图2-53　布莱顿宫　马克·哈黑森　2002

倾向，显得重。这至少在某种程度上与人所处的天地环境有联系，天接近于蓝色或白色，而厚重的大地是接近于黑色的深褐色或棕黄色的。

此外，暖色调有迫近感和扩大感或膨胀感，让人看起来仿佛从实际位置向前进或比实际面积大一些；冷色调有后退感或收缩感，在观者眼中显得在远离他或者比实际面积小一些（图2-53）。红色看上去好像是离观察者很近似的；而蓝色看上去就似乎离我们远一些。如果画两个圆圈并且分别涂上黄色和蓝色，那你静观片刻就可以看出：在黄色的圆圈中立刻出现了一个从中心向外扩展的运动，而且明显地向观众逼近。相比之下，蓝色的圆圈却从观众退回自身，如同一只蜗牛缩进了自己的螺壳。而明亮的白色和暗黑色也分别出现离心运动和向心运动。

天花板较低、空间较小的房间，可以在墙纸、窗帘等处上选用较明亮的冷色调竖线条图案。反之，对于顶棚偏高显空旷的房间，在装饰时可以采用较深的暖色调横线条图案装饰材料。在服装设计中，衣服上部偏冷偏淡、下部偏暖偏深，容易显得稳重，当然有时也可能根据需要借助色彩的轻重强弱感和前进后退感，有意造成服装的某种不平衡感或动感。对于具体设计作品来说，色彩诸感还依据所占据的面积、色度、与背景的关系等等而变化。如果说一把放在红色屏风前的紫檀色椅子看上去似乎比实际距离远一些的话，那么当它被摆到一块蓝色帘幕前时，就让人感到它在迫近。

红衣绿裤，看上去红的更红绿的更绿。橙底蓝字，看上去橙的更橙蓝的更蓝，实验证明最能看得清。白墙黑瓦，看起来白的更白黑的更黑。这就是色彩心理学所说的"同时对比"现象。眼睛对任何一种颜色同时要求其相对补色，两色并置时看上去双方都在将对方推向自己的相对补色。因此绿色底子上的黑色图案会带上一些红味，而紫色底子上的黑色标志会带上一些黄味。达·芬奇早就说过："黑衣裳使人体肤色比原来显得白，白衣裳使肤色显得黑，黄衣裳使肉色鲜艳，红衣裳使肉色苍白。"（《达·芬奇论绘画》，人民美术出版社，1979，第120页）这些巧用色彩"同时对比"的论述，对我们今天的服装设计师以及个人形象设计师是有参考价值的。色彩视知的"同时对比"现象也涉及明度。有的心理学家指出：把一块灰色依次先放在白色背景上，再放到黑色背景上，能给人以不同色度的错觉。同样，放在黄色背景上的红色显得暗，而放在蓝色背景上的同样的红色看上去就显然明亮些，温暖些。除了非常暗淡的色彩，一般色彩在暗的背景上总是显得极为强烈，如写在黑底上的红字。把一种色彩置于白色背景上能获得最为简洁的效果。所有色彩在白色背景上都会显得暗些，而淡色则由于黑色背景而得到加强。这些规律在印刷版面设计、广告招贴设计、展示设计等方面得到广泛应用。

一个人在较长时间观看一块暖色调的展示板之后，再扫视展板旁边的白墙，会感到墙面有点偏冷。一个在树林小径漫步了较长时间的人，突然看到路之尽头林中空地有一座白色度假别墅，会感到它有些偏红色。这里存在有所谓"连续对比"的色觉现象，它是在连续的时间条件下或者在时序运动过程中，眼睛对先已适应的颜色要求其相对补色所引起的。在一些具有时序运动特征的设计中，例如时装表演展示设计，动态广告设计，必须考虑观者运动及视知觉变化的室内设计和园林设计中，设计师需要适当考虑连续对比的现象。

二、色彩与情感

设计师关注色彩，研究色彩，是为了把色彩作为一种重要的具有表现力的设计因素来使用，而色彩的确在观者的感受中具有情感表现力。色彩唤起各种情绪，表达感情，甚至影响着我们正常的生理感受。色彩能够表现感情，这是一个无可辩驳的事实。

色彩的情感效应和情感表现力既涉及色彩刺激本身，也涉及人类共同的生理反应，既有关于观者的视觉经验，也与他的记忆、联想等心理活动发生联系，还取决于他与环境的关系。许多研究者从各种角度对色彩的情感效应做过水平不等的分析探讨。人们不用太费劲就可以从一些心理学，特别是视觉心理学著作、美学著作和设计或造型艺术的理论书籍中，找到他们的实验结果和理论总结，以及条分缕析的表格。比较这些互有程度不等的歧义的理论和表格，想要统一它们或者想要仔细地比较、归纳它们的异同，都不是一件容易的事。这件费力的工作其实与我们关心的色彩情感效应在设计活动中的应用关系并不太大。所以我们选录可以大致代表西方人感知习惯的"克拉因色彩感情价值表"（表2-1）（转引余秋雨：《戏剧审美心理学》，四川人民出版社，1985，第185~186页。）和可以大致代表东方人（主要是日本人）感知习惯的"大庭三郎色彩感情价值表"（表2-2）附在下面作为参考。我们认为它们是同类表格中较为系统而突出并且较为实用的。

表2-1 克拉因色彩感情价值表

色	客观感觉	生理感觉	联想	心理感觉
红	辉煌、激烈、豪华、跳跃（动）	热、兴奋、刺激、极端	战争、血、大火、仪式、圆号、长号、小号、罂粟花	威胁、警惕、热情、勇敢、庸俗、气势、激怒、野蛮、革命
橙红	辉煌、豪华、跳跃（动）	烦恼、热、兴奋	最高仪式、小号	暴躁、诱惑、生命、气势
橙	辉煌、豪华、跳跃（动）	兴奋（轻度）	日落、秋、落叶、橙子	向阳、高兴、气势、愉快、欢乐
橙黄	闪耀、豪华（动）	温暖、灼热	日出、日落、夏、路灯、金子	高兴、幸福、生命、保护、营养
黄	闪耀、高尚（动）	灼热	东方、硫磺、柠檬、水仙	光明、希望、嫉妒、欺骗
黄绿	闪耀（动）	稍暖	春、新苗、腐败	希望、不愉快、衰弱
绿	不稳定（中性）	凉快（轻度）	植物、草原、海	和平、理想、平静、悠闲、道德、健全
蓝绿	不稳定、呼应（静）	凉快	湖、海、水池、玉石、玻璃、铜、埃及、孔雀	异国情调、迷惑、神秘、茫然
蓝	静、退缩	寒冷、安静、镇静	蓝天、远山、海、静静的池水、眼睛、小提琴（高音）	灵魂、天堂、真实、高尚、优美、冷漠、忧郁、悲哀、流畅、回忆、冷淡
紫蓝	静、退缩、阴湿	寒冷（轻度）、镇静	夜、教堂窗户、海、竖琴	天堂、庄严、高尚、公正、无情
紫	阴湿、退缩、离散（中性）	稍暖、屈服	葬礼、死、仪式、地丁花、大提琴、低音号	华美、尊严、高尚、庄重、宗教、帝王、幽灵、豪绅、哀悼、神秘、温存
紫红	阴湿、沉重（动）	暖、跳动的、抑制、屈服	东方、牡丹、三色地丁花	安逸、肉欲、浓艳、绚丽、华丽、傲慢、隐瞒
玫瑰	豪华、突出、激烈、耀眼、跳跃（动）	兴奋、苦恼	深红礼服、蔷薇、法衣	安逸、虚荣、好色、喜悦、庸俗、粗野、轻率、热闹、爱好、华丽、唯物的

表2-2 大庭三郎色彩感情价值表

色	联想的东西	心理上的感觉
红	血、太阳、火焰、日出、战争、仪式	热情、激怒、危险、祝福、庸俗、警惕、革命、恐怖、勇敢
橙红	火焰、仪式、日落、罂粟花	典礼、诱感、警惕、正义、勇敢
橙	夕照、日落、火焰、秋、橙子	威武、诱感、警惕、正义、勇敢
橙黄	收获、路灯、橘子、金子	喜悦、丰收、高兴、幸福
黄	菜花、中国、水仙、柠檬、佛光、小提琴（高音）	光明、希望、快活、向上、发展、嫉妒、庸俗
黄绿	嫩草、新苗、春、早春	希望、青春、未来
绿	草原、植物、麦田、平原、南洋	和平、成长、理想、悠闲、平静、久远、健全、青春、幸福
蓝绿	海、湖水、宝石、夏、池水	神秘、沉着、幻想、久远、深远、忧愁
蓝	蓝天、海、远山、水、月夜、星空、钢琴	神秘、高尚、优美、悲哀、真实、回忆、灵魂、天堂
紫蓝	远山、夜、深海、黎明、死、竖琴	深远、高尚、庄严、天堂、公正、不安、无情、神秘、幻想
紫	地丁花、梦、藤萝、死、仪式、大提琴、低音号	优雅、高贵、幻想、神秘、宗教、庄重
紫红	牡丹、日出、小豆	绚丽、享乐、性欲、高傲、华丽、粗俗
淡蓝	水、月光、黎明、疾病、奏鸣曲、钢琴	孤独、可怜、忧伤、诱感、幸福、想念、和平
淡粉红	少女、樱花、春、梦、大波斯菊	可爱、羞耻、天真、诱感、幸福、想念、和平
白	雪、白云、日光、白糖	洁白、神圣、快活、光明、清净、明朗、魄力
灰	阴天、灰、老朽	不鲜明、不清晰、不安、狡猾、忧郁、不明朗、预感
黑	黑夜、墨、丧服	罪恶、恐怖、邪恶、无限、高尚、寂静、不祥

　　人的主体精神在色彩的情感效应上同样得到体现。正如前述，它的形成既有客观因素，又有主观因素。要有相应的视知经验，才有可能从紫红色联想到牡丹或小豆。一个因生活中的幸福而满心欢乐的观者，看到任何颜色的设计产品恐怕都难生忧郁悲哀之情。

　　色彩的情感效应与经验、联想有关，也就在一定条件下与文化现象有关，从而使色彩有了某种象征价值。美国当代视觉传达设计师和电影美术制作师巴斯（Saul Bass）设计的1993年第65届奥斯卡颁奖招贴（图2-54），以闪闪发光的奖杯为中心，背后是一层层的屏幕，衬出重叠的"OSCAR"标题。画面所用的橙色和金黄色调，可以说是具有辉煌、发展等象征意味的。古巴在1959年成了一个革命的共产主义国家，在那里，招贴仍然是向群众宣传的一种重要途径。当在国际交流中视觉材料过度泛滥之时，古巴的招贴却以其视觉震撼力和信息所传递的力量而成为一朵奇葩。古巴埃琳娜·塞雷纳（Elena Serrano）1968年设计的"英勇游击队的时代"招贴（图2-55），在切·格瓦拉戴着镶有革命星星和红色贝雷帽的肖像的四周是红色拉丁美洲版图，辐射的线条暗示出红色革命力量的涌动。象征着革命斗争在南美洲广泛的传播。

　　法国视觉美学家德卢西奥-迈耶在他的专著《视觉美学》中专门辟有一节专谈"色彩的象征意义"。他指出：红色是一种代表爱情的色彩，也是代表团结的色彩，但它历来又被用作代表革命的色彩。相对来说，红色如用于地毯和家具时，可以用于增强富有感和温暖感。温暖的"黄色"是一种金子的色彩，是一种太阳和创造（画家凡·高的语汇）的色彩，它象征着欢乐、富有、光荣和大调调式的音乐。形成对比的是，与淡绿色相近的淡黄色则可代表妒忌和贪婪，但首先是代表懦弱。绿色是代表生命、青春、成长和健康的色彩，蓝色被看作是代表理智的色彩，它象征着一种清新、明晰、合乎逻辑的态度，等等。我们知道，"克拉因色彩感情价值表"和"大庭三郎色彩感情价值表"，以及类似的其他表格和理论综述，往往都包含有色彩的象征意义这一部分内容，而具体论述互有出入，就像与德卢西奥-迈耶的概括并不完全相同一样。

实际上色彩的象征意义是一个以文化及传统背景为依托的相对性概念。德卢西奥-迈耶认为:自有人类以来,象征意义就是与大多数主要色彩联系在一起的。按照传统惯例,黑色在大多数西方社会中象征哀悼,而在某些非洲和东方文明中黑色却代表欢乐,哀悼的色彩则是白色。这表明,色彩的象征主义是依存于传统和联想的。而色彩在各种不同的文化环境中具有不同的象征意义。比方说,在中国古代黄色有其独特的象征内涵:黄色是"地之色""土德之色""中央之色""中和之色"(《白虎通·五行》),以及"坤为黄","黄者,君之服也"等等,黄色象征帝王的权威,象征神圣、伟大。这些象征意义是与中国古代文化传统息息相关的。在其他文化传统条件下生活的人们对黄色未必按这些象征内涵去理解。

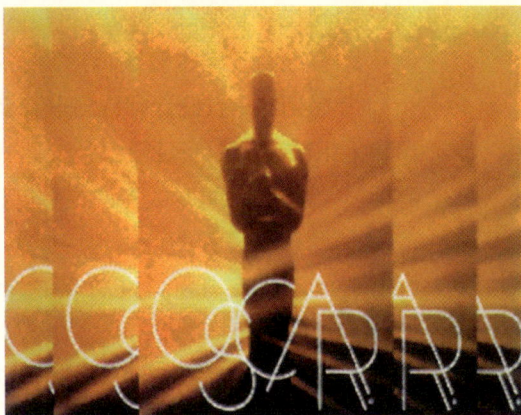

图2-54 第65届奥斯卡颁奖招贴
美国 S·巴斯 1993

三、色彩效果综合设计

美国当代建筑理论家朱利安·加西说过:装潢家所做的工作就是调度着色彩关系,朝着达到功能、适用和令人愉快的臆想中的色彩效果前进。(哈姆林:《建筑形式美的原则》,中国建筑工业出版社,1982,第214页)这一论述原则上也适用于所有的现代设计。

正如前面所述,色彩的心理效应比较复杂,有着许多方面的内容。有些方面囿于篇幅我们还没有谈到。同时这些效应有着群体和个人差异。文化环境是造成这种群体差异的一个要素,性别、年龄等自然因素也起作用。比如说,据有的学者研究,白色虽然一般地引起白雪这种联想物,但是对于少男少女来说它还有白纸、白兔和砂糖这些不同的具体联想物。设计产品使用者、消费者的个人条件和经验,在有的情况下可以对同一色彩产生截然不同的感受,虽说他们也许处在同一文化场内。所以,设计师在进行产品的色彩效果设计时,要尽可能综合考虑色彩心理效应全部有关方面,并顾及目标受众群体和个体特征。这就是说,色彩效果设计是一种综合性的设计,实际上这种设计还要与色彩以外的因素,例如造型、光影、空间等相联系,这是后话。

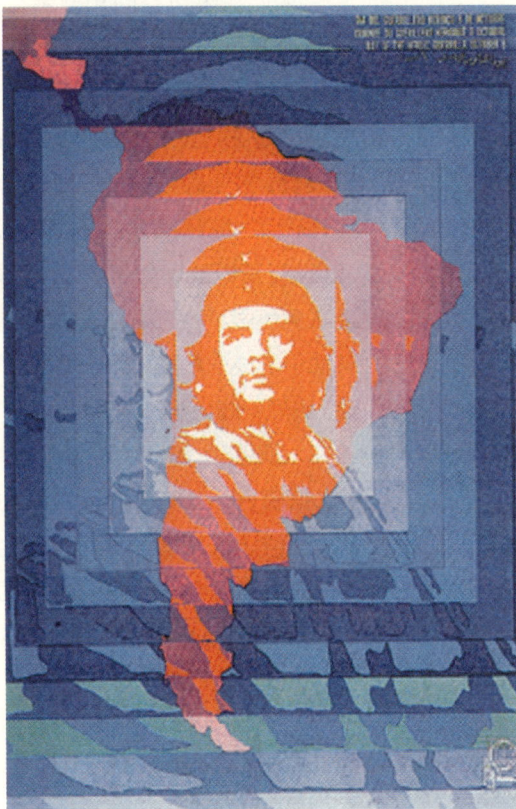

图2-55 "英勇游击队的时代"招贴 1968

产品的色彩效果设计是整个产品设计的一个组成部分。我们必须从产品的功能、技术等要求和设计主题出发来考虑色彩效果,而不是孤立地看待它。比方说超市或食品商场的鲜肉柜不宜采用红、橙色的色彩,周围墙面和照明光也不宜偏红、偏橙，这是因为依据色彩视知的"连续对比"和"同时对比"，走近展柜的顾客在看了这些橙红暖色调之后，会在鲜肉上寻找其补色蓝绿色，从而感到肉食不够新鲜，考虑到这一点设计师应当选择蓝绿色。但是鲜肉柜的色彩又必须与整个商业空间的色彩有一种和谐关系，而且蓝绿色又是一种容易引起人们忧郁感的色彩，这样，在鲜肉柜色彩设计时应要降低其纯度或者说饱和度，或者结合一些引起人们欢快、轻松感的造型图式。

服装设计中色彩运用变化无穷。一般说来主色不宜多，一二种即可。如果用两色，就有一个相互关系问题。红绿、黄紫、橙蓝补色搭配，倘若分量相当、"平分秋色"，就容易造成者某种"视觉僵持"和不舒适感；倘若一主一辅，就容易造成和谐，如果在明度和纯度上再有区别，效果一般会更好。其他色更不能喧宾夺主。而服装色彩又要顾及着装者所处的场合，以及色彩的特定象征价值，一般说来不应违背文化传统为服装色彩制定的规则。例如意大利时装设计师斯基亚帕雷利（Elsa Schiaparelli）1939年推出的一种红色和金黄色调的晚礼服，显得协调而华贵。

人们在建筑空间和展示空间中的行止，在一定程度上受到环境色调的影响。杂乱的色调搭配或者虽然统一但易让人感到烦躁的环境色彩，会使人不愿意在这个空间久留。当然，有时为了特殊的需要，例如为了让影剧场或展销会的人群在结束活动以后尽快得到疏散，不妨在出口处或过厅采用某种具有不安定感的环境色调。商场、展销会等商业空间结合照明的色彩设计，需要服从这样一个宗旨：让顾客较快地流向各种各样的商品，以增加购买可能性。这样，因为商品或展品本身已经有着让人目不暇接的色彩，环境色彩，即顶棚、墙面、地面以及货架、货柜或展架、展柜的色彩，宜采用低饱和度、与其他颜色容易协调的色彩，甚至高明度灰色系列色彩。而在阅览室、实验室等环境空间内，采用低纯度、高明度的略偏冷色调或中性色调，有助于造成宁静感，使得较长时间在其中阅读、工作的人产生舒适感。儿童活动室的色彩则要活泼、热烈一些。

颜色在舞台照明设计中是作为一种主观的语言来使用的，这是就颜色的表现性而言的。据研究，在戏剧色彩中黑色是属于忧郁、冰凉的颜色，常与失望、低落和伤感的情绪相联系；蓝色让人联想到悲剧、灵性（精神）和闲逸；白色引发出和平、纯洁、轻冷、脆弱的情绪等等。舞台照明色彩设计当然还要结合舞台布景色彩设计、角色服饰色彩设计等，构成与其他舞台设计部分相关联的舞台色彩设计，共同为造成理想的戏剧效果服务。

第四节　光影感

色彩效果的设计要与用光相结合，现代设计产品必须要有光才会被受众视知，它们的实际效果也与光的处理联系在一起。人们讴歌光：光是宇宙中的一个要素，光是生命的一个基本构成部分，光线，几乎是人的感官所能得到的一种最辉煌和最壮观的经验。

一、光影的经验

与设计有关的光是一个涵盖面广而有可变性的概念。从光源上分有自然光和人造光。自然光是指太阳所发出的光，它会随着地球自转的移动而形成自然的光影变化。人们以各种人造的灯具等发光器作为光源，用它们发出的光来弥补自然光不能保持恒定的光照水平和难以满足各种设计需要的缺憾。这种来自人造光源的光就是人造光，也称人工照明。就光线进入受众眼睛的方式来说，存在有4四种主要方式：一是直射光，即光源发出的光直接进入人的眼睛。二是透射光，即光线穿过透明或半透明的物体，如玻璃、透明塑料、水帘、珠帘等进入人的眼睛。三是折射光，指光线通过形成一定角度的物体表面的折射，再进入人的眼睛。四是反射光，指光线照射到物体上，经物体表面的反射而进入观者的眼睛。与设计直接发生联系的有发光体，设计师利用日光和设置、安排、调节灯具等人造光源来进行设计，并且也将灯具等人造发光器作为设计对象，但与设计直接发生联系的更多的是非发光体（各种材料、工具、资料和设计出来的绝大部分物质产品等）。这些非发光体给人色觉不同，是因为它们基于本身特性，有选择地吸收掉照射光中某些波长的光，而将剩余的光反射或透射到人们的眼睛里所致。这些不同方式的光，其实都是由光源发出来的。

　　为了有效调动受众的光感这种最辉煌和最壮观的感觉经验，参与到理想的设计心理效应中去，设计师有必要在光的利用上多动脑筋。按照光在设计中所发挥的功能来分类，设计中所用的光共有以下4种。

　　第一，映照光。使设计产品或展示空间显出形象或形态让人看见的照射光。它可以是自然光，即日光，而更多的是人造光，即一般所说的照明光。梵蒂冈圣彼得大教堂前面由贝尔尼尼（Gian Lorenzo Bemini）设计的广场柱廊（图2-56），284根粗大的塔斯干式柱子分成四排围抱着广场，人们用诗、交响乐来比喻由自然光所造成的柱廊光影变化。人工映照光即照明，也称基本照明光。

　　第二，造型光，或称重点光。为突出某件产品或产品的某个部分，强调其造型美和个性特征而设置的光。例如为了让水果显得鲜美，首饰显得华贵，金属制品显得光洁耀眼，建筑物上的企业标志显得醒目，出场的时装表演模特儿显得突出等等，都可以使用造型光，这时要考虑采用适当的色光、照度和照射方式等（图2-57）。

　　第三，装饰光，有时也称氛围光。用来形成某种装饰感或者制造出某种氛围，同时增加设计产品及展示的空间层次的人造光。这种装饰感或氛围应当与设计产品及展示的内容、特点相一致。例如在一些古代雕刻展品柜旁运用幽静、典雅的氛围光，在喜庆节日场景设计中采用欢乐、热闹的装饰光或氛围光。装饰光是与基本照明光同时使用的。

　　第四，导向光。为引导受众行走方向而设置的光。导向光在建筑设计、室内设计、展示设计中用得很多。导向光大体上有标志导向光和空间导向光两类（图2-58）。前者指建筑物名

a. 梵蒂冈圣彼得大教堂与广场鸟瞰

b. 圣彼得大教堂前广场柱廊

图2-56

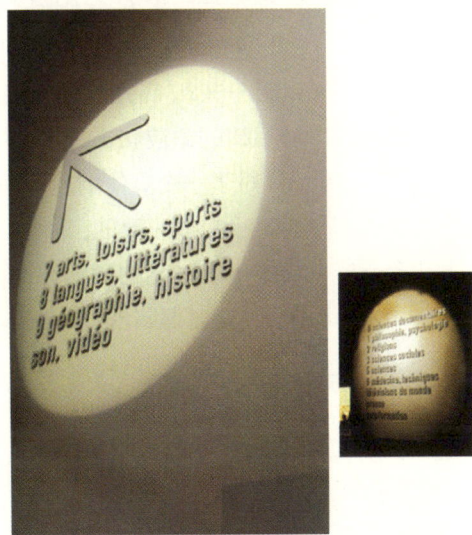

图2-57　法国巴黎，蓬皮杜艺术中心　导向牌图

2-58 室内多向指示牌

称、展馆名称、出入口、电梯、洗手间、机场安检处、商场试衣间等处的导标照明。后者指不同空间连接或转折处，或者同一空间不同分区交接处的指示照明，例如两间正房之间过道的壁灯光，一个银行营业大厅不同接纳处之间设置的指示光。导向光有时也可能是自然光，比方说住宅或园林设计中利用长廊的侧面自然光将游人从一个厅堂引向另一个厅堂，或者利用月亮门或漏窗透出的日光，将游人从较暗的厅堂引向隔壁的庭院，就是这方面的例子。

观众的光感具有相对性。人们所感受到的设计产品的亮度与产品的大小、光的强度以及产品与观者的距离有关。在一个展厅中，同样亮度的展柜越远显得越暗，如果要突出放在离门较远处的展柜的主体位置，就需要加强它的照度。人们的光感也与光适应及其水平相联系。当观众从阳光明媚的广场进入光线暗得多的博物馆展厅内，他的视觉会有一个对昏暗光线环境的适应过程，这在人们进入正在放映的电影院内时表现得最明显。这就是所谓"暗适应"（dark adaptation）。而"亮适应"（light adaptation）正相反，指的是视觉已经适应较暗室内环境的观众走到光线强烈的另一房间或者阳光直射的广场时眯起眼睛适应强光的情况。实际经验证明，暗适应所需时间较长，而亮适应则较容易完成。对于一些建筑设计、室内设计和展示设计来说，在考虑照明或空间光线时，也应当顾及受众可能发生的光适应。

观者光适应对设计产品亮度知觉的影响是借助于适应水平来完成的。视觉心理学家霍普金森（G.R.Hopkinson）曾经这样来解释光适应过程：对于任何给定的视野，眼睛的敏感度稳定在一个大体上平均的适应状态，它起着一个参考标准的作用，当视野中个别对象具有比这个参考标准较高的物理亮度时，"看起来就亮一些"，而具有较低亮度的对象，"看起来就暗一些"。高光的耀眼以及阴影中的朦胧，不只是因为它们固有的物理亮度的结果，而且也与眼睛的适应状态有关。（杨公侠编著：《视觉与视觉环境》，同济大学出版社，1985，第67页）对于一个具体的展示设计产品的空间视野来说，产品的物理亮度与它在受众眼睛中的亮度不一定是一致的，前者是个恒定的量，而后者是一个变量。当人在这一环境的视觉适应水平低于该产品的物理亮度时，它显得亮一些；由于照明条件的改善，人的视觉适应水平提高了，它就显得暗些。同一个展厅或房间中的展品陈设的物理亮度是固定的。白天由于经过窗户或门进入的日光的影响，人的视觉适应水平高，室内物品显得暗；而夜晚由于人工照明的影响，人的视觉适应水平相对较低，室内物品就显得亮些。这样，就要以不同的照明来调节和补充。假如一个室内设计日夜均以人工照明，那么照明度应该不同，否则会造成白天显得暗的结果。

光在设计中所发挥的作用常常离不开阴影。光与影是密不可分的，受众的光感与阴影感也联系在一起，只是受众容易更多地意识到光罢了。阿恩海姆在他的美学名著《艺术与视知觉》中有专门一节谈阴影，他认为：阴影分为投射阴影和附着在物体旁边的阴影。附着阴影可以通过它的形状、空间定向以及它与光源的距离，直接把物体衬托出来。投射阴影就是指一个物体投射在另一个物体上面的影子，有时还包括同一物体中某个部分投射在另一个部分上的影子。（《艺术与视知觉》中译本，四川人民出版社，1998，第426页）两种阴影，对于一件三维产品的造型有直接的关系，因为"光的阴影是产生立体感的重要条件"。

事实上，大到一座建筑物，小到一只茶杯、一朵胸花，它们的立体感和深度感都离不开阴影，阴影有时甚至是决定性的因素。一座建筑物不但自身由附着阴影来衬托，而且其不同部分间会产生投射阴影，它还可能接受周围建筑物或者树木、山峰"发射"过来的"黑暗"，使得它变得富有立体造型感、空间感、层次感、生机甚至可能还有神秘感。一间装修完毕的会客厅,不同的照明造成厅内家具、陈设、装饰物丰富的光影交响,增强了室内空间各小区的联系和统一性,造成了空间环境的生动性。

二、创造光和影

现代设计师在光影的利用上充分显示了自己的聪明才智和创造能力,尤其在创造合宜的和美的光影效果上显现了自己的主体精神。

法国的勒·柯布西耶、芬兰的阿尔托等人都是在现代设计史上运用自然光来创造良好的建筑设计造型和内部空间的杰出人物。勒·柯布西耶曾说过:我们的眼睛生来是为了欣赏光照下的各种形式。(纽金斯:《世界建筑艺术史》,安徽科学出版社,1990,第366页)他所设计的朗香教堂对光线作了精心的探索(图2-59、图2-60),不但以斜翘的屋顶造成日光对室内的照射,而且在一面厚墙上安排深凹进去的镶着彩色玻璃的不规则窗户,在其他墙上安排小窗户,使得随时间移动的日光进入室内如同跳动的精灵,赋予室内空间以鲜活的生命。教堂选择了雕塑形式,凹凸"声波"形状的组合。礼堂平滑的石灰,刷白的抹灰墙面,上面覆盖的是自然的灰色脱模混凝土的悬臂式风帽屋顶。

悉尼歌剧院在丽日下如群帆泊港,由于巧妙地利用了自然光,在晨曦昼暮、阴晴雨雾、春夏秋冬不同的时间,其白色调的外观造型光影变化十分丰富,形成不同的色彩音乐。美国著名建筑师菲利普·约翰逊(Philip Johnson)设计的建于1980年的位于洛杉矶至迪斯尼乐园半途中、宛如水晶殿堂的间钢架镜面玻璃迦登格罗芙教堂(图2-61、图2-62),日本建筑师黑川纪章1972年设计自称"像挂在树上的鸟窝"的东京中银舱体(图2-63),2008北京奥运会用的"鸟

图2-60　朗香教堂内景光影

教堂选择了雕塑形式,凹凸"声波"形状的组合。礼堂平滑的石灰,刷白的抹灰墙面,上面覆盖的是自然的灰色脱模混凝土的悬臂式风帽屋顶。

图2-59　朗香教堂

图2-61　迦登格罗芙教堂内部

图2-62　美国迦登格罗芙教堂

图2-63 日本中银舱体

图2-64 2008北京奥运会国家主体育场（"鸟巢"）瑞士赫尔佐格和德梅隆公司和中国建筑设计研究所 2007

巢""水立方"（图2-64、图5-1），都在造成有创造性的光影效果上做出了引人瞩目的努力。

园林设计中光影是一个不可忽视的设计因素，天光、灯光及其各种阴影，可以把园林装点得如诗如画。中国园林美学家有言：园外有景妙在"借"，景外有景在于"时"，花影、树影、云影、水影，风声、水声、鸟语、花香，无形之景，有形之景，交响成曲。又云：若园林无水、无云、无影、无声、无朝晖、无夕阳，则无以言天趣，虚者，实所倚也。（陈从周：《说园》，书目文献出版社，1984，第8、57页）说明在某种意义上光影有时甚至可以成为设计产品中的主角。梵蒂冈圣彼得大教堂广场柱廊变化莫测的光影，不妨可以看作这样的主角。

在当代建筑设计、室内外设计、展示设计中，吸收、采用现代采光照明技术、激光大屏幕映像和全息成像以及现代光电传输技术等，正在变得越来越普遍。光影效果的利用和控制正在变得越来越具有符合设计者意图的可能性和准确性，换句话说，创造性的光影效果逐渐成为建筑师和设计师得心应手的设计手段。室内设计的效果不只取决于其空间设计和安排、内表面处理、家具陈设品选择配置、室内装饰美化等等，还取决于室内照明处理及其光影效果设计。灯具的造型、位置固然重要，它的照度、打开后的亮度以及所造成的光影效果等也丝毫不应该轻视。灯具不只具有装饰作用，它是造成室内受众"最辉煌和最壮观"感官经验的光源。毫不夸张地说，它在有的时候成为室内设计的灵魂。

灯光及其产生的光影效果要与室内环境中的一切相配合。室内、顶棚、墙面、家具、陈设、装饰物、绿色植物等等，在窗外日光照射或透射下和在室内灯具照射下，会有不同的光影效果。美国建筑师卡恩（Louis.I. Kahn）等人设计、1972年建成开放的美国得克萨斯州沃思堡金贝尔艺术博物馆古典绘画馆采用了浅棕色、浅灰黄色墙面和隐蔽的暖色调柔和照明，取得了与画面总体协调的视觉效果。当照射光线几乎与被照面相平行的时候，被照面上可能有的不平整部分就会被强调，在光照下变得明显起来。这时的物体，无论是墙面还是室内陈设物的质地就得以着重显现。出于特殊的考虑，一些设计师故意采用砾石岩片堆砌的内墙，并采用几乎与墙面平行的色光照射，别有一番自然情趣。雅典一家现代音乐书店的一面内墙就用毛糙的大小石片砌成，一片几乎与墙面平行的浅绿色顶光从天花板上洒下来，很有情趣。

为了显示所展示的工业产品的三维立体造型，突出其某个重点部分或者减弱、掩盖某方面的不足，展示设计师可以巧妙地运用方向性的色光照明。为了突出某些展品的外轮廓，有时采用大面积窗玻璃逆光或人工逆光照明，衬出展品的剪影（图2-65）。

工业产品美的外观维系于光。当代设计师将黄金及镶嵌件等物体和材料的光泽表面开发用于工业产品的批量生产。在设计中，将光和色彩与形式结合起来的能力往往是关键。暖色与冷色往往是通过光来加以结合的。

如果说工业产品的光影效果是由设计师与光线变化的环境共同创造的，那么对于商业广告摄影来说，是摄影师的创意和专业才能导致了作品创造性的光影效果。布光是作品的一个决定性因素。摄影师用不同颜色、光位和强度的直射光及透射光、折射光、反射光来显示物体的质感，例如金属的坚硬、绒毛的柔软、喷砂表面的粗糙等。

图2-65 室内展示用光

以匀称柔和的顺光及辅助侧光拍摄白瓷的餐具，以造成强烈明暗对比的侧光和半逆光拍摄深色或黑色家具、工业产品，以不产生强硬光点的柔和光线拍摄鲜美的瓜果，以强调光泽的布光来拍摄首饰、西洋乐器、不锈钢餐具，都是些常见手法。一幅商业摄影广告的布光常常是主光、辅光复杂的有机组合，从中体现出设计人员的创造性。

借助于照明，同一件设计产品可以给人以几乎完全不同的视知感受。不同的色光照明具有不同的表现性和象征性，这是我们在谈色彩感时已经涉及的。

第五节　空间感

在人与人的交往中，彼此间的距离、言语、表情、身姿等各种方式起着微妙的调节作用。无论陌生人、熟人还是群体成员之间保持适当的距离和采用适当的交往方式十分重要。接近或热情过头会把别人吓跑，过分冷漠也会令别人难堪。鸟儿停落在电线上排成一排，互相保持一定的距离，恰好谁也啄不到谁。类似的现象在人类中也同样存在，日本的环境心理学家把它称为"心理的空间"，而人类学家霍尔（E.Hall）则称之为"空间关系学"。研究空间与行为之间关系的领域称为"空间行为"，它着重研究人使用空间的固有方式，并通过研究揭示人使用空间时的心理需要。

一、空间性格

空间是现代设计观念体系中一个重要概念。人们对建筑的认识逐步地从"实体"的转变为"空间"的。对于许多现代设计产品，人们也开始从空间的角度来加以观照和理解。城市规划设计、区域环境设计、室内外设计、展示设计的空间布局和安排，工业产品的三维体积，可以表现着装效果的人着装后所占空间的大小即服装的体积或体量，以及设计产品所处的场所及环境空间，凡此种种，正在受到设计师们越来越多的关注，成为他们的一个重要的思考内容。而空间并不等于空间感，后者是对前者的视知和感受。一件设计产品的空间往往是相对确定的，而受众对它的空间感受却会有差异。空间感取决于人们共同的心理规律，也取决于一些个人因素，例如空间经验、空间承受力等等。

空间其实是多种形态的，既有内部空间也有外部空间，既有固定空间也有可变空间或活动空间，既有实在空间又有虚拟空间。一般说来，一座建筑物所包容的内部空间和它与周围环境所构成的外部空间是同时存在的。相类似的，一些工业制品也有其内外空间，比方说一辆奔驰汽车、一个玻璃水果盆或者一件大衣橱，既有它们本身的体积和内部空间，也与周围物体和环境构成一种外部空间关系。无论大小如何，现代设计产品所占据和构成的空间可以目视，有的甚至可以触摸，是一种实在空间，或者叫物理空间，一般说来也是一种界限相对明确的固定空间。而设计产品可以放在不同的环境里，或者处在变动的环境中，这样一来产品与其周围事物所组成的空间也具有可变性，有时是活动性，从而成为可变空间或活动空间。另外，诸如城市内部空间、建筑物内部空间、室内空间、展览空间之类将受众包围在内的较大空间，和诸如包装盒内部空间之类的较小空间，都可以根据不同需要加以分割，形成不同的空间单元组合，这也可以说是可变空间。在包装设计中，同类商品的三维空间造型相互接近甚至雷同的占绝大多数。包装设计师为了实际的需要，也为了出新，不但要在独特的立体造型上下工夫，而且有时也要在包装内部空间的分割组合上动脑筋。尤其对那些以屏风、家具、活动隔墙等隔断来划分的室内空间来说，这种可变性或活动性更加明显。这种以家具围成会客区，或者以较低隔板围成工作区或层位的空间，由于其界限和范围不明确、不完全，需要受众以联想、幻觉等补充完全，被归于虚拟空间。虚拟空间本质上是心理空间。

有的建筑理论家参照塑和雕手法的不同，提出建筑空间也可以分为"加法空间"和"减法空间"两类。前者是"把重点放在从内部建立秩序离心式地修建建筑上"，即"首先确定内部，再向外建立秩序"；后者是"把重点放在从外部建立秩序向心式地修建建筑上"，即"首先确定外部，再向内建立秩序"。（芦原义信：《外部空间设计》，中国建筑工业出版社，1985，第89页）实际上，这两类空间在其他一些现代设计，例如某些工业产品设计、包装设计中，也同样存在着。

除了以上所述种种形态，空间还可以有功能空间、结构空间、亮度空间等等。它们其实是依据空间的功能性、结构性或亮度来划分的空间形态。显示和充任某种功能的空间就是功能空间，强调的是空间的功能意义和价值，比如说交流空间、工作空间、展示空间、销售空间、审美空间。据空间亮度的不同，空间可以分为亮空间、暗空间和介于两者之间的中性空间。空间内部的不同结构方式和形态形成了不同的结构空间，例如平直空间、曲折空间、圆形空间、简单空间、复杂空间、封闭空间、开放空间等。出生于德国，后加入美国籍的著名建筑师密斯·凡·德罗（Mices van der Rohe）1946年设计的美国伊利诺州普南诺的范斯沃斯住宅（图2-66a、b），在设计上消除了所有的封闭性，流入了自由的空间。住宅的构思别具一格，它是一个全玻璃的方盒子，地板架空，从地面抬高约5英尺，这是为了预防洪水泛滥。整个住宅由8根柱子支撑，每边4根，住宅两端向外悬挑。范斯沃斯住宅的纯净与精美是无可否认的，它与自然环境的结合也处理得极其协调。自它建成以来，迄今50多年，已被广泛地认为是现代建筑的典范之一。与其说它是一座别墅，不如说它更像一座亭阁，它也标志着密斯后期设计的转折点——全神贯注于结构形式。又如图2-67a、b，这是一间坐落在葡萄牙一所乡村庄园的咖啡厅，紧邻著名的蒙特木尔-欧-维豪（Montemor-o-Velho）城堡。2000年，设计师豪·蒙第斯·瑞贝罗充分利用了周围建筑的特色，清晰地表达出这块地方历史的印记，并把它用一种当代的风格在一个开放空间内表现出来，因为设计新颖独特而荣获西班牙装饰艺术促进会（FAD）建筑设计奖。

对于不同的空间形态，人们产生了不同的空间感和不同的空间评价尺度，其中又往往交织着复杂的成分。在一个居住或工作空间内，为人们日常生活需要服务的家具，同时担任充实和虚拟分割空间的任务。室内设计的一个新趋势是造成敞开式的不以界面分割的起居空间，以家具围成一个个活动区，许多家庭活动在这里展开。人们既感到空间单元的存在，又感到空间之间的相通和统一。他们的空间感悟由于家具陈设和灯光等而变得复杂了。在另一些室内设计，比如宾馆门厅设计、饭店大堂设计中，由于安排了人造瀑布、喷泉、水池，灵动活泼的弧形和螺旋形楼梯，变幻的灯光，花草树木等，使得空间带有某种运动感，让人感到空间充满生机。

相对于固体物体，比如说一件家具、一台彩色电视机或者一座水榭所占据的实在空间，包围着这些固体物体的空间被有的研究者称为"负空间"。在有的情况下，从负空间的角度来看问题有着特别的意义。例如在室内设计中注意家具组合造型所造成的墙上空白的形状，注意包围着树、石、花草、室内小品从而造成各个角度外轮廓的空间形状；在服装设计中瞩目包围着装者从而造成其动态轮廓的空间状态变化，可以使我们更有效地创造出设计产品的美。相应地，在平面设计产品中也可以用描绘出的包围物体形状的封闭区域来代表负空间，这样的负空间成形封闭块面能显示物体的外轮廓，以至于大大增强物体积极的表达意味。实在形和负形状是归属于和交织在一起的，是彼此作用的。比方说，在招贴设计中，不要仅仅注重主体形象的塑造，也要学会看看包围它的负空间或负形状，或者甚至可以通过画出负形状来显示出主体形象以及其他形象。有的学者谈建筑外部空间设计时所说的"逆空间"亦即"负空间"，认为：就连建筑没有占据的逆空间，也要同样程度地关心。……把整个用地作为一座建筑来考虑设计时，可以说这才是外部空间设计的开始。（芦原义信：《外部空间设计》，中国建筑工业出版社，1985，第11~12页）

在一定条件下，设计产品空间会具有情感表现力，它可以成为某种情感的符号载体，或者成为人们的情感投射对象。占据、包含和构成空间的设计产品的材料、形状、结构、比例、陈设、景物、色彩、照明等因素，以不同方式组织在一起，使不同的受众感到温暖的空间或寒冷的空间、舒展的空间或压抑的空间、亲切的空间或恐怖的空间、欢乐的空间或忧愁的空间等等。空间有不同的性格，空间感也可以含有不同的情感成分。

我们说过的心理定式也可能出现在人们的空间感受过程中。某个空间的状况如果与进入这个空间的人们积极肯定的心理定式相吻合，那么它就会使人产生积极的情感反应，

图2-66a ［美］范斯沃斯住宅流入自由空间，融入自然环境

图2-66b ［美］范斯沃斯住宅临水的一侧

图2-67a ［葡］维豪城堡废墟咖啡厅外部空间图

图2-67b ［葡］维豪城堡废墟咖啡厅内部空间图

人们就会感到它是令人可亲近的和愉悦的；如果与这种心理定式相违逆或格格不入，那么它就会引起人们消极的情感反应，人们就会感到它是令人讨厌的或压抑的。对于进入展览厅、时装表演厅或商业中心的人们来说，这种类似于预测—确证的空间感受过程是常常会经历的。

空间心理定式往往又与人在社会生活环境中的距离要求有关系。这种空间距离要求是空间大小和结构形状设计的一个重要参照因素。关于这种距离，心理学家赫尔（E.T.Hall）1966年所进行的研究是有代表性的。他把这种距离分成4类，每类又分为接近相和远方相两种，共4类8相：①接近相密切距离——爱抚、格斗、安慰、保护的距离，15厘米以内。②远方相密切距离——可与对方握手或接触对方的距离，大约从15厘米到45厘米。③接近相个体距离——可用自己手足向他人挑衅的距离，大约从45厘米到75厘米。④远方相个体距离——可以个别交谈、表达关心、清楚看到对方细小表情的距离，大约从75厘米到120厘米。⑤接近相社会距离——与同事一起工作、进行社会交往的距离，从120厘米到210厘米。⑥远方相社会距离——人们相互隔离遮挡，可以在他人面前继续工作的距离，从210厘米到360厘米。⑦接近相公众距离——行动敏捷者受到威胁时能够采取逃跑或防卫行动的距离，大约从360厘米到750厘米。⑧远方相公众距离——进行讲演等公开活动的距离，750厘米以上。

我们讨论现代设计中的空间感也必须充分重视那些平面形态的设计作品，在它们当中，不乏成功地唤起受众三维空间感的佳作。运用透视、摄影等是造成这种空间转换效果的常用手法。例如出生于乌克兰的法国著名设计师卡桑德尔（A.M.Cassandre）以为国际铁路和航运公司而创作的作品最为著名。其中包括Nord Express（1927）（图2-68）、Normandie（1935）等作品，这些设计都体现了他将优美的象征作为一种视觉速写形式的高超艺术鉴赏力。在这些作品的处理中，他通过对阴影的巧妙运用，营造出一个幻觉般空间，从而诱导出侧面或背面的形体。如图2-68展示的是由简洁色彩平面组成的两度空间，然而低视平线高度透视的纵深感很强的五根铁轨，一直通向上辐射出主题，让人产生三度空间感。

事实上，由于文化的不同和环境场所的不同，距离要求也会发生变化。在某种文化模式中生活的人们感到亲切的友人之间的距离，在另一种文化模式中生活的人们看来也许过于接近或者过于分开了。而在客厅、广场或者海滨浴场，人们相应的距离要求也会做出某种调整。总的要求是，在进行生活空间设计时应当了解和考虑使用者的空间距离要求，以及与此相关的空间心理定式。

美国超现实主义摄影师和设计师曼·雷（Man Ray）1932年为伦敦客运局所设计的招贴让人感受到广阔的宇宙空间。他把伦敦客运局标志加以立体化处理，使它看上去像是用方木条制成的，然后配以土星的影像，一起放在太空中构成画面，完成了由二度空间向三维空间的效果转换。兰特设计的美国现代艺术馆毕加索纪念画展招贴巧妙地采用了画家本人的肖像照片，使画家从一个"O"中探出头来凝视着观众，也造成了某种三度空间感。

二、心理空间

设计师处理的是物理空间，关注的却是受众的心理空间，即受众在这一物理空间中的心理感受，或者说受众所感受到的空间。

心理空间是心理环境的空间表现，显而易见，环境这一概念的覆盖面要大得多。德国格式塔心理学家考夫卡（Kurt Koffka）第一个把环境分为"地理环境"和"行为环境"，或者"物理场"和"心理场"，产生了极大的影响。外界实际的环境就是地理环境或物理场，个人心目中的环境就是行为环境，属于心理场。他认为"行为的环境与地理的环境""属于两个不同的宇宙"。他举了一个生动的例子来说明自己的理论：在一个暴风雪的冬夜，一个人从一片茫茫大雪原上飞骑数小时终于抵达一个小旅店。店主开门看到他后很惊讶，问骑者来自何方，此人直指来处。店主告之："你可晓得自己已经策马越过康斯坦斯湖了吗？"骑者一听此言，立即倒毙于地。(Kurt Koffka: Principles of Gestalt Psychdongy.)London：1962, 27~28)其实冰雪覆盖的大湖就是一个实际存在的物理空间，而骑者所看到或感受到的大雪原就是一个心理空间。决定当时骑者行为的不是物理空间而是心理空间。

现代设计产品的空间效果主要体现在受众的心理空间上。它在某些情况下可以与物理空间取得大体一致的对应关系，而在更多的情况下，由于设计师通过空间设计有意识地引导和接受者个人因素的介入，与物理空间产生了差异和偏离，甚至如同越过康斯坦斯湖的骑者当时的感受一样，背离了物理空间。

为了使受众产生理想的心理空间，设计师们采用了许多不同的设计手段和方法。一般说来，有以下6种相互结合的设计因素可供利用：

一是方向性线条。横线划分和装饰使空间显得宽些，竖线划分和装饰使空间显得高些，蛇形线、螺旋线使空间显得有动感。

二是色彩。我们知道暖色调有迫近感或前进感，冷色调有后退感；前者使人感到墙面、展示面或家具面往前提，而后者让人觉得它们在远离自己。

三是照明。嵌入式灯具、吸顶灯与吊灯分别有使天花板显得升高和降低的功能。与直接照明相比较，暗灯槽之类的间接照明会使人觉得空间大一些。

四是图像。画面开阔、景深大的浅色调装饰风景画容易造成空间扩大感，而深色调的平面图像装饰画容易使空间显得紧凑些。色调较浓重、花纹大而较明显的墙纸在一定程度上造成界面的前进感，而色调较浅、花纹小且模糊的墙纸造成后退感。镜面虚像使受众感到空间倍增、扩展，并提供新的观看角度，比如说顶棚镜面给人以俯视感。镜面能有效地反射光线，从而增强空间照明度。笔者在设计海南经贸学院图书馆天井跨度18米高、10米宽的壁画时，先从图书馆性质作思维起点、扩大空间感为最后目的，选用了高透视森林效果图（图2-69）。

五是肌理质感。粗糙凹凸的表面或界面与光滑平整的

图2-68 Nord Express 招贴
[法]卡桑德尔

图2-69 海南经贸学院图书馆《十年树木百年树人》天井壁画 劲艺机构 2007

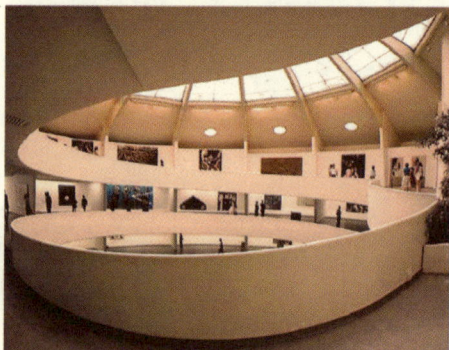

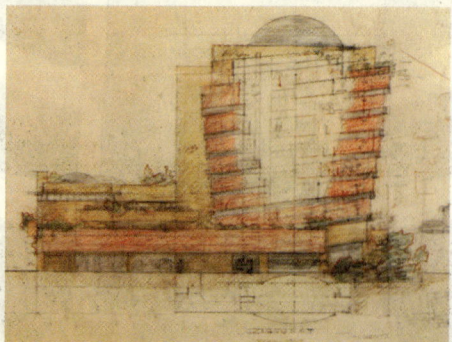

图2-70　美国古根海姆美术馆　赖特

表面或界面分别引起受众一定限度的亲近感与远离感。

六是构件。例如巧妙地开窗借景、开门借景，不但消除了封闭空间的压抑感，造成外向的空间，而且通过内外空间的联系仿佛扩大了原有空间。珠帘、窗纱等半透明借景则使空间层次变得丰富。适当地放大或缩小室内家具陈设的尺寸会使人感到空间相应缩小或放大。

此中讲到镜面虚像具有扩展空间的功能，事实上巧用镜像常常还会使人体会到一种从未经历过的神秘的空间感。例如：四周摆放大面积平板镜的展示厅，其中的展品被一而再、再而三地反复反射，看起来像有千千万万，气势非凡。在门厅地面安装镜子可以使厅内行走的人看起来像运动的对称连体人，使立柱仿佛从地底下升起。将半边镀银的凹面镜摆放在恰当的位置，在强光照射下，观者在一定的角度可以看到镜前的物体仿佛悬浮在空中，这一镜像与真实的物体共处在一个空间，这种所谓"魔镜效果"在不少展示设计和电视广告设计中被采用。

无论是身处一座建筑物、一个展览厅或一座园林内，还是观看一辆轿车、一件时装或一套家具，人们往往是走动着观照、感受，随着时间的推移，他们的视点在变动，他们的空间感受也在发生变化。这样，一些研究者将"时间"引进空间概念中。意大利建筑史家和美学家赛维（Bruno Zevi）说：观看角度的这种在时间上延续的移位就给传统的三度空间增添了新的一度空间。就这样，时间就被命名为'第四度空间'。其实"第四度空间"无非是指空间感的时间规定性。

在具有空间和时间延续特征的现代设计中，例如建筑设计、环境设计、园林设计、展示设计、室内设计等活动中，预测受众可能的运动路线和视角移位情况，考虑如何使受众产生流畅的、舒适的空间感，应当说是有实际意义的。园林设计师将主、次景点有机地配置起来，用对景、借景等引导游人前进，以各式园路串起一个个景点形成"景序"，使游人"步移景异"，同时也产生不同的空间感。1959年竣工的古根海姆美术馆（图2-70a、b、c、d）是美国著名建筑师赖特在纽约的唯一作品。这是一座上大下小螺旋形白色混凝土建筑。观众进入馆内先要乘电梯到最顶层，然后再沿着螺旋形楼面向下走，边走边参观。在时间延续的视角移位中，观众感受到空间的流动，或者说感受到"第四度空间"。美国华盛顿特区国家航空航天博物馆的展示设计也考虑到观众的运动路线以及可能的空间感变化，取得了较好的艺术处理效果。

第六节　张力运动感

运动，是最容易引起视觉强烈注意的现象。一只猫或一只狗，对周围那些不动的形状或色彩，一般不会做出反应，也许是因为这些不动的事物不能给它们造成强烈的印象。但是，一当这些事物动起来，它们的眼睛便会马上盯住它们动的地方，甚至会随着它们的动而动起来。愈是小动物，愈容易对动的事物注意，其注意的程度，就好像它们的眼睛粘在上面似的。人类的眼睛同样受到动的事物的吸引。只要回忆一下你自己观看活动广告时的情形，对这一现象就清楚了。

对于视知觉对运动的感受性，传统的解释仅仅是因为生活经验的联想。阿恩海姆在《艺术与视知觉》中，驳斥了这种肤浅的理解，系统论述了由"具有倾向性的张力"形成"不动之动"的独立知觉活动，认为这是一种外部刺激作用下，人所产生的生理力活动的对应物。也就是说，人的心理功能与视觉对象的结构特征存在某种对应关系。在外部刺激下，视知觉体验到一种张力。在一般情况下，各种图形和形体都有运动感，然而强弱差异很大。因而，如何根据设计的需要来产生动与不动的效果，关键是"张力"是否具有明显的倾向性。

一、向上张力感

人的平衡觉以水平和垂直的方向定位，视觉一般对水平和垂直的形状有稳定感。但是，当垂直定向明显增强，与地球相离的自由端直线上升，那么，向上运动的张力就会显露出来。因此，比例上明显伸长的直立矩形、三角形等形状，就有较强的向上运动的张力。

哥特式建筑可以算向上运动的典型形状，它在直立矩形之上，又加上一个锐角三角形，甚至是尖塔林立，使我们不由不产生"上升"的共鸣。图2-71因椅背的特殊比例而"上升"。服装画的人体，总是夸张体长，以至达到九头身、十头身，也是突出动感（图2-72）。

二、曲线分离感

链球和铁饼在空中沿着圆周充分旋转以后，才脱离运动员的手，沿着圆的切线方向作抛物线运动；铁件在砂轮机上摩擦产生的火花，也是类似的抛物线。比起沿圆周旋转这样周而复始的运动，从圆分离出来的曲线增加了式样内部的不平衡性，表现出较强的运动感。越接近圆周的曲线，运动速度越缓慢；越接近抛物线的曲线，运动速度越高越激烈。在古典的装饰中，曲线多作委婉的流动（图2-73）；现代设计的曲线，常常追求激烈的爆发式的运动（图

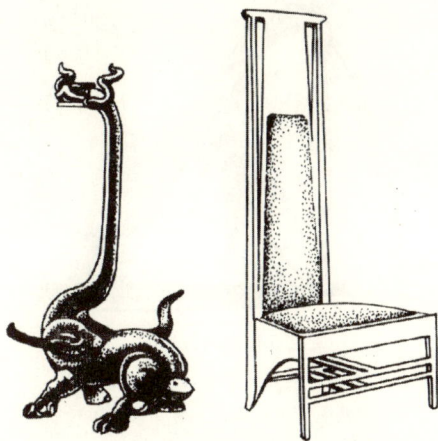

图2-71　有上升感的造型
左：长颈龙（战国铜器）　右：高背椅

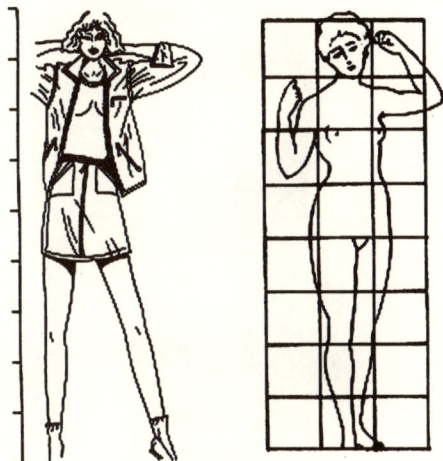

图2-72　人体的比例
左：现代时装画（9头身）
右：希腊人体（8头身）

图2-73　曲线的动感
左：锻铁栏杆（法国）　右："大峡谷国家公园"海报（美国）

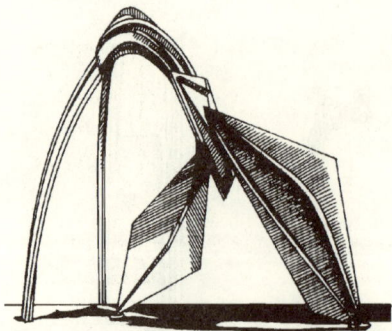

图2-74 抛物线结构

芝加哥联邦政府中心广场雕塑《火烈鸟》（亚历山大·考尔德作）

图2-75 掷铁饼者

米隆原作 罗马时代复制品

图2-76 偏离正常定位（计算机画）

2-74）。考尔德的结构雕塑《火烈鸟》以巨大的结构、富有力度的抛物线，取得了强烈的动势。在古希腊人重视体育运动，男孩子很小的时候就要离家赴营地训练，他们不是单纯为了身体的健康，重要的是培养勇敢善战的精神。他们举办各种竞技活动，在竞赛中都要裸体参加，这种活动不允许女子参加，而此时的斯巴达女孩子却被要求训练身体，并有自己的竞赛内容。这一题材在雕刻中的反映，已突破古风时期的静止状态，而注重对人物运动以及内心感情的刻画。如图2-75所示。

三、不平衡感

人对平衡空间的定向，主要依赖水平和垂直的方向，所以正方形或立方体是最稳定的形状。许多武器的瞄准镜中心则刻有十字，也是为了从水平或垂直方法来校准目标。任何形状一旦偏离正常位置，就会与正常位置之间产生一种吸引或排斥的张力，形状会"摆动"（图2-76）。而处在垂直与水平中间的45°斜线会受到两个方向的排斥，因而表现出最强烈的"发射感"，动感的强度大于垂直方向的上升感。图2-77的苏联纪念碑以及现代雕塑《30度的发射》都以斜线表现动感。工业设计中，像电熨斗那样在运动中使用的物品，也往往受流线形的影响，在前端利用斜线制造动感，以克服老式熨斗的刻板造型（图2-78）。

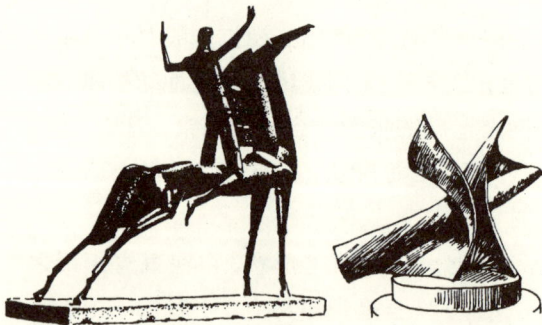

图2-77 斜线的发射感

左：苏联纪念碑（青铜）　　　右：现代雕塑《30度的发射》

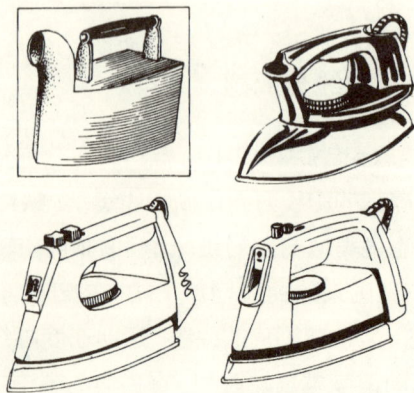

图2-78 熨斗（老式和新式的比较）

根据同样的道理，在构图中强调对角线，就能形成与边框的强烈对比，动感也就更明显（图2-79）。

另外，人与动物等的肢体偏离稳态的正常空间位置，处在不平衡状态，也会产生动感（图2-80）

处于静态的形状，如圆、正方等，因内部张力趋于平衡而相对静止，但变形或外力的吸引，都可以破坏这种平衡而产生动感。

变形的典型可以在圆的变化中明显地看到。从圆到椭圆到卵形，它的动感逐步增强，因为椭圆的张力已倾向于比较长的轴的方向；卵形的两端是大小不同的圆，重力的倾向更趋向于大端。当圆向更大变形变化的时候，例如一端的"流动"有了明确的指向，动感会更强（图2-81）。

外部引力的干扰一般发生在几种因素的组合中，由于相互吸引的张力，静态发生似动的现象。例如现代绘画《两个一样》中，大圆在小圆吸引下，分别向两侧摆动（图2-82）。

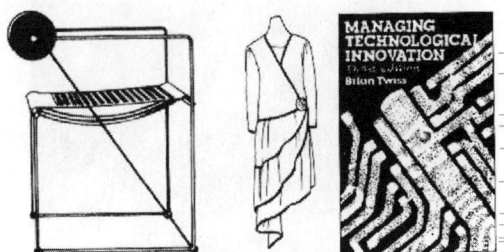

图2-79　对角线结构　椅子　服装　书籍封面

图2-80　偏离正常定位的人物画

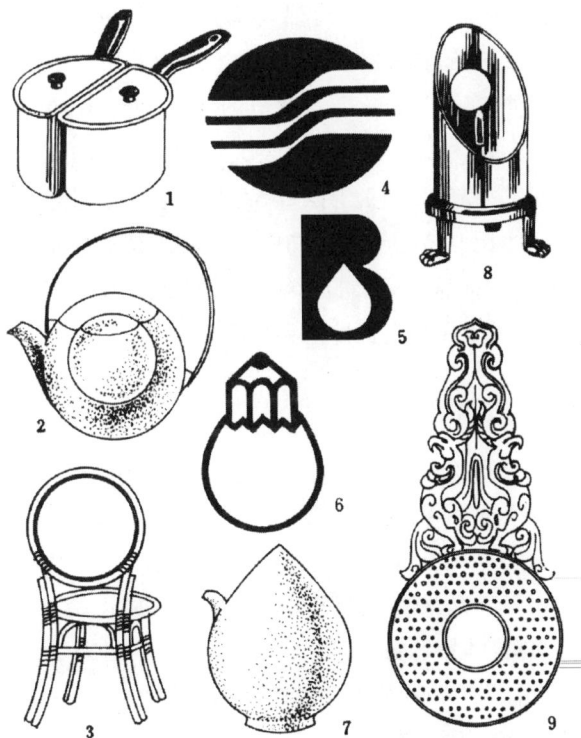

图2-81　圆、椭圆、蛋形及其变化

1. 不锈钢锅　2. 瓷球形壶　3. 藤椅
4. 日本国内航空公司标志
5. 标志　　6. 标志　　7. 水滴形瓷壶
8. 金属灯具（现代）　　9. 玉璧（战国）

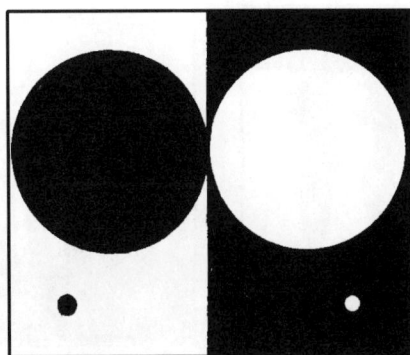

图2-82　现代绘画《两个一样》

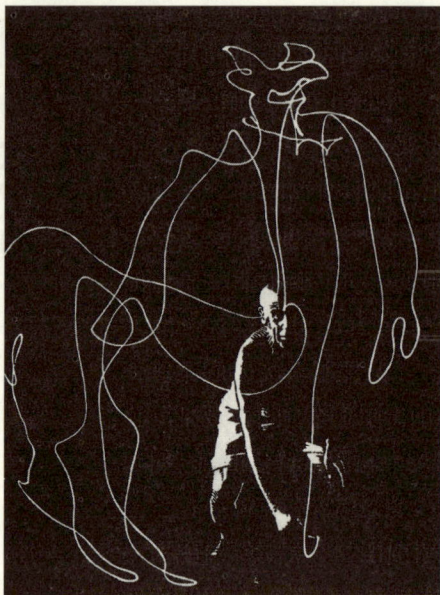

图2-83 毕加索用光点"画"牛（根据照片复制）

图2-84 地图无间隙组合的绘画

左：瓦萨茉莉（V. Vasaveiy）作　右：埃夏（M. CEscher）作

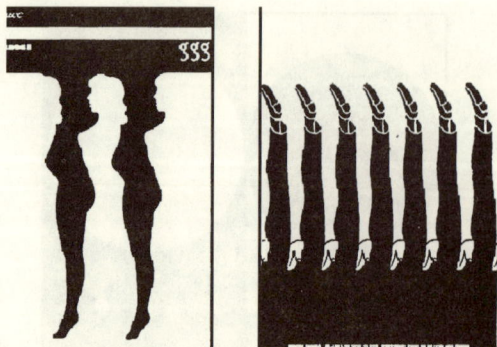

图2-85 地图无间隙组合的设计

日本福田繁雄　招贴

频闪效应还以光点的变换，利用视觉残像造成假动。在实验室里，把两个光源放在全黑的环境中，轮流点亮两个光源，我们就会看见一个光点在来回运动。毕加索曾留下一张照片（图2-83），是他在地下室中用"光点"画牛，连续运动的光点在底片上留下了一只变形牛的痕迹，这也是频闪效应的实验。设计中应用光点变化较早，霓虹灯就是一例。现代舞台布景、舞厅的灯光，也常常借此制造动感。

本章第二节介绍的"图—地（底）"关系原理，实际上是图地互换的不定向运动，地是背景，图指图形，在二维空间里，背景衬托图形的关系一般是固定不变的。但是现代时空观念的变革，也波及这一领域，背景在特殊情况下不再安分守己，它们以抽象形，甚至具象的形态，时时会走到前台来，反而使图形成为背景。荷兰版画家埃夏的一部分作品，就是这种地图互换的图解。画面下部的背景，到上部变成了图形，原来的图形，则幻化成了背景。他的另一些作品则是图形的"无间隙组合"，当我们的视觉注意集中于一种图形时，另一种图形就成了背景，反之亦然（图2-84）。

设计中的图地互换大都与埃夏的后一种作品类似。它是不分前后的镶嵌式"无间隙组合"，真正的背景已经看不见了。两种不同的图形互为背景，所以，随着视觉中心的转移，它们反复扮演主角，前后层次不断变化，造成视觉的不安，而产生不定的动感。图2-85是日本著名设计家福田繁雄的作品。他是一位善于在黑白图形中利用视觉因素进行创作的新一代设计家。图示的两幅海报都是从人体的图地互换中寻求新颖刺激的代表性作品。

四、放射开放感

从中心向外以扩散能量般的状态放射产生张力运动。放射用线来表示时最有扩张感。于是，应用到平面作品和建筑中时，能表现出很强的开放感。最简单的放射为一条直线，随着与其交叉的线越来越多，放射效果也越来越强。但是，线的密度增大，面（这里表现为圆）的特性就会大于放射性。线的前端越锋利放射性就越强，相反朝中心的那端锋利的话，向心力就增强、放射性就变弱。

使用放射可以使狭小的空间看上去很宽敞。此外由于放射性强，就更容易吸引人的目光。画星星和高光（金属反光的部分）的时候，常会用到放射线。佛像发光的背部是应用放射特性的绝佳例子（图2-86）。

开放与放射有共通的特性，但放射是从一点开始扩散，而开放则指面的扩展。例如敞开的窗户,透过这扇窗便能看到无边无际的天空,这就使窗内空间充满了开放感。开放的形象能解放人的心灵,这也是开放性作品大受欢迎的原因。

开放性作品往往实际上很狭小,但显得很宽广,而且感染力也很强。尤其是在狭窄的空间内,这种特性就表现得更为明显。因为它会对抗周围封闭的气氛,从而更加突出本身的开放感(图2-87)。

一般在图纸上作画时,由于对纸张的边界意识,画出来的画就如同被框在纸中一样,虽然工整,但失去了开放性。只有抛开这样的边框意识,想象空间是无限延伸的,才能画出真正的开放性。开放不仅仅是物理意义上的扩展,对色彩的亮度等方面都有一定的影响。平面构成也一样。尤其是文字与文字之间的空隙,如写DO时D和O之间是开放空间,而写MN时M和N之间就是封闭空间。

我们每个人对狭窄空间都抱有或多或少的恐惧。这种恐惧达到一定程度以后就发展成所谓的幽闭恐惧症。当然,封闭也不完全是不好的,这只是使用方法的问题,因此若能合理使用封闭性,表现效果会很不一般。另外,封闭空间还带有神秘幻想的气氛。在那种气氛中再设置一些细节,就能自然而然地吸引众人的目光(图2-88)。

圆形屋顶的发明为石块堆积而成的建筑物带来了一场革命。因为使用圆形屋顶可以确保拥有一个相当宽阔的空

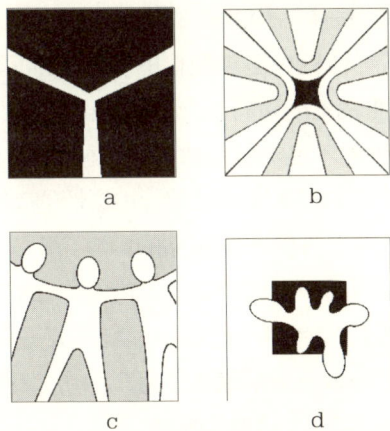

图2-86 放射的张力运动

a. 仅两线交叉就制造出四个方向上的放射。

b. 交叉线越多,中心越清晰,放射感也越强。

c. 中心附近部分宽度越窄,向心性就越高。

d. 不画出中心,但由于周围有光的放射,所以空白部分就类似一个光源。

e. 不用直线,而是用阿米巴虫一样的形状也能表现出放射效果。

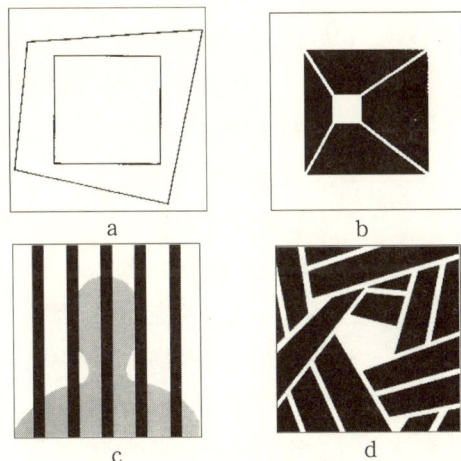

a. 像这样由内向外延伸,或者由暗处向亮处扩展的图像就具有开放感。这种手法也被用来表现未来和希望。

b. 水平方向上的开放性效果一般,但朝着画面四边延伸的构成法所表现出的开放感却尤为强烈。使人的心情也得到了舒展。

c. 沿着水平方向放大的形象使画面有了开放感。这幅图给人的感觉仿佛是肩并肩的人形会无限延伸下去一样。

d. 从某种框架中迸出的造型,极具开放性,且给人快速膨胀开来的感觉。开放的效果在于使画面看上去更大。

图2-87 开放的动感表现

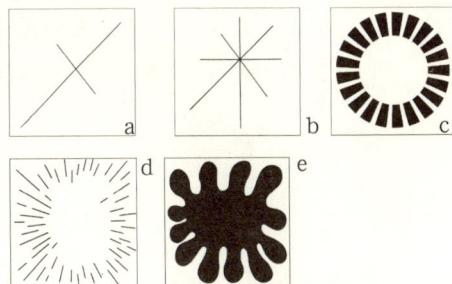

a. 围是指将某部分限制并封闭在某个特定的场所内。用两根线包围,比用一根线封闭性更强。

b. 内部的白色正方形被封闭在厚壁中。但是形成了透视,所以看上去很遥远。能感觉到被压抑的能量。

c. 拦在人影前方的线将其与欣赏者隔开。对面有宽阔的景物时欣赏者便能感觉到封闭感。

d. 中央的白色部按不同角度用粗线条包围起来,像齿轮般不断施压,制造出动态的封闭感。

图2-88 封闭的动态制造

间。之所以站在圆形屋顶下方会感觉到压迫感,正是由于它是一个封闭空间。教会建筑中这种特性将宗教的庄严和权威演绎得淋漓尽致。

第七节　视知觉表现

我们把向他人传达自己的心情定义为表现。表现通常要用到像语言、绘画、声音、气味等诉诸五官的手段。在日常生活中,人们总想采用一种最准确、最具效果的表现手段。把这种追求提升到专业高度的就是设计艺术。实现表现的媒介物叫作媒体。私人性质的媒体有书信和电话等。设计职业就是建立在对媒体的利用之上的。在常见的如绘画、电视、报纸、杂志、海报、DM、包装、超现实主义作品、电影以及戏剧等等之外,别的任何东西也都可以作为媒体加以利用。比如说,某个建筑既实现了设计师理想中的生活,也表现了他的思想。因此,这个建筑物也就成了媒体。

经常观察可以得出一个结论,表现必须要有实质传达的内容。一个人有东西想表达,才会去进行表现。人的自我表现实际上就是向他人宣告自己的存在。构成只是表现的手段而非目的,这一点至关重要。如果自己没有想传达的东西,就没有表现的必要。那些徒有其表而内容空洞的作品不成其为表现。

表现力是现代生活中不可缺少的能力。要表达自己的想法和感情,首先必须要学习一定的表现手段以求得所有人的充分理解。比如要表达自己的立场,不妨先给自己一个由一面墙和一个人组成的准备材料。首先要明确这个人就是自己,接下来就要考虑自己的影子到底映在这面墙的什么位置,如果这个位置选择错误,就会完全歪曲自己的立场。所以,了解一个规则(构成原理),通过这个规则让所有人都能理解自己的想法,是正确表达自己立场的前提。这就要求设计师必须学习视觉心理等科学。

视觉不是对元素的机械复制,而是对有意义的整体结构式样的把握。无论是艺术设计师的视觉组织,还是艺术设计师的整个心灵,都不是某种机械复制现代的装置,更不能把设计师对客观事物的再现,看作是对这些客观事物偶然性表象所进行的照相式录制(或抄写),虽然设计艺术形象远远不是"酷似现实的形象",它们仍然不是对感情教材的机械复制,而是对现实的一种创造性把握,从而表现出把握的形象是含有丰富的想象性、创造性、敏锐性的美的形象。

每一件艺术品,都必须表现某种东西。这就是说,任何一件作品的内容,都必须超出作品包含的个别物体的表象。在通常情况下,人们还常常使用"表达"这个词,例如说"某某人表达了他的见解"之类。但是,艺术中所说的"表达"就比较特殊了,因为它"表达"出来的东西必须能够产生某种"经验",而要做到这一点,就要用一种十分活跃的"力"去构成表达时使用的知觉式样。那么,这种知觉式样究竟是怎样使人得到某种"经验"的呢?

一、透过"外在的"东西表现"内在的"东西

"表现",从狭义上说,是指透过某人外貌和行为中的某些特征,对其内在情感、思想和动机把握的活动。它依据的信息,既可以在人的面部表情、身体姿态和手势中集中表现出来,也可以在人的谈吐、衣着、房间布置方式和运笔动作中表现出来,还可以进一步从人们发表的见解或对于某一事件所做的解释中表现出来。

但是,这里所说的表现,仍然不同于本书说的"表现"。与后者比较起来,既有比它"狭

窄"的地方，又有比它"广泛"的地方。它的狭窄性表现在：没有把那些不表现内在精神活动的表象和行为包括在它的定义之内。它的广泛性表现在：把理性从艺术形式中间接推断出来的东西也包括在"表现性"范围之内了。但即便如此，在本书中仍然要对大多数人所熟悉的这个"表现"现象加以剖析。

人心难测，众口一词。人类为刨人心之根柢，曾做过种种尝试，以求人心可测。人类早期的探索——八卦占卜术、阴阳五行术、星相术、面相术、手相术、颅相术，以及现代的研究——体液说、梦释说、体型说、大脑说等都是前人孜孜以求的足迹。种种研究和经验，虽然不能全部揭示探测人心奥秘的途径和方法，但充分肯定了人的体态相貌、行为姿态、声音字迹等不同方面能表现人的性格、气质、思维、行为等特征。反过来说，从人的体态相貌可以观看人，从个人的生活习性、声音字迹及常用物品可以剖析和透视人的兴趣、爱好、性格及内心世界。如外向型人说话时喜欢手舞足蹈，但办事愿意速战速决；内向型人说话喜欢绕来绕去，但办事总是犹豫不决；处事谨慎的人喜欢把钱藏在秘密地方，吃饭狼吞虎咽的人个性亲切，喜欢放声大笑的人热爱生活，双手交握在背后的人心事重重。

一些情感本身是无法被人看见的，但我们可以从人的面部表情和色彩的变化中洞见它们。这些变化是视觉直接把握的对象，我们之所以能够从中看到情感，是因为它们在我们的经验中总是伴随着情感一起出现。如果预先没有这样一些经验，我们就分不清脸红究竟是羞愧的表现还是兴奋的表现。脸最能代表一个人，所以各种身份证件上都要贴脸部照片。所谓认识一个人，其实就是认识一张脸。然而，这张脸却不是死板的照片，而是有着丰富而多变的表情，又带有先天和后天的所有印记。更重要的是，这张脸又最能反映出一个人的内心世界，凡事都不形于色，是一般人难以办到的。因此，只要肯用心观察，又能掌握一些要领，也不难摸索到对方的一些内心奥秘。

嘴巴眉毛出表情。决定一个人脸部表情最重要的因素有两个：一个是眉毛，一个是嘴巴。即使脸部其他部分不加改变，只改变嘴巴和眉毛，也可以变化出许许多多的表情来，因此，只要留意一个人的嘴巴和眉毛，就可以对他的情绪状态做出基本的判断。图2-89是一个测试图。图中是9个脸部的抽象画，鼻子和眼睛是完全一样的，只有眉毛和嘴巴不一样。这个试验是很有启发性的。它告诉我们，只要注意观察一个人的眉毛和嘴巴，就不难猜出他的心理状态。

得意　　快乐　　伤心

生气　　残酷　　愤怒

遗憾　　担心　　悲哀

图2-89 人脸的表情

光看表情靠不住,根据表情来判断一个人的心理状态,并不能百发百中。一般来说,如果对方是熟人,准确率可以在七成以上;如果对方是陌生人,准确率还达不到六成。通过表情的确可以猜度人心,但它不是唯一的手段,更不能只依靠这一种办法。还应该结合对方的谈吐、姿态、动作等,综合起来加以考虑,才能准确地掌握对方的心思。

注意眼球的移动方向。思考问题时眼球总是向右转动的人,理解能力较强一些。这种人比较擅长自然科学和计算。思考问题时眼球总是向左转动的人擅长人文科学,性格开朗,喜好音乐,易受暗示及催眠。不过,以上情形不太适用于女性,她们在思考问题时,眼球向两个方向转动的人都很多。

一半脸部看鼻子。鼻子的动作有着这样一些代表意义。用手指摁在鼻子旁边,表明他可能怀疑你。不断地摩擦鼻子,表明他可能不愿接纳你。用手指横在鼻子下边,表明他可能对你感到不高兴。再三搓揉鼻子、眉毛或眼睛,表明对手可能在撒谎。身体稍微移开,侧身对着你,并且摸摸鼻子或捏捏鼻子,这可能是最具有否定意味的姿态。

从下巴的角度看对方的心态。下巴的动作虽然轻微,如果对方使劲地抬起下巴,就可以假设他内心怀有优越感,想使自己看起来很伟大。如果对方有意识地后缩下巴,就可以假设此人内心不想与他人坦诚相对,自我封闭,想保护自己,不相信对方所说的话。

注意观察点头与手部动作。一边谈话一边有节奏地点头,并且与谈话内容有所配合,这才是代表着肯定的意思。如果与谈话内容无关地乱点头,则说明对方内心动摇、犹豫,或有所隐瞒,借点头来掩饰其内心的不平静。如果一次点头次数太多,动辄三五下,一般有否定意味,想要终止谈话或者觉得对方太啰嗦。要想确定对方点头是否传达了肯定的意思,除了对点头本身要加以注意外,还要对其手的动作加以分析。头部的动作和手部的动作总是联系在一起的。手部放松,手掌张开;将手摊开放在桌子上;清除桌上的障碍物;抚摸下巴。以上都可以看作是表示肯定的动作。表示否定意义的手部动作有:在身体前边握紧拳头;两手放在大腿上,张开手肘,两手拇指相向;两手交叉按在头部后面或手指按在额头正中央;手向着你而屈指数数;和你交谈时,不断地把玩桌上的东西,或将它重新放置;打开抽屉又关上,好像在找东西;两手撑住下巴;用手指连续敲桌子。

无论是古代的诗人还是现代的个性分析家,都把眼睛看作是"心灵的窗口"。确实如此,眼睛常常能真实地反映出一个的身心状态。眼皮微闭,眼珠左右乱转,不敢正眼看人者,必然是内心有鬼,可能在打什么坏主意,或是有心要欺骗人。眼睛大睁,安静地看着对方,眼神坦然自如,这是一个诚实的人。伪装诚实的人由于装得过火,往往会用力瞪着看你。目光羞怯并向下望的人,并非不诚实,而是或许缺乏信心,或许有事在思考,这种人大多自卑不安或过分拘谨。眼睛不断地眨闪,眼角旁及下边呈现出皱纹的人,性情幽默、快活。上下眼皮平行半闭,上眼皮略硬,大多数情况下,表示此人已经下了狠心。眼睛向上斜,上眼皮下垂,一般情况下表明此人正在动心眼儿,可能要算计别人。眼睛线条刻画柔美,眼眉睫毛细柔如丝的人敏感,富于艺术鉴赏力。眼睛圆而大睁,眼白完全围着瞳仁,表明此人天真无邪,但易受欺骗。

人的心理活动不但从脸部表现出来,而且也可以从身体行为语言等方面表现出来,我们要凭经验加以观察。

这种传统的理论,最近又被某些社会学家加以改头换面,重新提了出来。按照这些社会学家的奇谈怪论,人们之所以会对某些事实做出一致的反应,乃是因为,这些反应都是按照同一种"习俗"或"常规"做出来的。以此推论,对表情的反应和判断也是根据某种"常规或心理定式"进行的。这种"常规"是个人从他生活的社会集团中原原本本地接受过来的。举例说，由于社会上的人都信奉"凡是长着鹰钩鼻子的人都比较勇敢""嘴唇突出的人都是好色之徒"等说法，自己就不自觉地接受了这样一些看法，并在生活中不自觉地运用它们对别人的面部表现做出判断。在那些持这种论调的人看来，这种按"常规"或心理定式做出的判断，一般都是错误的；由于它们不是基于自己的第一手经验做出来的，所以都不值得信任。

这样一些判断或认识的不完全可靠性，并不在于它们是按照社会"习俗"做出来的，而是在于，人们往往根据某些捕风捉影得到的证据，就简单化地确定了对某种事物的看法。这样一些不可靠的证据，既有可能是来自间接经验，同样也有可能是来自直接经验，而且一旦他根据这样一些证据确定了自己的看法之后，即使他的看法被证明不符合事实，仍然不愿意轻易放弃它。这就是某个人或某个社会集团对某件事物做出错误判断的主要原因。因此，"习俗"是不能成为表情判断的最终依据的，如果说对表情的判断是根据"习俗"做出的，那这些"习俗"又是根据什么得出来的呢？它们究竟是正确的，还是错误的呢？按照"习俗"对于表情的反映或解释，或许会犯张冠李戴的错误，但有些"习俗"也有可能是基于健康的观察得到的。某些"习俗"之所以会被人们广泛地接受，就是因为它们反映了真实。

当我观看一根立柱时，以往的经验就会告诉我，如果我自己的身体也像立柱那样承受压力，会有些什么样的感觉。在这个时候，我也就将自己的动觉经验移入到了立柱身上。更进一步说来，这种由视觉唤起的记忆所引发的压力或拉力经验，还会自动地引起大脑另外一些区域的反应。当我将自己体验到的压力和反抗力经验投射到自然当中时，我也就把这些压力和反抗力在我心中激起的情感一起投射到了自然中。这就是说，我也将我的骄傲、勇气、顽强、轻率，甚至我的幽默感、自信心和心安理得的情绪，都一起投射到了自然中。只有在这样的时候，向自然所作的感情移入，才能真正称为审美移情作用。所以非生物同样也具有表现性。

我们看到，用传统的理论所做出的上述种种解释，都具有这样一个明显的特点，这就是：它们都相信，某一事物的表现性质，并不是这件事物的视觉式样本身所固有的，人们从中看到的东西，仅仅起到了从他们的记忆仓库中唤出知识和情感的导火线的作用，这些知识和情感一经被唤出来之后，就立即被移入到了这件事物之中。这就是说，视觉式样与人类赋予这个式样的表现性并不是一回事情，正如一个字与一个字所传达的内容也不同一样。我们都知道英语中的"pain"（痛苦）这个词，它在英语中表示"痛苦"，而在法语中却表示"面包"。这就是说，这个式样本身并不具有"痛苦"的情感，也不意味着是什么可吃的"面包"，只是通过学习之后，我们才领会了它所表示的意义。（鲁道夫·阿恩海姆：《艺术与视知觉》，四川人民出版社，1998，第607~609页）

二、视觉式样传递结构性质才能知觉对象的表现性

在一般的情况下，我们不仅能从时间的连续中看到心理事实与物理现实之间的同一性，就是在它们的某些属性当中，比如它们的强度和响度、简单性和复杂性、流畅性和阻塞性、安静性和骚乱性中，同样也能看到它们之间的同一性。虽然身与心是两种不同的媒质：一个是物质的，另一个是非物质的，但它们之间在结构性质上还是可以等同的，也就是说身心之间是可以同一的。

由于对表现性的知觉具有非常明显的直接性和强制性，所以它不可能仅仅是学习的结果。当我们观看一场舞蹈时，那悲哀和欢乐的情绪看上去是直接存在于舞蹈动作之中的。对舞蹈动

作之表现性的知觉之所以具有如此强烈的直接性，主要是因为舞蹈动作的形式因素与它们表现的情绪因素之间，有相同的结构性质。

为了更好地说明上述道理，我们试举比内的一个试验加以说明。（比内是阿恩海姆的一个学生，这个试验是在萨拉·劳伦斯舞蹈学院做的）在这个试验中，被试者是一组舞蹈学院的学生，他们被要求分别即席表演出悲哀、力量或夜晚等主题。试验结果证明，所有的演员在表现同一个主题时所做出的动作，都是一致的。举例说，当要求他们分别表现出"悲哀"这一主题时，所有演员的舞蹈动作看上去都是缓慢的，每一种动作的幅度都很小，每一个舞蹈动作的造型也大都是呈曲线形式，呈出来的紧张力也都比较小。动作的方向则时时变化、很不确定，身体看上去似乎是在自身的重力支配下活动着，而不是在一种内在的主动力量的支配下活动着。应该承认，"悲哀"这种心理情绪本身之结构性质，与上述舞蹈动作是相似的。一个心情十分悲哀的人，心理过程也是十分缓慢的，而且很少能够超出与他的直接经验和眼前的喜好直接联系在一起的状态，他的一切思想和追求都是软弱无力的：既缺乏能量，又缺乏决心。他的一切活动，看上去都好像是由外力控制着。

当然，在舞蹈艺术中，表现"悲哀"等类情感的动作也许有一套规定的方式，我们也不否认，这些被试者在测试中很可能是受到了这些传统表演方式的影响，但这一点并不影响我们对表现性的解释，因为不管这些动作是被试者自己发明的，还是学习的结果，在这些动作中所展示出来的结构性质都与它们所要表现的情感活动的结构性质有着一致性。既然速度、形状、方向等结构性质是被视觉直接把握的，我们就有理由断定，由这些性质所传达的表现性，同样也是被视觉直接把握的。

但是，如果我们继续深入地分析这些事实，就会进一步发现，表现性其实并不是由知觉对象本身的这些"几何——技术"性质本身传递的，而是由这些性质在观看者的神经系统中所唤起的力量传递的。不管知觉对象本身是运动的（如舞蹈演员或戏剧演员的表演），还是静止不动的（如绘画和雕塑），只有当它们的视觉式样向我们传递出"具有倾向性的紧张力"或"运动"时，才能知觉到它们的表现性。

为了更进一步地证明"不必联系式样所再现的自然事物，就能从式样本身见出表现性"的道理，我将继续举出几个抽象的式样加以分析。如果我们拿两种曲线———一种是圆形的一部分，另一种是抛物线的一部分——进行比较，就会发现，从圆形中取出的那条曲线看上去比较僵硬，而从抛物线中取出的那条曲线看上去就比较柔和。那么，这两种不同的曲线为什么会造成两种不同的感受呢？在寻找原因时，我们并不需要联系我们周围的那些与这两种曲线同形的自然事物，而只需要直接分析这些曲线本身的结构。作为一个几何图形，圆形具有一种不变的曲率，而这种不变的曲率又是由圆形仅有的一个结构条件决定的。这个结构条件就是：圆形轨迹上的所有点离中心点的距离都相等。

与圆形比较起来，抛物线的曲率就有了变化，而这种变化性又是由抛物线的两个结构条件决定的，这就是：抛物线轨迹上的所有的点，不仅需要离一个中心点的距离相等，而且还要离一条直线的距离相等。这就是说，抛物线是两种结构需求经过互相谦让或互相妥协之后的产物。这就证明，圆形曲线所具有的僵硬性和抛物线所具有的柔和性，完全是由这两种曲线的内在结构性质决定的。

我们所要举的例子取自于建筑艺术，这就是米开朗基罗晚年为罗马的梵蒂冈圣彼得大教堂设计的圆屋顶。米开朗基罗为大教堂的建造倾注了他的余生，而在他90岁去世时，大教堂穹顶还没有完工，波尔塔等人根据他的设计完成了余下的工程。大教堂穹顶直径41.9米，内部顶点高123.4米，采光亭高达137.8米，成为罗马城的最高顶，实现了米开朗基罗要建造一个比古罗马任何建筑都高大宏伟的新建筑的夙愿。任何一个观看过这座建筑物的人，无不为这座把庞大的体积和自由上升的运动巧妙地结合起来的圆顶建筑式样所慑服。仔细分析起来，这种表现性效果其实是由下述条件所决定的：从图2-90、图2-91、图2-92中我们可以看到构成圆顶外围的两个组成部分，全都是从圆形中截取下来的，因此，它们都具有圆形曲线所特有的稳固性。但是，这两部分相等曲线虽然在一个圆形周边截取下来，但它们的形状又不能同时处在一个圆形圆心上，所以连接在一起之后就不会形成一个半圆。这就使得右半部圆形曲线的圆心落在了a的位置上，左半部圆形曲线的圆心落在b的位置上。众所周知，在哥特式的建筑中，两部分曲线在拱顶上的交界是完全暴露着的，而在米开朗基罗设计的这一穹顶上，却是隐蔽着的，因为它被一层顶棚和悬挂在这个顶棚上的吊灯遮盖起来了。这样一来，左右两个部分的曲线看上去就好像是连在一起似的，但看上去又不像同一个半圆那样僵硬。由于左右两部分的连接体现了两种不同曲率之间的合解，所以它就显得极其柔和，但在这种柔和性中却透出了圆形曲线所特有的稳固性。整个拱顶的轮廓线看上去似乎是由同一个半圆偏离之后得到的，又由于这个半圆是向上伸展的，结果就产生出了一种垂直上升的运动感。此外，由于在线段A中包含了左右两部分圆形轮廓线在水平方向上的直径，所以就使得这两部分轮廓线与A相交的地方上下垂直，这就为整个圆顶造成了一种极其稳定和富有静态的空间定向。但是，又由于这两个上下垂直的部分是被A和B之间的鼓形石块挡住的，就使整个圆顶的基点落在了B上而不是落在A上，这就为圆顶与基底相交的地方造成了一定的倾斜度。这一倾斜度的出现，使得整个圆顶看上去不是垂直上升，而是稍稍向内倾斜着上升。这种内倾又进一步产生出了一种倾斜的下垂力——一种重力作用。所有这一切能动因素合并在一起之后，就达到了一种巧妙的平衡，这种巧妙的平衡又产生出了一种复杂的，同时又是统一的整体表现性。正如乌尔富林在评论这座建筑时所说的：那象征重力的形象被保留，但同时又受到了那体现精神解放的表现性质的支配。这就使得米开朗基罗的拱形建筑体现了"一般的巴洛克精神中所固有的矛盾"（乌尔富林：《文艺复兴风格与巴洛克风格》，1988，慕尼黑版，第306页）

图2-90 圣彼得大教堂
米开朗基罗等设计，梵蒂冈1506-1626建

图2-91 圣彼得大教堂穹顶

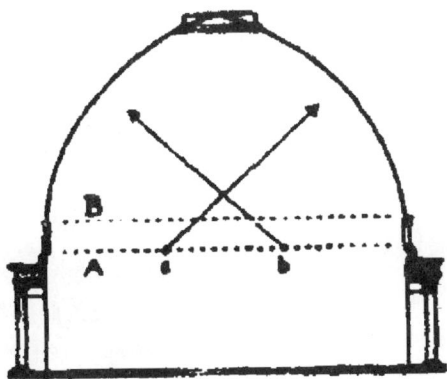

图2-92

三、表现性在人的知觉活动中处于优先地位

一个视觉式样所造成的力的冲击作用,是这个式样本身固有的性质,正如形状和色彩也是知觉式样本身的固有性质一样。这种表现性是视觉对象的一种最最基本的性质。我们总以为视知觉就是记录事物的形状、距离、色彩和运动的,事实上,对于事物中类似上述可以度量的性质的知觉能力,是人类发展到晚期之后才具备的。即使是对20世纪的西方人来说,要想知觉到这样一些可以度量的性质,也是要有一定的先决条件的(例如要经过训练等等)。只有那些科学家、工程师或售货员的眼睛,才能一眼看出某一个顾客的腰围有多少、某个人的口红是浓是淡、某一只皮箱有多重等等。但是,当普通人坐在火炉跟前观看那火焰的跳动时,决不会是注意火焰的色调和它的明亮度的变换,也没有注意火舌有什么样的规则几何形状以及其运动的速度,而是注意火舌跳动时那优美的姿态和它那生动的色彩;当人们知觉或回忆一个熟悉的人时,只是知觉或回忆起这个人的面庞是和蔼的还是绷紧的、是注意力分散的还是全神贯注的,而不会是他的脸形的三角形性、眉毛的倾斜性或嘴唇的平直性。

表现性在人的知觉活动中所占的优先地位,在成年人当中已有所下降,这也许是过多的科学教育的结果,但在儿童和原始人当中,却一直稳固地保留着。儿童和原始人在描述一座山岭时,往往把它说成是温和可亲的或狰狞可怕的;即使在描述一条搭在椅背上的毛巾时,也把它说成是苦恼的、悲哀的或劳累不堪的等等。外部表现性在人的知觉活动中所占的这种优先地位,其实不足为奇。我们的视觉并不是一台能够进行自动调节的摄影机,而是有机体在生存斗争中发展出来的对外界环境做出适当反应的工具。与有机体关系最为密切的东西,莫过于那些在它周围活跃着的力——它们的位置、强度和方向。这些力的最基本属性是敌对性和友好性。这样一些具有敌对性和友好性的力对我们感官的刺激,就造成了它们的表现性。

如果说表现性是人的日常视觉活动的主要内容,在特殊的艺术观看方式中,就更是如此了。事物的表现性是艺术家传达意义时所依赖的主要媒介,他总是密切地注意着这些表现性质,并通过这些性质来理解和解释自己的经验,最终还要通过它们去确定自己所要创造的作品的形式。因此,在培养艺术家的时候,就要特别注重学生们对表现性的反应能力,并培养他们把表现性作为使用铅笔、画笔和雕刻凿刀时的用力基准。事实上,很多优秀的艺术教师在教学实践中也就是这样做的。

但是,另外一些教师所采用的教学法就完全不同了,学生们在接受了这种培养之后,不但未能使得自己对表现性的反应敏锐起来,就连自己原有的那点本能反应能力,也受到了压抑和破坏。这方面最典型的例子,是现在仍在沿用的那种老式教学法。按照这种教学法,学生们在再现一个模特时,必须准确地再现出他的轮廓线的长度、方向、各个点的相对位置和形状。这就是说,它最关心的是如何把自然事物的"几何—技术"性质再现出来。这种习惯沿习到现在,就是极力要求学生们把一个模特看作是体积、平面和方向的集合体,实际上还是万变不离其宗。

很明显,这种教学法强调的,是如何按照科学原理创造,而不是按照视觉的本能反应创造,它与我们所推崇的教学法是完全不同的。我们所说的教学法是这样的:上课一开始,教师先让一个模特成耸肩姿势坐在地板上,但他并不把学生的兴趣集中引导在这个姿势的三角形形状上,而是要求学生们回答出这种姿势的表现性质。当学生们能够正确地回答出它的表现性质时(如看上去很紧张的神情,他的穿着和形态显得很神奇;那缩成一团的身体充满了潜在的力量等),教师便要求学生们将这种表现性再现出来。在作画时,学生们并不是不注重它的比例

和方向，而是把它们当作体现这种表现性的元素，每一道笔触的正确与否，都是看它是否捕捉到了这一题材的表现性质。很显然，这种表现"神韵"的教学与那种把它们当成纯粹的"几何—技术"性质的做法是完全不同的。

按照这种教学法，即使是纯粹的制图，也必须注重其表现性。在一堂制图课上，教师必须使学生和那些未染上坏习惯的人认识到，一个圆形，绝不是由所有离中心点的距离都相等的点所组成的一条具有不变曲率的轨迹，而首先应该是一件坚实、稳定和宁静的事物。这就是现在常说的图形语言与意义的问题。一旦学生们理解了圆形性并不等于圆形这一道理之后，他们设计一个式样时所遵循的结构逻辑就会自然地符合这个被表现事物的基本概念。反之，如果学生们在设计时仅仅是把注意力集中在事物的纯形式特征上，就会在无数可供选择的形式式样面前感到不知所措。这就是说，只有一个表现性的主题，才能引导学生们很自然地把那些适合这一目的的形式选择出来。

当然，我在这里并不是鼓吹所谓的"自我表现"，"自我表现"只能大大减小被再现事物本身的表现性质，甚至完全把它们排除在艺术表现之外，因为这种"自我表现"法只是一味地要求艺术家把自己内在的情感像放电影一样，极其被动地倾倒出来。我们所推荐的方法与此完全不同，因为它要求艺术家必须积极地使用自己的一切组织能力，去把被再现事物的表现主题性质潜在的"特征"和"神韵"尽可能发掘出来。

或许有人会反问：如果一个艺术家不去首先掌握表现形式的技巧，他怎么能够成功地把事物的表现性质表现出来呢？在我看来，这些人所提出的这种创作步骤恰好与艺术创作的实际步骤相反。事实上，所有的技巧练习，都不能离开对表现性的把握。舞蹈演员们在正式演出之前为了活动自己的关节而做的一套练习动作，那只是扭颈、转头动作，随后便是耸肩，最后是扭动脚趾。但是，在旁观者看来，即使这样一种纯粹的技术性练习，也是一种极其成功的表演，因为这样一些动作完完全全是表现性的。为了使某种舞蹈动作达到技术上的准确性，一个有能力的舞蹈教师并不要求他的学生去表演一些准确的几何式样，而是要求他们努力获得上升、下降、攻击和退让时的肌肉经验。而要取得这样一些经验，就必须完成与这种经验有关的动作（这与医疗中所使用的物理疗法有点相似）。在运用这种疗法进行治疗时，医生并不要求病人去做那些毫无意义的纯形式练习——伸胳膊、屈腿等，而是要求把兴趣集中于完成某种游戏或某一件工作上，而要完成这些游戏或工作，四肢不自觉地完成了要求的动作，也就达到目的。这一点，好像我们画头像素描或画画时（图2-93），只要把人物的特征和神态表现出来了，衣服或头发具体的轮廓可以随意交代或省去不画一样，也许只寥寥几笔，却把人物画得很有神韵，这样更能显出艺术感。

图2-93　《齐白石》，肖像画，王子武作

四、表现性知觉范围只限于物理活动本身

实际上，表现性的知觉，不一定（基本上就没有必要）等于透过某个人的外部表现去探查这个人的内在心理状态。在多数情况下，人们只是对那些具有表现性的物理活动本身做出反应，而不是着意地去探查这些活动反映出来的心理经验。也就是说，我们在自己的知觉中直接看到的，是眼前这个人那缓慢的、无精打采的和萎靡不振的动作，也看到了与此完全不同的另一个人那活泼的、挺直的和朝气蓬勃的动作，但我们并没有进而越过这些表象去探究这些动作所标志的那种消沉的和活跃的心理状态，因为这种消沉和活跃早已经包含在这些物理行为之中了。从本质上说来，在表现性方面，这样一些内在的心理活动与那些缓慢流动的焦油以及那种清脆有力的电话铃声并没有根本区别。当然，在某种外交谈判中，一方代表或许极力想要透过对方的脸色和手势判定出他的思想和情绪，以便弄清楚"他心里究竟是怎么想的，他最终会做出什么样的决定"，但是，他在这样做的时候，很明显已经越出了对表现性的知觉范围，因为他已经在运用自己的分析能力，从自己看到的东西中探查隐藏在这些外部表现后面的心理活动了。

尤其值得指出的是，一件艺术品的表现性内容，既不存在于作者本人所经验到的心理状态中，也不存在于观众观看时所进行的想象中。一件艺术品的实体，就是它的视觉外观形式。按照这样一个标准衡量，不仅那些有意识的有机体具有表现性，就是那些不具意识的事物——一块陡峭的岩石、一棵垂柳、落日的余晖、墙上的裂缝、飘零的落叶、一汪清泉，甚至一条抽象的线条、一片孤立的色彩或是在银幕上起舞的抽象形状——都和人体一样，都具有表现性。在艺术家眼里，这些事物的表现价值有时甚至超过人体。众所周知，人体是一种十分复杂的式样，而且很不容易被简约成为一种简单的形状或简单的动作，所以它传递出的表现性也就不那么使人信服。除此之外，用人体作媒介还容易引起观赏者过多的非视觉联想。因此，对于艺术表现来说，人体是一个最困难的，而不是一种最容易的媒介物。

事实上，人体之外的所有事物都具有真正的表现性。但遗憾的是，这一事实在过去一直是被掩盖着的。按照那些流行一时的假说，无生命的事物所具有的人类的感情，似乎是由"感情的误置""移情作用""拟人作用"或原始的"泛灵观"产生出来的。实际上，表现性乃是知觉式样本身的一种固有性质。那作为一种特殊的知觉式样的人体，只不过是那些较为普遍的式样中的一个个别事例。因此，将一个事物的外部表现性与一个人的心理状态进行比较，在决定事物的表现性方面不会起到决定性的作用。一棵垂柳之所以看上去是悲哀的，并不是因为它看上去像是一个悲哀的人，而是因为垂柳枝条的形状、方向和柔软性本身传递了一种被动下垂的表现性；那种将垂柳的结构与一个悲哀的人或悲哀的心理结构所进行的比较，却是在知觉到垂柳的表现性之后才进行的事情。一根神庙中的立柱，之所以看上去挺拔向上，似乎是承担着屋顶的压力，并不在于观看者设身处地地站在了立柱的位置上，而是因为那精心设计出来的立柱的位置、比例和形状中就已经包含了这种表现性。只有在这样的条件下，我们才有可能与立柱发生共鸣。而一座设计拙劣的建筑，无论如何也不能引起我们的共鸣。这种把视觉形象的表现性归结为人类感情的反映的理论，看来犯了如下两方面的错误：第一，它忽视了这样一个事实——表现性实际上取决于知觉式样本身以及大脑视觉区域对这些式样的反应。第二，它过分地限制了具有表现性的事物的范围。我们发现，造成表现性的基础是一种力的结构，这种结构之所以会引起我们的兴

趣,不仅在于它对拥有这种结构的客观事物本身具有意义,而且在于它对于一般的物理世界和精神世界均有意义。

由于我们总是习惯于从科学的角度和经济的角度去思考一切和看待一切,所以总是以事物的大小、重量和其他尺度去解释它们,而不是以它们外表中所具有的能动力来解释它们。这些习惯上的有用和无用、敌意和友好标准,只能阻碍我们对事物的表现性的感知,甚至使我们在这方面不如一个儿童或一个原始人。如果一所房屋或一把椅子适合于我们的需要,我们便不再关心它们的外表是否适合于我们的生活方式。在人与人之间的交往关系中,我们同样也是习惯于按照人们的社会地位、经济收入、年龄、职务、民族或种族去衡量——而当我们用这样一些范畴去解释人时,就会完全忽视人的内在本质的外部表现形式。

从原始语言中,我们还可以对原始知觉方式有一个大概的了解。在原始时期,人们主要是靠自己的知觉对事物进行分类。以非洲埃维人的语言为例,他们用于表达走路动作的词汇,并不仅仅是一个“走”字,而是能够把各种人的走法详细地描写出来的词组和句子,如:个子小的人走起路来步子碎,身体虚弱的人走路时腿抬不起来,腿长的人走起路来腿总是向前挺,肥胖的人走起路来步子很重,注意力分散的人走路时不看前面,浑身有力的人走起路来步伐坚定。(列维·布留尔:《原始思维》伦敦版,1926,第153页)原始部族的人对各种“走”法所进行的这样一些区别,并不全然是为了表达他们的审美感受,而是要用各种步伐的表现性质,揭示与各种走法相对应的人的类型以及这些人要去干什么事情的重要信息。

虽然原始语言具有惊人的烦琐性(在我们看来大可不必),但确实揭示出了事物的某些一般的性质(这些一般的性质在我们看来并不重要或十分荒唐)。但运用这样一种分类法,就可以将那些依我们的思考方式本该属于不同范畴的,或很少具有相同之处的各种事物,组合在一起(归并为同一类)。原始语言所具有的这样一些特征使我们想到,诗人们运用暗喻法将实际上很不相同的事物联系在一起的手法,并不是艺术家们的独创,而是从一种极其普通和自发的经验世界的方式中,发展和衍化而来。

艺术家要注意从不同的事物之中寻找和表现它们的等同点。例如,当诗人吟诵出“燕子像剪刀似的掠过天空”时,他实际上已经在一把锋利的剪刀和一只在天空中迅疾飞过的燕子之间找到了共同点。这种比喻还可以使读者们透过客观事物的外壳,将那些除了力的基本式样相同,其余一切都很少有共同之处的不同事物联系起来。当然,比喻手法要想达到完美的效果,还需要读者在自己的日常经验中,对各种表象和各类活动的象征性或比喻性含义有着丰富的体验。例如,当听到某种击打或折断东西的声音或动作时,就应该产生出一种进攻或破坏的体验;当从事一种上升的运动时(如攀登楼梯等),就要有一种征服和进取的体验;如果在清早起床时看见晴空万里,房间里充满了和煦的阳光,那就不能仅仅是看到光线的明暗度变化。一种真正的精神文明,其聪明和智慧就应该表现在能不断地从各种具体的事件中发掘出它们的象征意义和不断地从特殊之中感受到一般的能力上,只有这样,我们才能赋予日常生活事件和普通的事物以尊严和意义,并为艺术能力的发展打好基础。

五、视知觉能动性更好地表现艺术的象征性

如果一幅艺术品所再现的事实中,没有隐含着某种观念,就不能把它称为象征性的艺术。举例说,一幅再现了一群农民正围在某个小店的茶桌周围闲谈的荷兰风俗画,就不是一幅象征性的作品。但是,当我们看到17世纪初意大利现实主义艺术家卡拉瓦乔笔下的(图

图2-94 《酒神巴库斯》，卡拉瓦乔作

图2-95 《米德赫尼斯的林荫道》，霍贝玛作

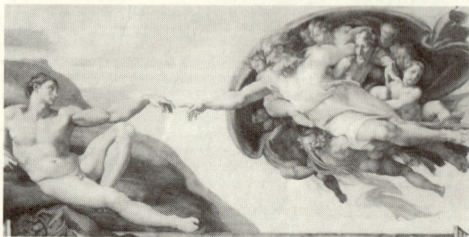

图2-96 《创造亚当》
米开朗基罗，壁画，约1508—1512

2-94）少年酒神举着快乐的酒杯，或是荷兰17世纪风景画家霍贝玛的米德赫尼斯的林荫道（图2-95），其中那些景物就会马上使我们想到，这些作品一定是用来象征某种观念的。从这些作品中看到的象征性，是通过苹果上虫蛀的洞、熟透了的石榴，揭示了这位年轻俊美的少年的生活腐化、堕落的真实；或运用风景绘画语言把长长的林荫道表现得似乎没有尽头，两排细长的白杨树把这条道路衬托得更为孤独与漫长，画面中令人惊叹的延伸感，触动观者心中无尽的感伤，也着实令人为之着迷。

在观看这类象征艺术品时，如果我们的理智或学识不能帮助我们弄清作品的题材，它的象征意义就不可能直接从作品中把握到。但是，那些伟大的作品就不同了。这些作品所要揭示的深刻含义，是由作品本身的知觉特征，直接传递到眼睛中的。举例说，任何一个粗知《创世纪》故事的观赏者，在观看米开朗基罗在罗马的西斯庭教堂创作的天顶画《创造亚当》时，都能一眼看出其中那深刻的象征意义（图2-96）。

在这件作品中，米开朗基罗对原来的故事情节作了某些改动，经过改动之后，它包含的内容更加广泛，给人的印象也更加深刻。在改动后的作品中，上帝不再把生命的灵魂吹到亚当身上（这样一种题材很不容易转换成一种表现性的式样），而是把手伸向亚当伸出的胳膊。这样一来，那生命的火花就好像从上帝的指尖跳到了亚当的指尖，从而完美地再现了生命由创世主身上输送到他的创造物上面的题材。这两个完全不同的世界，是通过两条胳膊形成的桥梁联系在一起的。上帝所在的世界是通过斗篷形成的那个独立完整的圆形象征出来的，这个圆形将上帝围裹在当中，并通过上帝身体的倾斜姿势呈现出一种向前的运动；亚当所在的世界则是由大地上那块不完整的平板断片象征出来的，它的整个轮廓线是向后倾斜的，这样一来，就使它呈现出一种被动性，这种被动性又进一步由亚当身体中所出现的种种凹进形式得到大大加强。亚当躺在地上，他的身体的上半部分在创世主吸引力的作用下，微微地抬了起来。他那种想站立起来行走的欲望，以及他那种能够达到这个目的的潜在力量（这是作为辅助性的题材出现的），又是通过那屈起的左腿暗示出来的。我们还可以把这条屈起的左腿看成是他那向外伸出的胳膊的支撑物，这条胳膊看上去并不像上帝的胳膊那样，既能自由挥舞，又充满了巨大的能量。

从以上的分析中可以看出，表现这个故事的能动式样是由绘画构图的结构骨架显示出来的。它先是使一种积极的力与一种被动的物体接触，然后又把这一被动的物体接收到能量之后由死变活的过程呈现出来。这个故事的本质是由那首先映入眼帘的事物——作品的主要式样显示出来的，在观赏时，这个主要式样并没有被观赏者的神经系统原原本本地复制出来，而是在他的神经系统中唤起了一种与它的力的结构相同形的力的式样。这样一来，观赏者的欣赏活动就不再是一种对外部客观事物的纯认识活动。这个用于表现这个故事的特定的力的式样，在观赏者头脑中活跃起来，并使观赏者处于一种激动的参与状态，而这种参与状态，才是真正的艺术体验。这种体验与那种对信息的纯粹理解是完全不同的。但事情还不止此，这个结构式样所呈现出的那些富有动感的物体，在准确地描绘了这个圣经故事的同时，还进而对发生在物理世界和心理世界中的那些与此相类似的普遍性的情势，做出了解释。这就是说，这一知觉式样是人们理解这个创世故事的媒介，而这个故事本身又反过来说明和解释了那种具有一般或普遍意义的媒介，这种一般的或抽象的东西一经变成有血有肉的和活灵活现的东西，就会立即被眼睛理解和把握。

艺术品的知觉式样并不是任意的，它并不是一种由形状和色彩组成的纯形式，而是某一观念的准确解释者。此外，作品所选择的题材同样也不是任意的和无足轻重的，它在作品中与形式式样相互依赖和相互配合，为抽象主题提供一个具体显现的机会。如图2-97，这是劺艺机构设计的中国海口石山火山群世界地质公园的标志，我们不能只从它"双山"的形状和"红、蓝、绿"色彩的纯风景图案形式理解，而是要准确理解"红色的火山、蓝色的海岸、绿色的家园"为识别特征的"石山火山群"本质内涵。那些只凭形式式样对作品进行评判的鉴赏家，是不能对作品做出公正的评判的，正像那些只凭作品的题材对作品进行评判的门外汉不能公正地评判作品一样。而那些没有读完《论语》却大加评价孔子的年轻"学术权威"更让人纳闷。我们在设计视觉中，不要把黑白肖像摄影理解为"灰色和白色的排列"，在罗丹的《思想者》雕塑（图2-98）前仅看到了"一个坐在土墩上的男人"。无论是纯粹的形式，还是题材，都不是一件艺术品的最终内容。它们所能起到的作用，都是给一个无形的一般概念赋予形体。

我们发现，接受某些心理分析学家对艺术象征性所做

图2-97 中国海口石山火山群世界地质公园标志
2006，劺艺机构

图2-98 《思想者》
青铜雕塑，罗丹，1880

图2-99 《拉奥扎》［希腊］
哈格厚德罗斯等，大理石石雕，公元前一世纪末

出的分析总是带有这样一种错误的倾向，即他们总是引导人们把艺术品看作是对另外一些事物——子宫、生殖器、艺术家的父亲或母亲——的再现。

在我们仔细地观赏一位艺术大师的杰作时，如果仅仅是联想到了人的性器官、性机能或与性感较为相近的成分，就无法理解艺术在创造人类精神文明时所起到的那种更重要和更普遍的作用。关于艺术的作用问题，心理分析学派提供的解释实在是太微不足道了。仔细地对这个问题进行思考之后，人们就会理解这样一个道理：性感也像人的其他经验一样，并不是人生的最终目的。如果从右向左观看罗马的群雕《拉奥扎》（图2-99），所看到只是人的姿态依次再现了男性生殖器从兴奋到萎缩的全过程，而看不到人与神的冲突，这明显存在片面性。这种片面见解最多不过适用某些处于某种特殊文化发展期的人，即那种性行为受到了过分地强调，并冲开由严厉的道德法律组成的屏障，使自己得到自由发泄的人。在这一文化发展期中，由某种极不适宜的社会条件所造成的极度空虚的生活方式，使得人生的其他目的都失去了意义。在分析这种文化期中人的心理状态时，有人曾经用过这样一个恰当的比喻："众所周知，当我们牙疼的时候，便不再想到别的了。"我们看到，这种性感经验在艺术中往往是通过一种"中性情势"暗示出来的，这就是心理学家在告诫丈夫们提防僧侣时所提到的那种"中性情势"。在一个大寺院中，即使是尖塔的阴影，也象征着生殖力。我们还常常发现，人们还反过来用一些不太雅观的性感形象，去描绘"中性情势"。正是根据这一点，塞尚才喜欢运用"bien couillard"（俗气）和"pascouillard"（高雅）这两句口头禅来区别内容充实的艺术和内容空洞的艺术。对我们的论述比较有意义的一点是，性感往往代表着一种高度抽象的能力。同整个远古时代的原始人一样，今天的原始部族也习惯于到处运用男性生殖器作为某种象征，但是他们从来就没有把作为礼仪象征的男性生殖器与普通的阴茎混为一谈。在他们的眼里，这种具有象征意义的男性生殖器，代表着一种富有创造性的力量，它不仅能使人类生长繁殖，而且能够使人恢复健康，这是一种超自然的力量（图2-100a）。当然在诸多的类似以维纳斯为题材的艺术作品中，表现出女性形体的美和纯洁，这是女性裸体形肉质感的自然美体现（图2-100b）。

由于任何一件艺术品所隐含的主题都具有如此强烈的

普遍性，艺术家就可以用无限多种具体的情景把它再现出来，欣赏者同样也可以毫不困难地将它与这无数具体情景中的任意一种联系起来。虽然一个人在梦境中所做出的种种联想往往是有效的（因为梦境往往是他自己所作所为不自觉延伸、探索、链接的"完结"产物），但欣赏者从一件作品中所做出的种种联想，却往往带着纯个性色彩。这种联想极容易背离原作品的含义，而不是符合原作品的含义。在很多时候，即使艺术家本人的联想活动，也会犯同样的错误。一件作品给人造成的初步印象，或许会像梦境中的情景那样，模模糊糊，但艺术家在创造这件作品时，其心中形象却不能有丝毫模糊，而是一种精雕细琢的过程。作为一个设计师或艺术家，他必须在整个创做过程中，把那些适于表现主题本质的东西，同那些偶然性的冲动严格地区分开来。

有些人往往把艺术中象征性的语言看作"象征内心世界的符号，也就是象征灵魂和精神的符号"。我们并不否认，艺术家往往运用具体的外在形象，去表现相对抽象的心理状态。但是，如果我们一味地把艺术说成是人类个性的投影，从而把它代表的事物的范围无限扩大，同样也会走上错误的极端。

心理学领域所取得的进步，终于使人们抛弃了弗洛伊德最初作的"符号是用来掩盖某种不便暴露的内容"的断言。按照弗洛伊德的观点，艺术形式所起的作用，就是掩盖作品所要传达的真实内容，这就是说，它必须运用某种"美"的外表，将"药丸"的苦味掩盖起来。与弗洛伊德的睡梦符号说针锋相对的，是容恩的符号说。在容恩看来，符号恰恰是揭示了信息而不是掩盖了信息，他这样说道：当弗洛伊德谈到"梦与掩盖真相的外表"时，他说的实际上不是梦本身，而是梦的荒唐性。在这种情况下，他就用他自己的不正确的理解歪曲了梦的含义。我认为，梦之所以具有一层虚假的面具，这是因为我们自己不能将它们看透的缘故。

从容恩对弗洛伊德符号说的重新解释中，我们认识到了梦的语言和艺术品的语言之间的类似。在睡觉的时候，人的意识下降到了一种较低的水平，在这一水平上，生活的情景并不是以抽象的概念呈现出来的，而是通过含义丰富的形象呈现出来的。睡觉在所有的人身上唤醒的创造性想象力，都会使人惊叹不已；而设计师和艺术家进行艺术创造时，也正是依靠了这种潜伏在深层意识中的绘画设计语言能力。

如果艺术创作的目的仅仅在于运用直接的或类比的方式把自然再现出来，或是仅仅在于愉悦人的感官，它在任何一个现存的社会中所占据的那种显赫地位，就会使人感到茫然不可理解。艺术的极高声誉，就在于它能够帮助人类去认识外部世界和自身，它在人类的眼睛面前呈现出来的，是它能够理解或相信是真实的东西。在我们生活的这个世界上，每一件事物都是一种独特的个体，我们从来就找不到两件完全相同的东西。然而任何事物也都是可以认识的，因为它的组成成分并不是它

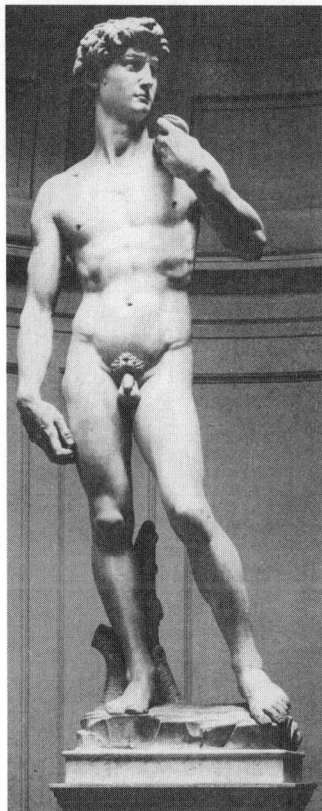

a.《大卫》，米开朗基罗，1504

b.《断臂的维纳斯》，大理石石雕，约公元前200年，

图2-100

独有的，而是许多事物或全部事物所共有的。在科学中，当我们将所有存在的现象都归纳在一个共同规律之中时，就会获得最完美的知识。艺术中发生的事情其实也是如此，最成熟的艺术品，能够成功地使其中的一切成分服从于一个主要的结构规律。在完成这一步骤时，它并不是将现存事物的多样性歪曲为千篇一律性，而是通过将各种不同的事物相互比较，使它们的差别性更加清晰地显示出来。把一个柠檬放在一个橘子旁边，它们便不再是一个柠檬和一个橘子，而变成了水果。数学家们信奉这个规律，我们也信奉它。但布洛克在这里却忘记了，通过将一件事物与另一件事物发生联系，所产生出来的效果其实是双重的。它不仅显示了诸事物间的相似性，而且在显示这种相似性的同时还鲜明地突出了它们的个性。艺术家通过使所有不同的对象都服从于一个共同的"风格"，而把一个整体创造出来。在这样一个整体中，每一个对象的位置和作用也都被清晰地显示出来。歌德曾经说过：美就是自然之秘密规律的显现，假如没有人把这种秘密规律揭示出来，它就永远是不可知的。

在一件艺术品中，每一个组成部分都是为表现主题思想服务的，因为存在的本质最终是由主题体现出来的。即使作品看上去似乎完全是由中性的物体排列起来的，我们也能从中发现象征性。（鲁道夫·阿恩海姆：《艺术与视知觉》，四川人民出版社，1998，第630～632页）所有的艺术都是象征的，一切知觉式样都是能动的，而知觉式样所具有的这个最基本的特征，恰恰又是对艺术最有用的一个特征。如果绘画、雕塑和设计艺术不能传达能动的张力，它们就无法描绘生活。

思考与作业

1. 阐述人的观照习惯方式。

2. 为什么说视知觉是一个能动处理信息过程？

3. 请描述人对平面空间的视知规律。

4. 从视觉质感方面说明圣家族教堂和朗香教堂的魅力。

5. 试分析注意心理规律在设计简洁化中的作用。

6. 试结合具体的作品，论述"图—地"关系原理在设计艺术中的作用。

7. 举出两件平面设计或环境艺术设计作品的例子，分析色彩视知规律的应用情况。

8. 请你谈一谈色彩情感效应知识。

9. 在服装设计中如何把握色彩效果综合设计？

10. 以蓬皮杜艺术中心导向标志装饰感的应用为例，试述光影感心理规律在环境艺术设计中的作用。

11. 请以你家庭居住的实际环境情况，应用空间感心理规律，提出改进方案。

12. 请列出5种常见的面积大小视错。

13. 试举例说明图形错觉心理现象在设计艺术中的应用。

14. 考察热能、电波、冲击波等如何扩散，使用A4大小制图纸设计一幅以"能量扩散表现"为题的设计作品。

15. 以"林间印象"为题，试表现出穿过绿树环绕的林间小道后，突然映入眼帘的开放景象。

16. 如何理解视知觉式样对艺术作品象征性的作用？

17. 试比较古代和现代雕塑艺术象征主题的差异。

第三章　设计艺术与消费者心理规律

众所周知，人们的消费行为是千差万别的。有的消费者对时髦产品感兴趣，总是率先使用；有的老是忠实于某一牌子的产品，反复购买；有的消费者持币待购，表现出理智型消费；有的则吃光用光，表现为冲动型消费；有的存钱是为了购房或买家电、家具等耐用产品；有的存钱是为了假期旅游或作为子女的智力投资。总之，消费行为的多样化使人们生活格局形成了多元化，也使生产和市场显得丰富多彩。设计艺术心理学的研究，企图从消费行为的差异性中探求某些共同的消费心理规律，其中对消费者需要的研究是了解消费者心理与行为规律的第一步。

第一节　消费者需要分析与设计

从本书第一章我们已了解到个体心理现象可分为心理动力、心理过程、心理状态和心理特征四个方面。需要、动机都是心理行为的动力因素，在心理过程中表现为驱使个体心理行为的动力，即心理过程的意志。我们知道，人的心理过程包括知、情、意三个组成部分，其中感知、情绪和情感是被动的心理过程，主体能意识，但是并非随意的过程，即不在主体控制之下。比如我们可以有意识地去搜索感知目标，但是最终我们获得的感知体验仍不是由意识加以控制的，情感也是如此，我们只能控制情感的外在表现，但不能控制情感的产生和体验；而意志则是在主体有意识控制之下有目的的行为。

一、消费者的需要

（一）需要理论概述

古人有云"人生而有欲，圆棺而后止"。这个"欲"指的就是欲望、愿望和需要。需要是人与生俱来的，是人有意识、有目的地反映客观现实的动力，人类的一切行为都是从需要开始的，婴儿从第一声啼哭开始便产生了对食物、爱和温暖的需要。消费者（用户）使用产品的行为正是以其自身的需要为基础，有了需要，才会产生使用的兴趣，才会形成购买动机。那什么是需要呢？

所谓需要是指有机个体或群体为了生存和发展在生理和心理上某种匮乏的不平衡状态与对客观条件的欲望渴求。人类为了自身的生存和发展，形成了各种各样的需要，它支配和影响着人的消费行为，人类的一切行为，都是以需要为基础的。所以说需要是人的行为的动力基础和源泉，是人脑对生理和社会需求的反应。需要具有指向性、驱动性、多样性与层次性、周期性、发展性以及可诱导性。一方面，人的需要具有多样性，一般可分为两大类，即生理需要（如对食物、安全、性的需要）和心理需要。前者是人得以生存的基本需要，学界对此少有异议；而心理需要则与人的心理性相关，学者们对它的内容、分类和持续性等方面持有不同意见。

关于人的需要，研究者提出了众多的理论，下面介绍3种被广为接受的需要理论：

1. 需要三元论

1938年心理学家默里（Murray）详细地罗列出个体的28种心因性需要，分为6类，包括：

（1）对无生命物的需要：获得、保护、秩序、保持和构造；

（2）反映出抱负、权利、权力、成就与声望的需要：优越感、成就、认同、自我表现、不受侵犯（不受侵犯的态度）、避免羞辱、失败、丢脸、受人嘲弄、防卫（防卫的态度）、对抗（对抗的态度）；

（3）与权力相关的需要：支配、遵从、同一性（易受态度的影响）、自主、敌对（与他人表现不同）；

（4）施虐、受虐的需要：攻击、谦卑；

（5）与人际间感情有关的需要：亲和、拒绝、抚养（养育、援助或保护无助者）、救助（寻求支援、保护或同情）、玩耍；

（6）与社会沟通有关的需要（询问与告知的需要）：认知（认知的态度）；讲解（讲解的态度）。（［美］L. G. 希夫曼, L. L. 卡纽克：《消费行为学》，华东师范大学出版社，2002，第107页）

默里在20世纪30年代提出，社会因素通常是动机的来源，可是，这个提议却没有得到人们的注意。随着社会心理学和人文主义心理学的发展，心理学家对"社会动机"的兴趣越来越大。后来某些学者简单地将心因性需要归纳为基本的三种，被称为"需要三元论"，分别是权力的需要、交往的需要和成就的需要。权力的需要即试图控制他人和外界物体的需要。交往的需要即人需要与他人交流，赢得尊重、喜爱，被接纳、获得归属的需要；成就的需要与自我需要和自我实现相关。人本主义心理学家马斯洛（A.H.Maslow, 1908—1970）1954年在《动机与人格》一书中将那些"天才型"的人称为自我实现的人，即高成就实现者，他们自信、独立、积极、不懈地追求成功，马斯洛认为每个人都有自我实现的需要，这是一种基本需要。

2. 马斯洛需要层次论

马斯洛在1943年出版的《人类动机的理论》一书中阐述的需要层次理论（A.H. Maslow（1943）: A Theory of Human Motivation Psychological Review, 第50页，第370~396页），具有广泛的影响。

该理论认为，人类动机的发展和需要的满足有密切的关系，需要的层次有高低的不同，低层次的需要是生理要求，向上依次是安全和安全感、爱和归属感、尊重和自尊，最后是自我实现的需要。其中，越是基础的需要对人的影响力越大，只有在基本需要被满足后，才能够出现更高层次的需要。"自我实现"是人的潜能充分发展的最高阶段，属于发展需要，其发展方向具体表现为14种元需要（图3-1）。最高层次的需要是

发展需要
自我实现表现为对完整、完美、圆满、公正、丰富、质朴、活跃、没、善良、独特、幽默、真实、自主、人生意义的追求

基本需要
尊重和自尊
爱和归属感
安全和安全感
生理需要

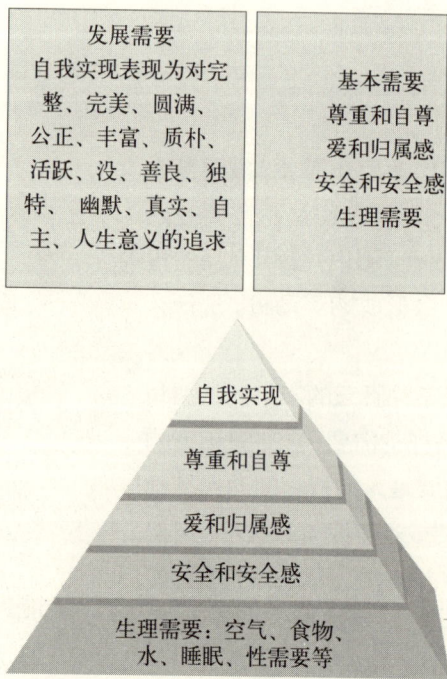

自我实现

尊重和自尊

爱和归属感

安全和安全感

生理需要：空气、食物、水、睡眠、性需要等

图3-1 马斯洛提出的需要层次金字塔模式

自我实现的需要,它是指个体通过有创意的活动、工作,充分发挥自我的才智、能力,最高限度地追求真理和美感的需要。

马斯洛后来对于这5个层次的需要做了补充,认为除此之外人们还有认识与理解的需要和审美的需要。认识与理解的需要是人们对各种实物的好奇、学习,探究事物的哲理,对事物进行实验和尝试的欲望,是人人都具备的一种基本需要。审美的需要也是一种基本的需要,表现在希望行动的完美,对于事物的对称性、秩序性、闭合性等美的形式的欣赏,对于美的结构和规律性需要等。马斯洛认为这两类需要与前面的5个层次的需要并不处于同一层次发展系统之中,而是表现出一种既相互重叠又相互区别的关系。在设计艺术活动中,这两种需求表现得也较为明显。

马斯洛的理论也遭到一定批评,原因是:首先,人们对需要的满足不一定遵循从低级到高级的原则,有时可能同时产生,甚至有时高级需要先于低级需要产生。例如某些收藏家宁可节衣缩食也要买下昂贵的古董,他们将审美和自我实现的需要放到了生理需要的前面;其次,有学者提出马斯洛等人的理论是建立于对创造性天才案例研究的基础上的,具有明显的乐观倾向,所提及的需要都是从正面而言的,但人还具有征服、进攻等方面的需要,这一需要在设计艺术中也有所体现,例如20世纪70年代风靡一时的庞克风格(图3-2),其古怪的发型、服饰以及颓废的文化似乎有明显的挑战和对正统文化进行颠覆的意味,超出了马斯洛所说审美的需求,而是一种颠覆、挑战、征服的需要。

3. 双因素理论

20世纪50年代后期,美国心理学家弗里德里克·赫茨博格(Frederick Herzbeng)在匹兹堡心理研究所与其同事一起,对11个工商业机构中的200位工程师和会计师进行了调查,指出人类有两种需要,满足这两种需要的因素分别是"保健因素"和"激励因素"。赫茨博格认为,外部环境的因素包括公司的政策、管理和监督、人际关系、工资水平、工作条件、个人生活、地位和安全等。如果仅仅处理好了这些因素,只能消除职工的不满,使职工安于工作,不能激发其积极性,促进生产率增长。这如同讲卫生一样,只能防止疾病产生,不能增进人的健康,故称作保健因素。使工作富有成就感、工作成绩得到认可、工作本身具有较大的挑战性、工作中的责任感加强、职业上得到发展成长等,这些方面的改善能够激发职工的积极性和热

图3-2 鸡冠头:庞克一族的象征

情。赫茨博格把这一类因素称为"激励因素"。

双因素理论对西方的管理实践产生了较大的影响，带来了一系列管理方式的变革。将这一理论用于消费者的研究也是可行的。日本消费心理学家马场房子将上述两个因素称作卫生因素和动因因素。商品的质量、性能，相当于卫生因素，能够满足人的动物性需要，是使人满足的必要条件；商品设计中体现出来的情感、风格等大多属于动因因素，是真正能使消费者满意的魅力因素。

（二）消费者需要与艺术设计

1. 多层次性的消费需要

首先，不同需要导致人们对不同产品的需要，这些不同层次的需要在某种程度上决定了需要满足的迫切性。比如生理需要、安全需要是最基本的需要，相应能满足这些需要的产品通常也是人们较为迫切需要的产品，而社会需要、尊重需要、认知需要、审美需要通常是在人们的生理需要得到满足之后才变得比较迫切。

生理需要：衣服、食物、居住场所。

安全需要：报警器、防盗器、保险柜、医疗仪器。

社会需要：贺卡、手机、电话。

尊重需要：体现身份的品牌物、奢侈品。

认知需要：计算机、网络、旅游、游乐场。

审美需要：时装、工艺品。

自我实现的需要：教育投资、成就、地位、崇拜。

其次，从低到高逐层递增（虽然并非总是如此）的多层次需要，使用户群体也存在明显的分层现象。社会层级较低、收入较低的消费者的主要需要还是温饱需要；中等阶层最缺乏安全感，支出倾向于养老保险、教育等安全保障方面的投资，以及倾向投资某些奢侈品以助其在社交中提高社会地位，扮演更高层次的阶层，而顶级的奢侈品的主要消费者还是高阶层，他们对于教育、知识等自我实现方面的投资也较其他层次为多。另外，同一阶层的消费者在追求需要满足的方面也存在一定程度的分层，例如最贫困的人讲究一日三餐，而略微有些剩余的人就会讲究衣食的质量，并产生例如审美、被尊重或自我实现其他层次的需要。

再次，用户需要的多层次性，相反又使各类产品也产生明显的分层现象，这导致不同消费者购买同一类商品的动机并不相同。设计通过了解不同层次消费者的需要，设计出不同层次的产品以满足人们多层次的需要。例如一般服装是为了满足保暖的需要，因此它应该合身、舒适；而有些衣物则并不舒服，甚至对人的身体而言是一种束缚但对心理而言好用的——例如欧美的紧身胸衣，现代的美体内衣等，它们的作用是满足女性塑造优美的身体曲线的目的。设计师在设计这些服装时，应在尽可能使女性感觉舒适的情况下，更注重"塑造型体"的功能；高档时装则又不同，它一方面为了满足女性美化自身形象的需要，另一方面，它还要满足女士展现自我，吸引众人瞩目，体现个人品位的需要。洞悉消费者需要的设计师应明确其设计的产品究竟是为了满足哪个群体的哪个方面的需要，从而进行有侧重点的设计。

此外，多数消费者购买某一商品时，期望它能满足两种及以上的需要。使用功能是最基本的需要，通常还具有其他超出使用的需要。比如购买昂贵手机一方面是为了通讯交流，另一方面也是为了显示身份和品位。并且，消费社会中"审美的泛化"还导致甚至出现这样的情况，即产品在使用上的需要被极大地弱化，而审美、夸示、从众等与情感相关的复杂需要被放大。图3-3中的咖啡酒原本是一种有刺激性的含乙醇果酒，增温活血是它的基本物质属性，但这张获2003年第十届"中南星奖"设计金奖的广告招贴却将诉求重点定位于"与君共陶醉"的精神需要，既突出酒的特征，又幽默地表现了"共陶醉的神态"，正面激发了目标消费者的情绪，使其通过情感体验来满足精神需求，所以其使用性需要反而从属于情感方面的需要。

正如米歇尔·克林斯所说：顾客的专业性日趋减弱，他的鉴赏力正在变得越来越重要——对他自己和产品制造商同样如此。对于消费者来说，这样可以或多或少地掩饰

图3-3　爱尔森咖啡酒招贴，许劲艺，2002

自己专业见解的贫乏；对于产品制造商的价值在于，它是新的促进消费的因素，这种消费的满足在有些情况下会以牺牲消费中的其他要求为代价，这些代价对于制造商而言更为昂贵。（[英]米歇尔·克林斯编著：《阿莱西》，李德庚译，中国轻工业出版社，2002，第10页）可见，在这个"符号消费"部分取代现实的物品消费的时代，产品已不能仅仅具有使用功能，满足用户的物质需要，而更需要去满足那些与某些情感体验相关的、精神层面上的需要。因此，设计师设计具体目标时，必须确定该商品应满足用户哪些层面上的需要，由此在设计中突出与之相关的特点，即便其他方面的需要不能完全放弃，但是取舍之间应有明确侧重。

最后，多层次的需要理论为市场营销中如何突出产品的诉求重点提供了依据，广告、包装、卖场等相关设计通过侧重不同的诉求，能赋予产品不同层次的属性和特征，满足消费者不同层次的需要。例如同一种儿童食品，一类广告、包装的设计重点可能放在其中的营养成分和效果上，表明其诉求对象并非孩子本人，而是家长，实质上是满足家长爱孩子的需要；而另外一类广告、包装则可能突出的是该产品的美味，其诉求对象是孩子本人，目的是通过满足孩子的需要来影响家长的购买决策。

以可口可乐的广告为例，这100年来品质基本没有多少改变的产品却通过不断推出不同的诉求点而为其注入活力。从20世纪30年代以来，它一直坚持在某一段时间内于全球范围推广同一主题的广告，直接指向人们某一水平的需要。例如：

"不断改进的质量"——安全、稳定的需要；

"使炎热的天气变得凉爽"——生理需要；

"世界目前最需要就是爱，甜蜜的爱"（广告主题曲）——社会需要；

"不可战胜的感觉"（巴塞罗那奥运会主题词）——自我实现的需要。

2. 物质需要和精神需要

根据需要指向的对象可以分为物质需要和精神需要，物质需要是对于物质存

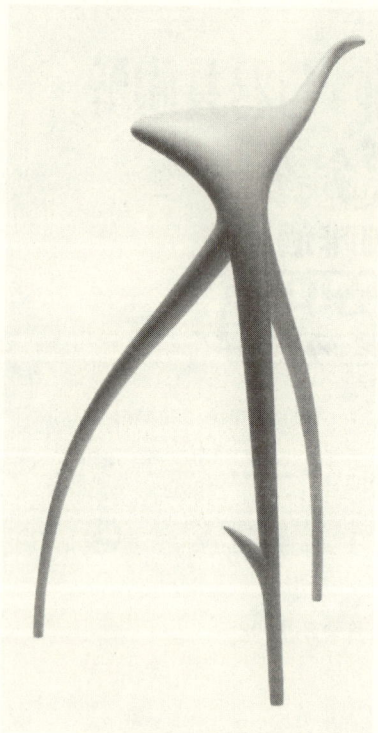

图3-4 "ｗｗ"凳
[法]菲利普·斯塔克

在对象的需要；精神需要是对于概念对象的需要，例如审美、道德、情感、制度、文化、知识。用户的物质需要反映为对产品使用性能的需要，而精神需要则超出使用的层面，伴随各种情感体验，即对产品情感体验的需要。

物质需要是人得以生存、发展的基础，也是精神需要赖以生存的基础。而物质需要同时也受到精神需要的影响，尤其在消费社会，当消费者更多的是消费物的符号意义、所代表的社会关系的时候，如何兼顾消费者的物质、精神的双重需要变得尤为重要。现代设计常将设计定位于通过物质（即设计物）提供消费者超越物质需要的精神需要，并且借助广告、促销等手段对用户强化这一定位，这使用户有时甚至无法根据产品本身的形式了解其真正的用途，或者在广告中无法找到所促销产品的形象。这样的情况下，设计师凭借产品造型（不一定与功能相关，而可能仅仅是情感的符号）、广告或者品牌形象激发用户的相应的情感体验来满足消费者的精神需要。如图3-4，是法国设计师菲利普·斯塔克（Philippe Starck）为德国导演温德斯（Win Wenders）设计的一张凳子。设计师为了体现温德斯的风格，它采用雕塑般的，如同植物根茎的造型，给产品赋予人的名字是斯塔克的一贯做法，他试图通过这种方式使产品与特定人物联系在一起，把产品塑造成有生命的东西。它是一项典型偏重精神需要的设计，从其含糊而艳丽的外表看来，一般用户很难得知其目的性——"坐"的工具，斯塔克的许多产品设计都具有类似的特征。

根据设计所强调需要的不同，依次将艺术设计分为强调物质需要的设计、兼顾物质—精神需要的设计，以及强调精神需要的设计三类，其中强调物质需要的设计突出表现其使用方面的属性，而强调精神需要的设计则着重于激发用户的各类情感体验，兼顾二者的设计则在使用的基础

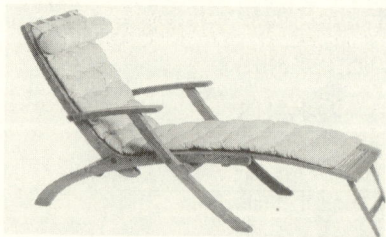

a. 丹麦卡尔·克林特（kaare klint）以19世纪的帆布折叠椅为原型改造过一系列的躺椅。设计师对家具与人体的相互关系进行了探索，本图中的这个版本设计于1933年，克林特在原来的基础上增加了舒适的软垫。

b. 1995年西班牙加维尔·马雷斯卡尔（Javier Mariscl）设计的"Los Muebles Amorosos"系列中的"Alessandra"椅子。它是由马雷斯卡尔公司制造的，这种大胆的卡通造型和富有表现力的色彩使他设计的作品极具特色。

c. 出生于荷兰的美国著名设计师吉瑞特·里特维德（Gerrit Rietveld）1917年设计了一张史无前例的"红蓝椅"，通过形式和颜色的使用，里特维德故意暴露出椅子木构件之间的连接点，而不是隐藏它们。通过这种方法，里特维德把一种新的个人思想融入了设计的椅子中。

图3-5 三把满足不同需要的座椅

上，也在一定程度上对用户的情感体验加以考虑。如图3-5a、b、c所示，同样是非常优秀的座椅设计，但所侧重的用户需要处于上述三个不同层面上。a图中是一款注重物质需要的躺椅，造型反映了它的目的在于最大限度地满足人休憩的需要；b图那款座椅则兼顾物质—精神需要，造型反映了它能较好满足休息的需要，同时也兼顾了人们审美的需要；c图的塑料座椅设计，其造型明确表明不以满足人们的物质需要为核心，而是将提供精神享受——趣味的需要放在了较为重要的地位。

另一方面，广告作为传达产品整体信息的重要手段，和产品的形式一样，也是帮助产品体现其侧重的不同需要层次的重要手段。例如图3-6中的三款同一品牌不同款式手机的平面广告，由于各自所侧重满足的需要层次不同，其平面广告的诉求点也各不相同。具体分析如下：

（1）上图中的手机，与其他竞争产品相比，具有功能完备，类似数码终端的使用特性（具有手机、相机、MP3等多种功能），因此其广告直接明确地传递出这一信息作为诉求重点，以吸引注重产品使用性能的用户，侧重满足用户与使用性相关的物质需要。

（2）下图中的手机是一款较为大众化的产品，并没有特别突出的性能特点，因此设计师将诉求重点放在：一方面凭借模特所扮演的参照群体，对该产品的推介激发目标用户的正面情绪；另一方面也在图像中突出产品自身形象，兼顾了用户的物质—情感的双重需要。

（3）右图中的手机广告则完全忽略产品的使用性能，图像中几乎找不到产品形象或功能介绍，设计师将诉求焦点放在它能带来的精神体验——迷人的感觉，通过激发用户的情感体验来突出产品对精神需要的满足。

此外，值得着重提出的是，品牌是将商品从简单的满足物质需要升华为满足精神需要的一种重要中介。通过人们对于品牌的认知，广告才能完全不通过物质形象的刺激来宣传产品，并自然而然地使人们在不看到产品形象的情况下将画面情境与产品联系起来（图3-6）。并且，人们对于品牌的需要本质上即是精神需要（品牌就是一种"概念"），此时，物质需要已经开始从属于精神需要，比如青年人购买NIKE运动鞋，但舍不得穿着它去运动（怕弄坏），可见这一带有鲜明品牌人格的国际知名品牌已经成功地将消费者对于运动产品的物质需要转变为精神需要。

图3-6 三款为不同需要层次设计的MOTO手机的平面广告

3. 消费者需要的不满足

当某种原因使个体不能达到他原来预期会满足需要的某个目标时，他可能使自己转向替代品。虽然这个替代目标可能不像原来的目标那样令人满意，但它在一定程度上能满足原来的需要。如一个需要一辆自行车的大学生，如果没有足够的钱买一辆新车，他可能暂时买一辆旧的自行车作为替代。当目标无法达到，需要得不到满足时，人们会体验到挫折感。阻碍达到目标的障碍可能是个人性质的，如心理、体力或财力上的限制，也可能是物理的或社会环境的。无论是什么原因，个人都会对挫折情境做出某种反应。有些人会设法绕过障碍，如果那也失败了，就选择替代目标。这些人对由于目标没有达到而体验到的挫折感能比较好地适应。但是，另一部分人却可能把目标没有达到看作个人的失败和对自身能力的否定，从而体验到焦虑。举一个例子：一位新娘很想买一套真皮沙发，但又买不起。如果她是一个善于应变的人，她可能会花较少的钱买一套仿真皮沙发，或者购买一种完全不同类型的沙发；如果是一个不善于应变的人，则可能因此向丈夫发脾气，或者要求父母为自己买一套。当目标无法达到而体验到挫折感时，人们为了减轻焦虑，求得内心的平衡，有时候会采用一些特殊的策略。在心理学中，这些策略称为心理防御机制。常见的心理防御机制包括：文饰作用、退缩、投射作用、认同作用、攻击、压抑、退行等。

事实上，几乎每个人都会根据自己的生活经验发展出特有的应付挫折的方法。在设计艺术心理学中，如何将消极的挫折反应引导到积极的升华行为上来，是一个非常有价值的课题。很多需要理论实际上认为，需要满足并不能促使个体行动，相反，正是需要理论的不满足（或待满足）才促使个体行动。

心理学家斯特朗（Strong）曾提出了一个模型，用以说明消费者在市场上的需要过程，而生产者和设计师应当利用这一过程的规律，如图3-7所示。

根据斯特朗提出的模型，市场策略步骤如下：

第一步，促使消费者产生不满，即激发其需要。在一个特定的时刻所激起的需要往往取决于环境的提示。看到邻居家中新购置的柜式空调，可能会诱发对柜式空调这一特定商品的需要。各种广告宣传在这里可以起很大的作用。

第二步，生产者或设计师应了解消费者的具体需要，并为此提供一个能满足这些需要的商品目录，他们必须善于利用消费者的欲望和对商品的看法，并且了解怎样才能使消费者得到满足。

第三步，为自己的商品建立起一个"满足者"的形象，即让消费者感到，这种商品能够满足他的需要。这种形象必须是使人感兴趣的、有说服力的和可以信赖的。

第四步，行动。这里所说的行动是指购买行动，而不是销售行动。在商品市场上采取强制性的销售是不适宜的，理想的做法是进行巧妙的说服。

第五步，满足。生产者和设计师的市场策略是应保证消费者的需要确实得到满足。这一做法有利于以后的生产或销售。西方商业界广泛流行的一句话"消费者永远是对的"，就是这个原则的说明。

（三）消费者需求分析

1. 需要与欲望、需求的关系

需求不完全等同于需要。需要是一种欲求，没有得到满足的需要会出现紧张感，产生欲望渴求，这种紧张感就是行动的驱动力——动机，但需求则直指目标，即主体基本明确应以

适当的（逻辑的）

需要→欲望→消费者→行动→满足

情感的扩张（情绪）

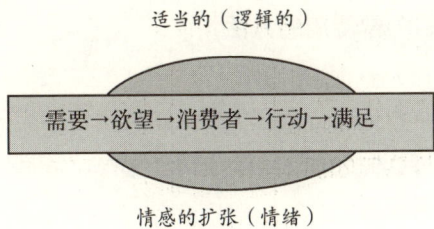

图3-7 斯特朗模型图

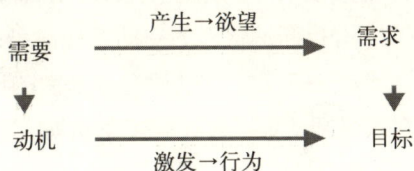

需要 → 产生→欲望 → 需求

动机 → 激发→行为 → 目标

图3-8 需要和需求的关系

什么样的方式来消除这种紧张感，是动机的具体体现和表述。例如人们感到饥饿，这表示他有进食的需要，他决定去餐馆吃饭，那么餐馆的食物就是他的需求，而他吃饭这一消费行为的动机即是满足进食的需要（图3-8）。

消费者或用户的需求具有含糊性、内隐性、动态性的属性。含糊性是指消费者通常很难明确提出他们满足需要的目标，许多情况下，他们会在几种被选目标中犹豫不决。例如一位消费者需要使自己变得更有魅力，更受人瞩目，她会考虑购买名牌服饰，或者首饰、香水、化妆品等。内隐性是指即使消费者已经明确锁定了某一需求，他也不一定会直接表现在行为上，这一点要求营销人员应具备敏锐的观察力，能迅速捕捉到消费者的需求。动态性是指消费者的需求也并非固定不变的，他们所锁定的需求目标常常发生变化。比如许多消费者都有这样的经历，原本准备去购买某个品牌的产品，当来到商场时，看到另外一个品牌的产品正在促销，并且这一品牌的产品恰好唤起了他更为迫切的需求，例如更加美观，更加便宜或促销、赠送其他礼品等，消费者很可能就更改原本的需求。

这里涉及"诱因"的问题，一般认为，能够引起个体需要的刺激源称为诱因。诱因有两大类，一类是具体事物或商品本身，另一类是外界创设的情景。为了贴切说明购买行为，本章第三节以"暗示"加以论述。

2.场景分析法

对需要的多层次性，以及需求的内隐性、含糊性等特点，现代消费心理学、行为学提出应采用系统科学的方式对消费者的需求进行分析。问卷统计是最常见的分析方式，此外还有焦点小组、访谈等研究方法也可以帮助设计师、厂商了解消费者的需要，我们在"研究方法"的相关章节中已有介绍。这里介绍一种专门针对需求研究、需求分析的方法——基于场景的需求分析方法（Scenario—Based Requirement Analysis Approach）。

（1）场景分析方法中最重要的3种技术方式包括：

第一，故事板、概念描述和模型：目的是为消费者（用户）提供可交互的使用场景。

第二，场景：将准备好的设计模拟物与使用步骤相配合，帮助用户将设计与他们的使用情境配合起来。

第三，设计依据：故意将设计师的创意暴露给用户，鼓励他们参与决策过程。

（2）整个方法的实施包括了4个步骤：

第一，最基本的需求获得，并熟悉需求的相关领域。这一步主要还是使用比较传统的访谈、焦点小组、问卷、专家建议、文献检索等方法，对于需要研究的项目收集充分的资料，获得初步认知。

第二，故事板和设计情境。在这个步骤，应建立需求系统的基本情境，并以故事板的形式向被试用户加以解释，获得可能的反馈。

以下是一项家庭网络控制系统用户需求分析的项目中曾使用的方法。

研究者与目标消费者的交动过程记录：

①当您不在家时，可以通过办公室的计算机对家中情况进行远程监控，如果发生陌生人侵入、煤气泄漏、发生火灾等紧急状况，这套系统可以自动将报警信息传到小区物业管理中心，并通过手机通知主人。您觉得这种功能有必要吗？原因是什么？

消费者：这个功能不错，但最好是先不要直接报给主人，因为如果是误报，我会特别着急，急忙赶回去，结果没什么事情；不如直接先报物业，由物业确认后并做相应处理以后再通知我。

②当您不在家时，可以通过手机或计算机实现远程控制家里的网络洗衣机随时洗衣服，您觉得这项功能有必要吗，为什么？

消费者：没必要。现在已经有了可以预设洗衣时间的洗衣机，不过好像还没有洗烘一体的，洗衣机又不能自动将洗好的衣服晾好，我还得管它，所以没必要。

③当您不在家时，可以通过手机提前启动家中的空调，使温度达到您所需要的温度，您觉得这项功能有必要吗，为什么？

消费者：需要。特别是我们南方，夏天天气很热，如果能提前将温度降下来，还是不错的。但是这个价格不应该太贵吧，至少不能使空调价格升过1/3。

研究人员通过一定的场景描述用手机来远程控制家中的空调相应的故事板（图3-9），帮助被测消费者联系其日常生活的场景，对概念设计进行评价，能起到帮助用户展开联想的作用，理解更多的用户需求。

第三，需求探索。通过设计概念描述以及模型向用户说明设计细节，与他们交互，引导他们评价设计或者补充可能的需求。

第四，模型化和需求确认。这个阶段，首先开发出完整的产品模型，并通过与用户交互不断定义需求，直到模型被所有被测试的用户所认可。这套实施方案的最初目的是为了开发软件和数字界面，因此在第四步中，设计者根据用户意见不断校正设计模型。此外，在产品设计、环境设计等领域，在真实使用情境下的模型测试，也是一种必不可少的需求研究方式。并且在以往相关的研究中，设计师发现通过用户在真实情境下的使用，能比实验室中了解更多、更真切的用户需求。（柳沙：《设计艺术心理学》，清华大学出版社，2006，第165~166页）

二、消费者的动机

（一）动机与消费者动机

动机可以被描述为个体内部存在的迫使个体产生行为的一种驱动力，或者说个体想要做某事的内在意愿。有待满足的需要形成动机，有研究者认为个体的需要没能获得满足时表现出一种紧张的状态，从而驱使个体有意识或无意识地采用某种行为来缓解这种紧张状态。例如，一个女孩希望成为大家瞩目的焦点，这是她的爱与尊重的需要，导致形成一种自我装饰的动机。一方面她可能会有意识地去学习装饰自己的各种技巧，购买各种新潮的服饰，另一方面她还可能无意识地在公众场合做出整理服饰、常常照镜子的行为。

针对需要—动机—行为的过程，有两种重要的理论，一种是认知心理学中的行为理论，将人视为理性的个体，认为个体采取行动的行为，建立于思维对于认知材料以及以往所学知识的加工处理的基础上。整个过程是，消费者首先存在某种需要，需要使消费者产生紧张感——动机，然后采取相应的行为来缓解这种紧张感，因此认知心理学中将需要、动机统称为心理过程中的动力系统，意思就是驱动主体行为的动力。另一种理论是精神分析学派心理学家弗洛伊德所提出的"动机理论"，将动机分为"有意识"和"无意识"两种，有意识是指那些主体能够直接觉察到的动机，无意识是那些不被主体察觉的心理，也可以称为潜意识，它包括那些被压抑的、存在记忆或观念、理念之中的信息，目前还没有但将来有可能成为意识的一部分。他认为动机有时是由潜意识所驱使的，而潜意识服从他一贯的"泛性论"，其动机归结为两种，即生的本能（主要是性欲）和死的本能（包括敌对行为）。例如从他的动机理论出发，那些主题为"我梦想……"的广告实质上是唤起人们逃避现实，进入"白日梦"状态的潜意识；那些利用"性"或"性暗示"作为表现手段的广告或多或少都与弗洛伊德的动机理论有所关联，特别是那些与产品本身不存在多少关联的广告，例如美女香车常常一同出现在汽车广告中（图3-10）。但目前没有一种可接受的测量方式可用来证明这种诉求方式能对购买行为产生显著的影响力，因而有学者提出，当性与产品没有直接关系时，消费者即使较为注意这一广告，也不见得会采取相应的购买行为。

图3-9 遥控空调概念设计的故事板图片

图3-10 你会采取购车行为吗

（二）消费者动机的分类

第一，根据动机对于行为的驱动作用可以分为积极和消极两种，所谓积极动机，是驱使我们朝向某个目标的驱动力，比如进食的动机会驱使人们寻找餐馆或购买食品；消极动机则相反，它使我们远离或避免某些目标或行为，例如害怕出车祸的动机会驱使人们离汽车远点。广告设计中通常在激发消费者购买动机方面也分为正反两个方面，正面的激发通常是宣传产品对人们的积极作用，比如某化妆品能够美白营养肌肤；而反面的激发通常是夸大如果不使用这一产品可能导致的不良后果，比如满脸雀斑怎么办？皮肤衰老怎么办？请使用某化妆品。如图3-11暗示老百姓中奖率高，以激发老百姓多购买彩票。

第二，根据动机产生需要的差异性可以将动机分为层级性的动机，与各个层级的需要一一对应。因此，这些动机也存在逐层升级的趋势，并且越底层的需要导致的紧张感越强烈，所导致的动机也就越迫切。由于消费者侧重满足的需要存在差异性，因此同一消费行为背后

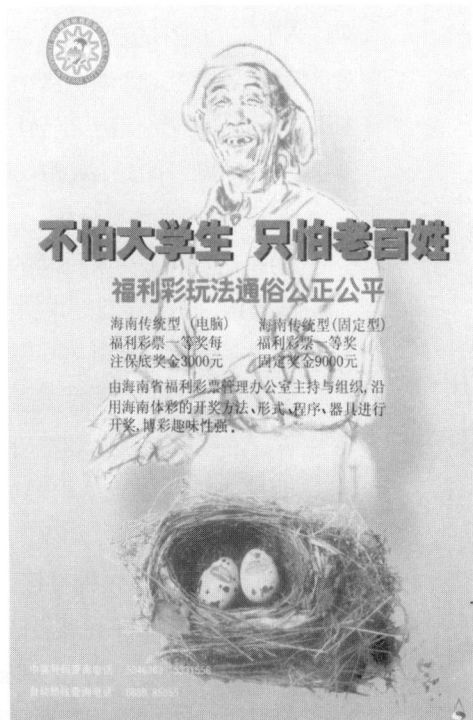

图3-11 海南福利彩票海报，金鸽广告，1999

的动机并不尽相同，存在差异性。如表3-1是针对购买首饰这一消费行为进行的动机分析，其中包含了满足物质需要和满足精神需要两类动机共5种。

表3-1 购买首饰的主要动机分析

类型	名称	动机说明
物质需要	投资	珍贵的首饰体积小，价值高，并且不像纸币那么容易贬值，因此某些消费者将购买珍贵的首饰作为一种投资保值的手段。此类消费者很看重珠宝的品质，会选择那些具有良好的信誉的商家选购较为珍贵的首饰，以保证其购买珠宝的纯正和品质。
精神需要	求名	仰慕名牌珠宝为主要特征的动机。消费者不一定会选择材质昂贵的珠宝，与其说是购买珠宝，不如说消费者希望凭借知名品牌的个性特征来表现其生活品位和格调——或者表明其所拥有的"知识资本"。比如Tiffany品牌代表完美和自然，Boucheron则代表卓尔不凡、唯我独尊的高贵品位。
	自我表现	通过佩戴珠宝显示其社会身份、地位和财富，此类动机的消费者会选择尽可能昂贵、夺目的珠宝产品，在公众场合中有时有相互攀比、登台斗妍的现象，是典型的"戏剧行为"的道具。
	求美	首饰是人们最钟爱的装饰品，一方面消费者出于对审美需要而偏爱那些设计师精心设计出来的匠心独具、富有艺术魅力的珠宝；另一方面，他们期望以珠宝来点缀个人气质，美化自己的形象。
	求新	好奇是人的本能，特别是青年人，选择珠宝可能更多是为了追求新颖、独特、显示与众不同。例如近年来流行的多耳孔的耳环、鼻环，以及以骷髅、蜈蚣、蜘蛛等恐怖造型设计的首饰就是这种心理的反映。对于这类消费者，不宜使用过于昂贵的材料，因为流行往往是短暂的，需要时常更新以保证其新鲜感。

第三，动机还可以根据消费者采取的行为分为感性动机和理性动机。理性动机是指消费者感受到一定需要后，理性地考虑所有选择，选择那些能提供给他们最大效用的产品。感性动机是指消费者直接按照情绪和情感（喜欢、厌恶、自豪、尊重等）来选择不同的目标。一般而言，男性比女性更倾向理性动机下的购物行为。但是行为科学的"有限理性"理论表明，人们不可能在完全理性动机的驱使下行动，即使那些貌似理性购买行为的背后其实也是相对而言的理性，即消费者个人感觉这是一种"理性的""利益最大化"的选择。比如那些选择高档商品来塑造自己社会形象的消费者，在他们看来，这是一种完全符合理性的选择，但事实上并不见得如此，其购买动机应属于情感动机（自豪、自我表现）。

（三）消费者动机分析

动机研究，即利用科学的方法来揭示消费者行为背后的潜在动机的研究，动机研究涉及消费者人格、态度以及需求、内驱力等与动机直接或间接相关的各种因素。一般而言，动机研究的目的在于发掘被试者对于设计的潜在感觉、态度和情感。定性研究是唯一能获得消费者动机的方式，并且通常需要使用间接技术，前面设计艺术心理学研究方法中曾介绍过的几种定性研究的案例都属于动机研究，例如蟑螂药的投射研究，咖啡滞销的投射实验等。

动机分析与需求分析恰好类似两个互逆的过程，前者是在产品面世之前，对设计的测试、评价、修改和完善，后者则是产品上市后，通过分析人们的购买行为以挖掘消费者行为背后的心理因素；前者较为直接，不需挖掘被试潜在的心理活动，而是希望消费者明确提出个人的意见、见解及评价，而后者则常常是获得某些被试者自己尚未意识到的心理因素。通过消费者行为的动机研究，可以了解到销售较好的产品究竟满足了消费者哪些方面的需要，人们的购买动机是什么；销售情况不理想的产品哪些方面考虑不周，设计师可以针对情况，或者制定相应的营销措施加以推广，或者修改包装、广告、推广的诉求理念和表现方式，最后还可以将之作为修改完善下一轮产品的依据。

20世纪50年代，市场营销和广告策略开始大量使用人格分析的相关方法研究消费者行为背后的心理因素，利维（Levy）1959年发表的经典论文《销售的象征》（Symbols for Sale）总结了消费者对产品、品牌偏爱背后的理由，并提出消费者有时喜欢一件产品并不一定是喜欢这一产品能带给他们的实际好处，这一点为"情感设计"提供了理论依据。从这一观点出发，20世纪50到70年代，营销者将心理分析作为激发消费者购买动机的"救世主"，认为这是一种"以神秘的方式探测消费者深层心理的奇妙工具"，并乐观地以为掌握这一技术就能通过隐蔽的说服方式左右消费者。后来，营销人员发现这些看法有些过激，但是动机分析的作用力依然存在，并作为市场营销策略制定过程的一个部分被保留下来。

（四）消费者动机激发

个体的大多数需求在大部分时间里都处于潜伏状态，即便那些能被他们所意识到的动机，也由于其需求所具有的模糊性、动态性、内隐性而使其带有类似的特征。因此对于设计师、营销人员而言，采用适当的激发方法，以外界环境刺激、唤醒或明确他们的动机非常重要。主要的激发方式包括生理唤醒、情绪与情感唤醒、认知唤醒等。

1. 生理唤醒

通过外部环境的图像、场景、气味、音响刺激人的感官，唤醒人的生理需要。例如外部温度下降会使人感觉寒冷，唤醒他们寻求温暖的需要；蛋糕店的诱人的食品香味能刺激消费者的食欲，电视上他人吃食品时津津有味的表情、声音也能诱发人们的食欲。

2. 情绪与情感唤醒

一方面，生理唤醒时一定伴随着一定的情绪，因此，从这个意义上说，生理唤醒就是情绪唤醒的一种途径；另一方面，带有一定意味的广告、商业环境、促销能引发人们心因性的需要，例如对美的需要，对自我表现的需要，引起他人尊敬的需要等。这些需要反映为较高级的情感体验，也能构成人们的消费行为的动机。此外，情感唤醒时伴随着相应的情绪反映，例如希望被人瞩目的时候，伴随着紧张感的情绪等。

3. 认知唤醒

设计师通过提供给消费者准确、有效的信息，引导消费者为了满足某一需要而进行理性思考，即理性动机激发，使消费者通过权衡利弊后选择所推销的产品。例如最近宝洁公司的汰渍洗衣粉广告，整个广告制作类似"新闻访谈"，通过若干普通主妇使用后的评价提供给消费者可靠的信息，引导他们做出正面判断。这种方式对于那些价格昂贵的耐用消费品或者那些竞争激烈的一般消费品最为有效。因为前者花费很高，一般消费者都会持较为谨慎、理性的态度，而不大可能仅凭情感、情绪的驱使，因此营销者应尽可能保证消费者对这一产品的充分认知。例如购买汽车时，销售商通常会很详细地将各款车辆的各种参数指标报给消费者，并鼓励他们试用产品，给他们直观的体验。

第二节　消费者行为分析与设计

消费者千姿百态的心理活动影响着实施购买的全过程，产生出各具差异的购买行为。为此，我们可以按照不同的标准对消费者购买行为进行分类，总结其变化规律，为设计制定切实可行的方案提供依据。

一、行为理论概述

心理学中的行为与"学习"密切联系：重要心理学流派——行为学派的代表人物华生，1919年发表了《一个行为主义者眼中的心理学》，他的观点一直统治了心理学界50多年。他反对传统心理学（如弗洛伊德关于动机—行为的研究）通过内省法获得人们的感觉、表象和情感的口语报告来解释他们的外在行为的理论，认为这无法被客观证实。他将心理学定义为"预测和控制行为"。从他的理论出发，人的任何行为都是通过后天的学习，以及学习带来的后果（奖赏或惩罚）而逐渐形成的。后来的行为主义者斯金纳也通过科学实验验证了此类的观点。斯金纳提出：心理活动（比如思维和想象、情绪）并不能产生行为，相反，它们都是环境刺激引起的行为样本，而行为完全可以通过环境因素加以解释，行为学家不需要理解行为背后的动机，只需要理解任何有关其内部心理与行为形成联结的学习原则就可以了。他们的理论可以用一句极端的口号所代表："人是机器。"人的行为是通过条件强化物不断强化（学习）而形成的习惯。

行为主义的观点显然过于机械，忽视了主体的主观性和能动性，事实上感觉、情感与情绪、思维对于人的行为的确具有能动作用。比如，人们喜爱某项活动，那么他们学习这项活动的态度更加认真，并且学习得更快；相反如果他们厌恶这项活动，那么学习效果明显下降，而喜欢与不喜欢不见得与是否能获得好处直接相关。比如某些女性消费者在情绪低落时会出现大量购物的行为，而这本身明显不是出于某种现实的益处，而需要从其内心的情感体验来解释其行为的原因。

后来的认知心理学修正了行为理论，将人的整个心理活动看作是一个信息加工的过程，它承认人们面对问题会主动采用一定方式来进行问题求解的活动。比如搜集信息，在各项被选答案中进行筛选比较，最终获得一个在当时特定情境下最为满意的答案。虽然认知心理学的理论也没有着重说明情感、情绪对于人们的问题求解活动所产生的影响，他们对此避而不谈（因为这个部分很难以科学、客观的实验或数据加以验证），但是他们承认人的"有限理性"说，即人可能受到某些因素影响而不总是绝对按照最科学的方式解决问题。当然，他们所认为的这些因素主要是人在决策时的思维方式以及人们惯有的一些思维定式——启发式，而不是意识、情感等更加暧昧的因素。

这些是心理学学者对于人的行为的基本观点，除了这两种理论，以及前面介绍过的以弗洛伊德为代表的心理分析学派的动机—行为理论之外，对于我们理解设计艺术中的主体行为有益的还有德国社会学家哈贝马斯提出的"交往行为理论"。他将心理学、社会学结合起来，认为人的行为都具有一定的合理性，并且根据其背后的合理性将人的行为分为三类。

（1）目的（策略）行为。在一定情况下通过使用有效的手段和恰当的方法，行为者实现一定的目的或进入一个理想的状态，其核心概念是在不同行为可能性中做出决定（或者称为决策）。身为社会学家的哈贝马斯重视社会关系的因素。他认为：如果把其他至少一位同样具有目的行为倾向的行为者对决定的期待列入自己行为效果的计算范围，那么，目的行为模式也就发展成为策略行为。（[德]尤尔根·哈贝马斯：《交往行为理论》，曹卫东译，上海人民出版社，2004，第83~85页）这一看法将原本认知心理学理论中孤立的个体进行问题求解的行为，发展到人与人相互作用的社会环境中，它是社会心理学中最核心的基础。举个消费者行为的例子。一位上层女士原本想购买某一款式服装满足其自我表现的目的，可是她发现另外一位女士也看中了同一件服装，于是她立刻改变购买这件服装的决定，这说明他人的目的行为对于消费者的决策产生了影响,而最终促成了她的决策行为。

（2）戏剧行为。戏剧行为中,行为者是彼此互动的参与者,他们在他人面前表现自己,同时也是他人表演的观众。这种自我表现的核心观念是面对观众修饰自己的主体性。例如某些男士为了体现自己的男性特质,而故意说粗话、抽烟,也许本质上他并非如此,而仅仅想给周围的观众留下这样的印象。这种戏剧行为主要用于现象学中互动的描述。我们常常提及的人们为了表明自己的社会地位、品位和趣味的消费方式,就是戏剧行为的一种具体表现。试想,如果将一个时尚女郎隔离在空无一人的孤岛上,并假设她能获得一切她需要的物品,她还会有平时那种装扮自己的心情吗?

（3）交往行为。交往行为是两个及两个以上具有言语、行为能力的主体之间通过互动而建立的一种人际关系,其中的核心概念应是彼此的交流和理解。交往行为中最常用的方式是语言,也包括手势和身体姿态。

哈贝马斯的行为理论,将许多我们认为是直觉、情感等非理性的因素归结为"合理性"行为。虽然这样有助于我们理解人们形形色色的行为背后的动机因素,但是忽视了人的行为中的确有些不是能以"合理性"来解释的。比如那些为了革命理念而付出生命的人的行为,我们似乎不能将这一行为简单归为一种"戏剧行为",或者某些人的艺术创作行为,不一定是为了通过创作获得名望或钱财等极为现实的因素,而常常仅仅出于一种爱好,一种宣泄情感的需要。

设计艺术心理学中的行为研究,并不密切关注行为产生的机制,因此也不对这些理论加以详细论证,但首先我们承认人的行为在很多情况下是通过不断强化、学习而获得的,例如那些技能性的使用活动。同时也承认人的心理活动,包括那些很难被科学实验验证的,诸如情感、潜意识等心理因素对于主体行为的影响。同时我们还认为广泛的外界环境,包括自然环境、社会文化环境也同样是导致人们行为变化的重要因素。设计艺术心理学中的主体行为一方面具有有限理性,另一方面也受到艺术感染力的影响,具有超出合理性的因素。

二、设计艺术中的行为

设计艺术心理中的主体行为分为两类,一类是设计师作为主体的设计行为;一类是消费者行为。消费者的行为又可以区分成两个方面,一是购买行为(其中包含为购买行为所做的资料收集等准备行为),二是使用行为。这两个方面的行为相辅相成,购买行为是使用行为的前提,使用行为是购买行为的目的和结果,并且使用后的评价能直接影响后来的消费行为。消费者会选择再次购买或不再购买,并可作为意见传播者,将使用中的负面体验传播给他人。

（一）使用行为

使用行为在设计师设计这一产品时早已设定了,具体行为与设计之间的关系主要是产品对于用户行为来说是否好用的问题——我们称为"可用性"问题,这方面的内容我们将在本章第四节中的"可用性设计"中加以详细论述,这里仅仅对于使用行为做一点概念性和宏观性的简单论述。

首先,用户行为在很大程度上是由设计师在设计时预设的,如果用户不能正确按照设计师预先设定的程序使用产品,那么就很难对这个产品产生正面的评价,除非该产品本身在设计时就提供了使用行为的灵活性——消费者可以以更多的方式使用这一物品。

其次,多数产品的使用行为需要用户先学习,正如行为主义流派的心理学家们已经提出的那样,通过不断重复操作行为使人们形成习惯,但是学习是通过重复强化的过程,除了会产生一定的紧张感和压力之外，还带有程度不同的不快的感觉。因此设计师在进行行为设计时，最核心的理念应该是尽可能充分了解人们的自然行为，按照最符合人们原有行为习惯的方式进行设计。

笔者有这样一次体验。2005年我和一位同事到一位已出名的平面设计教授家做客，到他家门前，我为他能买得起这样豪华的别墅而感到震撼。刚进门，看到室内的酒吧台、灯具、家具等新潮室内陈设，油然产生佩服主人的职业自觉的心理。但到客厅后犹豫了几次坐下时开始感到很不舒服，因为主人也许为了显出"设计美"，把沙发制作成简单的长方形几何组合，顺靠宽敞的大厅北墙和南墙，俨然像中南海迎宾格式。主人想找与我谈话的适合座位却没找到，要平坐在条形的沙发上，就没法对面自然交流，要对坐又距离6米，没有亲近感，而斜对又没有可使用的座位，只好半跪半倚在茶几上与我说话。当时的情景见图3-12，究其缘由，可能是主人过于注意平面效果和单体造型，忽视了整体性和人们原有生活习惯与行为流程。

从这点看来，设计师应注意采用一定的用户行为研究方法。例如用户测试，应了解目标用户共性的生活习惯和行为流程及其普遍特点，并预测可能出现的特别行为。前面在需求研究中曾提及的"基于场景的需求分析方法"中一个重要组成部分就是通过用户的使用行为来了解用户的需求，这也是目前比较通用的一种用户行为分析方法。但是，在行为研究中，还存在这样的难题，某些人的行为看起来很有目的，意图明显；而另外一些人的行为则比较含糊暧昧，没有明确或外显的意图，对于这种行为的分析研究比较困难。例如烹饪这一简单行为，其目的性非常明确，设计师比较容易将这一行为分解为各个典型行为，加以分析和提出相应模型，如计划—采购—准备材料—烹饪材料—准备餐具、餐桌—用餐，虽然不同个体对于烹饪过程有个人喜好，但设计师仍然可能总结出一套比较标准的流程和所需要的工具。但是那些与情绪、需要、潜意识等因素相关的非明确目的性的使用行为，比如体验行为（看电视、旅游等）、艺术创造等，我们则很难按照一般流程分解的方式来了解他们行为的具体细节，这也就是前面提到动机研究的原因。设计师不得不依赖于人们的描述（言语、绘制的图画）来分析其行为背后的动机。

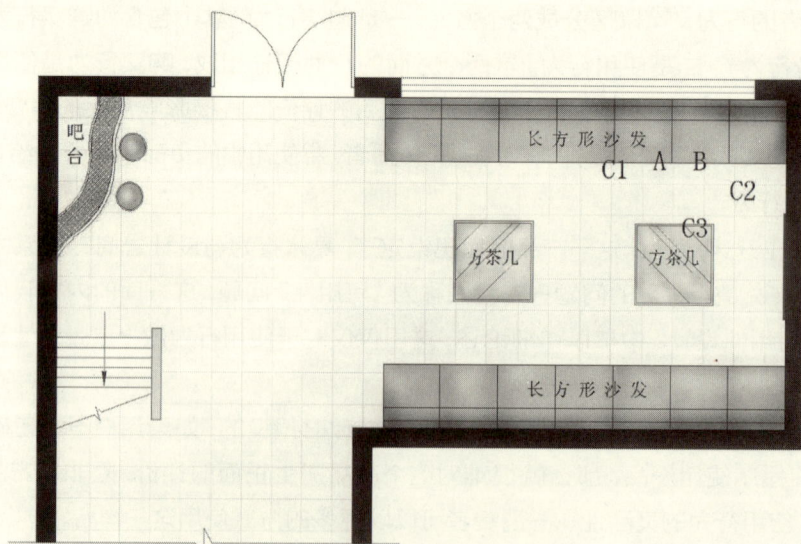

图3-12 谈话位置情景记忆图

A、B为客人 C为主人，C1、C2、C3为主人尝试过的位置

（二）购买行为

消费行为学家从认知心理学和行为主义心理学等理论出发，构建出各种购买行为过程的模型，认为购买过程是指消费者从意识到需要某个产品或服务到选择品牌，形成购买决策，以及决策实施后对购物行为的评估及决定是否再次购买特定产品或者品牌的全部过程，并且影响潜在购买者行为的社会和心理动力也应包含于这个模型之中。购买模型的建立，目的是帮助设计师和营销者预测消费者的未来行为，并解释行为背后的形成机制。

首先要说明的是，消费者购买单项产品的过程，即消费者的决策过程，我们将在后面的"消费者决策"章节中加以介绍。在这个章节中，主要详细介绍消费者觉察到自己的需要，形成动机，到认知某一产品能解决需要，并产生一次购买决策（试用），继而逐渐熟悉该产品的功能和特点，并了解各个品牌特质，直至形成购买习惯这一较为宏观的购买行为过程（图3-13），在这个过程中包括以下核心概念：

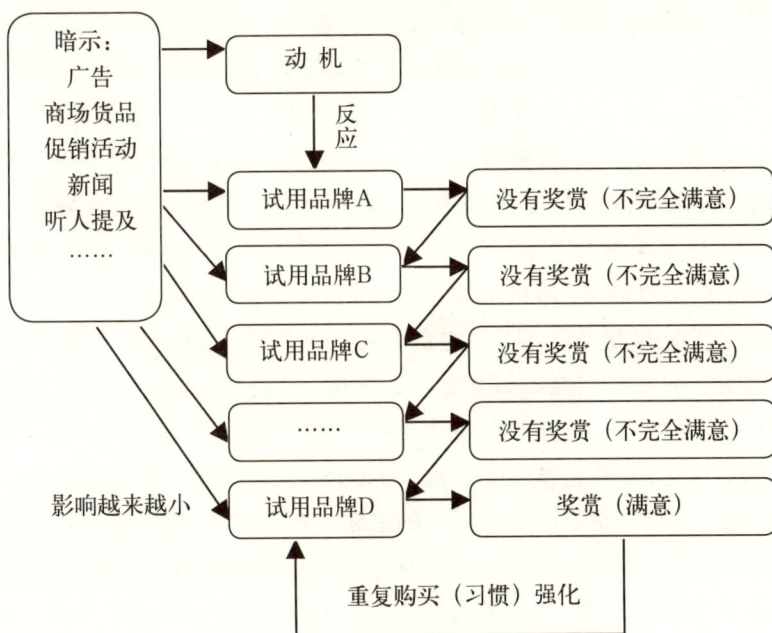

图3-13　购买行为中的学习过程

（1）动机。动机是决定购买行为的根本原因，因为人们购买某一产品的原因是为了满足某一种或几种需要。并且动机即使不能直接导致消费者的购买行为，对于消费者对周围环境刺激的认知也能起到重要作用。消费者只会对那些能引起他们一定动机的产品、广告和相关信息产生兴趣和集中注意力，或者主动采取一定的搜索、收集信息的行为。这是营销者提出要进行动机分析和研究的主要原因。因而针对消费者的某项动机而展开的广告和设计才可能卓有成效。

（2）暗示。购买行为模型中的暗示，是指那些直接作用于动机的刺激。之所以称之为暗示，是因为这些刺激并非直接针对某个特定消费者。

设计师能通过巧妙的设计（即暗示），唤醒或强加给消费者对商品或服务的需要。

第一，卖场中的一些情境因素能唤起消费者潜在的购买需要。最简单的例子是，过去的买卖人喜欢叫卖商品，而路过的人原本并没有明确的购买计划，但是听到叫卖声可能提醒他们某种需要从而产生购买行为。现代营销当然不再青睐这种原始的叫卖手法，而是通过一定的场景设计来达到类似的目的。第二，商品的外观、包装以及价格本身也是一种暗示。例如，某青年看到街上减价的流行时装，而对自己过时的服装就有相形见绌之感，为了获得新的平衡就可能弃旧换新。第三，广告更是重要的暗示方式。例如元宵节前后大量播放的汤圆广告，在春节前后播放的酒类礼品广告等。最有趣的是在世界杯足球赛前后，某啤酒品牌推出的广告情境中一群球迷围坐电视机前，一边看球，一边喝啤酒，这一广告的营销策略即激发球迷们看球赛时喝啤酒的潜在需要。当暗示与消费者的动机相一致的时候，它就成为消费者的外来驱动力，艺术设计在市场营销阶段，对于那些尚未使用过该产品的人而言最大的作用就是"暗示的作用"和说服的作用。

（3）反应。消费者存在特定动机，并且这一动机受到暗示的刺激就可能导致一定的购买行为，但这并非一定，虽然消费者不一定当时就产生购买行为，但是如果暗示能留给消费者较为深刻、比较满意的印象，产生正面的态度，那么消费者在实施购买行为时，这一信息就能作为"唤起集"的一部分影响到消费者的决策。

（4）强化。这个概念最早是巴甫洛夫提出动物"条件反射"理论时提及的（经典条件反射），后来被新行为主义者完善（斯金纳工具条件反射）。它是指那些能获得奖励的行为不断被重复。如图3-13中所示，购买品牌A、B、C都没有使消费者完全满意（没有奖赏），因此他不断尝试新的品牌，直到试用品牌D时感觉满意，并重复购买，最终形成了习惯。还需指出的是，不断重复的行为，到了一定强度后会出现厌倦的现象，注意力和记忆力下降，并且出现消极的情绪。比如过度重复播放的广告会导致消费者的厌倦，这被称为广告疲倦效应。因此商家每隔一段时间需要使自己的广告发生一些鲜明的变化，一般来说变化分为两种，一种是形式的变化，一种是本质的变化。前者主要通过更换广告中的字体、图片等装饰性的因素；后者则是更改广告诉求的主题内容。关于广告重复的极限次数，不应一概而论，那些画面或配乐优美的广告，或者那些意味深远，具有艺术品位的广告通常能有较长的生命力；而一般性的广告，市场营销学者认为三次以上是必要的——这称为三次击中理论。产品外观作为暗示方式的一种，也存在一定的疲倦效应现象，因此产品的定期换型也是必要的营销举措。另一方面，不断重复购买同一品牌产品的购买行为本身，到了一定程度也可能使消费者产生厌倦情绪。此时，消费者会再次尝试新的品牌E，如果该品牌能使他满意，之后他会轮流使用品牌E和D，如果不满意，他会继续使用品牌D。

设计师常常利用这一强化过程中的刺激泛化的现象拓展产品种类和品牌种类。所谓刺激泛化是指动物学习不仅依赖于重复，还依赖于个体的概括能力，当行为通过不断强化形成之后，动物还会对类似的刺激产生同一行为。根据刺激泛化的理论，我们就不难理解为什么那些效仿成功设计（产品外观、广告），而稍做修改的产品易于获得消费者的注意，并刺激消费者的购买行为。但刺激泛化也不一定只是负面的效应，从正面而言，商家可以依据这一理论生产那些成功产品的拓展产品，消费者因为认可了原有产品的形象，并倾向将原有产品的正面态度与新的拓展产品联系起来，也产生较为正面的评价。如图3-14圣洛朗品牌，最初只是制作成衣，后来逐渐拓展到皮包、服装配件以及香水等产品。研究表明，加入到具

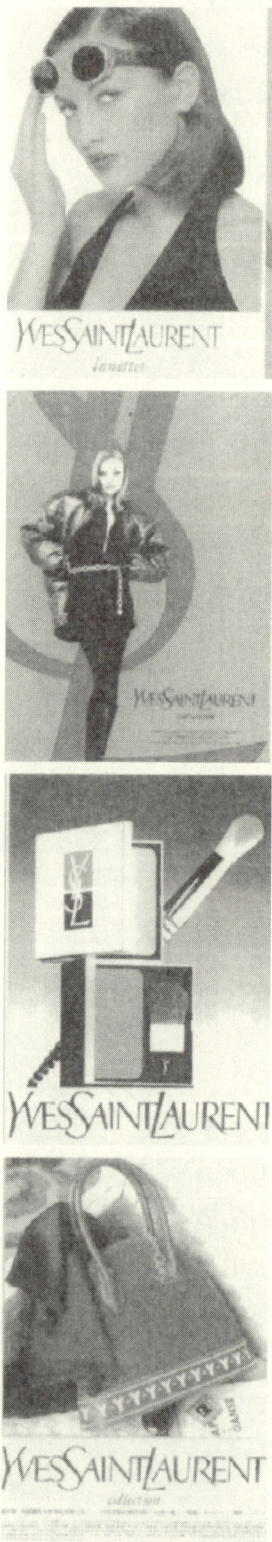

图3-14 圣洛朗的品牌系列
利用了刺激泛化的现象

有高质量形象的品牌系列的不同产品的数量实际能强化这一品牌的名称，但是如果其中有些产品的质量不如以往产品那么好时，长远来看，会对整个品牌系列产生负面的影响。这都是品牌延伸的有关问题。

第三节 消费者态度与设计说服

消费者对产品或服务态度，是决定消费者（用户）购买意图和行为的重要因素。对产品或服务抱有肯定态度的消费者，具有明确的购买意图；而抱有否定态度的消费者，则完全没有购买意图；但抱有疑惑态度的消费者有可能成为买主。所以说，产品的设计者和生产者必须了解消费者的态度。

一、态度、说服与设计说服

态度是个人对特定对象以一定方式做出反应时所持的评价性的、较稳定的内部心理倾向。说服的目的是为了影响和改变态度。设计说服的意义在于，在消费的过程中，无论是产品造型设计、包装设计、企业的视觉传达、广告设计或是卖场的环境设计，其核心本质之一都在于试图对潜在消费者产生正面的引导，使他们产生积极的态度，并最终引导可能的购买行为。虽然态度与消费行为不存在一一对应的关系，但实验表明态度（行为意向）与相应行为存在高相关。积极的态度可能导致积极的行为，消极的态度则可能导致消极行为，而行为的结果也可以反作用于态度之上。

说服，心理学将它定义为，以合理的阐述引导他人的态度或行为趋向预期的方向。设计说服，是将设计作为一种交流的语言或方式，运用设计来引导他人的态度和行为趋向预期的方向。这里的设计主要是指包括工业设计、视觉传达设计、环境设计、服装设计等在内的设计艺术门类。虽然诸如工程设计、结构设计等也可能是影响物与人之间交流的重要因素，但非专业消费者如不使用或拆卸某个产品是无法与其结构或功能进行直接交流的，其结构与功能仍需借助于造型、包装、宣传、装饰等方面进行外在的表达。因此在这个意义上，艺术设计以其外在表现性而更加接近于一种交流性的语言。

尽管设计具有各种不同的层面上的属性，它是人们有目的的造物活动，是文化，也可被视为有效的促销手段。在这里要着重说明的是，设计是人与物交流的方式，是一种具有说服力的交流手段。正如卡耐基-梅隆大学设计学院理查德·布恰南教授（Richard Buchanan）所说：……设计师，不要简单地制造一件产品或物品，而应创造一种有力的说服。各种设计承载了设计师（制造者）所希望获取的各种信息，这些信息可以是时尚、风格，也可以是功能和价值，这些信息通过设计的结果（设计物）传递给一般大众。成功的设计往往能将正面有效的信息传递给消费者，吸引大众的注意，并使他们对设计产生好感或共鸣，说服他们对这一设计产生趋向性的态度。

态度作为一种心理现象，一般同样包括心理过程的三个主要成分，即认知、情感和意志（图3-15）。认知是个体从态度对

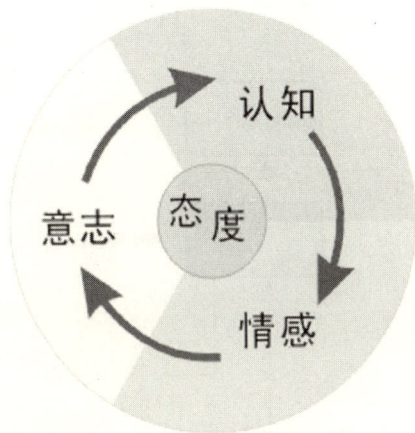

图3-15 态度的三成分模型

象和各种相关资源中获得的各种知识和知觉；情感是个体对态度对象的感情或感受；意志是个体对态度对象采取特定行为或举动的特殊方式的可能性或倾向性，它最接近行为，在消费者行为和市场研究中，它经常被视为消费者购买意图的表现。心理学研究认为，态度的形成是习得的，即主体最可能基于他们所获得的信息和他们自身的认知（知识和信念）来形成态度；同样，态度改变也是习得的，它受个人经验和外来信息的影响，而个体本身的个性也会影响态度改变的可能性和速度。

结合态度三成分模型，我们认为在态度的形成过程中，认知是基础和前提，它来自外来的信息和自身经验的分析和推理；情感伴随着认知而产生，认知结果和情感将导致主体产生行为的意志，这就是态度的形成和改变的全过程。因此，认知、情感、意志是设计进行说服和交流的作用方向，有效的设计说服应从如何影响和形成积极的态度着手，通过对消费者的认知、情感等方面的影响来说服消费者产生购买意志。

二、设计说服的要素

根据认知心理学的理论，说服是一种信息加工的过程。根据信息传递交换的过程，说服过程被划分为四大要素，分别为信息源、信息媒介、信息及信息的接受者（目标受众）。在设计说服中，信息源是传递信息的主体，即设计者（制造者）；信息媒介一般是设计结果的载体，例如产品的造型、媒体广告、环境等。设计信息是信息源要传递给说服对象的信息内容；接受者是接受信息的对象。这四个要素共同作用，影响或决定了设计说服内容、方式和结果（图3-16）。

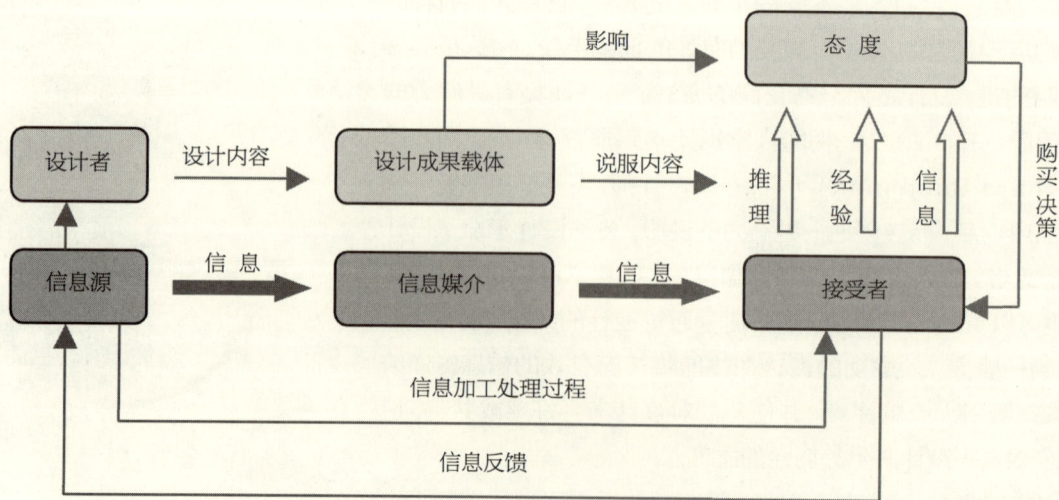

图3-16 设计说服要素作用模型

目前，设计界的学者倾向于从设计语言学、符号学的角度来分析这一问题，对于设计本身所包含的信息媒介及其包含的信息进行了较为深入的分析。美国理查德·布恰南（Richard Buchanan）将设计说服（主要指工业设计）总结为三种相互关联的要素，分别是技术性原理、特性和情绪与情感。

（1）技术性原理是指设计师如何操纵材料和程序来解决人类行为的实际问题。

（2）特性是指设计师通过什么样的方式表现产品，使其以特定的语调说话，将他们认为能提升用户信任度的品质渗透其中。

（3）情感或情绪，它是设计艺术接近"纯艺术"的部分，它使产品产生了类似于纯艺术品般的吸引力，调动消费者的情感。所总结出的要素，更多的是通过符号和修辞学上的分析和研究得出的，其成果对于我们理解设计物如何沟通和说服受众具有重要意义。

除了信息源和信息本身以外，信息接收者的特性也是设计说服的重要因素。接受者的人口统计特征（如年龄、性别、婚姻状况、学历）、社会文化关系（种族、社会阶级、信仰等）、个性差异、生活方式等都是设计说服中必须考虑的因素。除了这些长期的因素以外，接受者在接受说服时的状态也与设计说服的效能密切相关，如当时的心境、注意程度等等：例如，同样一台电脑显示器，一个微电子工程师看到后做出的评价是"这个型号的显示器不错，性价比很高"，而一个家庭主妇看到后的评价则可能是"这个显示器的外形太难看了，颜色暗淡，像是二手货"。同样的商品，它所传递出来的说服性信息内容是完全一致的，而不同接受者会对它产生截然不同的态度和评价。心理学研究总结出来的主要原因包括：①个人特征与理解的差异；②对信息的沟通障碍，包括选择性知觉和心理噪音。选择性知觉是指人们在接受信息的时候，往往忽略那些对他们无特殊意义或无关的信息，心理噪音是干扰信息接收的无关信息，如情绪、心境及注意程度的不同等。

三、设计说服的手段

有人在车水马龙的北京王府井大街上做过实验，请过往行人免费品尝啤酒。把普通啤酒放在美国百威啤酒的瓶子里，而把百威啤酒放在普通酒瓶里。结果，大家都说第一种酒好喝，味道正，有人说刚喝过百威啤酒，和它的味道一样，而都说第二种酒不好喝，有人还当场吐了出来，说太难喝了。百威啤酒世界销量第一，受到啤酒爱好者的青睐，然而装在普通瓶子里却身价大跌。这说明品牌能够给人们巨大的心理暗示，而人们的心理暗示改变人们的行为和决策。这个例子从某种方面也可以理解为可以通过品牌设计，说服消费者做出购买行为。谈到说服技巧，中国传统的说法是"晓之以理，动之以情"，这也同样适用于设计说服中。

（一）晓之以理

晓之以理就是指设计应该传递一定的合理性信息，我们将其称为"合理性说服"，这是设计说服的本质和基础。通常，说服对象对设计掌握越多的真实有用信息，就越可能对其形成积极或消极的态度，但是另一方面，他们也并不总是能够或乐意加工所有的相关信息。实验证明，产品一般只有二三个重要认知能在态度的形成中起主导作用，其他不重要的信息几乎未提供任何额外的输入。值得注意的是，不同对象所能够或乐于加工的重要信息并不相同。

合理性说服的基本假设是将消费者视为理性思维者，设计强调向消费者展现能满足消费者实惠需要和带来实际利益的产品属性。它的要点是诚实地向消费者说明该设计对象的特性信息，其中可信度是影响合理性说服的一个关键因素，消费者认为获得的信息的可信度越高，

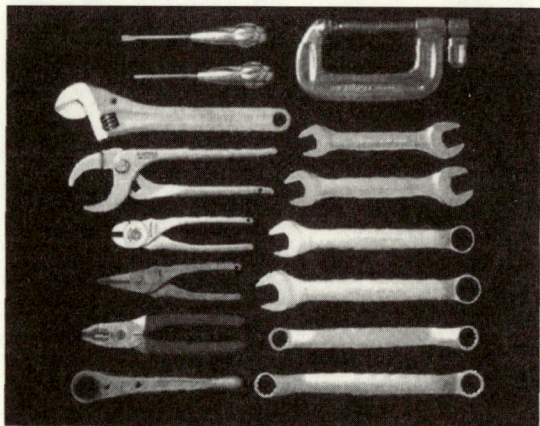

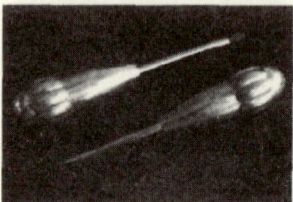

图3-17 在产品设计中使用合理结构进行理性说服 日本 Openhouse

株式会社，超硬铝合金作业工具，曾获得1997年日本G标志设计金奖

图3-18榨汁机 [法]菲利普·斯塔克
利用产品外观进行情感说服

设计就越有说服力。在设计中运用合理性说服体现在：产品造型设计应诚实、明确地表明该产品的功能、材料、使用方式；视觉传达设计应包含、传递产品的关键信息；环境设计应指示空间分布、设施摆置、功能区划分合理性等。图3-17所示是获得1997年日本G标志设计金奖的一组针对老龄化社会设计的新型工具。设计师根据各个工具的不同功能和用途，进行了细致的改进和设计，使它们能防止腰、肩痛等职业病。我们可以发现，这些工具虽然同样是手持操作的工具，但由于不同的功能和操作方式，形态相互差异显著，即使同样都是用于手持的把柄也截然不同，工具的造型设计明确地向使用者说明了它的工作属性，带给用户操作方便、设计合理的感受。

（二）动之以情

即情感性说服，是指设计应能唤起用户的情绪和情感。情绪是人对客体是否符合自己的需要而产生的体验。情感与情绪一般不做严格区分，但一般认为情绪主要是与生理需要相联系的体验，如愉悦、兴奋、饥饿等；而情感则主要是与社会性需要相联系的体验，例如责任感、自豪感、荣誉感等。积极的情绪往往能导致人们对客体的积极态度，消极的情绪则可能导致人们的反感。在设计中，通过有意识地诱发客体的某种情感，可以影响和诱导他们的评价和判断。设计艺术 "以情动人"的品质是使之区分于工程设计的关键所在，它使设计艺术造物具有了鲜明的"艺术质"。图3-18是著名设计师菲利普·斯塔克设计的榨汁机。从功能上来看，它并没有什么杰出之处，但是那雕塑般的造型赋予了它奇异的魅力，人们评价它时，说道："它的作用不在于被'使用'，它可以远观而不可把玩，是被当作艺术品来欣赏的"，"其实我们使用老式的玻璃榨汁机可以把事情做得同样好，这样一来，是不是我们就不喜欢它了？不会，因为菲利普·斯塔克走进了我们的厨房。"这件产品优美的造型、独特的气质使它具有了艺术品"去功利"的属性。

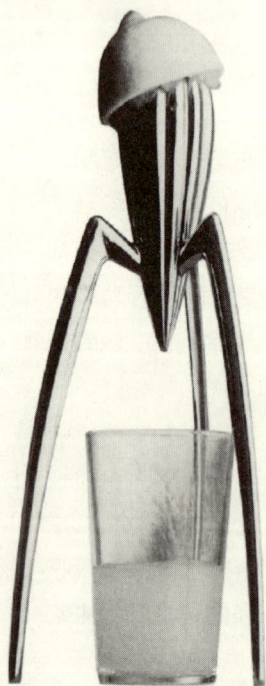

广告设计所谓的"理性诉求"和"情感诉求"本质上就是"合理性说服"和"情感性说服"的运用。"广告诉求"是广告"说什么"和"怎么说"的问题，诉求的目的就是说服消费者产生积极的购买态度和购买行为，由于广告设计是设计艺术的组成部分，因此"广告诉求"也是设计说服的表现形式。广告诉求中的理性诉求是通过有关商品的事实性信息，传达商品所固有的属性给消费者带来的实际利益，对消费者进行说服；而情感诉求是诱发广告受众积极性的情感以引导其对广告中特定商品（品牌）产生积极态度。图3-19是2004

第七届亚太广告节获奖的公益广告,设计运用喧闹、幽静的情境凸现出等待体验的价值。虽然整个画面中没有出现人的身影,但却能引起观众对图书价值和意义的联想和诉求。而图3-20则是比较典型的运用理性诉求的例子,广告通过对该款本田轿车突出性能逐条介绍,引导消费者认为购买该车是用户明智的选择。

(三)符号性说服

除了"理"和"情"以外,处于一定社会、文化情境下的设计说服还有一种异常重要的要素,就是设计的符号性意义,我们将它称为"符号性说服",即运用设计的符号性意义引导说服对象趋向预期的态度和行为。如图3-21、图3-22运用的图形符号语言进行设计说服。而在消费社会中,有些商品原来"自然"的使用价值消失了,从而使商品变成了某种精神意义上的记号,其意义可以任意地由它所指的自我参照系统中的位置来确定。人们在消费过程中,那些已被符号化的商品体现的就不仅是其实用价值,而且成了消费者之间的"沟通者",承载了该商品拥有者的社会属性和文化期望,人们可以根据个体拥有物来对他的主人进行解读或进行等级、类型的划分。

设计艺术是影响商品外在面貌和其附加价值的决定因素,因此它成了标记该商品符号价值(这种彰显社会等级和进行社会区分的功能,就是商品的符号价值,而为了某种社会地位、名望、荣誉而进行的消费被称为符号消费)的关键。因此当我们转而分析设计艺术的符号性说服时,就发现这样一个事实,当设计能够成功地说服人们相信它代表了他们所崇尚的文化,他们一旦拥有了这项产品(服务)就能明确标记或使他们更加接近他们所趋向的文化品位和社会属性的时候,人们就会对该设计产生积极的态度。例如NIKE将它们的运动产品与各国运动明星结合在一起,使产品成了运动时尚的象征符号,它说服用户相信,如果你希望像那些运动明星一般矫健,就使用NIKE的商品吧(图3-23)。产品造型中的符号性说服也同样存在,只是相对更加隐蔽,产品设计的符号性消费一方面是通过其造型的要素(点、线、面、体)及要素的组织构成、色彩、材料、质感来直观地加以体现,比如纤细的线条体现女性特征,而几何、规整的体块体现男性特征。另一方面还通过各种广告形式作为中介,通过将产品与一定的人物、场景结合,赋予产品以更多的符号特征。这一过程将原本属于文化范畴的东西转变为物的自然属性。

图3-19　等待是一本好书

奖项:铜奖(平面)　获奖类别:公益广告
广告主:图书馆协会

图3-20　本田汽车《新机师篇》广告

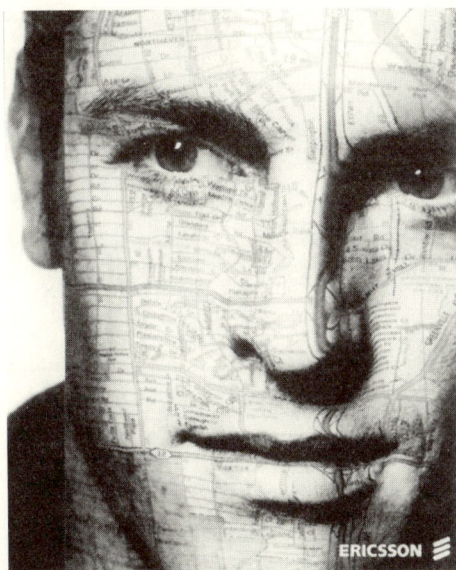

图3-21　爱立信海报　美国扬-罗必凯广告公司

男模特脸上布满了城市的名称。这是爱立信公司为其最新型、更小型的"走遍天下"手机推出的系列广告之一。

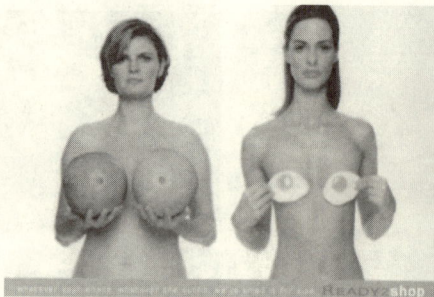

图3-22

代理：英国·BBH广告公司

客户：Ready2shop.com(网络商店)

文案：无论你的身材如何，无论你需要什么物品。我们都会努力满足你。

评注：Ready2shop. com利用"2"大作文章，提高其知名

图3-23 美国耐克

此外，流行的产生也与此相关，即一般大众往往有追随所谓的"精英文化"的倾向，因此当某些风格在少数精英阶层中形成后，成为精英文化的符号，被大众追随而形成时尚。一个有趣的例子：19世纪末20世纪初，机器大生产使原本需要高超的手工技艺才能实现的复杂装饰成为非常容易获得的东西，整个社会的设计于是趋向一种毫无节制的对冗余装饰的追求，其原因在于那些精致的装饰原本曾是高雅趣味和上层社会等级的符号象征，而以机器方式生产的复杂装饰则说服了一般大众相信，他们可以用很少的钱就能拥有原本只属于贵族和精英的物品。这样就造成了原有社会精英文化的下沉和毁灭，大量机制的、装饰过度的产品充斥了市场。而随后为了重建原来的通过物的符号所标记的社会等级，较上层的群体就需要一些新的设计"符号"以摒弃那些旧有的，这就是工艺美术革命的开始。

虽然符号性的意义往往伴随着情感性说服和合理性说服的形态出现，但是，在此过程中主要打动消费者的是设计对象的"符号性意义"，而非单纯的情感或功利需要。比如一个人为了体现他的社会地位而购买奢侈品，但他本身并不一定喜欢或欣赏这件物品，也不一定觉得它非常好用，这件物品说服他购买的主要因素就是它的符号性意义。因此，我们将符号性说服视为一种重要的、独立的设计说服手段。

三种不同的设计说服在不同的历史阶段所处的地位、发挥的作用并不相同。20世纪初，大众消费社会刚刚兴起，进入以"福特主义"为代表的机器化大生产阶段，合理性说服模式在产品设计中占主流地位，那时人们在购买时考虑更多的是对象"具有某种使用价值"。正如福特的创始人所说，"我们只提供黑色的汽车"。到了20世纪六七十年代，先进的生产方式使物质生产能力大大提高，大批量生产与日益多样化和日趋饱和的市场发生了矛盾，生产方式转向了小批量、多样化、模式化的生产，人们有了日益宽泛的选择余地，利益最大化显然不是消费者唯一的参照指标。学者们开始关注产品的功利性需要之外的其他的重要价值。这时，一方面，产品物质属性变得日益无差别化，另一方面所谓的"商品美学"，即商品的艺术设计，在商品生产中占据了越来越重要的地位，甚至在商品构成中起到了支配作用，直接制约了商品的生产、销售、消费等各个环节。"顾客的专业性日趋减弱，他的鉴赏力正变得越来越重要——对他自己和产品制造商同样如此，对消费者来说，此时调动他们积极的情绪尤为重要。"说服消费者的设计不再仅仅是经济实惠、利益最

大化，而是设计的审美属性或是符号意义。例如20世纪20年代以来的几十年内，通用汽车公司超过福特汽车公司的一个关键因素就是外观设计。福特T型车（图3-24）的设计几乎数十年不变，它所着重体现的就是前面所说的"合理性"信息，即成本低廉、质量稳定；而通用公司则更重视调动消费者的情感体验和符号意义。它针对不同的客户身份划分不同市场，引进华丽炫目的外观设计，不断超越福特保守陈旧的形象，获得了极大的成功。我们可以这样理解消费社会中的合理性说服主导逐步被情感说服和符号性说服主导所取代的原因：由于物质生产能力的迅速提高，商品的积累造就了大众消费，人们对商品的消费不仅是其使用价值，而主要消费的是它的形象，即从形象中获取各种各样的情感体验。因此，影像部分地代替了使用价值，成为使用价值的代用品。（迈克·费瑟斯通：《消费文化和后现代主义》，刘精明译，译林出版社，2000，第20页）

　　最后还要说明的是，我们很难将设计艺术的合理性说服、情感性说服或符号性说服完全区分清楚或割裂开来，并且我们也很难在设计中只使用其中的某一种说服手段，因为它们往往相互联系、相互作用。设计的符号性意义往往同样伴随着人们复杂的情感和情绪，例如当人们为了博取名望而进行所谓的"夸示性消费"（非必需的消费）时，其中也伴随着对自己提升社会等级的自豪感和满足感。20世纪初，当工具理性的说服手段成为说服的主流的时候，那些高度体现工具理性的产品曾一度发展成为象征高技术精神的符号，被广泛运用于其他并不能反映工具理性的产品之上，例如20世纪30年代最流行的流线形风格，原本是通过动力学实验得来的能够降低风阻的造型，但由于其优美而有速度感的造型，最后成了象征时代精神的符号。

图3-24　福特的T型车

　　汽车工业的真正革命正是从福特的"T型车"和流水装配线作业开始的，它是理性说服的成功范本，但却有些忽视消费者的其他需要。

第四节　消费者决策与设计干预

　　在全部购买行为中，最重要的一步还是消费者决策。消费者由于需要而产生购买的动机，设计师以及营销专家通过适当的说服手段来影响消费者对于产品和服务的态度，使其产生对产品、服务积极的评价，这一系列过程的最终目的还是促使消费者做出购买决策。

一、消费者决策的理论依据

决策，即在备选项中做出选择，决策的前提是做判断，即根据自己对于事物和人的认知、态度和知识等做出评论性的评估。消费者决策是一种最普遍的决策行为，是指消费者根据需要做出判断，并最终购买商品或服务的行为。通常这种决策应该是在两种及以上的可能性中做出选择。某些特殊情况下，消费者无其他备选项，只有一种选择，这种情况被称为"霍布森选择"（Hobson's Choice）（1631年英国有位名为霍布森的商人专做贩马生意，他同意将马匹放出让顾客挑选，但却规定只能选择靠近门边的马，实际上就是不给顾客挑选的机会，后来这种单选的情况被称为"霍布森选择"）。我国早期的计划经济的政策规定商品按照计划生产，导致消费者的选择常常就是"霍布森选择"，这种政策造成商品由于不愁销路而忽视设计，并且远远不能满足人们多样化的消费需要。

不同学者对于消费者决策的方式提出了不同的观点，包括被动决策、经济决策、情绪决策、认知决策四种。

（1）被动决策将消费者当作冲动、易受影响的购买者，他们很容易受到营销场景、广告宣传等手法的影响做出购买决策。某些消费者的确具有被动性的倾向，在推销员或广告的激发下冲动购物。但是这种消费者随着人们的知识水平和文化水平的提高越来越少，更多的消费者会在决策前进行精心的准备。因此广告、产品独特美观的外形以及舒适的购物环境虽然对于消费者的态度起到积极作用，但已很难完全控制消费者决策。

（2）经济决策是一种理性的决策模式，即消费者能明智地权衡利弊，做出利益最大化的决策，但是这种模式早已被证实不够现实。首先，消费者具有一定的决策风格（由于需要、动机、人格、习惯、经历、知识等造成的较为稳定的决策模式）。其次，复杂的决策情境也使消费者很难做出最理性的选择，例如消费者很难从大量的信息中筛选出有效信息，从而了解最真实的决策情境的实际情况。众所周知的"博弈论"中"纳什均衡"的例子就可以说明这一点。

（3）情绪决策，即消费者完全凭借与特定购买或物品联系在一起的情绪和情感来做出决策。比如一个消费者的亲人曾赠送给他一块手表，但是不慎丢失，他很可能在强烈的遗憾的情感驱使下，立刻购买了一块与原来手表完全一致的商品。情绪决策是"情感设计"的重要心理依据。情绪对于消费者决策的影响力巨大，有时甚至难以琢磨，决策者在情感的驱使下进行物品的选择时，有时不经过下面将要介绍的"决策过程"，跳过信息收集、被选项比较等步骤，直接买下能激发他的情感体验的物品。比如有些女性在心情焦虑时可能需要通过购物而放松情绪，此时她的购买决策就几乎完全脱离理性购物的范畴。

（4）认知决策是从认知心理学的角度来看待消费者的决策，认为消费者能接受或积极收集与决策相关的刺激和信息，并通过认知心理学中最常见的信息加工过程，将决策作为一个问题进行求解，这也即是将要介绍的消费者决策过程。在认知决策中，消费者遵循"有限理性"的原则，即有时由于情境的复杂性，消费者可能不会收集到全部相关决策信息，或者当他们感觉满意时会放弃搜索，这样他们所做的决策通常是在一定条件下的"最满意决策"。

二、消费者决策过程与设计干预

消费心理学中的消费者决策过程的典型模式是一个问题求解的过程，它包括三个主要部分：决策信息收集、决策选择、决策实施评价（图3-25），这三个部分相当于信息加工过程中的输入—处理—输出的过程。设计干预是指通过设计艺术的对象（广告、环境以及产品本身）

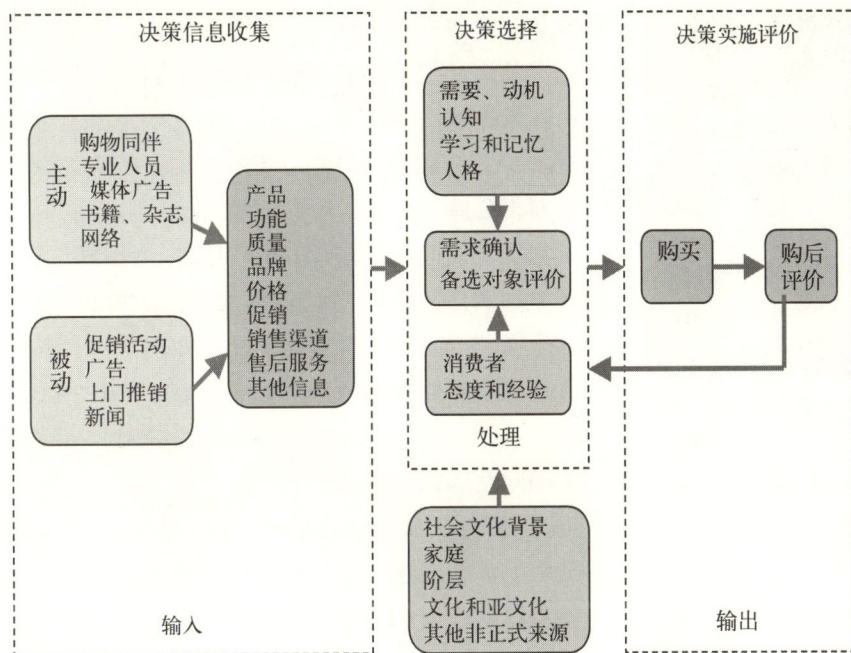

图3-25　消费者决策过程

干涉消费者的决策，使其做出有利于特定消费品的购买决策。

（一）决策信息收集

决策人在做出购买决策之前希望能获得尽可能客观、及时、准确、有效、实用的决策信息，其目的是通过信息消除消费者对决策客体的不确定性（决策风险），帮助他做出判断。消费决策中的风险主要包括以下几种。

功能风险：产品是否能实现预期的功能；

质量风险：产品的质量是否能够保证，是否获得及时的维修和售后服务；

经济风险：所购买产品的价格是否符合它的价值；

心理风险：所购买的产品是否符合潮流、是否体面，是否和自己的身份地位相符合；

时间风险：如果购买的产品质量不佳，是否可能导致浪费大量时间来处理它的问题。

一般而言，消费者所收集的信息包括两类，第一类是作为备选方案的产品品牌，第二类是评价这些品牌之间差异性的标准。前者的作用是为决策过程提供"唤起集合"，后者的作用是用来筛选备选项。例如购买一款手机，消费者首先通过广泛的资料收集初步认定三星、摩托罗拉以及西门子三个品牌各有一款产品基本符合其需要，此外他还需要了解评价手机性能（特别是他最重视的那些性能）的基本知识和规则，例如电池待机时间、输入法、电话本的容量等。

消费者为了进行消费决策而进行的信息收集，可依据他们对于该产品和品牌的了解、熟悉程度分为三个阶段——广泛问题解决阶段、有限问题解决阶段以及程式化的问题解决阶段。

第一阶段，消费者会进行较为盲目的、广泛的信息收集。这个阶段，消费者对需要购买的物品不太熟悉，无法从长时记忆中提取充分资料来做出决策。美国学者哈威（Howard）和赛斯（Sheth）1969年曾说道：当消费者对产品态度强度比较低、产品种类界定不清和消费者无法鉴赏各可选择品牌的时候，会倾向于积极搜索信息。

第二阶段，当消费者已经试用过一些此类产品的品牌，对于这一产品已有一定的认知，并对于品牌形成相应态度，就具有了一定的选择标准，但不一定形成品牌偏爱，因此他们在信息

3-26 理性购房者

3-27 女性买衣不厌其烦

收集时是较有针对性地了解产品的某些重要性能和特点,并与之前试用过的品牌产品对比,消费行为学将这个阶段称为有限问题解决阶段。

第三个阶段是当消费者熟悉某一产品以及各种品牌后,并对于品牌产生了强烈的态度,能鉴别产品的品质和品牌的差异。当他们需要购买该类产品时,会根据记忆中的知识和经验在清楚界定的"唤起集"(面对决策时消费者所能想到的全部被选品牌)中对某一品牌做出决策。这一阶段,消费者几乎不需要收集外部信息(搜索的信息主要是这一目标品牌产品的变化点,例如价格或促销措施),而是按照已形成的倾向性选择产品。

另外,还需要指出的一点是,不仅对于产品的熟悉程度会影响消费者进行信息收集的广泛程度,消费者所知觉的风险程度也会影响信息收集的广泛度。知觉到的风险越大,进行信息收集的行为就越细致具体;而风险越小,收集过程就越简单。例如价格昂贵的产品带来的经济风险大,所以消费者决策时所做的准备工作也就较周全(图3-26)。

消费者为了做出消费决策而进行的信息收集的详尽程度,还与消费者本人的人格特征有关。学者克鲁格曼1965年提出消费行为中的"卷入"的概念。这一理论是基于大脑的左右脑的功能分区而产生的,其中左脑是理性的、有活动的、现实的;而右脑是情绪化的、隐喻的、冲动的、直觉的。基于这种理论,学者们将消费者分为了高卷入和低卷入两类,前者偏重于依靠左脑来处理输入的信息;既然左脑是语言、文字的中枢,负责逻辑思维,那么高卷入的消费者就主要依靠文本来认知事物,处理信息的方式是理性的信息加工过程。反之,后者偏重于由右脑处理输入的信息,强调图像对认知的作用,包括符号的创造性使用。前者通常只能发现很少他们能接受的产品,因为他们经过了过于详尽的筛选,我们可以称其为"挑剔的顾客"(图3-27);而后者则可以接受更广泛的品牌,他们的选择面较为宽泛。其次,通过提供信息的类型与卷入程度之间的关系,电视等以图像为提供信息主要方式的媒体被称为"低卷入媒体",而印刷媒体以文本为提供信息的主要方式,被称为"高卷入媒体"。再次,不同产品由于与消费者个人相关的稳定的程度也可以区分为高卷入或低卷入,例如那些消费者认为非常重要的产品(汽车、房屋等),消费者会更加倾向于高卷入的方式进行广泛的信息收集和加工处理,它们被划为"高卷入产品";而对于那些不那么重要的产品,消费者可能不会过多考虑就购买。

　　消费者获得的决策信息来自两个方面，一方面是主动搜索，一方面是被动获得。前者是指消费者对外界环境进行积极主动搜索获得的信息，例如向熟人打听或者查阅相关产品目录等；被动获得是指消费者在进行信息收集的过程中，被动地感知到外界某些与决策相关的信息，例如消费者去商场购物，被厂商的促销活动所吸引，被动获得相关信息（表3-2）。有研究表明，消费者为了搜索信息付出的努力越多，则产生购买行为的可能概率越高。这些信息主要是以我们前面所说的"暗示"方式作用于消费者，使他们的消费动机明朗化。

表3-2　消费者主要的外部信息形式

个人的	社会的
家庭成员	新闻
亲戚	杂志
邻居、同事、朋友	其他消费者的行为
促销人员、推销员	广告资料
主动向厂商咨询（电话、信件、邮件）	互联网

（二）决策选择

1. 决策选择的有效性

　　决策选择是在备选项中做选择的过程，决策者在进行决策选择时应该尽可能地提高决策的有效性。决策的有效性是指决策的客观质量，它取决于两个方面的因素：一是决策的客观质量；二是决策实施后，决策相关者的满意程度。例如，家庭购买决策的有效性一方面取决于该决策自身的质量，是否购买了最实用、美观、价格适中的物品，另一方面也取决于购买这项物品后，家中成员是否都满意、喜欢这一物品。购买决策与家庭成员的满意度也不必然对应，有时决策人做出的最符合理性原则的购买决策并不一定能使其他家庭成员感到满意。

2. 决策选择的过程

　　一般来说，决策选择过程包括唤起集合按照一定的个人风格对于集合中的被选方案进行评价以及做出决策。所谓唤起集合是指消费者通过信息收集后，对于需要购买的产品和品牌产生了一定了解和认知，当他正式开始购买该产品时所考虑可能的特定品牌或产品。与之相应的还有不满意品牌，即消费者抱有负面态度的品牌，在进行决策时，这些品牌或产品首先被排除出去。惰性品牌，即那些消费者没有意识到的品牌或产品，消费者对于这些品牌不在意或者是由于这些产品或品牌对于他而言没有明显的优、缺点；或者是因为消费者对它们缺乏充分的认识。如果是后一种情况，营销者可以通过适当的广告、促销手段等唤起消费者的注意，增强他们对这一品牌的认知。

　　接下来，消费者将决策购买何种产品，那些事先被唤起的产品还是可能被消费者抛弃，其原因在于：①卖场中缺乏相应的认知信息，没能引起消费者的注意；②消费者通过现场的观察，进行了最后的比较，发现其中某一产品的某项特质最能吸引他；③价格的变化，也许其中某件产品促销降价或者有其他优惠；④销售人员的行为和态度，那些态度亲切、服务优良、有说服力的销售者更能说服消费者购买产品；⑤某一款产品能满足消费者最迫切的需要，其他产品可能具有其他方面的优势，但消费者最看中的不是这些方面。例如看重待机时间的消费者选择的手机也许不是最漂亮的那款，更看重产品外观设计的消费者则可能相反。

3. 决策选择的规则

认知心理学认为人的决策是一个完全理性的筛选过程，即通过一定的规则对所有选项进行重重筛选，以求得最优的问题求解方式。其中最基本的筛选规则包括两类：一类是补偿性规则，一类是非补偿性规则。前者是完全理性的决策规则，简单来说就是权衡利弊，消费者通过对该产品的各项主要特征的满意度进行加减，满意的特征加分，不太满意的特征减分，用产品的优点来平衡缺点，最后选择得分最高的产品。当然这一过程是一种心理计算的过程，对产品特质的评分也只是概念上的，而并非如同测试那样标准，某些消费者最为重视的特征的"高满意度"也许能弥补其他所有特征的"低满意度"。非补偿性规则，是指不能以产品的优点来弥补其缺点。例如排除法，消费者对于所购买的产品的各项特质设定一个明确的限定，凡是有特征低于这个限定的产品都被删除出去，这样可以快速减少备选项的数量。如果筛选到最后还剩余多过一个的选项，则再用其他更精确的方式加以判断。但是，不论是补偿性原则还是非补偿性原则，都是将消费者视为完全理性的人。但事实上远非如此，有时消费者仅仅凭借最直接的感官、情绪就能替代整个规则，而有时则在各种特质相差不大的情况下，凭借直觉来进行判断。因此还有人提出了另外一种判断规则——情感参照的判断规则，将那些难以完全用合理性来加以解释的判断行为归到这一类中。

20世纪70年代，美国学者阿摩司·图伏尔斯基（Amos Tverskey）和丹尼尔·卡尼曼（Daniel Kahneman）最早提出，人类决策时备选答案的唤起依赖于启发法而不是正规的分析方式。正规的分析方式，就是上面所归纳的类似计算机的筛选过程，首先列举尽可能多的备选答案，比较每一答案的价值和利弊得到最终判断。而启发式，就是指通过启发主体思维方式促使他做出判断的方式，它与人的启发式一一对应，常见的启发式包括：代表性启发式；可得性启发式；锚定—调整启发式（图3-28）。

4. 决策选择中常见的心理现象

消费决策选择中常见的心理现象包括冲突心理、价值心理和风险心理。

（1）冲突心理是指决策者在决策时可能遭到反对意见。这时决策者的决策能力非常重要，过多考虑反对意见可能导致犹豫不决，有时会错过决策时机或做出错误决策。但是，反对意见有时对于做出正确决策具有不可估量的重要作

图3-28 我买到啦

用,它可以开拓决策思路,并且帮助决策者及时发现决策的漏洞或弊端,帮助决策者补充、更新或修改决策,最终能降低决策风险。因此决策者需要耐心了解和倾听反对意见,使反对意见起到查漏补缺的作用。

(2)价值心理是指决策中的价值判断过程,比如决策可能有利有弊,那么决策人应该权衡利弊,并遵循"两利相权取其重,两害相权取其轻"的基本原则。基本原则非常简单,但决策的实际情况却很复杂。例如消费者购买物品时,一个品牌的产品价格高而外观时尚,另一品牌产品价格便宜而式样陈旧,消费者决策面临价值判断的心理活动,这里需要、动机以及消费者的人格特质对于消费者决策具有重要影响。这时一个更注重被人尊重、人格属于革新型的消费者可能会选择前者;而一个比较注重实际需要、实用型的消费者可能选择后者。决策心理学将决策人在决策中表现出来的比较稳定的模式称为决策风格,它取决于例子中所说的要素——消费者的倾向性(需要、动机、兴趣等)和人格特质。

(3)风险心理是指决策中遭遇一定风险时的心理活动。消费决策中遭遇风险不可避免,并且商品价值越高,风险越大,比如房屋等,因此决策者需要在决策前做好充分的信息收集和确认工作,选择知名品牌或诚信度较高的经销商。

(三)决策实施与评价

决策是实施的最后阶段,消费决策的实施包括购买行为和购后评价,这两种行为都将影响消费者对于商品的评价以及之后的购买行为。

购买行为可以分为试用、重复购买和长期购买三种,其中试用是最鲜明的消费者决策过程,试用之后,消费者逐渐了解和熟悉相应的产品,并对于不同品牌形成较为稳定的态度,最终多数消费者会忠实于某一种或几种品牌。但是对于品牌的忠诚度也与消费者的人格特征以及商品的性质相关。比如革新型的消费者会时常具有尝试新产品的愿望,而适应型的消费者则最可能成为某个品牌的忠实者。产品的特性不同,也导致不同的忠实度。例如较为重要的、价格昂贵或者与生命安全相关的产品,消费者通常更倾向于忠实少数几个知名的品牌,因为它们信誉度高;而那些无关轻重的产品,消费者可能会时常出于好奇、求新的本能而尝试其他品牌。

购后评价是消费者使用产品后,根据自己对产品的期望评价产品的表现。购后评价(特别是试用)的直接结果是降低消费者对于消费决策的风险感,并对于使用过的品牌形成态度,从而影响以后的购买行为。影响消费评价的因素分为两类,一是消费者购买前对于产品的预期;二是产品的实际表现。当实际表现与预期相符时,消费者会产生中性偏满意的感觉,因为他会感觉做出了正确的选择;如果产品表现超出预期,消费者会产生非常积极的反馈,俗称为"喜出望外";反之,当产品表现低于预期的时候,消费者会产生消极反馈以及负面态度,这个品牌或产品也就成为消费者决策中的"不满意品牌"。

三、可用性设计与情感设计干预消费者决策

人们可以通过广告、环境或产品本身等设计艺术的对象干涉消费者决策,使其做出有利于特定消费品的购买决策。但设计师一般是从设计产品本身开始,就十分重视运用可用性设计和情感设计原理,尽可能适合消费者的需求,达到一定的艺术性,便于消费者做出有利于消费的决策。

(一)可用性设计的干预

可用性(usability)是目前国际上较为公认的、衡量产品在使用方面所能满足用户身心需要的程度的量度,是产品设计质量的重要指标。大致包括两个方面:第一,对于新手和一般用户而言,学习使用产品的容易程度;第二,对于那些精通的、熟练的用户,当他们掌握使用方式后使用的容易程度。

可用性包括效率、容错性、有效性等方面的指标。根据国际可用性职业联合会(Usability Professional's Association, UPA)的定义,可用性是指软件、硬件或其他任何产品对于使用它的人适合以及易于使用的程度。它是产品的质量或特性,是对于使用者而言产品的有效性、效率和满意度,是可用性工程师开发出来用以帮助创造适用的产品一整套技术的总称,是"以用户为中心设计"作为核心而开发产品的一整套流程或方法的简称。

1. 人的尺度

人的尺度是指人体各个部分尺寸、比例、活动范围、用力大小等,它是协调人机系统中,人、机、环境之间关系的基础,人的尺度通常是基于人体测量的方式获得的,它是一个群体的概念,不同民族、地区、性别、年龄群体的尺度不同。

人体尺度直接决定了人造物、人造环境的尺度,小到手动工具把手,大到城市建筑和街道,都受到人体尺度的影响,符合人体尺度是可用性设计的必要准则。人体尺度对于设计的影响反映于两个层次上。

第一个层次,设计中常直接应用人体尺度设计物的尺度,例如手动工具把手、座椅设计、工作台设计、驾驶台设计等,都是根据尺度数值,将设计物的比例控制在一定适用范围内,有时是取一定百分位范围内,例如座椅高度的设计;有时则需要超出一定的百分位范围,例如门的高度设计等。

第二个层次,人体尺度不仅是生理度量的概念,也是一个心理上的概念,不同心理感受导致对于尺度需求的不同,比如同样设计一张桌子,家庭聚会的餐桌与商业会谈的会议桌的尺度就存在一定差异,前者可以相对小巧一些,以体现家人之间的亲密程度,后者尺度则应该大些,以保证会议的严谨庄重以及与会人员之间的社交距离。

2. 人的极限

人的能力非常有限。虽然人类是地球上最聪明的动物,能通过各种方式来揭示自然规律,发明工具,强有力的改造着周边的环境,但仍然不得不遗憾地承认,人类即使能够通过不断发明各种各样的工具拓展其作为地球主宰者对周围环境的控制能力,但是他的适应范围仍然非常有限。

首先,人有各种各样的生理上的局限。我们在设计时必须关注人的局限,避免设计超出人的有限的能力范围。

其次,人与人之间的差异巨大。因此设计必须尽可能充分地考虑人的身心的极限。人机工程学的研究为我们提供了很多有用的关于人的局限的数据和知识,设计师在设计时应运用这些知识,同时也要根据不同的设计要求来灵活处理这些数据和知识。

3. 自然匹配

这里所说的建立良好的自然匹配,从本质而言就是要使产品更加符合目标用户原有的知识原型,并且能更加容易地被放置到用户现有的相关的"图式"中,这样能更方便用户掌握、使用产品。如何建立良好的自然匹配是一个复杂的设计过程,主要相关的建议总结如下。

（1）研究用户操作流程，建立正确的心理模型。

（2）使设计符合人操作的逻辑。

（3）利用标准化设计。

（4）提供语意说明。

产品的形状、色彩、材料、质感、结构、音效等要素被视为一种"语言"，能提供用户理解的线索，说明自身的功能、操作方式以及其背后的文化、社会意义。从本质而言，这里的语意说明就是给人们提供从记忆中提取相应的"图式"或者"原型"的索引。设计中语意说明包含两类，一类如同图3-29中面碗设计对功能的意义传达；另一类则是其文化意义的传达，装饰纹样、产品、界面设计中的隐喻符号等。

（5）提供一定的局限。

使用过电脑软盘的人都知道，虽然软盘的正反面几乎完全一样，我们不大可能出现插错软盘正反面的情况，因为这里存在一个优秀的设计，使人们不可能将软盘反插进去；与之相对的是光盘的设计，由于没有这方面的考虑，就完全有可能将没有贴上标签的光盘弄错。电脑软盘的设计就是典型的利用一定的局限来设定操作方式的设计。对应这一原则，诺曼提出了四种不同类型的限制。

物理结构上的限制因素：利用物理结构将操作方法控制在一定范围内，上述软盘的设计就是物理结构限制的例子。

语意上的限制因素：即利用人们既成的对外界的认识来提示操作的一种限制方式，例如把手意味着抓握，座椅的椅面意味着坐下。

文化限制因素：利用人们习以为常的习俗习惯限定操作方式，但这种限制只对于同一文化"框架"下的人或者了解这一文化的人有作用，例如原始人就不会使用刀叉来进餐。

逻辑限制因素：这又回到了前面说的自然匹配的问题，自然匹配在某种程度上也是一种限制的方式。

4. 易视性和及时反馈

易视性，是指所有的控制件和说明的指示必须显而易见；反馈，即使用者的每个动作应该得到明确的、及时的回应。例如，我们打个电话，电话的形式告诉我们应该抓住话柄部分，排布在电话面板上的按键从0到9，显然是用来拨号的，这就是"易视性"设计。如果我们将按键藏在某个面板下，这样的设计也许是新颖和有创意的，但可能会给初次使用它的用户带来不便。

当我们开始拨号时，可以听见不同数字带来不同的拨号声音，这就是反馈，如果没有这种提示，我们很可能不知道按键是否被按到了，造成操作失误。常见的反馈有位置反馈、声音反馈、亮度反馈、色彩反馈等，在同一个操作执行后，设计师可能同时运用几种反馈，以适应不同的使用场合，例如许多软件界面上的控制按键被激活后，既能

图3-29　［英］麦克·鲍斯　面碗

发出声音反馈，又有颜色的改变等。

5. 容错性

失误是由于人的思维特征所造成的，是不可能彻底避免的，只能依赖设计一些方式以减少失误或在事后弥补，减轻损失。

差错既然无法完全避免，又可能对作业产生极大的影响，因此设计师在"可用性"问题上必须考虑应对差错。差错应对一般包括两个方面，一是在差错发生前加以避免；二是及时觉察差错并加以矫正。

常见的设计方式有：①提供明确说明。例如为了避免由于过多相似开关造成的识别方面的失误，可将开关根据不同的功能设计成不同的造型或者颜色。②提示可能出现的差错。例如电脑界面中一个通用的"差错应对"设计，即当你做某些操作时，它会提示你："确实要删除吗?"并且一般删除文件首先被存储在"回收站"内，必要时使用者可以从"回收站"中找回文件。③失误发生后能使用户立刻察觉并且矫正。一个经典的例子就是美国的自动提款机，为了防止用户将卡忘在机器上，它会要求用户抽出卡来才能提取现金。这种应对方式也被称为"强迫性机能"（即人如果不做某个动作，下一个动作就没办法执行）；另外一种是"报警性机能"，例如有些汽车的设计，一旦用户将钥匙忘在上面，汽车就发出报警声。

6. 易学性

衡量产品易学性的度量单位是学习时间。根据人"记忆"和"学习"的基本生理、心理机制，学习和形成技能从认知角度而言，是形成"组块"的过程。通过记忆中的组块人们能不经思考、自动地按照一定程序工作。形成记忆组块的方式通常有两种：第一，通过不断重复加以强化，并且每次重复后应获得可察觉的后果。第二，使学习内容能迅速与原有的知识结构（图式）发生联系置入到原有的语义网中。

从以上两个方面着手提高产品的易学性的具体做法包括以下几方面：减少认知负荷；学习和运用适当的训练方式；增加向导，减少学习。

7. 简化性

日趋复杂的产品对于用户的意义，更多的在于一种心理上的满足和高科技的符号化象征。从可用性设计这个角度出发，更适宜的做法是：①对某些产品设计限制或避免那些不必要的功能。虽然通过对用户多层次需求分析显示，基于人们购买动机的复杂性，完全避免功能"冗余"是不现实的，但应设计"部分简化"的产品，突出必要的、重要的功能，以更好地满足用户的有效需要。如图3-30中的贝里内1998年为Authentics公司设计的VC计算器，通过功能简化提高设计的可用性。这台计算器平面和按键都比较大，而不是追赶时尚尽可能做微型化处理，这样做可以方便使用，减少按键的差错。此外，他还从目标用户的实际需要出发，将它定位为一个日常使用的计算器，而非专业仪器，剔除了那些不必要而复杂的数学功能。图3-31中IDEO公司设计师深泽直人设计的CD播放器也是功能简化设计的典型代表，这个曾

图3-30 ［英］塞巴斯蒂安·贝里内（fsebasitian Bergn， VC计算器

图3-31 ［美］IDEO公司设计师深泽直人，CD播放机，1990

获得IF大奖的设计，将所有控制任务简化为一个拉灯的动作，操作达到最简单又带有复古的意味。②采取折中的做法，将必要的和最常用的功能放在最显眼的位置，而将一些使用较少的功能隐蔽起来或放在不显眼的位置。这种做法目前非常普遍，许多移动通信终端、数码摄像机都使用了此类设计（图3-32）。③采用系统化设计的方式，将产品（界面）的多重功能进行分类，采用标准化操作模式以简化学习过程，防止操作指令变化过多而导致容易遗忘。

8. 灵活性、兼容性与可调节设计

设计师有时非常谨慎而认真地对使用者行为展开了详细分析，并在设计中得到充分体现。而事实上用户却并不感激设计师体贴入微的设计，因为设计师原本认为完全符合多数人的使用行为的标准化、细节化的设计对于行为习惯不尽相同的各个体而言反而成了一种约束。图3-33是为单身宿舍设计的卫生间，设计师精心规划、充分利用这一狭小的空间，体贴地安装了洗脸架、毛巾架等设施。但在使用中用户发现，这些精心设计的各种设施，有时反而对于许多用户形成局限，比如各设施之间的尺度设计过于精密而造成那些尺度超出常人（如过高或过矮）的用户使用不便，并且那些超出预留空间尺度的用品无法使用。因此，笔者认为设计师对用户的分析固然应细致周到，但针对他们所做的设计并非越细越好，在设计中则应充分考虑设计与用户行为之间的灵活度，为用户多样化的需要和使用习惯留有可调节的余地。具体包括：尺度上的兼容度；行为流程上的兼容性；使用环境和使用平台上的兼容性。

（二）情感设计的干预

情感设计即强调情感体验的设计。设计艺术是实用的艺术，是艺术的设计，使用性和目的性是它的本质属性。由于欣赏或鉴赏并非设计物存在的首要价值，因此设计艺术作品所激发的情感体验也不可能如同纯艺术作品那样，仅仅是一种艺术作品与欣赏者之间的情感关照，其存在的最终价值还是归结于它能实现某一既定的目标或目的。设计物中的情感体验从一开始就脱离不了功利性的目的，从这个角度看，那些单纯为了表达创作者个人的情感或理念，或仅仅作为欣赏对象的设计作品，例如不作为日常用品的组成部分而单纯存在的图案、装饰画；曾经具有实用价值后来由于现实条件变化导致了失去原有实用价值的物品——古代优美的手工艺品和民间工艺品，由于它们逐渐失去其本来的实用价值，而渐渐具有了"纯艺术"的性质，人们对它们产生的情感体验则接近艺术作品欣赏中所产生的审美情感，而不再是属于设计艺术所具的

Danger Research 公司
Hiptop PDA 手机

Canon Mv5ime 数字摄像机

图3-32　将使用较少的功能隐蔽起来或放在不显眼位置的设计

图3-33 局促、拥挤的单身宿舍卫生间

图3-34 夫妻购物

情感体验。因此，这里所说的"情感设计"不是那些以情感体验为基本目的的设计，而主要是艺术设计师通过对人们心理活动，特别是情绪、情感产生的一般规律和原理的研究和分析，在艺术设计作品中有目的、有意识地激发人们的某种情感，使设计作品能更好地实现其目的的设计。例如在家居设计中体现温馨，在工具设计中体现效率和速度，在警告性标记中激发恐怖感或警惕感等。

理解情感设计，应从两个方面入手。第一，设计艺术作品，特别是那些形式优美或者具有意味、含义的设计作品，具有显著的类似艺术品的属性——艺术价值，而这些艺术价值集中体现为它们能激发人们的某种情感体验，在美学中被统称为"审美体验"。这些情感体验的出现有时是由于设计物更好地解决了其目的性而带来的，而非设计师有意传达的情感，例如那些完全出于功能考虑而设计的机床或仪器带来的合理性情感；但多数还是设计师刻意激发产生的，正如青蛙设计公司那句响亮的口号："设计追随激情。"该公司设计师哈特穆斯说，我相信顾客购买的不仅仅是商品本身，他们购买的是令人愉悦的形式、体验和自我认同。（王燕玲、童慧明编著：《100年100位产品设计师》，北京理工大学出版社，2003，第52页）第二，功能性是设计艺术的本质属性，设计艺术的情感体验不仅在于其类似艺术作品所激发的情感体验，更在于使用物品的复杂情境下，人与物互动中产生的综合性的情感体验。它具有动态、随机、情境性的特点，同一用户在不同情境下使用同一物品、驻留同一环境或者观看同一信息源产生的情感体验并不相同，例如同一用户使用同一工具劳动，有时感到效率很高，工作非常愉悦；而有时则感觉疲劳，非常沮丧（图3-34）。

综上所述，情感设计的核心相应也在于两个方面的情感激发：一个方面设计物的情感激发和体验，利用设计的形式以及符号语言激发观看者适当的情感，例如效率感、新奇感、幽默感、亲切感等，促使他们在存在需求的情况下产生购买行为，或者激发他们潜在需求，产生购买意念；另一个方面，设计应在设计情感的直接情感体验、联想情感体验、象征情感体验的三个层次上，使处于具体使用情境下的用户产生适当的情绪和情感。具体包括：提高设计可用性、使用的趣味性和乐趣，并且在某些设计作品的使用过程中提供一定思考的余地，使用户能具有想象的空间、思维的可能、发挥的余地，体会到自我实现、征服的乐趣等，如能在以上两个方面实现完美结合的设计即是好的情感设计。

1. 设计情感的三个层次

本书认为之所以抽象的、几何的造型能赋予人某种情感体验，其心理机制至少应体现于三个层次之上。

第一个层次，造型自身的要素以及这些要素组合形成的结构能直接作用于人的感官而引起人们相应的情绪，例如寒冷、温暖、收缩、刺激、眩昏等；同时伴随着相应的情感体验，例如温暖、明亮伴随着愉悦，寒冷、幽暗伴随着厌恶或伤感等。

第二个层次在于这些造型、型的要素以及它们的结构使人们无意识或有意识地联想到具有某种关联的情境或物品，并由于对这些联想事物的态度而产生连带的情感。图3-35中乔治·尼尔森（George Nelson）设计的"蜀葵大沙发"，首先，鲜艳光洁的色彩让人能直接产生食欲，这是属于第一层面上的情感体验；同时这一体验使那些曾吃过棒棒糖的人们联想到此类食物的甜美，产生更进一步的情感体验，这就属于第二层面上的联想的情感体验。

设计情感的第三个层次在于形式的象征含义，观看者通过对形式意义的理解而体验相应的情感，这是最高层次的情感激发与体验。从这个角度出发，设计艺术中那些意象的或抽象的造型，其形式作为创造者有意识运用的符号语言，试图说明或表征特定的内容，供观看者根据自身的知识经验对形式加以解读和诠释。与联想激发的情感不同之处在于其具有既定的含义，是创作者有意识运用的交流语言，因此，只有当观看者与创作者具有同样的"视觉语言体系"，才能正确解读其中含义，这个设计作品才具意义。因此，艺术设计师除了使物体更美或者更好用，还承担着另一个不能忽略的责任，以一种与艺术家相类似的方法制造一种有意味的形式。图3-36中芬兰设计师奥伊瓦·托伊卡设计的一组陶瓷器皿，名为"特洛伊战争"，如果观看者对希腊神话一无所知，那么这组设计对他而言就不具任何含义，相反如果具有相应的文化背景知识，就具备了解读设计师符号语言的能力，才可能领会设计的幽默与诙谐。

当然设计艺术造型的意味与纯艺术作品还有一个关键的区别，有时是为了交流某些文化意味或情感体验，而有时却是为了说明其功能上的意味。例如一只汤勺凹下去的部分有时可能仅仅作为盛物的空间符号，而不具什么更加复杂的象征。汤勺凹下去的部分既是一种功能的象征，同时也是这一实用艺术作品的装饰形态的一个组成部分，并作为这个器皿整体造型的组成部分，可能同时承载了某种文化上的意味。

综上所述，解读一项设计作品给人们带来的情感体验时，可从这三个层次着手，进行分析和理解。

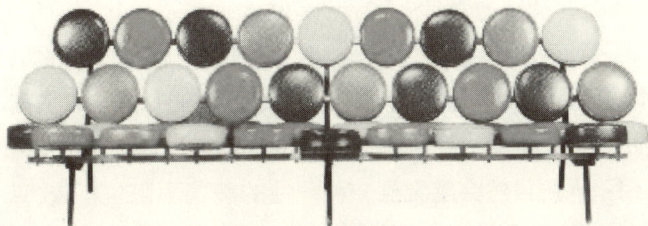

图3-35 ［美］乔治·尼尔森，蜀葵大沙发(1955年左右)

图3-36 ［芬兰］奥伊瓦·托伊卡设计，陶瓷器皿"特洛伊战争"

2. 造型通过组成要素产生情感

造型使人们产生的情感体验往往是通过组成造型的各个要素（形、色、材质等）整体作用而发生效果的，在评价任何设计艺术作品时都很难区分来说是点、线、面、体块、色彩或者是材质中任何单一要素带来的情感，这些要素始终都纠缠在一起，相互作用，难以断然分离，但是这些要素激发情感时具有一定规律。

例如平面上的点总是更容易吸引人们的注意力，起到画龙点睛的作用；直线常使人感觉紧张，目的明确、理性而简洁，反映了无限运动的最简洁状态；三角形是最具有方向性以及定义平面最简的最稳定的几何图形，因此古代象征政权稳定的器具"鼎"就采用了这样的结构；在平面图形中，内部最静止的是圆，它很单纯，也很复杂，中华人民特别钟爱"圆"，认为它象征团圆、圆满，即使圆滑也表明了一种中庸、有节的态度，"外圆内方"就是典型的中国式人格的体现，代表一种成熟的为人处世态度；使用具象形态的玩具设计适合孩子的天真、好奇，对自然事物充满兴趣的特点，又由于圆滑的边缘、流畅的线条使之亲切富有迷人的魅力，给人更丰富的情感体验；完全符合良好结构的形，人们会本能地感觉愉悦、舒适、放松和安静；而打破良好造型要素组合的尺度、比例和构成的形则能吸引人的注意力，产生一定的张力和动感。

另外色彩和材质的情感体验是最为直接也是最普遍的，相关的内容在第三章已作大体的论述。

3. 可用性与情感体验是二位一体的

通过前面的讨论，我们已经发现从用户心理出发，设计艺术至少应考虑两个方面的问题：第一，通过科学、适当的心理学研究，以及被验证的心理学原理改进产品的可用性，使其能更好地实现其目的性；第二，除了好用之外，设计心理研究还能帮助设计师赋予物适合的肌肤，使其具有一定的意味和内涵，根据需要激发人们的情感体验。从设计师和制造商的角度看，情感设计的核心目的还应归结为：首先，促使消费者注意到设计物，或者激发出一定的购买需求；或者将所需要传达的信息尽可能快速、准确地传递给目标等；其次，使用户在使用中能体验到满意、喜爱、愉悦、自豪等正面情绪。乍看上去，可用性设计与情感设计是用户心理研究运用于艺术设计中的两个最重要的方面，是用户心理的理性需求与感性需求的具体体现，两者虽然重要似乎也相互独立。可事实上，我们最后要提出的一点是，可用性与情感体验本身又是二位一体的，不仅相互关联，而且互为因果，可用性涉及人的主观满意度，以及带给人们的愉悦程度，因此它具有主观情感体验的成分，或者可以这样说，"迷人的产品更好用"。同时，设计艺术的情感是建立在一定目的性的基础上，用户在使用过程中时情绪和情感体验也是设计情感的重要组成部分，即"好用的产品更迷人"。

美感对于产品可用性的贡献在于：吸引人的物品使人放松，创造能力、想象力和思维能力得到提高，使人们更易于找到所面临问题的解决方法。

好用的产品也能提高人们的满意度，从而使人感到它们更迷人。最典型的就是所谓的机器美学，那些规则的、抽象的几何形体为什么会使人感觉好看呢？很大程度在于它们成了高效率的象征符号，象征了当时最先进的生产力。同样，某些貌似平淡的物品，由于具有了极高的可用性，使人们在工作中能够得心应手，人们自然会感觉到一种理性的美、适用的美、效率的美。除此以外，"使用"本身是一种过程，物与人的交互是一种交流，过程中物逐渐被使用者赋予了一定的个人色彩，这也可能提高它的迷人程度。例如一把被主人携带了几年的小刀，虽然不见得是最美观的小刀，但由于它与使用者之间长期的交流，它可能使主人感觉特别迷

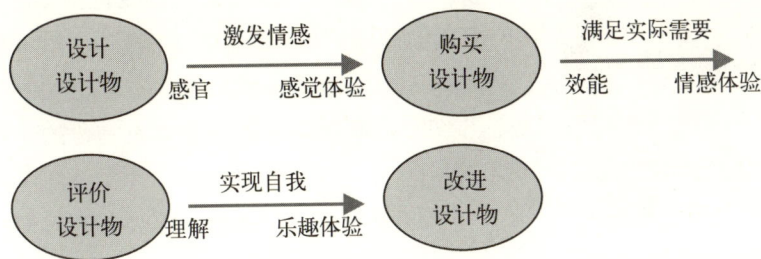

图3-37 使用情感体验分析图

人。综上所述，使用与情感是影响用户心理的最重要的两个方面，同时两者之间存在互为因果关系，可用性可能来自情感的体验，而情感的体验也可能影响可用性的好坏，应加以综合研究和运用，让消费者做出有利销售的决策。

4. 使用情感体验分析

前面我们已从设计物的角度来分析它引起人们怎样的情绪或情感，现在我们从体验设计物的角度来分析使用它会产生怎样的情绪（图3-37），然后归纳介绍能影响和干预情感的通用设计法则。

人栖息于人造环境中，观赏并使用各种人造物，凡此类超出单纯的观看（欣赏）而具有功能性目的的行为，我们都将其称为人与物的互动。互动的结果固然是为了满足人的目的性需要，例如执行某个任务，查询和接受某种信息或者完成某项活动，这种人与物之间的交互也不可避免地会带给人们某种相应的情感体验。人与物互动的情感根据情感类型的高低，以及人的意识参与的程度分为三层，分别是感官、效能和理解。

（1）感官层面。感官层的情感是人与物交互时本能的、通过感觉体验所激发的情感。感觉包括视觉、听觉、触觉、味觉和嗅觉。在这个层次上，人接受外界的刺激，直接通过反射产生回应，例如所谓的望梅止渴等，是人根据生物的本能而做出的回应。虽然在这个层面上所激发的情感多属于较为低级的情感，但却是最为直接并且最难以抗拒的。因此，注重这个层次上的情感激发的设计往往是一些迷人而单纯的设计，直接采用鲜艳的色彩、圆润的造型、时尚的风格，形成激烈的感官刺激。它们看上去有趣而简单，缺乏所谓的内涵和意味，只是简单直白地刺激人的感官，例如食品包装广告、儿童用品以及游乐场里的刺激感官的电动玩具和设备等。也许那些以"设计应提供艺术化的生活"为理念的设计师对此不以为然，但是多数大众文化、通俗文化层面上的艺术设计的情感激发恰恰属于这个层面，我们看看那些大众真正能够理解和接受的商业广告和物品，就不难理解作为实用艺术的设计艺术，以及作为创造日常生活方式的造物行为，设计师仍应足够重视最基本的情感激发层——感官激发。

不仅大众化的设计需要采用较为简单的、刺激感官的方式进行设计创意，即便是那些大师设计的较为艺术化的作品中也不能忽视这个层面上的情感设计，只是与那些明确直白的大众设计相比隐蔽许多，并且使人在受到感官的刺激之余，还能上升到更高的情感层次上，具有更多内涵。如图3-38，艾伦·琼斯（Allen Jones）受美国波普艺术的影响，以穿着皮质内衣的女性人体当作茶几底部，引人注目地摆放在具有色情意味的皮毛垫上，而且她的姿态中明显包含有肉欲和挑逗的成分。对于观看者而言，除了更高层次审美体验之外，也无法摒除其中存在直接感官刺激的成分。而这种给人以最直接的感官刺激的手法在平面广告设计中，几乎已

图3-38 《人体—家具》
[英]艾伦·琼斯，1969

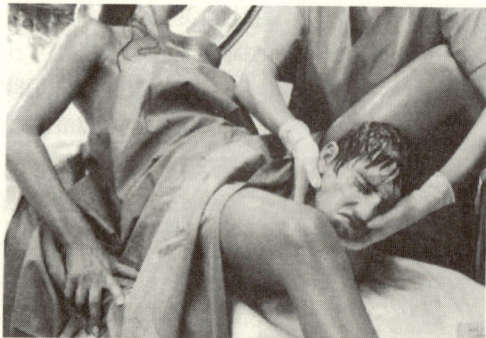

图3-39 PS2(电子游戏)《重生》篇，
诉求：游戏机女性形体特征的桌子

经已成为必要。但优秀的广告往往在直接刺激人的感官之后，仍有其他思索、回味的余地。例如2003年戛纳广告节全场大奖——PS2《重生》篇（游戏广告）（图3-39）画面可谓恐怖、诡异，但同时也使观众能对其宣传的游戏的刺激感产生切身体验。

（2）效能层面。第二个层次上的人与物交互中的情感来自人们在对物的使用中所感知和体验到的"用"的效能，即物品的可用性带给人们的情感体验。虽然物品是人发明出来的，但能控制和有效使用物品并不容易，有时使用本身就能给人带来乐趣。

效能所带来的情感，首先体现于高效率带给人们的愉悦感，人造物的原因原本就是为了满足某个方面的需要，其中最初的需要还是节省劳力或帮助人们实现单纯凭借人力所难以完成的任务。因此，"工具理性"的核心就在于物应能最大限度地满足人的实际需要，使其获得利益最大化。这种效能层面的互动情感也并非稀罕物，而是古已有之。例如《庄子》中的锻钩之匠、游刃有余的庖丁，他们都在熟练从事技能性行为中获得了自由的乐趣。并且，这种情感同时与其作业时使用的工具产生了同化作用，好用、称手的工具本身也是这种效能情感体验的重要组成部分。例如古代的士兵会将刀剑看作自己的第二生命，在他们看来，这些工具不仅是具有高度可用性的器物，同时也是体现他们效率和能力的必要中介，器物与他们自身的技能合而为一，使他们充分体验到"效能"带来的满足感。到了现代，高科技的机器使人不再直接凭借自身技能去获得效能的情感，而对于机器自身效率的感知与情感体验成为使用中"效能"层面情感的主要方面。自工业革命以来，在设计艺术领域中率先发现此类情感体验的是柯布西耶、米斯等现代主义的先驱，他们感受到了机器工作效率迅速提高而带给人们的"效率感"和"合目的性"的情感体验，并逐渐发展成为所谓的"技术美学"——这一美学标准成为现代评价产品造型的最重要的美学标准之一。

此外，效能的感觉也并非一个绝对的概念，它具有极大的灵活度，这种灵活度很大程度上来自使用者自身的状态以及它与产品之间交互性的实现程度。也许某些产品看上去非常好用，但事实上并非如此，例如那些高速飞转的流水线，它或许是高效率的，其生产能力或许是令人满意的，但对于使用者而言，则不一定如此。并且人的需要有时非常模糊、含糊，他们所能提出的需要远少于他们事实上可能的需要，他们所能意识到的需要也可能并非他们真正最为迫切的需要，因此，可用性也并非那么绝对，有时某个功能上可用性不佳的产品也许由于其他方面的优势能成为广受青睐的产品。"伟哥"药品的诞生，就是例证。效能高的设计不见得就是最全面、最先进的设计，相反，只有使用户感觉效能最适当的设计才是好设计。

（3）理解层面。在理解层面上，设计的物、环境、符号带给人的情感体验来自人们的高级思维活动，是人通过对设计物上所富含的信息、内容和意味的理解与体会（特别是新的获得）而产生的情感。例如原本手机的价值在于通话，但当我们能通过一个人所使用的手机而推测此人的身份、阶层、职业等方面的信息的时候，这一物品就在反射这个人的形象。由于我们需要在理解的基础上，才能产生相应的情感体验，因此它带来的情感体验应属于"理解"的层面，可以视为一种符号的解读。另外，理解层面的情感，更来自对该物及其使用方式、蕴涵意味的领悟和反思。看看图3-40中这些手表，单纯把它们当作"看时间的工具"（第二层面），它们很难称得上是优秀的设计，因为它们并不能明确、有效地指示时间。它们的存在价值正反映于第三个层面上，即以新的、更加有趣的、更加艺术化的方式展示了时间，激发了人们的兴趣和审美情感。

我们发现，在这个层面上，某些设计艺术的价值还在于它们能带给人们操作的乐趣——这既是物提供给人多种可能性的乐趣，同时也是人通过对外界世界（包括物品以及物的使用）新的认知、新的体验而产生的乐趣。物品本来是为了特定的目的而设计出来的，能最直接、简便地实现目的本是评价产品可用性的重要指标，即前面论述过的可用性的指标。但是人的情感却不总是如此，有时他们希望能在使用物品的过程中体会探索和自我实现的乐趣，即追求需要层次理论的较高层次需要的满足。某些消费品如家具、餐具、灯具等，它们的功能并不复杂，体现其价值远不仅是能很好地完成那些基本的实用功能，而提供人多样性的可能和趣味才是这些产品更重要的设计内容。例如，几年前摩托罗拉公司曾推出的一款较受消费者欢迎的产品——V70手机，它的突出特点在于翻盖方式从简单的"翻开"变为转一圈，虽然"转一圈"对于产品的可用性没有任何显著的益处，但是却提供了一种新的、接近娱乐的使用方式。这个层面的情感体验还有第三种可能，就是设计物能在与人的互动中传递文化，它被当作了正式或非正式仪式中的重要组成部分，例如日本茶道、插花艺术以及节假日中的各种类似"道具"的器物。在这些活动中，器物的使用已不单单是为了实现它的功能。茶道中的茶具，人们在使用它烹茶或者饮茶时，远不是为了止渴，而更多地在于通过这些器物以及仪式般的使用过程，使人体会坚忍、纤细、精致、略带感伤的禅意，感受文化的意境。与之类似，人们生日时吹灭的蜡烛，婚礼中碰撞的酒杯也同样寄托着深远的文化或传统的意味。

3-40　手表设计

图3-41 "请到海南来"系列招贴之一，王云

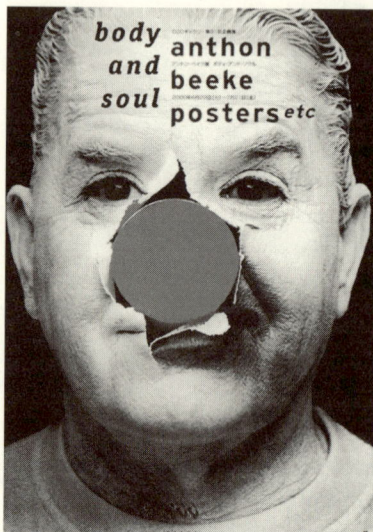

图3-42 body and soul 招贴

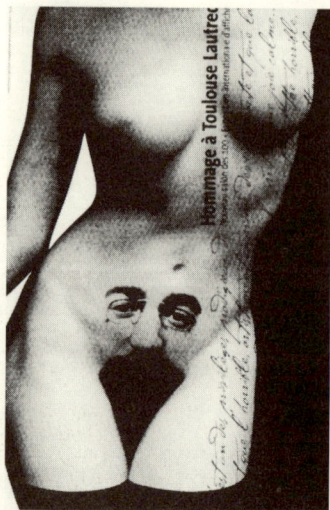

图3-43 向劳特累克大师致敬海报

5.情感设计的法则

通过以上对设计情感层次和使用情感层次的分析，相应将情感设计最常用的法则进行以下归纳总结。

（1）感官刺激。最直接、最易于实现的情感设计就是刺激人感官的情感设计，这个层面所激发的情感是也就是属于前面所论述的感官层面上的情感体验。通常感官上的刺激是通过四种方式实现的，即对比度、新鲜度、变化度以及饱和前的强度增加。从类型上看，人类存在多少种感官，就存在多少种凭借感官刺激激发情感体验的方式，这里，我们仅列举出设计艺术中最常运用的几种刺激方式——形色刺激、情色刺激、恐怖刺激、悲情刺激，并且，这些刺激方式普遍是以一定的夸张、对比作为基础的（图3-41、图3-42、图3-43）。

（2）理性和效率感。理性与效率是设计现代性最重要的体现，在手工艺的时代，人们虽然也追求使用物的有效性和效率，但由于那时工具多为手工或半手工，人自身的技能高低仍是决定工作效率的主要因素，工具处于与技能发挥是否匹配的地位。例如庖丁解牛："手之所触，肩之所倚，足之所履，膝之所踦，砉然响然，奏刀騞然，莫不中音。合于桑林之舞，乃中经首之会。"（《庄子·养生主》）

这个技艺精湛的厨师，虽然锋利的刀子也是其所必须依赖的工具，但最主要的效率感的体现还在于他已达自由之境的技艺。因此，物所体现的理性主要在于物与人之间的配合——是否称手，以及物的品质——是否耐用。

工业革命之后，现代化进程中，许多工作开始变为自动或半自动化，人在工作中扮演了机器的控制者的角色，这时器物的效率似乎更多地成为其自身的一种属性，人的技能在作业过程中的重要性被大大降低，流水线上的工人常被比作螺丝钉，似乎比起那些昂贵的大型机器是更加易于更换的部分。这种情况下，效率感和有效性成为人对物非常重要的情感体验。这种理性化的情感追求不仅表现在劳动工具——机器的设计上，而且形成了一种整体的技术美学的观念，并随着设计中的现代主义风格的流行而普及到日常生活中。

极端的现代主义设计由于过于理性、冷酷、缺乏人情味的外表没能为大众所完全接受，但是现代主义"合目的性"的设计理念已深入人心，现在即便是人们可以很轻易地制造各种传统样式的物品，也不再会那么去做了。这就是我们所说的设计的理性精神——有效、高效率、最简化、适合目的性。

（3）人格化。黑格尔、费希纳等美学家都曾提到构成自然界的美是使我们想起人来，或者说预示人格的东西。比如我们认为有些生物好看，其好看的地方实际上正是那些能使我们想起好看的人的特征，例如小猫温驯妩媚的眼睛、羚羊健美的体态；与之类似，植物向上的生命力使我们联想到蓬勃的生活。人造物更是如此，作为人们有意识进行的创造,为了使它们看上去更美,人们倾向于以自身或其他动物使人感觉愉悦的特征赋予它们形式,使它们呈现出类似于人的特征,这就是设计的人格化。

人格化设计,即设计师赋予设计对象与人或其他生物类似的特点,例如形态、姿态、表情、声音等。人格化设计来自对自然(包括人)的模仿,但它不是一种直接的、具象的模仿,为了突出设计师想要着重表现的那些人格特征,造型设计需要经过精心加工处理,如抽象和变形,夸张或简化,使设计物呈现的人格特点介于似是而非的状态。有时人格化设计的造型语言非常直白,使人一眼就能看出模拟哪些人格特征,而有时则显得较为隐讳,不一定能被观看者轻易地解读出来,而需要具有一定的知识背景、生活体验以及欣赏和感受能力。并且,一般而言,过于具象的人格化设计语言似乎不如那些意象的设计语言那么富有趣味,耐人寻味。人格化设计是现代设计最常用的情感设计方式,它将设计师对于某些人性或生物的生命特征的情感体验转化为意象,并通过特定的形式表示出来,那些具有类似体验的观看者能从设计中解读出这些情感体验,从而形成共鸣。由芬兰设计师卡蒂·图奥米宁-尼蒂莱设计,阿拉比阿公司制作的故事鸟壶,是芬兰近年最畅销的陶瓷制品,运用了形象隐喻将器皿赋予了人格,并且这组器皿放置在一起就像一个美满的家庭一般其乐融融,造型幽默诙谐,使观看者体会到家居的温暖和甜蜜。

后现代的设计师,推崇文脉主义、引喻主义,从历史风格中抽出设计的要素,人格化设计成为其最常用的手法,光是以美国影星玛丽莲·梦露为题材的设计就不在少数,如图3-44所示。

(4)幽默感。幽默是一种复杂的情感体验,有时是愉悦、快感和欢乐,有时是滑稽、荒诞、戏谑、嘲弄,有时则是诙谐和自嘲。生物学认为,幽默是人的一种潜在的本能,产生于人们具有复杂的认识和思维能力之前,是一种维持生理和心理平衡的机能现象,使人放松,从紧张中解脱的情感。后来,随着人们认识能力和改造自然能力的提高,文明不断发展,才成为一种无功利意义的纯情感行为,但幽默仍是一种使人轻松和缓解压力的重要情感体验。因此许多设计人员、营销人员都认为幽默可以提高产品设计、广告的说服力,更容易为人所接受。据统计,25%的电视广告和约30%的广播广告使用了某种形式的幽默。各种理论将幽默感的产生分为两大类:一类认为幽默来自幸灾乐祸,嘲讽或自嘲;另外一类出现比较晚,认为幽默是良性的、愉悦的情感。我们认为这两种见解并不矛盾,两种类型的幽默感均有体现,细分下去,如一位学者所提出那样,幽默包含6种因素,讥讽、攻击、现实性、张力、夸张和惊奇。具体到艺术设计中来说,体现幽默感的方式主要包括以下几类:超越常规——意外和夸张、童稚化、荒谬与讽刺。

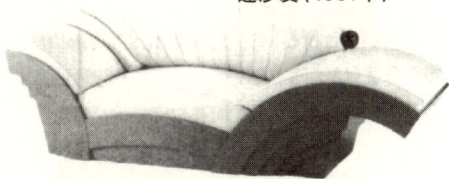

图3-44 [日]矶崎新设计的梦露椅(1972年)与[奥]汉斯·荷伦(Hats Hollein)设计的玛丽莲沙发(1981年)

中上层的苏格兰威士忌

中产阶级的波勞威士忌加干姜水，插着装饰物和吸管

上层贫民的啤酒偶尔会在特殊运动场合盛在可读器皿里，而不是直接从易拉罐里喝

图3-45 饮料及其盛放器皿即能说明用户的身份和社会地位等级

（5）符号与象征。最明确的作为符号的设计要算平面设计中的VI设计，它运用标志、标准色、标准字体等一整套的设计来象征某种意义、理念，在企业内部能促使员工形成共同的理念，增强企业的凝聚力，对外则能够传达企业的经营理念，塑造企业形象。这些符号和象征是设计师有意识地运用符号激发情感的一种方式，也是最直接、最浅层的方式。

这里还要重点说明的是，除了最直接地运用符号激发情感的设计，还有一类更加隐蔽的运用符号设计激发情感的方式，就是物（包括环境）本身作为一种符号，激发人们情感的设计。社会学、人类学理论认为，人对物的消费本身就包含着所谓的符号性消费，即通过所拥有的物作为象征的符号。作为符号和象征的物，能传递消费者的身份、地位、个性、喜好、价值观和生活方式，因而，设计师也可能为了满足人们对于符号性消费的需要而将某些物品装扮成某些意义的符号。如图3-45是保罗·福塞尔在《格调——社会等级与生活趣味》一书中的一张插图，图中显示用户所使用的饮料容器能表明其不同的社会阶层，这里产品成为传达用户身份、背景的符号。这本书中还详细论述了不同的生活用具、言谈举止、居室布置如何反映人的社会身份，核心观点即"细微的品质确立了你在这个世界上的位置"。也就是说，符号化的商品——日常用品，成为人们之间的"沟通者"，承载了该物品拥有者的社会属性和文化期望，人们可以根据个体拥有物来对它的主人进行解读或进行等级、类型的划分。

在以往等级森严的封建礼教社会，人因为身份而被礼教规定了其所能使用的物品，以物来作为社会身份的象征，即便处于社会最顶层者，例如皇帝、贵族也不例外。而现代社会，多数人在多数场合下都可以随心所欲地选择其经济能力范围内所能承受的任意物品，只有少数情况除外，例如某些仪式性的场合。因此，人们在运用符号表明其社会身份方面有了自由选择的权利，换句话说，就是想成为谁，就用谁使用的物品，按照谁的方式消费。在个体更加独立、流动的社会环境下，人与人的交往往往只是很浅的几面之缘，适当地运用符号能在一定程度下装点自己的身份。最早研究此类符号消费的学者是索尔斯坦·维布伦，他提出：以夸耀的方式消费贵重物品，是有闲绅士博取名望的一种手段。（索尔斯坦·维布伦：《夸示性消费》，罗钢、王中忱主编，《消费文化读本》，中国社会科学出版社，2000，第8页）

从这个角度来看，设计艺术也是符号的设计、制造过程，并且还潜藏了经济学的潜在规律，设计师的创意为人们提供各种可能的符号,像贩卖商品那样贩卖各种符号,用不同的象征符号来满足人们自我传达的需要。同时人们根据物品传递个人的信息,表明自我,并引起他人的认同。如果你是一个成功的商业人士,你就该购买这个品牌的掌上电脑,那个品牌的打火机;而同样,如果你想说明你是一个有品位的淑女,那么某一品牌的香水、皮包是你必不可少的道具。作为象征的符号根据其所传达的信息能表达消费者的不同情感,同样也能激发其他观看者相应的情感体验。举个例子,从旁观者角度来看,一个带着苹果笔记本电脑的平面设计师似乎就显得比一个带着杂牌笔记本电脑的设计师显得更加专业,更能激发客户的信任感,正如某些广告所说,"××品牌,体现专业精神"。

　　"符号"是一定文化的象征,要合适地主动使用"符号",如果用户缺乏必要的区分各种符号的知识,他们很难正确选择能恰当体现自己所想要表达意义的符号,同时也很难解读他人的符号性产品所包含的意义。例如,缺乏必要此方面知识的人原本想将自己装扮成商业巨子,但缺乏相应"文化资本"的他可能将自己装扮成了一个谨小慎微的职员形象。也正是在这种情况下,出现了各种诸如《瑞丽》《时尚》《缤纷》《装潢世界》之类的读物,它们的本质核心在于提供给消费者必要的知识,使其能在服饰、家居,甚至言行举止上更好地运用各种物品的符号,传达所需传达的各种意味。

　　(6)叙事性和故事化。"赋予名称"也是设计艺术的一个非常重要的环节,许多经典的设计艺术作品都被赋予了一个或者意味深长,或者诙谐幽默,或者生动刺激的名字,例如"权力游戏"扶手椅(Frank Gehry,1992年,隐喻一种权力的游戏);"港湾桌灯"(威尼斯的一个小岛Mumo,以制造亮蓝色、红色玻璃而闻名)(E. 特萨斯,1983年);"茜茜小姐台灯"(菲利普·斯塔克,1991年);谜题排椅(Essaime,1994年);"明月"椅(Shiro Kuramata,1988年);"金字塔冰箱"(R. 佩泽塔,1987年)等。赋予名字的行为并不单纯,其中包含深刻的设计含义。如图3-46单纯看来不过是普通的手电筒,但是当设计师赋予它一个有趣的名字——"波吕斐摩斯独眼巨人手电筒",这个名字立刻使那些知情者会心一笑。此类情感体验来自设计的叙事性,即设计作品能叙述一段故事,并由于这段故事激发观看者的各种情绪和情感。

　　我们的设计艺术作品,可以通过形象、声音、赋予的名称等综合要素来叙述故事。叙事的本质是信息交流,设计作为一种叙事性的物质载体,与其他性质的交流模式(如语言、文学作品)类似,布拉格学派的学者雅各布森提出过一个影响广泛

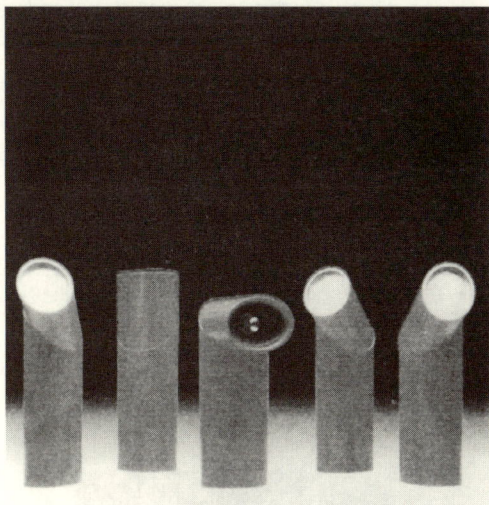

图3-46　波吕斐摩斯独眼巨人手电筒

[阿根廷]埃米罗·安伯斯,1985

表3-3 艺术设计中的叙事要素对应分析表

雅各布森提出的叙事要素	艺术设计中的叙事要素
发送者：信息的发送者、编码者。	设计师
接受者：信息的接受者或译码者。	设计的观看者和消费者
信息自身	物品，设计的结果
代码：信息所表现的意思。	设计的意味
情境：信息所涉及的语词所指的对象。	设计物为传递意味而显现出的内容
联系：发送者与接受者的联系。	设计师与观看者之间的联系

的模式，包含六个元素，我们可以将它们与设计艺术中的叙事过程的要素加以参照（表3-3）设计艺术以设计的物或图像作为载体，显然不如文学作品、电影、电视等具有时空变化的载体那样能承载很大的信息量，设计艺术作品的叙事性更需要依赖于接受者——设计的观看者的联想和想象加以补充，并且常需要通过赋予名称作为索引"信息"的线索，这个过程中，接受方与发送方之间的语言互通性显得更加重要。例如所谓"安妮公主椅"，如果我们压根没听说过这位历史人物，那么它对原有传统文化的"借用"，对我们而言就起不到任何传递信息的作用。

最后，叙事性还反映于设计作品作为物品在整个生命周期中获得的传奇和故事。如图3-47中的踏板摩托车，最初也许它只是一辆纯粹的踏板摩托车，而当它作为著名电影《罗马假日》中主要的道具之一，被加载了浪漫的爱情故事之后，再次解读这件设计作品，那些熟悉这一背景的人就能获得其他异常丰富的信息。举世闻名的香奈尔5号香水也是如此，将香水和玛丽莲·梦露——这位传奇美女的故事融合在了一起，从而给人以遐想的空间。

图3-47 《罗马假日》剧照以及作为重要故事道具的踏板摩托车，[意]拉迪诺·阿斯卡尼奥，VESPA踏板小摩托车，1946

有时我们发现设计师总热衷于介绍设计灵感出现的根源，究其背后缘由与之类似。设计师通常乐于解说道，他们从纯艺术作品、现实场景或文学作品中获得了某种灵感，并最终演变为设计作品。在介绍这一曲折的、兴奋的发现之旅的时候，他们也同时将叙事性赋予到这一设计作品中。设计的观看者如果对这些传奇、故事一无所知，那么这件设计作品对于他们而言不过只是一件寻常之物，但如果能获知和解读这一设计所携带的意味，平凡之物就会变得异常生动有趣了（图3-48）。

（7）自我实现的情感。马斯洛认为，大多数人都有一种自我实现的需要和倾向，虽然只有很少数的人能真正达到完全的自我实现。他在谈到人们的行为时，将人的行为分为两种，一种是"应对性"行为，也就是"目的行为"，这类行为具有明确的动机；另一种行为则称为"表现性"行为，这种行为不见得有非常明确的目的，有时只是表现、反映或者表达机体的某种状态，例如微笑的风格，下意识的小动作，习惯的口语等。人作为一种高度复杂的机体，即便是这些表现

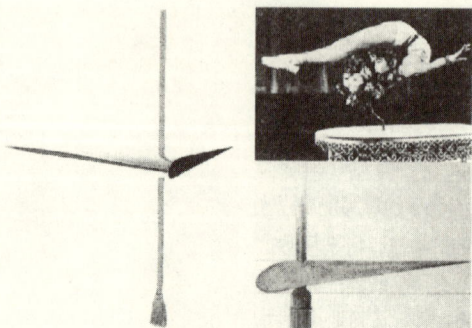

图3-48 来自杂技演员姿态的设计

性的行为也常处于人的动机控制之下。例如有意识地控制自己的表情、仪态使自己显得更加风度翩翩。但是当人们能完全抛弃动机，抛弃自我意识和各种来自文化、社会的束缚，能达到一种放松、高度快乐的状态，即马斯洛提出的"顶峰经验"，（[美]马斯洛：《动机与人格》，许金声、程朝翔译，华夏出版社，1987，第154页）类似于中国传统道家学派中老庄所说的"逍遥游"的状态，在此状态下，这个人处于满足"自我实现的需要"的时刻。例如那些高超的舞者，他们不会过多地去注意节拍、校正动作、有目的地去跳，而更多地将舞蹈作为一种游戏，一种自我陶醉。

事实上几乎每个人都曾有过这种自我实现的体验，达到"高峰体验"的时刻。这是一种最佳时刻，人们感到极度幸福、完美和欣慰，整个人的机体发挥到最大极限。"高峰体验"类似一台发动机，人们会感到比平时更加坚强，更有判断力，更专心致志。高峰体验产生的原因很多，马斯洛发现一个家庭主妇在看着自己的孩子和丈夫随便说笑时就可能产生这样的体验，对他们的爱和情感使她产生高峰体验；庄子在《外篇·达生》中描述的"梓庆削木为"时那种"当是时也，无公朝，其巧专而外骨消；然后入山林，观天性；形躯至矣，然后成见镶，然后加手焉"的状态也与之类似，即一种脱俗忘我、自我实现的状态。

自我实现能给人们带来巨大的满足和愉悦，这给设计师创造了一种可能，即从这种忘我的、自我实现的感情入手，通过设计物激发人的自我实现的需要，而帮助其获得高峰体验。如前面所述，人的自我实现的情感体验并非什么异常稀罕之物，许多平常的行为、举动也能使其产生此类情感，这首先与人的内心中超功利性的渴求相关联。例如游戏设计师制造虚拟的情境，使人能在网络中实现在现实生活中难以实现的梦想与渴望；许多沉溺于游戏的人在游戏时忘记现实的一切，去体验一种现实中难以实现的、追求自我最大价值的感觉。许多广告设计也采用了同样的手法，将平凡的物品与"梦想""追求"联系起来，"我选择，我存在"，选择了某一品牌的产品就是自我实现之路的一个部分，这种类型的广告对于那些渴望自我挑战、自我实现的现代"夸父"格外具有煽动性。

这里还需强调，我们并不赞赏那些利用人性而使人沉迷于虚拟世界，最终为商家谋取利益的做法，而仅仅想揭示这类以"体验"为核心的设计，对于人的吸引力究竟何在。从设计伦理上来看，那些能够激发人最深切的情感体验的设计是"双刃剑"，它固然可以作为商人牟利的强大武器，但如果合理使用，同样也能帮助人们建设更美好的生活。设想如能通过使用此类的设计制作一些教学类的游戏，就可能激发孩子的学习热情，使他们变被动为主动，在轻松的环境中掌握更多的知识；同样，以"实现自我"为创意主题的产品、广告，虽然背后仍可能以商业促销为根本目的，但如能达到催人奋进的作用也不失为一种积极正面的情感设计。（柳沙：《设计艺术心理学》，清华大学出版社，2006，第301~303页）

总之，感官、效能和理解三个层面的情感体验为艺术设计师提供了激发用户情感的三个着眼点，虽然因其信息加工水平不同而存在高低级区别，但将这三个方面作为策略运用于设计则无高低之分，仅是依不同设计目标所做的恰当选择。

第五节　消费者的人格特征与艺术设计

人格（个性）是在个体生理素质的基础上，经由外界环境的作用逐步形成的，它是个体在多种情境下表现出来的具有一致性的反应倾向，它对于消费者是否容易接受他人影响，是否更倾向于采用创造性产品，是否对某些类型的信息更具有感受性等均有一定的预示作用。消费者的个性会使不同的消费者选择不同的行为去实现目标。

一、人格及人格理论概述

人格（personality），也称个性，该词来源于拉丁语persona，最初是指演员所戴的面具，后来指演员和其所扮演的角色。心理学家将其含义引申，把个性在人生舞台上所扮演角色的外在行为和心理特质称为个性。关于人格（个性）的定义目前说法不一，心理学对于人格比较学术化的定义是，一系列复杂具有跨时间、跨情境特点的、对个性特征性行为模式（内隐的和外显的）有影响的独特的心理品质。（［美］理查德·格里格、菲利普·津巴多：《心理学与生活》，王垒、王甦译，人民邮电出版社，2003，第386页）美国心理学家、人格心理学创始人奥尔波特认为：人格是个体内在心理物理系统中的动力组织，它决定人对环境适应的独特性。人格是个体在遗传素质的基础上，通过与后天环境的相互作用而形成的相对稳定的和独特的心理行为模式。（郑雪主编：《人格心理学》，暨南大学出版社，2001，第6页）

虽然对于个性的定义有多种，但是这些定义有三个方面是一致的。首先，它反映了个体的差异性，即独特性。世界上没有两个人格完全一致的个体，只可能在某些个性特征上具有同质性。这一点导致不同个体即便面临完全一致的情境也不一定会做出完全一致的行为。其次，对于同一个体而言，人格具有相对的一致性和持久性，即个性一旦形成，就会在各种情境下呈现类似的行为模式。例如一个人的个性急躁，那么他在处理各种事情时都会表现比较急躁。再次，个性虽然比较稳定，但是也不是一成不变的，它同时在先天遗传和后天环境的共同作用下形成，在某些特殊情况下，人格特征也可能发生重大转变，例如遭受巨大打击或者生活情境发生重大变化等。

各主要心理学流派都有各自的人格理论，能帮助我们从多个角度来看待和理解人格。

（一）以弗洛伊德为代表的精神分析学派

弗洛伊德的精神分析学派最大的贡献之一就是它的人格理论。该理论认为性和其他生物内驱力是人格形成的核心，他将人格分为三个层次，即本我（id），自我（ego）和超我（super ego）。其中"本我"服从满意原则，即驱使个体寻求最大的生理需要的满足，例如性、饥渴等；"超我"服从道德原则，它监控个体按照社会可接受的方式来满足需要，是抑制内驱力的"刹车"；最后，"自我"服从现实原则，它是个体有意识地自我控制，使本我的本能冲动与和超我的道德规范能获得平衡。并且弗洛伊德还分析了个体成长过程中形成各项人格特征的阶段，他提出许多人格特征都是由于形成期的本能需要过分满足或者受到挫折（他称为"固着"）造成的，具体如表3-4所示。弗洛伊德的个性理论是以本能

表3-4 弗洛伊德的个性心理发展阶段

阶 段	年 龄	需要满足的方式	固执导致的人格特征
口唇期	0~1岁	吸吮喝奶	嘴部行为，沉溺于吃、喝、接吻和抽烟。
肛门期	2~3岁	对排泄的兴趣	杂乱无章、吝啬、固执，如果反之则相反，遵守纪律、过分整洁。
生殖器期	4~5岁	俄狄浦斯情结①	极端的性别行为，男人过于关心男性品质、男性气概，女性则过分女性化、虚荣。
潜伏期	6~12岁	无	男孩、女孩与同性别同伴打成一片，积极发展社会行为。
生殖期	13~18岁	成熟的性亲密行为	接受异性。如果不能获得满足，则可能转化为创造性的、艺术性、科学性、文学性的努力。

尤其是性本能为基础的理论。

(二)以阿德勒、霍妮(Karen Homey)等为代表的新精神分析派

弗洛伊德的许多同事和门徒并不同意他的观点,这些被称为"新弗洛伊德者"的学者们认为,个性的形成和发展与社会关系密不可分。新精神分析学派更重视社会关系对人格形成和发展的作用,强调自我的功能,包括自我防御、个人控制等,而不像弗洛伊德那样过分强调性驱力的作用,并且提出人格不仅形成在儿童阶段,而且持续一生。阿德勒认为人格的形成围绕着战胜自卑、获得胜任感的奋斗行为。霍妮认为要形成完善的人格需要温暖、幸福的成长环境,缺乏这样的环境的儿童会产生焦虑感。她依据克服焦虑感的个体行为特征将人格分为三类:服从型(朝向他人,希望被爱,被需要和欣赏);攻击型(超越他人获得尊重);分离型(独立,自我依赖、自我满足、逃避责任和义务)。

(三)荣格的个性类型说

荣格(Jung)认为,人格结构由很多两极相对的内动力所形成,如感觉—直觉,思维—情感,外倾—内倾等。这些彼此相对的个性倾向,具体到一个人身上,则常常是有所偏向的。例如,有的人更多地凭直觉和情感做决策,有的人则更多地凭理智和逻辑作决定。将上述两极相对的个性倾向进行不同的排列组合,可以生成很多类型的个性,如外倾感觉型、内倾思维型和直觉思维型等。分析这些个性类型,有助于营销者和设计者了解每种类型的个性在行为上的特点,从而据此制定更加有效的营销策略和设计方案来满足消费者的需要。

(四)奥尔波特等人的特质论

特质论强调根据具体的心理特征来测定人的个性,认为人的个性是由诸多特质构成的。特质是指人拥有的、影响行为的品质或特性。作为一种神经心理结构,特质使个体以相对一贯的方式对刺激做出反应。特质论并没有把个性分为绝对的类型,它认为存在一些特质维度,每个人在这些特质上都存在不同的表现。例如,慷慨是一种特质,每个人都可以在不同程度上具备这种特质。人的个性之所以有差异,原因在于不同的人在各种特质上有不同的表现。

1921年奥尔波特(GordonW. Allport)认为特质构成一个完整的人格结构,也是人格的描述维度,特质使人的行为具有一致性,作为一种中介变量将外界刺激与人的反应结合起来,例如害羞、诚实、乐观等都是一些特质。一个害羞的人看到比较刺激的图像,会产生回避、口吃等行为(反应);如果换为特质开放的人,反应则可能是目不转睛的欣赏。对人的人格特质的认知可以通过个体的行为模式、人口统计学变量(性别、年龄、人种、职业、地位、教育背景)、信念、态度、身体特征等获得。奥尔波特认为,由于每个人的特质构成都不相同,因此唯一描述人格的办法就是研究这个人本身,他提出一种方法——特殊规律研究法,即请熟悉该个体的成员(包括他本人)用5~10个特质词汇来描述这个人的人格特征,那些常常重合的5~10种就是该个体的主要特质,其他还有一些影响较小的称为次要特质,而其中那些最重要,对个体人格起到主宰作用的就是核心特质。

另外一位特质论的德国学者H. 艾森克(Hans J. Eysenck)则用了类型的概念,将个体的人格特质归结为三个基本的维度上,即外向性(内倾性—外倾性);神经质(稳定—不稳定)和精神质。艾森克认为,典型的外倾人格的个体,交游广泛,不喜欢独处、看书或学习;相反内倾人格的个体安静内省,喜欢读书胜于喜欢与人交往。从生理结构而言,外倾者的大脑皮层的唤醒水平低于内倾者,因此他们需要更强烈的刺激才能提高觉醒程度;而内倾者的唤醒水平较高,容易提高觉醒程度,过高的觉醒程度使他们心神不宁。神经质是第二个基本维度,不稳

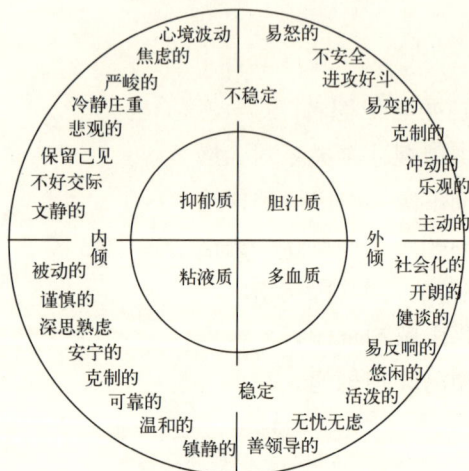

图3-49 艾森克 人格环的四个象限

定者表现为情感易于发生变化、反应过敏、情绪反应激烈，并且很难平静下来。而稳定者则较能控制情绪，在情感方面很少摇摆不定。后来，艾森克通过进一步研究增加了第三种人格类型——精神型，它代表一种倔强固执、粗暴强横、意志坚定的特质。高精神型者往往以自我为中心，具有攻击性，冷酷，缺乏同情心，自私而不关心他人的权利和福利，此维度过分高的得分者可能表现出行为异常，低分者则善良易受感染。

艾森克还将人格要素分解为按照等级排列的层级，比如外向型分解。按类型水平、物质水平、习惯反应水平、特殊反应水平四个层次。在特质上表现为社会性、冲动性、活动性、活泼性、激动性。

艾森克还利用因子分析的方法分析了外向性和神经质这两个最先发现的人格基本类型的构成特质，结果如图3-49所示，艾森克将外向性（内外倾）和神经质这两个维度组合起来建立起一个环状图形。他指出这个图形中的每一个象限代表了希波克拉底所指出的四种气质类型中的一种。

（五）卡特尔的多特质个性理论

卡特尔（Cattell）理论是多特质个性理论的代表。其独特之处在于它对构成个性的特性进行了分类描述：一类是相似的、聚集在一起出现的，称为表征性特质或可观察特质；另一类是可观察特质的原因，称为源特质。卡特尔认为，如果一个人能观察到一些高度相关的表征性特质，其背后的源特质就可以被辨识出来。例如，源特质"武断"能解释"有进取心、好斗、顽固"这样一些表征性特质。卡特尔理论研究的个性特质具体如表3-5所示。

表3-5　卡特尔理论研究的个性特质

表征性特质	源特质	表征性特质	源特质
孤僻	吹毛求疵，不合群，生硬	好交际	热心，开朗，随和，爱参与
多愁善感	情绪不稳定	情绪稳定	成熟，现实，冷静
谦恭	稳定，温和，顺从，温驯，迁就	武断	富有侵略性，好斗，顽固
沉闷	沉默寡言，严肃	乐天派	狂热，热心
随便	不守规矩	认真	坚忍，有道德观念，沉着
怯懦	害羞，胆小	大胆	无拘无束，莽撞
意志坚强	自立，现实	意志脆弱	敏感，依附，被过度保护
实际	现实	富于想象	狂放不羁，心不在焉
直率	不矫饰，真诚，不善交际	狡猾	圆滑，精通世故
自信	平静，安然，自得，安详	忧虑	自现，不安，操心着急
保守	遵循传统观念，守旧	开放	思想自由，激进
依附群体	加入许多俱乐部及社团，是可靠的跟随者	自立	足智多谋，自主自决
自由散漫	自由行事，不理会社会规则	自制	意志力强，自我克制，恪守自我形象
松驰	宁静，麻木，不泄气，泰然自若	紧张	易受挫折，过度兴奋

（六）人格特质的五因素模型

学者们研究出各种模型来描述人格特质，其中最广泛使用的是五因素模型，这五个因素是外向性、和悦性、公正性、情绪性和创造性，每个因素都具有两极的定义，如下（理查德·格里格、菲利普·津巴多：《心理学与生活》，王垒、王甦译，人民邮电出版社，2003，第390页）：

外向性：健谈的、精力充沛的、果断的——安静的、有保留的、害羞的

和悦性：有同情心的、善良的、亲切的——冷淡的、好争吵的、残酷的

公正性：有组织的、负责的、谨慎的——马虎的、轻率的、不负责任的

情绪性：稳定的、冷静的、满足的——焦虑的、不稳定的、喜怒无常的

创造性：有创新性的、聪明的、开放的——简单的、肤浅的、不聪明的

特质常用来描述个体的人格特征，设计师可能根据不同的特质来预测消费者的行为，比如对于外向性的人群，他们通常愿意尝试新产品、新服务以及新风格，那些设计出格、风格独特的产品、广告对于他们能产生比较大的吸引力；反之，对于那些内向性个性的消费者，这些物品、广告很可能适得其反。例如美国学者伊文斯曾尝试利用人格测验猜测消费者所选择的汽车品牌。在美国文化中，福特汽车拥有者的人格特质一般被描述为独立的、冲动的、自信的和有男人气概的，雪弗莱汽车拥有者的人格特征则描述为保守的、节俭的、谨慎的而有节制的。伊文斯通过人格测试成功预测了63%的人分别拥有两种品牌中的哪一种。当然个性只是影响消费者决策的一个重要方面，他们的决策还受到经济条件、文化背景等其他因素的影响，这里仅仅说明人格特质的确能在一定程度上影响消费者的喜好。

二、消费者人格与消费决策

与消费者行为相关的人格特质主要包括三种：消费者创新性（个体如何接受新的经验）；消费者物质主义（消费者依赖现实财务的程度）；消费者民族主义（消费者接受或者拒绝外国产品的可能性）。（L.G. 希夫曼、L.L. 卡纽克：《消费者行为学》（第七版），俞文钊、肖余春等译，华东师范大学出版社，2002，第136页）

（一）消费者创新性行为表现

由于消费者创新性程度的不同，这个维度的两端分别为革新者和适应者。前者是最具创新性的消费者，他们的消费行为表现为：①更愿意冒险采用革新的产品和服务；②更愿意利用周围的信息和刺激，积极寻觅和发现解决问题的方法；③较多利用抽象思维，使他们能提出更多的问题，并主动搜索信息，调查各方关系；④较为灵活，能容纳不同的信息；⑤更可能接受个性化、情感诉求型的广告。而适应者则与之相反，他们通常表现为：①只接受那些相对连续的新产品（比如同一品牌产品或原使用产品的升级产品）；②较少听从劝告或者广告而尝试新产品；③他们更相信可靠的信息来源；④不容易改变目前的态度和习惯；⑤更可能接受理性诉求的广告，例如通过不容置疑的结论（数据统计、权威机构认证、获奖记录等）作为论证的广告。从上述特征来看，区分消费者的革新程度对于设计师针对目标群体的设计具有重要影响。例如多数中老年人属于"适应者"，因此针对他们的产品设计应更注重性能可靠，方便实惠，并且外观改型方面跳跃不应过大，应保证一定的延续性；广告诉求主要以理性诉求为主，提供权威、准确的信息。

(二)消费者创新性的人格特征

关于消费者创新性所包含的人格特质,有学者分为四种,分别是消费者创新性、教条主义、社会性格、最适刺激水平和新奇性寻求。也有学者分为范畴广度、教条(呆板)与灵活性、对不确定的容忍度、自尊和焦虑、感觉搜索以及认知风格。

在这些理论的基础上,我们将消费者革新性的人格特质归纳如下。

1. 创新性

创新性反映的实际上是消费者对新生事物的接受倾向与态度。有些人对几乎所有新生事物都采取排斥和怀疑的态度,有些人则对新生事物采取开放和乐于接受的态度。

2. 教条性

它是测量消费者顽固程度(或者说"开放程度")的人格特质。高教条的消费者在接近不熟悉的环境或物品时会采取防御性的态度,而开放程度较高,较为灵活的消费者喜欢创新的产品。人们常说的"老古董"就是指某人的教条性比较高,很难接受新生事物。广告心理学研究表明,高教条者较愿意接受以权威人士作为参照群体的广告,而低教条者则可能接受较灵活的服务或问题解决方案。

3. 社会性格

用来描述个体从内倾到外倾的个性特征。内倾型消费者倾向于运用自己内心的价值观或标准来评价新产品,他们更可能成为创新采用者;外倾型消费者倾向于依赖他人的指引做出是非判断,他们成为创新采用者的可能性相对要小。这两种类型的消费者在信息处理上也存在差别:内倾型消费者似乎较喜欢强调产品特性和个人利益的广告;外倾型消费者更偏爱那些强调社会接受性的广告,他们根据可能的社会接受性来理解促销内容,所以这类消费者更容易受广告影响。

4. 最适激奋水平

有些人喜欢过简朴、宁静的生活,而另外一些人则喜欢过刺激的和具有不寻常体验的生活。目前,关于这方面的一些研究主要是探讨不同个体的最适激奋水平(OSL)受哪些具体的个性特质影响,某一特定的最适激奋水平又是如何与消费者行为相联系的,如研究OSL与个体承担风险的意愿、创新性和新产品采用以及收集购买信息和接受新的零售方式之间存在何种关系等。

5. 消费者的物质主义

有些消费者非常重视财务在生活中的重要性,而另外一些人将财务看作第二位的东西。前者称为"物质主义者",他们比较爱虚荣,以自我为中心,喜欢炫耀财产,因此他们更倾向于购买许多炫耀性的物品,并且他们拥有这些物品的原因并非出于自我的满足感,而是出于向他人炫耀的目的。

6. 消费者的种族主义

这一特质也可以分为高种族主义的消费者和低种族主义的消费者,前者通常是那些极端的爱国主义者,他们认为外来商品对国内经济产生了冲击,或者由于某些历史原因使得他们对于某些特定的民族、国家具有敌视情绪。例如我国不少消费者比较敌视日货。这一特质可以为本国的商家加以运用。例如我国茅台酒的广告就突出了"国酒",(图3-50)红旗轿车则强调国内最早的轿车品牌的理念,标志一直沿用采用毛泽东手书"红旗"二字,以"国产最高档车"展现在消费者面前。而外国厂商为了缓解消费者民族主义对于营销的负面作用，一方面应注意产品、品牌进行本地化设计，另一方面，可以考虑与国内品牌结合或购买国内品牌。

三、设计艺术中的人格化

设计中的人格化包括如图3-51所示的过程：首先，人格使个体的行为，包括对于物品的选择具有确定性和一致性，这种一致性驱使他们有意或无意地选择具有相应特征的物品。例如外向活泼的女孩会偏爱颜色鲜艳、新颖独特的服饰；而内向文静的女孩选择颜色素雅、端庄雅致的服饰（图3-52a、b）。在这个阶段，是个性决定人的消费选择，用特定的用品、个性化的环境空间来显示个人的特质。

接着，那些常常被同类特质的人选择的物品与特定的人格特征联系起来，逐渐这一物品（品牌）也具有了个性化的特征，品牌人格是与品牌有关联的人的个性的组合反映出人们对品牌的感受，因此我们会感觉人造物品有高贵、浪漫与质朴、自然的区别；或者某个环境令人愉快或忧郁，感觉热情或冷漠的差别。精明的商人、营销专家利用这一特性，有意识地赋予自己的产品或品牌以相应的人格特征，使这些产品、品牌参与市场竞争时具有了差异性，主动与具有相应人格特征的消费者偏好相对应。

此外，这还是拓展市场的一种策略，例如厂家为了占有更大范围的市场，将自己的产品划分成不同的产品系列，冠以不同品牌，配合相应的营销策略，以迎合不同个性特质的消费者的喜好。例如口红被赋予女性的个性特征，并且不同色彩的口红还能区分出不同的女性特质，诸如青春浪漫、热情奔放、文静典雅、高贵神秘等；香烟原本是具有男性人格特征的物品，并且不同的香烟也同样带有不同的男士人格特征。万宝路香烟象征桀骜不驯、粗犷勇敢的西部牛仔的特质，而雪茄则代表成熟稳重、事业有成的绅士形象。后来还有商家推出了针对女性群体的女士烟，单从此类香烟的外形上我们就能看出产品上所体现的女性特质，纤细精致，过滤嘴的颜色不是通常的黄色，而是红色、紫色或彩色等更加女性化的色彩。

最后，产品、品牌或环境的个性特质形成后，如同人的个性一般，也具有差异性和稳定性，它以自己独特的特质区别于其他产品、品牌或环境。这样，当个体向往某种形象，有意识地塑造个人人格时，就会主动选择那些与他们期望表现

图3-50　国酒茅台

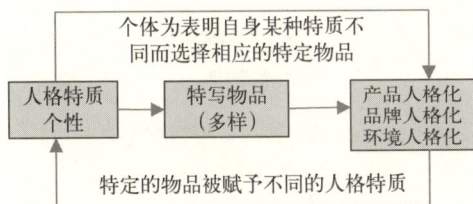

图3-51 设计中的人格化

图3-52

两个年龄相仿而人格特征存在明显差异的少女分别偏爱与她们人格特征相吻合的姿态、服饰、环境，同时也反映了浪漫主义和正统主义对消费行为的影响和作用。

的人格特质相符的设计物。这一行为实际上属于哈贝马斯在"交往行为理论"中区分出三类人的行为中的"戏剧行为"——个体"自我表现的核心概念不是直觉的表达行为，而是面对观众对自身经验表达加以修饰的行为"。（[德]尤尔根·哈贝马斯：《交往行为理论》，曹卫东译，上海人民出版社，2004，第84页）个体给周围人一个特定的形象和印象。例如有些白领职员，在日常生活中，原本偏爱那些随意、轻松的服饰和用品，但是由于职业需要希望在商业对手面前表现出自己理性、成熟稳重的个性特质，他们可能会戴上平光眼镜，穿上相应的西服套装，并且携带造型严谨的黑色IBM笔记本电脑和带有PDA功能的手机，装扮自己的人格特质。在这一过程中，物品成为人们展现个性的重要道具。

设计中的人格化最常用到的包括产品人格化、环境人格化以及品牌人格化。

（1）产品人格化，即通过产品的造型元素赋予产品特定的个性特征。英国学者迪克·海布迪奇撰写意大利踏板车的"物的传记"时，曾谈论过踏板车的性别特质。他说："在发达工业社会里，性别特征向无生命物体的转化以独特的方式标记出来。属于'理想'用户的性别的性质和地位转移到物体本身上，这是一种典型的转移模式。"他接着引用了另外一位学者保罗·威利斯对于摩托车"人形化"（这里的"人形化"类似我们所说的"人格化"）的例子：……由于没有头盔，长头发便能自由地随风飘舞，再加上那嵌满纽扣、装饰华丽的夹克衫以及开车时那种敢冲敢闯的风格，赋予了摩托车男孩以一种吓人的外观，这种外观更加强了摩托车的野性、噪音、惊奇和威吓的特性。（[英]迪克·海布迪奇：《作为形象的物：意大利踏板摩托车》，罗钢、王中忱主编，《消费文化读本》，中国社会科学出版社，2003，第509页）如图3-53上的哈雷摩托车就是这类男性摩托车的典范，具有前面所述的男性人格特质。而图3-53下的踏板车则不然，它的产生原本就是为女性设计，以保持其"优雅的风度和长裙飘飘的线条"，这赋予了踏板车以女性化的外形特质。产品的人格化已经成为非常重要的非目的性的设计手法，我们可以称之为"情感设计"手法，即强调物品的情感激发功能的设计方法，这一部分的内容我们将在"情感设计"的相关章节中详细阐述。

（2）环境人格化与产品人格化类似，即在环境布置中，应用特定的、与某些人格特质相对应的物品或装饰元素。同样，经过人格化设计的环境能反映环境的拥有者的人格特征，同时也能以相应的人格特征影响处于该环境中的主体。

（3）品牌人格化，则早已被许多消费心理学领域的学者进行过详尽的研究，并广泛地

图3-53 摩托车

产品通过外观设计体现了截然不同的人格特征，上为哈雷摩托车，男性化、粗犷而具力量感；右为丰田踏板摩托车，女性化，轻便而灵活。

应用于营销策略中。美国学者艾克（David A .Aaker）提出："品牌和人一样也会有各种不同的身份和'品牌人格'（brand personility，也称为品牌个性）。"

最早对品牌人格展开研究的学者是玛瑞姆（Marineau），之后布莱克斯顿（Blackston）曾提出品牌人格与消费者人格之间关系的模型。他认为品牌和消费者是一个单一系统的两个同等的部分，它们之间的关系类似于两个人之间的关系。这种关系被定义为"消费者对品牌的态度和品牌对消费者的'态度'之间的相互作用"。（傅俊清、王垒：《品牌人格研究述评》，《心理科学》，2004，27（2），第347~349页）品牌人格对于消费者而言，具有与产品人格、环境人格类似的功能，即：①选择具有特定人格的品牌使消费者能表达自我；②品牌人格体现了消费者理想中的"自我形象"。而对于营销者而言它的功能在于：①区别于其他竞争品牌的产品；②使产品能直接指向相应的消费群体；③以便于制定相应的营销手法和广告策略。

品牌人格塑造的方式主要包括以下几类：

① 产品（服务）特质。例如Apple公司的品牌"Think Different"（总是与众不同）就是以产品外观的不断创新而突现其"与众不同"；恒信（Hierson）钻石品牌突出钻石"恒久不变"的特点作为品牌的核心特质。

② 品牌视觉传达系统（VI）。视觉传达系统是形成品牌人格的重要设计手段，包括品牌标志、图形、字体、标准色、吉祥物、纹样、包装、应用规范等。其中吉祥物完全是将人格化的生物作为品牌的代言人，产品难以如人一般具有喜怒哀乐，而利用吉祥物（图3-54），产品就有了完整的人性。

③ 广告策略。媒体在产品人格化的过程中起着极为重要的作用，迪克·海布迪奇说："形象的流通先于物品的销售。"（［英］迪克·海布迪奇：《作为形象的物：意大利踏板摩托车》，罗钢、王中忱主编，《消费文化读本》，中国社会科学出版社，2003，第523页）即有时物品在真正为消费者所购买和使用前，商家就已经考虑好了它应该以什么样的形象呈现在消费者面前，并且这种思考通过媒体广告先于物品呈现出来。品牌人格要获得广泛消费者的认同需要特殊的、风格一致的宣传手段，许多成功的品牌都会配合自己的产品推出风格一致的广告，使人们在一定时限内对于该品牌产生明确、统一的认知（表3-6）。如果厂商想让消费者认知某一品牌的物品是女性用品，会利用各种广告（文本、图像、音频等）将这一品牌产品不断与女性的活动联系起来；反之如果

图3-54　海口市妇幼保健院吉祥物
劲艺机构　2005

表3-6 国际知名品牌与品牌人格

知名品牌	人格	特征
IBM	蓝色巨人	科技化、权威、值得尊敬
NIKE	明星运动员	运动、活力、体育精神
LEVIS牛仔服饰	牛仔青年	美国的、西部的、可信赖的、粗糙的、原始的、性感的、真实的
万宝路香烟	牛仔	美国的、西部的、可信赖的、粗糙的、原始的、真实的
百事可乐	活力四射的青年人	活力的、激动的
恒信钻石	爱人	高贵、浪漫、爱人、永恒不变

图3-55 "聚富地标"的品牌形象系列设计之一
劭艺机构, 2007

该品牌产品不断出现在男性的环境中, 它的视觉形象也不具有明显的女性特质, 那么就可能被当作一种男性用品。比如耐克公司的广告总是邀请顶级的体育明星, 采用幽默、轻松的画面, 表达运动带给人们的愉悦、满足和上进的精神; 而百事可乐则总是邀请青少年的偶像明星载歌载舞以塑造"活力四射"的品牌形象; 景业广场总是拟人化地以钻石、珍珠等珠宝形态来凸现其"聚富地标"的品牌形象 (见图3-55)。

④ 品牌代言人。选择与品牌人格相符合的个体展示品牌人格。品牌代言人的形象需要与品牌形象相吻合, 而不仅仅只是贪图"名人效应"。其中需要参照社会心理学中"参照群体"的理论, 选择那些目标群体的参照群体作为品牌代言人。比如佳洁士牙膏没有选择明星作为产品代言人, 而是选择了"牙防总局"的护牙专家, 以体现品牌的专业性; 大宝化妆品则选择了群众形象作为代言人, 以匹配其大众品牌的特征。

有时由于企业营销战略的需要, 出现产品转型、目标群体变更等情况, 首先就可以通过变更品牌人格来实现。例如某些历史悠久的品牌, 常常给人以成熟、老练、稳重的感觉, 相对于那些变换速度很快的时尚品而言可能导致过时、守旧、死气沉沉的负面影响, 此时就需要不断给这些老品牌注入时尚的要素, 以确保其品牌个性。

由此可见, 产品人格、环境人格可以被看作品牌人格的组成部分和实现方式, 品牌人格化的实现是多种设计方式综合运用的过程。

2002年, 零点调查与前进策略公司合作, 在北京、上海、广州、武汉、成都、大连、西安、郑州、沈阳和南京10个城市, 采用多段随机抽样后的入户访问的方式对4251位普通居民进行调查, 编写了《中国品牌人格化特征研究报告》, 其中对于中国的四大国产汽车品牌人格进行了描述, 描述如图3-56所示。

图3-56 国产四大汽车品牌人格描述

第六节 当前中国消费者的心理分析

进入21世纪，中国营销界面临的难题是"广告越来越难做"，"售后服务越来越难做"，"消费者越来越难伺候"，"生意越来越难做"。随着企业营销工作越来越难做，许多人纷纷选择离开直接面对市场的企业，而选择风险较小的事业单位、行政机关。收入"稳定"岗位的"吃香"，反映的是市场营销运作艰难，同时反映了企业面临着营销困境。广告设计机构面临创意困境。

设计的市场定位工作为什么越来越难做？关键在于消费者越来越难以琢磨，"消费者越来越难伺候"。或者说，是营销者和设计师在对消费者的理解上出了问题。那么，消费者究竟发生了哪些变化呢？

一、中国消费者需要层次的变化

根据中国消费者需求的变化，我们可以将中国消费结构分为温饱型、小康型和富裕型。

温饱型：从新中国成立到改革开放初期，中国消费者的生活水平进入温饱时期。有资料显示，这一阶段的消费结构中，食品费用的比重在家庭消费中占50%～60%，服装费用占10%左右。

小康型：20世纪80年代至90年代中期，随着社会经济的快速发展，部分居民的生活转向小康。这一时期的消费结构是，食品费用的比重下降到50%以下，文化娱乐、生活服务和医疗保健支出的比重明显上升，其中城市居民的表现尤为明显。

富裕型：20世纪90年代中期以后，中国消费者的需求方向又一次呈现出明显的变化。这一时期，在北京、上海、深圳、广州等大城市，一股高消费热潮蔓延开来，其最鲜明的特点就是高消费领域全面扩展，消费者的消费目标不再像以往那样集中在几大件上，而是渗透到衣、食、住、行的各个方面。以中、高档家用电器为主，通信、交通、住宅三大类产品的消费需求增长势头旺盛。在这一时期，消费者对商品社会象征性要求的提高很明显，这体现了消费者的需要向受尊敬需要和自我实现需要的转型。与此同时，人们对健康的关注也成为一股不容忽视的消费趋势，这反映了现代社会人们面临着越来越重的生活与工作压力。

二、中国消费者阶层的分化与跨位消费现象的出现

改革开放之前，中国消费者的社会阶层并不明显，主要的消费差别为城乡差别。但是，随着市场经济的发展，个人财产差距越来越大，加上城乡差距、行业差距、地区差距等影响，中国社会出现了明显的分化趋势，社会阶层日益明晰。一方面，同一阶层的消费者在行为、态度和价值观念等方面具有同质性，不同阶层的消费者在这些方面存在较大的差异，因此，研究社会阶层对于深入了解消费者行为具有特别重要的意义。但是，另一方面，中国消费者阶层的形成更多的是经济收入的变化造成的，而不是经济地位、社会地位和政治地位三位一体的产物，因此，中国消费者往往存在跨位消费的情形。一般而言，不同的社会阶层是会严守该阶层的生活品质和模式，并在平时的社会生活里表现出其所属阶层的符号体系的。但在中国社会，社会阶层普遍出现了跨越性，即在社会阶层中间，较低社会阶层的人们普遍把自己的心理期望往上移。

图3-57 也许是一群跨位消费者

中国社会消费者阶层的分化及跨位消费现象的大量存在（图3-57），使得西方营销理论中的定位原理难以原封不动地在中国得到运用。例如，如果试图将小白领视为目标顾客，就不能简单地诉求这一阶层的价值观，而可能涉及诉求高级白领的价值观；在向农民推销东西的时候，作为导向的不应只是农民的价值模式，而可能是城市蓝领的价值模式。事实上，蓝领阶层中的新锐人群，往往只消费"规定"白领阶层的东西；而一般的白领当中，有45%的人说他们愿意消费一些比他们现在的实际生活水平格调更高的产品。因此，企业在进行产品定位的时候，应该是向上一级靠，当然也不要太远，这才能抓住能够打动某个目标消费群体的卖点。

三、现代消费主义文化的影响

以消费主义为核心的消费文化对中国的影响早于中国的改革开放。随着中国对外开放步伐的加快以及经济全球化对中国的影响日益加深，现代消费文化的影响已越来越大，并已深入到人们的生活细节之中，成为人们消费价值观的有机组成部分。但是，由于中国消费者既受到中国传统消费文化的制约，又受到西方现代消费文化的影响，因此，当前所形成的消费文化是既不同于西方消费文化，又不同于中国传统消费文化的独特的消费文化。

（1）由理性消费向感性消费转变。中国传统文化中的内敛、中庸的观念正在被张扬与个性化风格取代，但这种转变后的观念与西方的开放、标新立异的观念又有区别。这种转变在年轻人中表现尤为明显。这种转变具体表现为，人们在作购买决策时不再是考虑商品功能、价格是否适合自己的需要，而是追求商品的品牌、外观、颜色等所代表社会身份、经济地位、生活情趣、价值观念及个人素质等具象征意义的内容，强调的是个性化的满足、精神的愉悦、舒适及优越感。这种购买决策具有主动性、随机性等特点。

（2）由保守消费向超前消费转变。中国传统的崇尚节俭、量入为出的观念正在被适度奢侈、适度透支的理念取代。不过，在传统文化的框架和现行制度体系下，它又不同于西方的零储蓄、大比例透支的消费观。特别是随着我国金融机构的改革和金融产品的不断创新，人们从过去习惯于有了足够的积蓄后才消费，转变为现今的贷款消费，这种转变甚至成了一种时尚。

（3）由中式消费文化向中西合璧消费文化转变。随着经济全球化步伐的加快，跨国界的贸易、旅游、文化交流等活动日趋增多，特别是跨国公司大量拥入我国，其独特的管理模式和新颖的企业文化等无不通过其消费文化的渗透影响着我国的消费者群体。中国特色的消费文化在新时期出现了新的景观，这主要表现在：一是异域消费文化在我国登陆，并被追求时尚和新潮的一代所追捧。西方消费文化已成为当今社会的消费文化主流。二是中西合璧的消费文化氛围逐步形成。追求高效率、高享受的消费文化伴随着跨国公司品牌文化、产品文化逐步融入我国的消费者群体中（图3-58a、b）。

（4）由地域特色消费文化向具有融合性的区域消费文化转变。随着经济的发展，人口的流动逐年增加，表现为农村人口向城市流动，落后地区人口向发达地区流动，内陆地区人口向东部沿海地区流动。伴随着人口的流动，各种消费习惯、消费方式等也相互影响、相互渗透，即由地域特色消费文化向具有融合性的区域消费文化转变。

所以，设计者应当从研究消费者的心理开始深入地把握消费者的需求与购买行为及时掌握市场信息，全面优化设计过程，创造需求，引导消费提高营销绩效。同时也有助于改善设计人员自身的专业素质，提高设计服务水平。

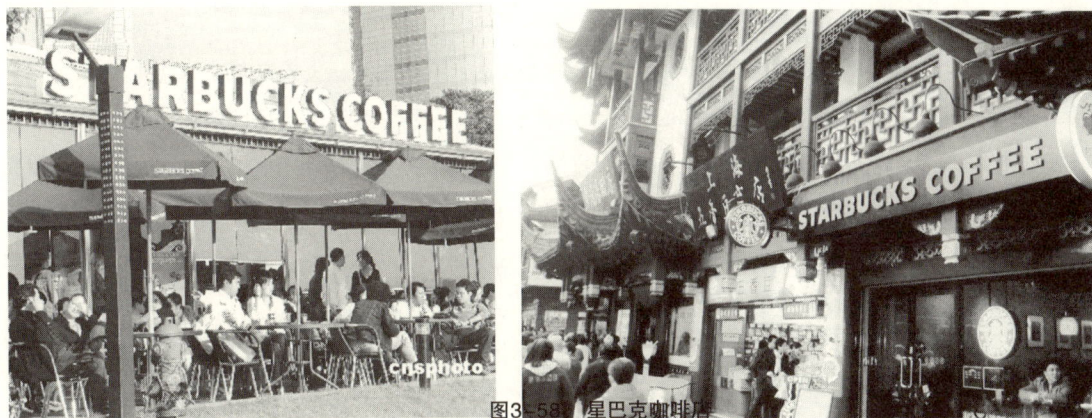

图3-58　星巴克咖啡店

a. 星巴克国外印象　　　　　　　　　　　　　b. 星巴克国内印象

思考与作业

1. 熟悉以下主要概念：

需要、心因性需要，马斯洛的需要层次理论，物质需要与精神需要；

需求、动机、暗示，积极动机和消极动机，理性动机和感性动机；

交流行为理论，戏剧行为，广告疲倦效应，态度；

设计说服的方式，高收入消费者和低收入消费者；

决策的补偿性原则，决策的非补偿性原则；

可用性，人的尺度，自然匹配，错误与失误；

兼容性，使用中的情感，人格化设计；

设计艺术中的幽然感，设计艺术的叙事性、顶峰体验；

人格，弗洛伊德的人格理论，人格的特质论；

人格特质的五因素模型，品牌人格化；

2. 依据需要层次理论，谈谈应该如何理解消费者的多层次需要。

3. 根据物质需要和精神需要的关系，谈谈如何运用艺术设计满足消费者的不同需要。

4. 如何利用设计艺术激发消费者的购买动机。

5. 联系你所学的设计门类，思考其可用性设计包括哪些基本原则。

6. 论述设计艺术情感的层次性。

7. 选择一个设计作品，分析它通过哪些要素激发人们的情感体验。

8. 试论述产品的"使用"与"情感"之间的关系。

9. 联系你所学的设计门类，讨论什么是情感设计。

10. 为什么有些效仿成功设计易于获得消费者的注意?

11. 简要论述与消费行为密切相关的人格特征。

12. 试述设计人格化的形成过程。

13. 试论设计说服与设计干预的作用。

14. 案例分析:

斑点苹果成奇货

有一年美国大量种植的苹果由于雷电、霜的交替，果皮上出现了斑痕点点，大大降低了销售量。

水果商布朗面对这种不可抗拒的天灾，关起门来，面壁苦思，终于发现了一线反败为胜的曙光。他在店门口竖立一巨大招牌：它证明，这些苹果都生长在寒冷的高山上，而唯有寒冷的高山，才能生产出这般香甜爽口、清脆多汁的苹果。请您来品尝这特殊口味的高山苹果吧!

布朗也把他的创意大量登在报纸上，竟然得到广大顾客的认同，不消几天就销售一空。斑点苹果遂成为独特美味苹果的代名词，有趣的是，有些果商还预约明年一定要买这种苹果呢!

问题:

(1) 布朗利用了推销对象(顾客)的哪些心理?

(2) 布朗的成功给了我们哪些启示?

第四章　设计艺术与审美心理规律

第一节　设计艺术与审美

一、美与设计审美

（一）美的含义

美无处不在。凡有人的地方都有美。美包容着人类，但人类说不清究竟美是什么。无论是谁，都不能做出令人服膺的解释。通俗的理解，美有五层意义：一是美丽、好看，比如看到了使人产生快感的风景美、形态美；二是使之美，比如锻炼身体使体形美、美容美发使容貌美、打扫卫生使环境美；三是令人满意，比如日子过得挺美；四是令人得意，比如美梦变成了现实；五是憧憬、向往的心态，如美好的向往，一个美好的心愿。

几千年来，许多哲学家、美学家对美进行了探索，对最后揭开美的秘密，使人们理解美，都有重大的意义。

虽然公元前6世纪的希腊哲学家、数学家毕达哥拉斯（约公元前580—前500）认为由数比例造成的和谐就是美，但最早提出"什么是美"的问题，是古希腊唯心主义哲学家柏拉图（公元前427—前347），可见《大希庇阿斯篇》著作中的论辩。虽然对美没有做出明确的回答，但是他得到一个结论："美是难的。"

黑格尔（1770—1831）认为"美是理念"，"美是理念的感性显现"是他提出的美的定义。

英国哲学家休谟（1711—1776）认为："美在主观。"

德国哲学家康德（1724—1804）认为："美并不存在于被爱者的身上，而存在于爱者的眼睛里。"这都是美学史上，从精神世界对美的探索，都认为精神是第一性，物质是第二性的，违背了物质决定精神，存在决定意识的客观规律。

唯物主义的美学观是以物质世界来探索美的秘密。

古希腊亚里士多德（公元前348—前322）作为欧洲美学思想的奠基人，认为美的本质就在感性事物本身，否定了柏拉图、黑格尔等"美是理念"的唯心主义观点。

法国哲学家狄德罗（1713—1784）认为"美是关系"，美存在于事物的关系上。

俄国唯物主义美学家车尔尼雪夫斯基（1828—1889）提出的"美是生活"说认为："美的事物在人心中所唤起的感觉，是类似于我们面对亲爱的人时洋溢于我们心中的那种愉快，我们无私地爱美，我们欣赏它，喜欢它，如同喜欢我们亲爱的人一样。"

在中国，现代汉语中使用的"美"字来源于甲骨文，由"羊"与"大"两字组成。就是后人解释的"羊大则美"。

孔子有"尽善尽美"的说法,庄子有"道至美至乐"的说法。孟子则以"父子有亲,君臣有义,夫妇有别,长幼有序,朋友有信"为美的境界。

(二)美的本质

马克思主义认为:美诞生于人类的社会实践活动。

审美活动由审美主体的人与审美客体的事物两种因素构成,二者缺一不可。人与客观世界相互作用的结果产生了美(图4-1)。

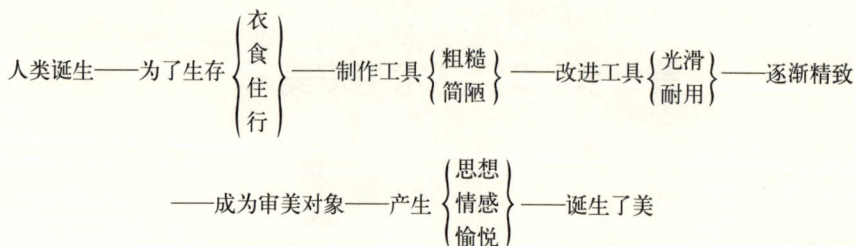

人类诞生——为了生存 { 衣 食 住 行 } ——制作工具 { 粗糙 简陋 } ——改进工具 { 光滑 耐用 } ——逐渐精致

——成为审美对象——产生 { 思想 情感 愉悦 } ——诞生了美

图4-1 美的诞生

人类为了生存必须进行的实践活动是生产劳动,对于几乎是随手拈来的生产工具,无暇顾及它的模样。但为了使工具好用,逐渐学会改进工具。工具变得精致了,而最为可喜的是,人类意识到了自身的能力,感觉到劳动工具引起的情感上的愉悦与满足时,产生了对美的追求。形成了人类为主体,工具为客体的审美关系,美就诞生了。

美是人的本质力量的感性显现,是马克思主义对美的本质的论说。

人的本质力量是指在认识世界,改造世界的实践活动中形成并发展的主观能动作用,也就是人的因素第一,表现为人类特有的智慧、能力、情感、意志、理想等。人的本质力量在实践活动中的感性显现,即感觉与知觉的显露与表现,不但成为人类实践中的能动力量,成为推动人类社会发展的力量,而且也是产生美、创造美的巨大力量。

人的本质力量改造了世界,创造了美,而设计活动中,也展示了人的本质力量。设计活动不但拉开了人与动物的距离,而且设计艺术使人类社会更加美好。

(三)美的特征

1. 美的形象性

美以具体的事物来体现,美是形象的、生动的,能被人的感觉器官所感知的。在人们的身边,有自然的形象、社会的形象、艺术的形象、设计的形象等,都是感知的审美对象。而在人的内心世界的心灵美,也能为他的行为活动所感知。

大自然鬼斧神工般的造化,千姿百态,震撼人的心灵。不消说山的奇险、水的浩瀚、树的苍劲、花的婀娜,仅仅雪花的图案,六等分的秀美形态,就令人折服。

设计活动吸收这大自然的美的精华,创造具体的生动的形象;设计艺术也应思考,怎样使大自然的美好与人类共存。

在人类社会的发展中,在艺术活动的创造中,在人类活动的一切领域中,美都以不同的形态,展示生动具体的形象性。

2. 美的感染性

美能使人感动、愉悦,引起情感的共鸣,因为美富于感染性。美学的先哲柏拉图是第一位提出美具有愉悦与感染性的人,他指出美的事物不但使人愉悦,而且还容易受到感染。人类的愿望,人生的价值,必然能唤起人在心理上的喜悦,精神上的自豪,深深地被美丽所感染。自然界的山水、花鸟的美感染了艺术家,创造了各种各样的艺术品,这就是美的感染性激发了创作灵感的体现。

3. 美的时代性

美是发展的、变化的,而且也是不断丰富的,美有相对性,美随时间与空间的变化而变化。比如,产品形象的变化,就应符合美的相对性,过去认为是美的产品,今天可能就不美;在一个国家或地区是美的产品,在另一个国家或地区可能感觉就不美。中国宋代推行缠足运动,官僚与士大夫欣赏鼓吹这种使人畸形致残的小脚美女,一直延续到20世纪初,达数百年之久。但是,在现代人的眼中,简直是一种摧残,一种痛苦的折磨与陋习,根本无美可言。

美有绝对性,是普遍的、永恒的美,因为这种美符合了美的规律。中国历代建筑的楼台亭阁,古韵风采,今天,更使人发古之幽情;气势宏伟的长城,是中华民族永恒的骄傲;张衡的地动仪,聪明的构想,巧夺天工的造型,成为设计的经典等。它们都以永恒的审美价值,留给一代又一代人审美的享受。

4. 美的社会性

人类的实践创造了美,美的价值使美成为一种社会的存在物,具有社会的属性。美是人类自由的、自觉的创造世界的结果,随着人的本质力量对社会发展的不断作用,美在不断地丰富与发展。当黄金以一种元素散含在河沙中,虽然也是客观实在的矿藏,但是,只有经过人们的开采、冶炼,加工制作,才能使它熠熠生辉,展示美的风采。可见,美不是客观的自然存在,而是客观的社会存在。美不能离开社会实践的主体,不能离开人而独立存在。

(四)设计审美

1. 设计的审美活动

(1)审美活动的概念。审美活动又称审美,是指人(审美主体)对美的事物(审美客体、审美对象)的观照、体验、发现、感悟、享受和再造,是主体求美需要和客体具美属性之间结成的一种关系(图4-2)。

早在古希腊,柏拉图即将审美活动使用"观照"一词,黑格尔也使用"观照"指对审美对象的欣赏和判断的心理过程。中国古代从先秦时代起,就有类似的审美的论述。可见,审美活动或审美观照是人类的社会实践活动,尤其是人的情感活动的主要方面之一,也是美学研究的基本问题之一。

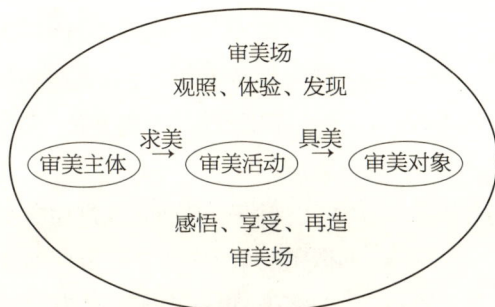

图4-2 审美关系的形成图

在审美活动中,首先由人的生理功能与心理功能相互作用,将看到的、听到的、触摸到的感知形象,转化为信息,经过大脑的加工、转换与组合,形成审美感受和理解。这也是人在认识活动中从生动直观到理解性思维的过程。而对具体可感的形象,又会产生形象思维的过程,引起人的联想、想象,抒发情感活动和审美的创造活动。所以,审美活动的高级心理活动在于挖掘客观世界中潜在的内涵与意蕴,淡泊了物质世界的功利性,专注于精神世界功利性的认识与创造。

（2）设计审美的心理活动。设计的审美活动不同于一般所指的审美活动:设计审美活动不是被动的感知,而是一种主动积极的审美感受;既不是对世界的纯科学的理性认识,也不是对世界的功利需要,而是由积淀着理性内容的审美感受经过感知、想象,主动接受美的感染,领悟情感上的满足和愉悦,在设计审美中展示自身的本质力量。

人之初,先有为生存的劳动,之后萌发审美的意念,注重客观对象的实用价值,而不是审美价值。只有人类的实践活动和生产力发展到了一定水平,生存有了基本的保障时,审美才逐渐成为独立的心理活动,并不断发展与完善。

设计的审美活动是从精神上认识世界、改造世界的方式之一,所以认识美、创造美的活动是人的本质力量感性显现的主要渠道。

2. 设计的审美关系

（1）审美关系的概念。人在审美活动中与客观世界产生的美与创造美的关系,即人与客观存在的审美关系。

最早提出审美关系概念的是俄国美学家车尔尼雪夫斯基。他的美学主导思想"美是生活",就是主张以和谐的审美关系构建美好的生活。

审美关系包括:人与审美对象的时间关系;人的意识与客观事物的审美关系;人反作用于客观现实,创造美、发展美的关系;人与现实的政治、经济、伦理关系、认识情感与意志等关系。这些审美关系相互制约与渗透,由审美主体与审美客体构成审美关系的客观基础。

（2）设计的审美关系。设计与自然构成了审美关系。设计艺术活动不但提供了人类索取自然、改造自然的工具与手段,而且设计艺术还吸收了自然之灵气,促发设计灵感;模拟自然界的生物,设计制造了仿生器械;总结自然界中的和谐形式之美,创造了美学法则;今天,当人们意识到愧对自然时,设计又率先以可持续发展的观念,调整设计活动与自然和谐的审美关系。设计与社会构成了审美关系:使人从动物的人、物质的人变成社会的人、审美的人。设计与设计成果构成审美关系:实质是设计者对设计成果的精神把握和对自身本质力量的肯定。

在设计的审美关系中,客体制约着主体。比如,自然界可以利用的能源、可以开发的资源越来越少,成为制约设计开发的瓶颈;人类的活动破坏了生态环境,人类自身受到威胁,而人们对生存环境与生存质量的审美需求却越来越高。这些客观因素又要求设计者发挥主观能动性,不断发现、改造客体,使审美对象具有人的社会内容,渗透进设计者的思想、情感、意志、智慧。

可见,设计实践产生审美的需要,沟通设计者与客体美的联系,锻炼了设计者的审美、创造美的能力,使设计者从审美上认识客体,并改造客体。这样,设计面临的客观世界成为审美的客体,设计者成为审美的主体,设计活动构建了从无到有、由简单到复杂的审美关系。

3. 设计的审美对象

（1） 审美对象的概念。被主体认识、欣赏、体验、评价与改造的具有审美物质的客观事物，称审美客体。审美客体与审美主体构成审美关系。

审美对象是客观存在的事物，它首先有形象性，如客观事物的形状、色彩、质地、光影与声响等；其次也有丰富性，如人们对客观事物的"大千世界，无奇不有"的形容，说明审美对象是看不尽、数不完的；再次还有独特性，每一个审美对象都有各自的实质与特征，如同一对孪生的兄弟或姐妹也有差异一样；最后审美对象最重要的特征是具有美的感染性，美的事物能吸引人，帮助人，愉悦人，能达到使人荡气回肠的效果。

（2）设计的审美对象。设计的审美对象主要是设计的成果，即造物活动的创造成果。设计活动既要按照美的规律，又要根据人的审美需要改造与创新，又要以自然、社会、艺术为审美对象，使设计的成果能激起人的审美感受和审美评价，使设计成果成为人的审美对象，并推动审美对象的发展。

可以说，设计的审美对象十分广博，这是由于设计涉及了自然、社会、艺术等人类活动的一切领域。凡是与设计确立了特定的审美关系，激起人审美意识活动的事物，都是设计的审美对象。其中既包括具体可感的客观自然世界，又包括人类社会及艺术领域。

4. 设计的审美主体

（1）审美主体的概念。

人是审美的主体，即认识、欣赏、评价审美对象的主体，包括个人与群体。审美主体与审美客体构成审美关系。人是有实践能力又富于创造性的审美主体，客观世界离开了人也不能成为审美的对象，只有人既有生理的、物质的需要，又有精神的、审美的需要，并有创造美的能力和意志行为。

（2）设计中的审美主体。

设计者是设计活动中的审美主体，通过对客观世界的审美感受，以审美主体的意志创造了设计的成果，为使用与欣赏提供了审美对象，所以，包括设计者在内，每一个人都是设计成果的审美主体，也都是以客观世界为审美对象的审美主体。所以，无论是设计者还是使用欣赏者，作为审美主体都存在着复杂性、差异性和发展性。

5. 设计的审美欣赏

（1）审美欣赏的概念。审美主体对审美客体的感受、体验、鉴别、评价和再创造的审美心理活动过程称为审美欣赏。审美欣赏主要是形象思维过程，是从对具体可感的形象开始，经过分析、判断、综合到想象、联想、情感的心理活动，来实现审美主体与客体的融合与统一。因此常用"品味"一词来代替审美欣赏的说法。

（2）设计中的审美欣赏。欣赏是一种创造。设计者凭借自身的审美欣赏能力，以形象思维的方式进行美的创造，为人们提供审美欣赏的对象。因此，设计者除了自身的审美欣赏，主要的是如何展示艺术的魅力，满足人们的审美欣赏。人们的审美欣赏有多种类型，直觉的，理智的，情感的等，所以才有人们满意或不满意、欣赏或不欣赏的现象。这就告诉设计者要时刻意识到：自身的审美欣赏是吸取他人设计审美创造的精华，满足人们不同的审美欣赏类型，牢记"为什么你喜欢，而我不喜欢"的欣赏意识，让设计成果争得更多的审美欣赏。

二、设计审美的一般心理过程

设计的审美心理过程是在人的原有心理结构的基础上，审美心理活动的发生、发展和发挥能动作用的过程。其中包括审美心理的认识过程，即由感受、知觉、表象到记忆分析、综合、联想、想象再到判断、意念理解的过程；第二阶段进入情感过程，产生审美的心境、热情、抒情和移情共鸣、逆反等情绪活动；第三阶段是审美的意志过程，包括目的、决心、计划、行为、毅力等。

（一）审美的心理内容

（1）审美的生理基础。人的感觉器官是审美信息的接收系统，如审美感官的感受力，大脑中枢机能、效应机能等，构成审美活动的生理基础。

（2）审美的感性形态。审美表象、意象是客观形象的信息，使审美对象显示出具体可感性，成为审美的感性形态。

（3）审美的观念意识。审美观点、意识概念、知识经验的积累与储存，构成了审美观念意识的理性内容。

（4）审美的情感。在审美活动中产生的情感、情绪、情愫、态度、欲望与趣味，是审美心理的核心内容，又是审美创造的内在驱动力。

（5）审美的意志。如审美的目的、动机、理想、毅力与自制力等，是进行审美创造的持续动力。

（6）审美的创造力。如审美想象力、联想力，不单是审美创造的根本动力，也是审美活动归宿的根本力量。

（二）审美的一般心理过程

审美心理过程与人的其他心理活动方式一样，一般经历着认知过程、情感过程与意志过程。即有感才有知，有知才有情，有情才有志的心理过程。

审美是一个动态过程，它在认知、情感、意志各阶段上的实现都会产生某种心理效应。我们把审美作为一个动力系统，通过对审美经验的生成和展开的描述来提示美感的一些心理特征，然后，再对美感所包含的诸多心理因素作一个静态的剖析。

（三）审美的心理特征

1. 审美心理的自觉性

每一个人都有审美、求新、求异、求变的心理与欲望。当人处于特定的境遇和最佳的审美心理状态中，或怀着特定目的进行审美、创造美时，会自觉寻觅、选择适应自己需要的审美对象，自觉地调动信息储存、审美经验以丰富审美心理。

审美心理的自觉性对设计活动有特殊的意义，因为只有主动自觉的审美心理，才有设计艺术审美的驱动力，才有"尽其心，养其性，反求诸己，万物皆备于我"的创造心理的境界，才能以设计艺术成果为审美对象，坐等人们审美欣赏的到来。

2. 审美心理的独特性

审美创造是一种创造性思维的活动，尤其讲究独特性。这是由于时代、阶层、民族、地域等因素决定的；由于生活实践，审美实践，传承的文化不同，审美的途径与方式不同，造成审美心理的独特性。比如，现代人的审美心理比原始人的丰富；文化艺术发达地区的比落后地区的丰富；文化艺术素养高的比经验少、素养低的丰富等，从而表现出对同一审美对象美感的差异性。设计者要注意这种审美心理的差异性，从不同角度满足各种类型的审美心理。

3. 审美心理的普遍性

人的审美心理存在着差异性、独特性，也存在着共同性、普遍性，而且在一定条件下，同与异还可以互相转化。由于人们实践的领域、目的、方式、手段客观存在着历史的连续性、继承性，审美观念与审美生理也存在着共同性、相似性，因而，当人们从这种共同的审美心理出发，面对同一审美对象，就可能产生共同的美感。先人们留下的文化遗产，之所以到今天还被现代人视为珍宝，甚至感叹今人不如古人，不同地域、不同民族的文化艺术可以相互交流，都反映了审美心理存在着共同性。

三、设计艺术的审美范畴

范畴是指人的思维对客观事物的普遍本质的概括与反映，也指事物的类型或范围。各门科学都有自己的一些基本的范畴，如认知过程、心理状态与个性心理等是普通心理学研究的范畴。

设计的审美范畴是指设计的思维对具有审美价值的对象的普遍本质的概括与反映，也是指审美对象的类型或范围以及其形态。

（一）美的类型

根据美的起源、特征和发展，美的基本类型可以分为如下五种。

1. 形式美

形式美是指生活、自然中各种形式因素（色彩、线条、形体、声音等）的有规律的组合。形式美和事物的美的形式既有联系又有区别。事物的美的形式和美的内容有着直接的密切联系，而形式美是指美的形式的某些共同特征，形式美所体现的内容是间接的、朦胧的。在具体的美的事物中内容和形式是统一的，美的形式不能脱离内容。人们对美的感受都是间接由形式引起的，在长期的审美活动中人们反复地直接接触这些美的形式，从而使这些形式具有相对独立的审美意义，即人们接触这些形式便能引起美感，而无须考虑这些形式所表现的内容，仿佛美就在形式本身，而忘掉它的来源。其实，所谓形式美的法则不过是人们在审美活动中对现实中许多美的形式的概括反映。例如"对称"法则是对大量的具有对称特征的事物的概括。在研究这些形式美的法则时可以暂时撇开事物的其他特征。恩格斯在分析数和形的概念的来源时曾经指出：数和形的概念不是从其他任何地方，而是从现实世界中得来的。还指出人们在实践中具有一种在考察对象时撇开对象的其他一切特性而仅仅顾到数目的能力，而这种能力是长期的以经验为依据的历史发展的结果。和数的概念一样，形的概念也完全是从外部世界得来的。这些论述虽然是指数学中的数和形的概念，但对于了解形式美法则的来源也是有意义的。形式美法则不仅来源于客观事物，而且研究这些法则是为了创造更美的事物。形式美法则体现了人类审美经验的历史发展。

在人类创造美的长期活动中，逐渐发展了人对各种形式因素的敏感，例如对线条、色彩、形体、声音等形式因素的敏感，并逐渐掌握了这些形式因素各自的特点。这些形式因素由于其他相联系的条件发生变化，它的特点、意义也相应地发生变化。例如色彩是形式美的重要因素，也是美感的最普及形式。一般人认为红色是一种热烈兴奋的色彩；黄色是一种明朗的色彩；绿色是一种安静的色彩；白色是一种纯洁的色彩。人们对不同色彩所产生的不同感受是

图4-3 后母戊鼎，青铜器，商晚期

图4-4 奉宝玉女，元
山西永乐宫三清殿 壁画

图4-5 DHL（敦豪国际，世界领先的空中速递业
务公司）海报

广告语：当您发现这与您的工作关系有多么密切，您还应该让其他人来传递它吗？

有一定生活根据的。因为在生活中红色常常使人联想到炽热的火焰、节日的彩旗、红润的笑脸……而绿色常常使人联想到幽静的树林、绿茵的草地、平静的湖水……黄色则使人联想到明亮的灯光、耀眼的阳光等。但是这些特性并不是凝固不变的，红色除了象征热烈，还包含着警惕等；白色除了象征纯洁，还象征悲哀。所以确定某种色彩的特征不能脱离一定具体条件。例如红色在一个姑娘的面颊上表现了一种健康的美，但是出现在鼻尖上就会成为丑了。从色彩本身看，由于各种色彩的配合也会产生不同的效果，如白底上的黄色，黄色便显得暗淡无光，就像在白昼看见的一盏忘记关掉的路灯，完全失去了路灯在黑夜中所显示的明亮的效果。在红底上的黄色则显示出一种欢乐和明朗的特性。

在形体方面也存在一些不同的特性。圆形柔和，方形刚劲，立三角有安定感，倒三角有倾危感，三角顶端转向侧面则有着前进感，高而窄的形体有险峻感，宽而平的形体有平稳感等。

在线条方面直线表现刚劲，如商代司母戊方鼎曲线表现柔和（图4-3）；如永乐宫壁画中仙女的衣纹（图4-4），波状线表现轻快流畅，幅状放射线表现奔放，交错线表现激荡，平行线表现安稳等。

对上面这些形式因素的特性，一般人都能感受得到。特别是艺术家对这些形式因素非常敏感。例如油画家对色彩的敏感，雕塑家对形体的敏感，音乐家对音响的敏感，他们非常熟悉这些形式因素，并将它们有规律地组合在一起，为表现一定内容服务，放出美的异彩。

人类在创造美的活动中不仅熟悉和掌握了各种形式因素的特性，而且对各种形式因素之间的联系加以研究，总结出各种形式美的法则。其中主要有单纯齐一、对称均衡、调和对比、比例和谐、节奏韵律、多样统一、安定轻巧、过渡呼应等。1998香港4AS广告奖最佳个别平面广告金奖海报DHL（图4-5）有效整合了单纯齐一、对称均衡、节奏韵律等法则，凸现出了它的形式美。

2. 自然美

自然界天然的或人类改造的自然物的美称为自然美。

大自然的博大温存，不但催生了人类，而且养育着人类。大自然的万物自在、万象更新的天然态势中，虽然隐含着潜在的美之底蕴与审美的价值，但在人类诞生之前，甚至在人类的混沌之时，对大自然的磅礴气势，不但没有对自然美的感知与体验，反而充满迷惑与恐惧。岁月沧桑，当人类以本质力量破解了自然之谜，丰衣足食后，自然界才成为人类的审美对象，成为审美需求的主要范畴。

自然美首先以"纯天然"的审美属性，使人们产生对自然美的原始生态与规律的审美需求。大自然固执地铺卷沧桑的秉性，不是从外部注入的。人类应顺其自然，吸取自然美的精华。

自然美的社会性表现在人类对自然的改造，产生的所谓人化的自然，是人类借物托情，试图化自然无情似有情。

自然美的差异性，使自然更为多姿多彩，并以天然的色彩与形态使人受到美的启迪。

自然美不但使人心旷神怡，陶冶性情，增添生活的乐趣，而且能激发人类对生活的热爱，尤其成为人们欣赏与艺术创作的对象与源泉，对用户和设计都是不能缺少的审美需求。仿照飞鸟的飞机，仿照鱼儿的舰船，仿照鸟巢的建筑，只有将自然美作为无穷无尽的素材，才能使得设计与生活越来越美好。

图4-6　和谐社会

3. 社会美

社会美是人类生活的一切领域中积极的社会事物与社会现象中的美。社会美有鲜明的人类实践成果的烙印，是人的本质力量的直接体现。

人们向往社会环境美，因为生活在清新美好的环境里，能使人心态平和，充满积极向上的精神，有利于身心健康（图4-6）。

社会环境美固然需要一定的物质基础，但是与社会文明和文化教育水平、社会风貌都有直接关系。此外，人们追求美好社会的理想，认识社会、改造社会的顽强奋斗也是社会环境美的重要内容。在和谐的生产关系、社会关系中，人人应该遵守社会行为规范与社会公德，互相关心，使社会充满关爱，充满温情。在国家和人民需要的时候，挺身而出，发扬大无畏的革命英雄主义精神，甘愿奉献与牺牲。在生产劳动中，追求人生价值，正确对待奉献与索取的关系，以每个人的美好心灵构筑社会环境的美好。

另一方面，社会美和理想有紧密的联系，社会美直接体现了人的自由创造。不论是一座宏伟的建筑，或是修建这座建筑时的壮丽的劳动场面，或是一个工人正在钻研某一技术革新的神态。这些形象都体现了人的自由创造，和真、善有着紧密的联系。因为人们的自由创造是在认识事物的客观规律的基础上进行的，这就离不开真；而创造的目的是为了实现一定的社会功能目的和实践中的进步要求，这就离不开善。

社会生活的美，从本质上看属于人的社会实践，它是

图4-7 《艰苦岁月》,青铜雕塑,潘鹤

生活本身所固有的。但是人的社会实践又是有目的有意识的人的活动。因此,我们在研究社会美的时候不能脱离人的理想——人们创造历史是在一定理想指导下去创造历史,生活的理想是为了创造理想的生活。实现未来美的理想就要从浇灌这些美好新生的事物着手。例如潘鹤所作的《艰苦岁月》(图4-7)表现了在长征途中的红军老战士掏出身边的笛子悠闲地吹奏,小战士依偎在他身边听得入神的情景。作品以强烈的对比手法,表现了在衣着破烂的外表下,人物乐观、崇高、充实、美好的内心世界,充满了革命乐观主义精神,显示出革命理想的巨大力量。

艺术设计工作者应了解理想与现实的辩证关系,不仅对于深刻掌握社会美的特点有重要意义,而且使他们更自觉地在设计艺术创作方法上运用现实主义和浪漫主义。

4. 艺术美

即艺术作品的美。诸如诗歌美、散文美、小说美、戏剧美、音乐美、舞蹈美、绘画美、雕塑美、工艺美、设计美、建筑美等,都属于艺术美。

艺术美是客观现实美(自然美、社会美)的艺术化反映。艺术美是以现实美为基础,通过艺术家审美实践创造出来的。艺术美是内容美和形式美的和谐统一,是艺术家主观情感与现实生活的统一。由于艺术创作是一个典型化的过程,因此,可以使现实生活中的美变得更美,也可以使生活中的丑变得更逼真、更形象,从而转化为"艺术美"。这样,艺术美就有典型的形象性,深刻的感染性和寓教于乐等显著特征。

艺术美作为意识形态美的存在,凝结着艺术家创意创造性的智慧、才能、理想和勇气。因此,艺术家通过艺术抽象,创造性地典型化,净虚杂为纯真,化平淡为神奇,把现实生活中分散的、不充分的、不稳定的美,变为更高级、更强烈、更集中、更精粹、更理想、更纯真、更典型的艺术美,克服了现实美的局限性。所以艺术美的形象更富有典型性,更富有魅力、感染力和生命力。

一曲《十面埋伏》,可以把人们带到楚汉相争的年代,感受到垓下之战的激烈场面;一部《三国演义》则把人们带回到汉末三国争雄的一幕幕壮烈战斗情景;一幅《清明上河图》更使人们观赏到宋代都市、集镇和乡村的生活情趣与社会风光(图4-8)。如此等等,说明艺术美是超越时空,青春永驻的。古今中外所有文学艺术杰

图4-8 《清明上河图》(局部)卷 绢本淡彩,宋,张择端

作，都会万古流芳。

真善美和谐地统一于艺术美之中，因而艺术美极具感染力，使人在追求美的同时获得精神的满足、灵魂的净化和品德的升华。所以艺术美有独特的教育性，兼教育性与娱乐性于一体。寓教于乐，是艺术美独具的特征。

艺术美独具的长久的超越时空的艺术魅力，使它超越具体事件的审美价值。首先，它可使人提高认识生活、洞察生活的能力，正如高尔基指出的，艺术美是"生活和情绪的历史"，可以帮助和引导人们认识生活，洞察社会，摸清历史的脉搏，掌握自己的命运，建立自己的事业。其次，艺术美可以通过感性形象，明辨事情，愉悦情感，怡养精神，提高修养。看画赏诗，听歌观舞等，都能引起感情共鸣，直至激荡灵魂，怡神养性，提高素质。再次，艺术美可以促进人们之间的感情交流。艺术是人类共同的"语言"，可以成为友谊的使者、感情的桥梁。正如鲁迅所说的，人类交往的最平坦的道路，就是用文字艺术打通的。艺术以其独特的形式，已经发挥并将继续发挥交流思想、融洽情感、增进了解、发展友谊的独特作用，引导人类共建更加美好的生活。

5. 设计美

现代社会非常崇尚设计。关于设计，一般有两种提法：一种是工业设计；另一种是艺术设计。工业设计主要是指工业产品的设计，艺术设计则范围较广，它甚至包括工业设计。艺术设计大致包括二维设计、三维设计及四维设计。二维设计又称平面设计，常见的二维设计有平面广告设计、插图设计、字体设计、动画设计等。三维设计在设计中占的比重最大，凡占有真实三维空间的设计都是立体设计。大部分工业产品设计、城市或社区规划设计都属于三维设计。四维设计的四维指以长宽高构成的三维空间加一维时间。四维设计的产品除了占据一定的空间外，还能明显地占据时间，体现出时间的流动与变化。音响产品设计属于这类设计。后现代主义的设计，很注重时间感，即使是二维、三维设计也力求一种时间的意味。

在各类艺术设计中，建筑设计在艺术设计中占有重要的地位。西方更多地将建筑看成一种艺术，而按我们看来，因为建筑具有实用功能，它应属于设计一类。在应用美学的分支中，建筑美学显得十分重要，有关建筑的美学思想非常丰富。建筑美学除了一般的设计美学所要讨论的问题外，还有它自身的特殊问题。建筑美学涉及的方面非常之多，人文科学、自然科学、技术科学都与它有密切的关系。大而言之，追求人与自然的和谐是建筑美学的一个重要原则。在这点上，建筑与雕塑有某种相似，它们都重视与环境的关系。但雕塑与环境没有隔离，而建筑人为地在自然空间中再造一个空间，因而在本质上与自然有所隔离。虽有所隔离，又要与自然融为一体，这才是建筑美的追求。人为与自然的统一是建筑师的重要的美学原则之一。悉尼歌剧院之所以在建筑美学中具有很高的地位，重要的就在于它与澳大利亚的海洋、阳光实现了最好的和谐。建筑不仅追求与自然环境的和谐，也追求与人文环境的和谐。这里说的人文环境有两个方面的意义：一个是属于空间意义的建筑周围的人文环境，建筑师必须考虑到将他的建筑作为一个部件纳入整个的人文环境中去。美国建筑师 Charles Moore 设计的双树宾馆（Double Tree Hotel）位于市中心，周围都是百年旧建筑。Charles Moore 将它设计成一个具有古典意味的宾馆，与周围的建筑、社区非常和谐。另一个是文化背景也就是文化传统。每个民族都有自己的历史文化传统，历代延续下来，当然是在延续中发展。事实上，建筑是民族文化的物态结晶。这一点在民居上体现得特别突出，比如北京的四合院（图4-9），它充分地体现了中华民族的文化理念。由于生活方式的变化，传统的民居的某些方面

图4-9 北京四合院

已不适应今天的需要了。那么，如何既保持文化传统又切合当今生活的需要，就成为摆在建筑师面前的一大难题。

设计美是一个新的概念，顾名思义，它是艺术设计活动的产物。艺术设计所创造的美，与艺术美有类似之处，它也是观念形态上的，但它与艺术美有着根本性的区别，艺术美凝结在艺术作品中，不需要再转化成物质形态，而设计美还需要通过生产转化成物质形态的美。艺术设计美是一种特殊的美。多元性是它的首要特点。严格说来，设计美不能与艺术美、自然美并列，它是一种综合的美，它包含有技术美、艺术美、自然美、社会美、科学美等。其次，设计美具有很强的社会性。艺术设计是一项社会工程，消费者的需求与审美趣味，设计师必须摆在首要地位予以考虑。再次，当代性。设计总是为现代服务的，追求时髦是设计的突出特点。与工业社会相应的现代设计重在功能设计，而与后工业社会相应的后现代设计，则更多地突出人性化，突出文化性，突出历史感。这点在建筑上体现得最为突出。美国纽约的AT&T大厦采用后现代主义的建筑语言，综合古希腊神殿的三角形山墙、文艺复兴式的廊柱、罗马凯旋门式的拱门等历史因素，又突出现代的国际风格，充分体现出历史感与现代感，被誉为后现代主义的代表作之一。

生活是向前发展的，美也是向前发展的，设计美的观念也是向前发展的。

（二）美的形态

美的世界犹如汪洋大海，其形态是多姿多彩的。人类通过长期的审美活动，逐步归纳和概括出优美、丑陋、壮美、奇美、崇高、悲剧和喜剧等几种主要形态：

1. 优美、丑陋

优美是一种偏于静态的、和谐的、优雅的阴柔之美。优美在美学范畴内是一种最普遍、最常见的现象形态，以协调、均衡、统一为特征。人们平时说的美或漂亮，一般都是指优美。

中国历史上的战国时代，在《易传》中，就以地道之美为阴柔，以天道之美为阳刚。据美学史研究，优美一词出自古希腊，将三女神作为欢乐、美好、光明的象征。

人们在生活和生产中向往优美的意境，追求生活环境的宁静、清丽、淡雅，喜爱绿荫如盖、曲径通幽的建筑意境。所以，身在喧闹都市、水泥禁锢中的人，对田园般的优美已如梦如痴；往日热气沸腾、机器轰鸣的生产环境也早已不受现代人所欢迎，因为人们已被优美的感性特征所吸引。

优美最本质的特征是和谐，即配合得当与匀称。自然界最为和谐，所以自然最为优美；艺术作品最为和谐，所以最为优美：一尊断臂的维纳斯塑像（图2-100b），是希腊神话传说中爱与美的女神阿弗洛狄忒的化身，是深邃的精神内涵与典雅风韵的完美结合，是和谐的象征。后来的艺术家们都曾设想为她复原断臂，但总不如失去的缺憾之美，说明和谐是物我合一的伟大力量。今天，人们更加崇尚人与自然的和谐，社会生活领域的和谐，因为和谐能使人们尽享优美。

从生理反应上看，优美常常给人们舒缓、轻松的感受。所以，今天最佳的生活与生产环境的优美，能使人们从容不迫，在轻松愉悦的和谐气氛中生活与劳动。

丑陋在美学中具有重要的地位。通常人们将丑看成是美的对立面，这是不妥的。我们要区别两种意义的丑：一种是审美意义上的丑；一种是非审美意义上的丑。非审美的丑主要（并非只是）指生活中的丑，包括道德上的丑和违背生活常态的畸形。这类丑也可以叫作不可克服的丑。审美的丑主要指艺术中的丑。它除了充当作品中的美的烘托、陪衬、对立面以外，还可以通过艺术家成功的艺术处理而取得一种不同于生活中原有的美学属性，成为艺术美的一个因素。罗丹的《欧米哀尔》就是艺术"化丑为美"的典型例子（图4-10）。

什么是丑？美学史上有许多观点，表现其本质归纳为假的（非真实性、非逻辑性）、恶的（违人性的、落后的）、怪的（不和谐、不合常规）等。丑可以分为：恶丑、怪诞、荒诞等。

2. 壮美、崇高

壮美是一种动态的、充满冲突与气势的阳刚之美。壮美以主体与客体的对立抗争为特征，与优美呈对立的势态。有些美学著作中也把壮美称为崇高。

壮美是冲突、气势、拼搏的象征，是一种激动人心的庄严的美、抗争的美，甚至是敢于牺牲的美。

自然界中的壮美是山呼海啸、暴风骤雨的宏大气势。社会领域中的壮美是正义的强大与力量的伟岸，是先烈们视死如归的大无畏的壮烈，是人类改造自然、战胜困难的豪迈气概。

教育家蔡元培用"至大""至刚"概括了壮美或崇高的含义："至大"是说壮美的宏大气势振人心弦；"至刚"是说壮美的内涵是阳刚。所以在日常生活中，人们崇尚壮美，因为在困难和挫折面前，敢于拼搏，敢于跨越，才能有成功的喜悦与壮美。"不入虎穴，焉得虎子"的成语告诉人们：只有

图4-10　《欧米哀尔》　罗丹

拼搏,才有壮美;敢于奋斗,才有壮美。工人在车间高悬的"劳动创造世界"的彤红大字下,用辛勤与汗水换来劳动的成果,是壮美;航天英雄杨利伟在太空向世界展示中国的国旗,神态自若地走出舱门,是壮美;奥运健儿站在冠军的领奖台上,五星红旗高高升起,是壮美。威武的"天下第一刀"、迎宾三军仪仗队指挥李本涛的军刀入鞘的绝技,在练习中,手掌都被刺透,为的是展示中华民族与中国军队的气势。当年美国克林顿总统来访时,对李本涛的威武刚阳的绝技所感动,向他深深地鞠躬致敬。李本涛展示了中国军人的威武,也是壮美。但是,这些令人赞叹、激动人心的壮美要有惊人的艰苦付出,甚至是敢于牺牲的大无畏的英雄气概。

在工厂的铸造车间每时每刻都在展示着令人震撼的壮美画面:在大型铸件浇铸之前,车间主任俨然像一位作战的指挥员,部署任务,并要求每位工人必须做到,不管发生什么意外,都要坚守岗位,沉着应对。当他挥动大手,宣布浇铸开始后,天车轰鸣作响,吊着彤红的铁水包平稳运行,到达浇铸位置时,工人用长长的钢钎引流,凭纯熟的经验与技艺,使彤红的铁水凌空而下,一丝不溅地浇入不过碗口大小的浇口中。但是,每位铸造工人都深知,倘若差之毫厘,即使是小米粒大小的铁豆也会引起严重烫伤。他们既有必胜的信心,更有承担险恶的心理准备。他们可能未曾知晓什么是壮美,他们的劳动就是一幅壮美的画卷。

人类历史的发展总不会一帆风顺,每一个人都常常要面对困难或逆境。但是,为了追求人生的理想与价值,就应当以坚定的信念、顽强的意志、大无畏的英雄气概,艰苦拼搏,获得人生与事业的壮美。

崇高是西方美学史上的概念,中国古典美学中没有这一概念。壮美是中国古典美学的概念,西方美学没有壮美这一概念,却有"伟大"这一概念,伟大即为崇高。

在西方美学中,beauty虽通常称为美,其实是优美;与崇高是对等的两个概念,美不是崇高。优美表现为主体与客体的相对统一,取和谐的状态;而崇高则表现为主体与客体的对立,取冲突的状态。虽然它们都属审美范畴,都含有真与善的内涵,但崇高具有压倒一切的力量与气势,在形式上具有怪诞的因素,总是体现为对形式美法则的破坏,而在社会事物上凸现出宗教的泛圣洁性,道德的高尚性与历史的正义性,使人有一种痛感中的快感,惊赞感中的自豪感,不具有直接的诱惑欣赏美的力量,而是对人有一种压迫力,或震惊。

在中国美学中,优美与壮美都是美,它们是一个大概念下的两个小概念。应该说:崇高与中国美学中的壮美在许多方面是一致的。它们都可以指形象的阔大、气势的磅礴、力量的劲健。但在本质上它们又有所不同,不同主要在于:①崇高侧重于精神的圣洁、高尚,即使是细小的事物,如精神特别伟大,也可称之为崇高。壮美当然也重视内容,但壮美也很注重形式,壮美的形式必须是雄伟的、巨大的(图4-11)。②崇高的本质体现出主体与客体严

图4-11 商代青铜器虎食人卣

重冲突的痕迹,是一种不和谐的和谐。而壮美未必体现出主体对客体严重冲突的痕迹,主体与客体仍然是和谐的。③西方美学中,崇高常与悲剧概念相联。崇高中的恐怖色彩与悲剧中的苦难结下不解之缘。一般来说,悲剧总含有崇高,而崇高总难免悲剧。中华美学中的壮美与悲剧没有内在联系,相反,壮美常常体现出一种乐观的豪放的情调。

3. 悲剧

悲剧是指人及人类社会中不该发生的事。在美与丑、先进与落后的矛盾冲突中,美与先进暂时被丑与落后压倒,但最终以美与先进必定胜利的必然性,使人感到正义的伟大力量,从而受到激励与陶冶的一种审美形态。

在美学范畴内,悲剧是侧重悲剧性质的审美价值,所以又称悲剧性。与艺术创作中的悲剧不同,比如,英雄牺牲是英雄悲剧,历史倒转是社会悲剧等。但是悲痛并不是悲剧的审美特征,悲剧不是悲哀,不是让人悲观失望或灰心丧气,悲剧中充满着顽强的战斗性和高昂的激情,所以悲剧是壮丽的、高昂的。英雄就义虽然倒在敌人面前,是不该发生的悲剧,但是英雄视死如归、顶天立地的高昂气势,显示了正义必定战胜邪恶的伟大力量,使人从中获得激励,产生壮美与崇高的感受。

悲剧的审美价值在于,让人们在悲壮中看到正义的伟岸,获得壮美的享受。新生事物往往是弱小的,在与强大的势力的较量中可能被扼杀或毁灭,但新生力量必定胜利的规律是不可阻挡的。暂时的挫折是悲剧,而悲剧更烘托了新生事物敢于抗争,直至胜利的伟大。历史是这样,人们生活中也是这样。比如,一项新技术、新产品的试验,必定有很多欠缺和不足,可能在传统观念中受到嘲讽与指责,可能导致失败,如果试验者在失败的悲剧中,了解悲剧的特征与规律,以坚定的信念,锲而不舍地坚持研究与试验,才真正体现了敢于创新的高昂气势、敢于打破传统,求得发展的胆识。反之,不思进取,平安度日没有风险,更没有悲剧,也不会遭到危难或折磨,甚至可以去指责、去嘲讽他人。如果这样,社会不能发展,历史不能前进,才是人间最大的悲剧。

悲剧潜移默化地净化着人们的心灵,使人懂得壮美与崇高的豪迈。因而能弘扬斗志,催人上进,也是设计值得崇尚的审美形式。

4. 喜剧

喜剧是美对丑、正义对邪恶的嘲讽,揭露展示新生战胜腐朽的必然规律。是以喜悦告别过去,告别历史的审美范畴。喜剧最重要的特征是顺畅与胜利的喜悦。正如马克思所说:历史不断前进,经过许多阶段才把陈旧生活方式送进坟墓,世界历史形成的最后一个阶段就是喜剧。喜剧的审美价值是寓庄于谐,庄是严肃的内容,谐是活泼的形式。把庄重严肃的内容以轻松活泼的方式淋漓尽致地展示出来,在令人捧腹的诙谐气氛中发人深省,在舒心愉悦中告别过去,迎接未来。喜剧效果如同普希金所说:法律和剑达不到的地方,讽刺的鞭子可以达到。

喜剧令人欢笑,欢笑使人年轻。人们懂得喜剧的审美价值后,应当运用寓庄于谐的喜剧手段,正视生活工作中的困难,乐观地对待人生与事业。因为科学研究表明,笑会使人体释放一种"茶酚安"的激素,不但祛病,而且养生。

就喜剧来说,有两种比较特殊的喜剧值得我们注意,即在悲剧情势下的喜剧和喜剧式的悲剧,如《望江亭》中谭记儿对杨衙内的戏谑和《摩登时代》那个工人(卓别林)走在街上见到女人的衣扣像螺帽就要去拧的喜剧效果。

关于喜剧的本质,除了要强调这是在一定条件下美对丑的战胜以外,还要强调这种战胜必须是"戏谑性"的，就是说，代表正价值的美是显示出将丑玩弄于股掌之上的优越感、机智感、谐趣感。如果没有这一点，喜剧就成了正剧。

四、现代设计美学的意义

（一）现代设计是满足人的高层次精神需要

我们说过，现代设计美学首先和着重研究的是现代设计本质和审美规律等。这种研究不仅是为了有助于一般意义上的设计得以实现，而且是为了完成美的设计；不仅是为了生产出合格的功能产品，而且是为了造成合理而且美的产品。对美的追求是人高层次精神需要和高质量生活方式的一个标志。人不同于动物的根本一点在于，"人则自由地对待自己的产品"，"人却懂得按照任何一个种类的尺度来进行生产，并且懂得怎样处处都把内在的尺度运用到对象上去；因此，人也按照美的规律来建造"。（马克思：《1844年经济学哲学手稿》，见《马克思恩格斯全集》第42卷，人民出版社，1979，第97页）

事实上，一件功能、经济、技术等标准合格的设计并不一定是美的设计，尽管设计的美要以功能、技术、信息、经济等标准为前提；但是它有自己的规律和要求。正如有的学者所说的："装饰的魅力就在于它能在不改变物体的情况下使物体得到改变。"（贡布里希：《秩序感》，浙江摄影出版社，1987，第284页）这种改变不应当被看作仅仅是形式上的变化，它实则也是一种新的质——与人的物质、精神要求的满足均相联系的新的品质的获取，正是设计师的创造性劳动造成了它。美的设计是超越功能实用因素的精神创造。多年来被实践证明是实用便宜又适合生产的许多设计，从服装到热水瓶，从建筑物到汽车，从铅笔盒到自行车，之所以一次次被否定、被淘汰，其重要原因之一是人们不满足于已有的习惯造型样式，不断地追求美。有的研究者对空间照明设计提出了富有启迪意义的看法：如果一个空间中的照明设计满足了照度、均匀度和炫光控制等方面所规定的标准，并且使用了合适的光源，使用者一般就不会感到不舒适。但这并不是说它是满意的和令人愉快的，相反，很可能是平淡乏味的和令人讨厌的。这意味着室内视觉环境设计不仅要排除不舒适感和满足视觉效能的需要，而且应当考虑得更好一些，使它对人提供更积极的贡献。合格可能平庸生厌，这样的例子在现代设计领域诸形态中俯拾皆是。而要考虑得更好一些，了解和掌握现代设计美学原理和规律是必不可少的。

谈到现代设计美学的现实和未来意义，我们想起当代美国学者梅格斯的一段论述，他在完成于20世纪80年代初的《20世纪视觉传达设计史》（*A History of Graphic Design*）的后记中写道：人类正经历一场新的革命，它可以与开创机械时代的工业革命相比。视觉传达设计界通过投入大众视觉传达、系统设计和计算机图像，正响应这个新电子通信时代。各种工具，就像过去经常发生的，正以不懈的技术进步改变着，但视觉传达设计的本质保持不变。这个本质是把思想和概念转变到视觉形式的能力和为信息带来秩序的能力。从来没有比现在更需要清楚且有创造性的视觉传达，使群众与他们的文化、经济和社会生活联系。视觉传达设计师有责任采用新技术且通过创造出表达思想的新形式和新方法，去表达他们时代的精神。这段宏观概述虽说是以视觉传达设计为话题的，但它的核心思想和内在精神却适合整个设计领域。又是十几年过去了，这里谈到的时代特征、设计本质和设计师的责任显得更清楚了。现代设计美学将帮助设计师提高自己的修养和设计水平，以承担起适应变革的新时代和反映时代精神的历史责任，推动本质不变的现代设计运动的不断发展。经验式的设计和模仿式的设计都不是真正的设计，事实的确是这样：设计与哲学……联系得非常密切。就是说，设计不属于一种无前提的抽象行为，即人的个性世界，而是一种有意识的行为。只有当人有了深刻的认识，设计才得以成立。（大智浩、佐口七郎合编：《设计概论》，浙江人民美术出版社，1991，第4页）本质上属于哲学的现代设计美学就是这样的一种深刻认识。

（二）现代设计是人全面健康发展的要求和标准之一

现代设计美学的价值和意义，在今天的生活中普遍存在。现代设计美学不但对于专门的设计师来说是必要的，对于美学家和艺术理论家来说也是不应忽视的，而且对公众来说也是有帮助的和有意义的。人们正在自觉不自觉地走近现代设计美学，撩开它的面纱，看清它的面容。它正在长成为人们身边伸手可触的葱郁的理论之树。

在生活中，每一个人都有可能在一定的条件下，成为一位生活艺术的策划者、组织者和设计者。他或她有很多机会接触或尝试服饰设计，他们选择、搭配服饰，甚至自己动手来按照自己理想的样式制作服饰。从家庭主妇到少男少女，免不了在如何对居室、客厅或游戏室进行艺术处理，如何装修、布置、装饰、美化上动些脑筋，大到如何分割空间、吊顶安灯、配置家具，小到在哪里摆上什么陈设品或布置挂历、室内装饰画，这时他们实际上就在充当自己所居住、活动的空间的室内设计师。喜庆的日子到了，彩灯挂起来，窗花贴起来，吉祥物摆起来。春联、圣诞树、生日蛋糕代表了不同的主题，营造起不同的氛围。这时，人人都有可能施展自己在选择、陈设、组合什物家具、制造气氛方面的才能，而这实际就是一种展示设计的才能。在许多情况下，人们为自己进行个人形象设计，或者替亲友的形象设计出谋划策。当他们在某一环境空间或景观中活动时，他们的形象，无论是静态的还是动态的，便都成为这一景观环境设计的一个生动的组成因素，在办公室，在旅游风景区，在城市街头广场，构成一道道变动的亮丽风景线。总之，人人都可能以不同方式在不同程度上接触和实践现代设计，从他们对美的渴望、追求和创造的本质力量的意义上说，人人都是设计师。那么，从可能的、潜在的设计师成为现实的、自觉的设计师，其实是人全面健康发展的要求和标准之一。这里所说的现实性和自觉性是从美学修养和艺术鉴赏、创造水平上而言的，与成为专职设计师不是一回事。

人们正处在一个崭新的时代，电脑设计等新一代设计工具和手段正在世界范围内普及。然而，人类的思维仍然要比目前最先进的电脑复杂不知多少倍。人类的想象、创意是电脑无法完全代替的。也许正是从这一意义上考虑，国际上现代设计教育的主流把超越现存规矩、开发想象作为主要目标。现代设计美学可以也应当成为一门普遍广泛地有助于人们形成深刻的设计认识、有效地展开想象和产生创意的学科。

第二节 设计艺术审美心理的认知因素

审美心理的认知过程，是在感觉与直觉审美表象的基础上，经过观察与记忆引起对审美对象的思维与想象，形成审美意象的过程；是由接受审美形象刺激到能动的创造过程。是以一定的生理机制为基础，是特定社会生活、客观事物审美特性和主体审美实践内化的过程。受对象和特定环境制约，又贯穿着主观能动性，实现由感性向理性的飞跃和由认识到实践、创造的飞跃。

一、设计审美表象

（一）审美表象的概念

表象是指客观事物在头脑中留下的痕迹。审美表象是指审美中事物外部整体新特征直接作用于感官而在头脑中形成并巩固下来的完整映像。

人们常说某个人、某件事给人留下了深刻的印象，是由于客观对象的刺激深深扎根于记忆之中。看到的、听到的、触摸到的形成了视觉表象、听觉表象和触觉表象。

审美表象有直接与间接表象，有个别、一般和综合表象。

审美表象是审美心理活动的基本单元，由感觉、知觉到理智、情感的过渡阶段，由感知到创造的中间环节，是形象思维和抽象思维的复合点及最后分手处。人们积累的审美表象越丰富、越清晰，人的想象力、创造力就愈强。

（二）设计的审美表象

设计活动中的审美表象是指留在头脑与记忆中的与设计相关的表象。如设计者的阅历与经验、建筑师对经典建筑的印象、画家头脑中积累的创作素材等，都是审美中事物外部整体性特征直接作用于创作者感官而在头脑中形成并巩固下来的完整映像，使他们见多识广，在构思与创作之前完成了对审美表象的形象思维过程。比如，郑板桥所曰"眼中之竹"，是以竹为审美对象，经他直接观察所获得的审美表象，是触发画家产生画意，经"胸中之竹"到"手中之竹"的起始阶段。可见，没有丰富的审美表象，就没有创作的源泉。所以，如何丰富设计的审美表象，是每个设计者及艺术创作者应当关注的问题。

曹雪芹的《红楼梦》描绘的大观园，景致典雅，意境深邃，当时宏大的园林成为创作的审美表象。但是大观园的遗址究竟在哪里？许多研究著作和书籍都在探讨，至今仍是不解之谜。由此可见曹雪芹头脑中的审美表象对这部文学作品的作用。东晋画家顾恺之"迁想妙得"的绘画论说，是指只有仔细体会、揣摩对象的特征，即迁想，才有精妙的体会、认识，即妙得；"以形写神"是指作画前只有准确把握了描绘对象的外形，才能表现其精神。这些都说明设计活动及艺术创作只有深入观照，积累丰富的审美表象，才有创作的源泉。

二、设计的审美感觉

（一）审美感觉的概念

感觉，按心理学的分析，是对事物个别特性的反映，如对事物的色彩、形状、声音、质地的感官印象。是通过感官与对象的直接接触而获得的。普通心理学的常识已使人们知道：人的眼、耳、鼻、舌、躯体和大脑神经系统专门组成了听、视、嗅、味、触的感官分析器官，接受和传达外界各种信息。感觉是一切复杂心理现象的生理基础。

审美感觉是整个审美心理活动的原发阶段和物质前提。一方面，主体通过感觉与审美客体直接发生联系，把握审美对象的感性特征后，产生审美的生理快感和初级美感；另一方面，审美中的知觉、想象、情感、思维等更高级、更复杂的心理现象，都需在通过感觉所获得的感性材料的基础上产生。

（二）设计的审美感觉

设计者或艺术家都属于有专门能力的人，所以，首先要具备审美感觉的敏锐性，善于在人们习以为常的事物中发现设计与创作的思路。比如，游人观赏盛开的丁香花，尽享沁人肺腑的芳香，属于一般层次的审美感觉；而设计者或艺术家则要仔细察看，发现每朵丁香花都是四片花瓣，这才是审美感觉的敏锐性。还要发展审美感觉的深广性，审美感觉的深层次，是指由表及里，入木三分的感觉，善于抓住事物的本质；审美感觉的视野广，是指见多识广，阅历丰富的感觉。画家创作一幅人的头像画，旁观者总是评论与写生对象相像与否，而画家注重的是写生对象深层的气质如何表现。而丰富广博的审美感觉，对于扩大设计与创作的思路更为重要。美学理论家王朝闻曾指出：只有诉诸感觉的东西，才能引起强烈的感动。审美对象只有经过设计者与艺术家的感觉，才有可能引起创作的美感。

三、设计的审美知觉

（一）审美知觉的概念

普通心理学告诉人们：知觉，是对事物个别特性组成的完整形象的整体性把握，甚至还包含对这一完整形象所具有的种种含义和情感表现的把握。审美知觉是在感觉基础上发展起来的，又是在社会条件作用下形成的。

狭义的知觉以感觉为基础，是将感觉材料经过综合后而形成的形象知觉，具备了知觉的综合性、整体性、连续性和不确定性；广义的知觉是在感觉基础上调动了已有的心理积淀，渗透了回忆，并将已有的知识、经验、情感、兴趣、意志等融入知觉中，使知觉的内容附着特定的观念和情绪，成为理性的、情感的知觉。

（二）设计的审美知觉

设计或创作的审美知觉除了具备常人那种对形象的知觉外，还应有超过常人的时间知觉、空间知觉、节奏知觉以及动知觉、静知觉等，为设计艺术创作的想象、联想、判断、理解和情感奠定心理基础。

设计的审美知觉不是简单的知识判断，不是科学的归类，而是透过设计对象的形式达到对情感表现的把握。对审美的直觉理解可以观看卢浮宫的"米洛的维纳斯"大理石雕像来分析。从审美感觉来看，它是约公元前200年古希腊高约202厘米的一个美女立石雕；而从审美直觉看，它是代表了那个时期古希腊艺术所达到的水平。它既像一个真实形象站在我们面前，又像是来自另一个更为美好的世界。证明了希腊艺术家们在类型化的形象和具体的形象之间取得了一种新的巧妙的平衡，即符合黄金分割的比例，它不仅展示了人体的自然美，也保持古典时期大气磅礴的崇高美感。

比如，人们看到大海与天空相接的海平线，大地与天空相接的地平线，只会产生平远、宽广的知觉，感到海阔天空、大地广阔（图4-12）；而在设计者与艺

图4-12 海南风光

家的眼里,可能会在此知觉基础上,还会有宁静、致远、优美的知觉,进而引发对美好与未来的憧憬与向往的情感,以深层的知觉奠定审美创造的基础。这就说明,设计的审美知觉不同于一般的感性知觉,设计者,尤其是艺术家能排除对审美对象的功利性,而特别注重对象的形状特征,使对象的全部感性、丰富性被感官所充分接受。设计的审美知觉与普通知觉另一个明显的区别是具有鲜明的情感色彩,并伴随设计者和艺术家们的强烈的感情活动,是一种有选择、有对比的主动积极的心理活动。是外在形式与内在心理的契合。

设计审美知觉的最终目标是创造丰富浩瀚的外部世界与曲折深邃的内部世界,并融为一体,构成设计的独立的审美知觉世界。马克思、恩格斯在《德意志意识形态》中指出:人创造环境,同时环境也创造人。为了创造美好的客观世界,更要从已有的客观世界中,以特有的审美知觉积累设计与创作的素材,为审美创造所用。

四、设计的审美观察

(一)审美观察的概念

审美观察与美学用语"审美观照"相通,是指人对事物审美特性的观察、体验、审视等特有的审美心理活动。共有两层含义:一是观审,即审美观察不是认识事物的现象,而是认识事物的本质。如古希腊柏拉图认为的对理念世界的美,审视与回忆,才能获得最高的美感;二是静观,即注视、设想与期望,既不受旁物干扰,又不受功利所累,无所为的凝视、观照。

(二)设计的审美观察

设计活动中的审美观察要比普通心理学中研究的观察有所扩展,因而不同于一般的观察。设计的审美观察不是被动的感知,而是一种主动积极的审美感受。是以设计与创作对象的审美特性为知觉心理特征,经过知觉、想象受到美的感染,在瞬间领悟到感情上的满足和喜悦,并在设计创作审美中肯定自身的本质力量。

唐代张操在《历代名画论》中有"外师造化,中得心源"的美学观点:"外师造化"即要求画家善于观察,体会审美对象的美,掌握其中的规律并从中汲取创作原料;"中得心源"要求画家对他所要表现的对象进行分析、研究,根据自己的审美感受、审美认识和审美情趣,在头脑中进行艺术加工,说明了设计与创做过程中审美观察的作用。

比如,在产品造型设计中,设计者审视(图4-13a)中的长方体直角棱线的造型,总有棱角尖厉、冷漠的视觉感受,而且还

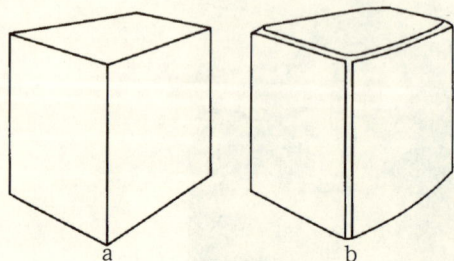

图4-13

产生各棱面向内凹进的错视，就会发现这不是成功的设计；如果设计者以积极的审美观察，去发现和感悟美的形态，就会使设计成果更美，更充满艺术情趣。

观察（图4-13b）中的造型设计，将尖锐的棱线改为直边小圆角的形式，过渡柔和，给人亲切的美感；前面向外微凸，又给人以充盈的美感。设计的审美观察如同开启的窗口，让清新与美好不断涌入设计的视野中。

五、设计的审美记忆

（一）审美记忆的概念

审美记忆是在普通心理学所论述的记忆基础上，专指对感知过的对象审美特性以及主体审美经验、观念、情感在大脑皮层的储存与积累。包括表象记忆、意象记忆、观念记忆、词语概念记忆、情感记忆、逻辑记忆等记忆形态，构成一种综合性的记忆结构系统，并且成为审美心理积累的具体材料和审美心理结构的重要组成部分。

记忆的材料愈丰富，愈生动，愈牢固，审美活动则愈有活力，愈深广，愈有创造性。

（二）设计的审美记忆

设计艺术创作的审美记忆应当是一种综合性的记忆系统结构，为了强化设计艺术的审美记忆，不妨借鉴苏格兰心理学家布朗提出的增强记忆的规律，一是显因律：审美对象对人的刺激越强烈，原先的审美感觉，知觉表象越鲜明生动，思维系列内的相应部分的联系就越牢固，审美记忆就越深刻；二是频因律：审美对象刺激的次数越频繁，以往的经验、事物重现的次数越多，印象就越深刻；三是近因律：审美对象刺激发生的时间越近，感觉印象就越新鲜、深刻，记忆就越鲜明，回忆也越活跃。

审美创造活动需要审美记忆的能力。比如，面对稍纵即逝的美好事物，要留下清晰的记忆，变成大脑中所存储的审美表象。画家正在写生一匹马，马在不断地改变姿势，画家只有凭借美好的记忆，才能点燃艺术创作的激情；设计师靠过目不忘的审美记忆能力，才能积累与运用设计的素材。审美记忆如同一幅幅画面，浮现在设计者与艺术家的眼前。

六、设计的审美思维

（一）审美思维的概念

审美思维也称艺术思维，是艺术创作、鉴赏中的独特的思维活动与思维方式。对于它的性质、特征，中国美学界有不同的见解。有的认为它就是形象思维，有的认为它是形象思维中的一种特殊形态。但无论如何，艺术思维是审美与艺术创造、艺术鉴赏中特殊的思维活动，贯穿于观察生活、审美认识、体验、意象创造、设计艺术构思、艺术表达等全过程，更具有形象的丰富性、完整性，想象的自由度、情感的激越性和创造的自觉性。

（二）设计的审美思维

时代需要设计与艺术融合，设计者与艺术家一样，都需要审美思维，用来指导和规范设计与创作活动。设计的审美思维首先遵循认识的一般规律，即由低级向高级、由现象到本质、由个别到一般、由感性到理性的过程，最后达到对审美对象本质的把握。同时又有特殊的规律，即在审美思维的整个过程中，始终有感性形象的存在，是"神与物游"的思维过程，始终伴随强烈的情感活动。设计者要训练这种审美思维能力，进行设计艺术构想，塑造既有功能又

图4-14 拉+金属材料=无形的力

有美感的设计成果与艺术形象。不仅以审美思维加深对设计对象内涵的理解与认识，而且富有强烈的艺术感染力。

今天，设计艺术的审美思维尤其具有现实意义，因为世界上一切美好的事物，总是由美的内容和美的形式这两个方面所构成，设计成果也不例外。产品功能结构的内容美要通过产品的形式美表达出来。设计成果的形式美，包括形象典雅独特、形体巧妙可爱、色彩明快宜人，这是设计成果的审美形态，也是发挥审美功能的一个重要因素。必须承认：设计艺术活动历来过于注重功能结构的传统观念，制约了审美思维的训练与发展，影响了形式美的构想与表达。为了设计成果的完美，应当注重审美思维的强化。

如图4-14，作者为了处理好"无形的力"的命题，根据铁的功能现象，加上自己的审美思维，借助"拉+金属材料"，以轻松、简洁、灵巧的方式向我们提出了一个新的启示：高质量的思维产生美。

七、设计的审美联想

（一）审美联想的概念

审美联想是人在审美活动中感知或回忆特定事物时连带想起其他相关事物的心理过程。

审美联想最早由英国的洛克于1690年在《人类理智论》的著作中提出。在中国，迁想妙得，联袂不穷，由此及彼，睹物思人，触类旁通及举一反三等说法都是联想。审美联想的客观基础是审美对象对人的刺激程度，如强度、次数、对象之间在时空上的邻近性，新鲜事物与记忆事物固有的联系等。审美联想的生理机制是大脑皮层神经联系的复苏，陈留的兴奋痕迹在新鲜对象的刺激下的重新复现。

审美联想是一种高级的心理活动、意识活动，审美主体必须具备一定的心理条件，如记忆的丰富性，回忆的活跃性，目的的明确性，知识、经验的广博性，以及特定的情绪状态，一定的思维能力等。

审美联想的类型共有20多种，柏拉图、亚里士多德曾提出相似律、对比律和接近律的联想方式；休谟又提出相似相接、时地相接、因果关系等类型，一直为心理学美学沿用。

按传统的审美联想分类方式，应当了解以下类型。

第一，临近联想。是事物之间在时间、空间上相邻近所引起的联想。比如作家写小说，构想中必然由小说中的人物联想到情节与环境，由怎样刻画人物想到故事的情节，还要

图4-15　油画《伏尔加河上的纤夫》，俄国，列宾，1873

想到典型的环境等。

　　第二，相似联想。又称类比联想。是指事物之间在性质、形态上相似所引起的联想。如欣赏列宾的油画《伏尔加河上的纤夫》（图4-15），必然会联想到俄罗斯歌曲《伏尔加船夫曲》。相似联想深化了对这些作品共同审美特性的理解与体验。图4-16让人看后会联想起航空飞机好像从这个眼角飞向那个眼角的距离是那么短暂。

　　第三，对比联想。它指事物之间在性质、形态上的差异或相反所引起的联想。如画家以对比联想的方式，构想用稀而薄的颜料，轻匀柔润的笔法渲染出缥缈的云天和明净的水面；用浓而重的颜料，重叠堆砌的笔触塑造坚硬的岩石和厚实的土地；用枯而涩的笔触刻画苍颜老者，用细腻的笔法描绘如玉少年的面庞。

　　细化联想类型，还有表象联想、意象联想、观念联想、情绪联想等20多种类型。这都是不同心理形式、心理内容的运动形式。图4-17是世界广告巨擘大卫·奥格威的绝世之作——"哈撒威男人"海报。这则广告使客户的衬衫产品在默默无闻百余年后，销量在一年中提高了三倍，一举成功，闻名全美。而创作这一广告的奥美广告公司也得到高额奖金，由此成名。在相当长的时间里，这则广告成了全世界效仿的对象。在这则广告中，奥格威遵循了他自己的文案写作原则——标题要能引起联想，正文要直截了当而非旁敲侧击。他选择了俄国贵族乔治·朗格尔男爵为模特儿，其留着漂亮的小胡子，一手撑腰，目光有神，向右斜视。标题拟为：穿哈撒威衬衫的人。让受众联想，谁是穿哈撒威的人？为什么贵族们喜欢？

（二）设计的审美联想

　　对设计来说，审美联想在审美创造中有重要作用，是一种不可缺少的心理形式，更是审美感受、体验、创造中展开形象思维的重要环节。审美联想的训练应注意以下几个方

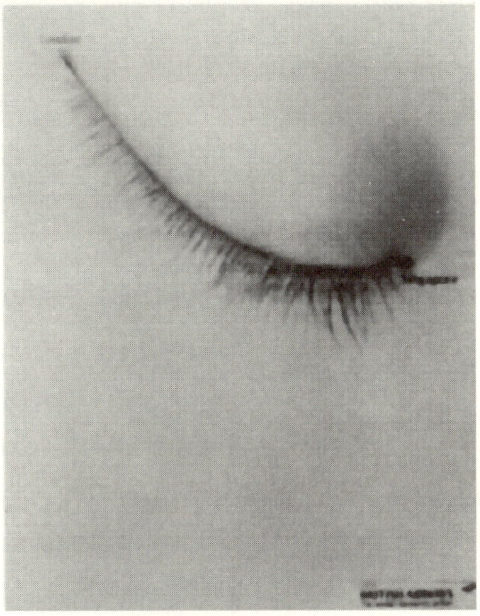

图4-16　英国航空公司

文案：眼睛上的文字：伦敦——新加坡
广告语：世界上最受喜爱的航空公司。
评析：搭乘本次航班，其方便、快捷，只是眨眼间的事。

图4-17　"哈撒威男人"

面。

第一，善于把零散、杂乱的审美对象按特性加以筛选、整理，深化审美的感知与理解，丰富和巩固审美记忆。这样，联想不仅加深了对事物的认识，沟通了心与对象的联系，推动了审美意象的创造，而且还将认识和创造的表象、形象、意象、观念等加以定型化并积累于脑际，加深印象，强化审美的动力。比如，参观一次产品博览会，琳琅满目的产品会使人眼花缭乱，但设计者却能理出清晰的启发、借鉴的头绪，为自己的设计所用。

第二，学会以审美联想突破有限对象的时空、形态、内容的限制，善于以一当十、举一反三。在审美创造中由此及彼，由实见虚，由形知质，使联想无穷无尽。正因如此，才有一种产品的系列化及多功能的创造。

第三，在审美联想过程中，注意将自己与对象沟通，激发自我意识，使对象人性化，美为人而生。只有通过联想，才能将自在之物变为我之物，才有物的审美价值。审美联想是物我交流，相互作用的过程，设计者或艺术家如果以参与者的身份、态度介入对象，进入角色，就必然将对象与自己的思想、情感联系起来，引起思索和情感的激荡。比如，音乐指挥家虽然自己不唱歌，不演奏乐器，但他必须吃透乐曲的内涵，融入乐曲的意境中，用自己的理解、体会、情感调动与感染演奏者，共同进入物我两忘、物我合一的境界。借助审美联想还可以引起设计者与艺术家情感的自我扩张、转移、旁及、产生联想、感觉逆转、注意转移等心理现象。比如，普希金在《灿烂的城》中描写小城寒冷、破旧，但却使他留恋，因为那里有他钟爱的人，所以本来令人不快的东西仿佛也显得可爱了。

审美联想还是设计活动与艺术创作中或审美表达中的烘托、陪衬、夸张、象征等手法的心理基础。审美创造中要运用这些手法，在物我之间展开联想，才能使创造成果丰满深刻。此外，审美联想的训练还要与审美想象、意识、意志等心理活动联系起来，并在设计与创作活动中加以运用。

八、设计的审美想象

（一）审美想象的概念

审美主体在特定对象刺激、诱导下，大脑皮层将积累的诸多信息、表象进行组合、加工而创造审美新形象的心理过程，称为审美想象。

审美想象的心理机制是记忆的复合，是大脑皮层储存的众多信息的新组合，暂时神经联系的重新复苏。

审美想象的心理过程是审美主体接受感觉对象时，并不以固有的感受为满足，而是调动与改造记忆中的表现，进行加工、制作，进行新的结合，从而充实和丰富审美表象，并制造出新的审美形象。审美想象是一种高级的审美能力，吸纳的是审美对象的刺激，用于加工头脑中的表象，而赋予的则是全新的审美创造与审美形象。这种心理活动要经历三个阶段：一是集中注意力，接受新信息，提取头脑中原有的信息，并加以联结，成为想象的准备阶段；二是对新旧信息加工处理阶段，融入主体的目的、动机、思想与感情，改造对象，孕育审美意象和新形象；三是新形象孕育的成熟阶段，实现新形象的物化，成为想象的归宿阶段。三个阶段层层递进，构成审美想象的系统工程。

审美想象的类型有：无意想象、有意想象、单纯想象、创造性想象与再造性想象。

（二）设计的审美想象

设计师与艺术家在审美创造中，要注意发挥想象的作用，用来激活创新意识，发挥内在潜能，发挥创造的本性，这是科学发展、艺术创造、设计活动的根本动力。高度的想象力，能使人不墨守成规，不因袭前人，不重复自己，而是以创造性的思维，创造新的形象，创造新的世界；同时又能穿透对象，开掘对象的内涵，创造出对象本来没有的意蕴，使想象的创造物比对象更丰富。比如，天空本来是空旷的，寂寞的，但古人却以丰富的想象力，把天空描绘得丰富多彩、栩栩如生，犹如真有这般神奇的妙境。图4-18是法国新古典主义画派最重要的代表性画家安格尔在76岁时完成的最负盛名的一幅裸女形象画。《泉》是安格尔的不朽名作之一，它在形式方面富有想象力的苦心经营到了一种登峰造极的地步。确实，在《泉》这样的完美之作中，一切都是饶有意味的。譬如，少女的"无表情"其实为她倍添了无邪的魅力，而岩石、陶罐、鲜花和流水等除了隐喻的意味之外，丰富了画中可与人体相比较的质地效果。所以说，在这幅画中，人体美与古典美完美地结合在一起。人体造型优美流畅、典雅恬静，透露出少女的天真与青春活力，也是古典与自然相结合的典范，理想化的美的典范。

设计与创作活动需要靠想象超越传统和现实，形成预前构想和超前意识。学会以想象找准指向未来的憧憬、探索中的预测、行动的计划与蓝图，将想象变成审美创造的现实；学会以想象推动认识、情感、意志和创造。试想，设计如果缺乏超前意识，对人类的生存与社会的发展就毫无意义。所以，设计想象力的最高表现是在设计实践中根据历史实现及其发展规律和改造现实的愿望而展开想象的结果。历史和现实等待设计去超越，等待设计将想象和憧憬变为现实。也许平常人并不关心未来会怎样，但是从事设计活动的人，身在今天的设计中，就要构想明天的设计。比如，大自然赐给人们的能源即将耗尽，但很多人为了各自的利益还在疯狂地开采、消耗，只有科学工作者和设计者在想象，怎么开发新的能源。

如果说设计活动中传统的想象方式只限于科学的超前意识，是严格从现实水平出发，按现实规律向前延伸与扩展，表现出超前性，那么，在今天的审美创造活动中，就要学会更为自由、更为广阔的想象方式，甚至敢于超越科学规律，既创造现实生活中尚未出现的美好境界，又以幻想与神话般的想象创造整个世界。在审美想象与艺术想象的自由空间中，来扩张设计的想象天地。

比如，从2002年起，为了使设计想象跳出单纯功能结构的科

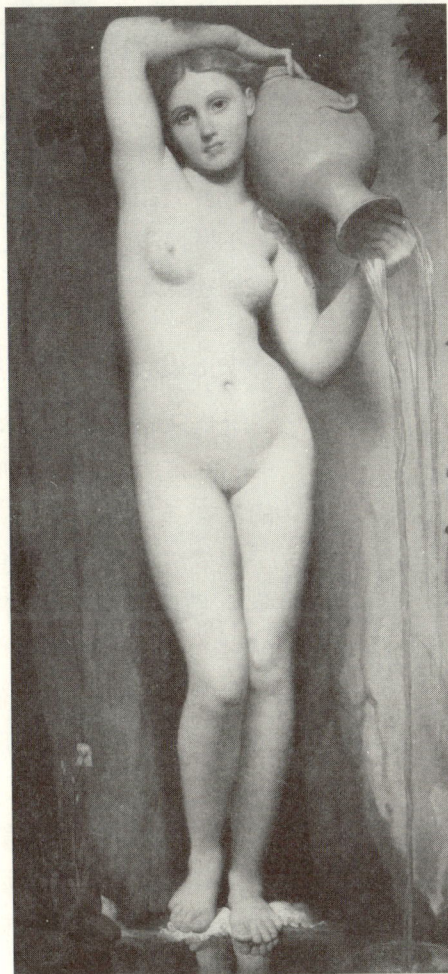

图4-18 《泉》，安格尔，1856

学想象的天地，设计制造了健身与洗涤结合的健身洗衣机，这种想象曾受到传统设计观念的强烈抨击，指责为不尊重科学的胡思乱想。但是，这种想象已在全国各地遍地开花，大中小学生参加竞赛，以健身洗衣机为作品甚至很多学生为此申请了技术保护专利。可以预见健身洗衣机很快会以一种新一代的产品，掀起一次竞争的浪潮。

可见，设计的审美想象不但推动了审美的创造活动，使设计者自身的本质力量得到最大限度的发挥和展现，同时，创造的成果在使用与欣赏的认同中，达到激励人们改造世界、面向未来的社会效果。

九、设计的审美意象

（一）审美意象的概念

人在审美过程中，将形成的感知表象的感性形象与自己的心意状态融合后而成的蕴于胸中的形象，称为审美意象。

形成感知表象以后，审美活动并不停留在认识阶段，而是充分发挥审美者自身的潜能，经过分析、综合、加工等主体意识的改造，并融入主体的思想，情感，想象于感知表象之中，进行能动的创造，于是才形成蕴于胸中的审美意象。

审美意象一旦形成，便产生巨大的内在驱动力量，促成了人的审美创造的意志活动和创造行为，使审美由认识过程、情感过程进入意志行为过程，是物化形态美的创造和艺术创造的实质内容。

（二）设计的审美意象

审美意象可以激起设计者和艺术家的创造冲动，促成设计构思与艺术构思，并实现设计与艺术创造的物化。审美意象联结了设计者、艺术家的心理、设计与艺术形象心理、使用与欣赏心理，使设计与艺术创作发挥创造的功能。

为了丰富设计与艺术创作的审美意象，设计者与艺术家在审美创造中要注意审美意象的特点：第一，审美意象是多类型的、丰富的，又是各自不同的，如景物意象、人物意象与情感意象等。第二，审美意象既有客观现实性、理智性，又有虚幻性、创新性。在审美创造时应善于在纷繁杂乱、时隐时现的表象中捕捉对设计有用的意象，善于加工提炼审美意象。第三，审美意象的发生、发展既有渐进性，又有突发性。设计者对审美对象的认识是循序渐进的，但审美意象有时又是突如其来的，是一种审美的顿悟与灵感。第四，审美意象既有个人的独创性、独特性，又有群体、时代、民族的共同性。当设计者与艺术家将审美意象物化为设计成果或艺术形象时，就确定了独特的设计与艺术风格。但是，不同时代、不同民族或群体的审美观念与情趣，对同一对象可能形成相似相通的审美意象，也可能有所不同，所以审美意象是同中有异，异中有同。

设计者与艺术家要运用审美意象的功能，实现审美由接受向创造的飞跃，从构想形象到设计成果与艺术形象的过渡，使审美意象成为联结审美创造与使用、欣赏的纽带。

第三节　设计艺术审美心理的情感因素

审美心理经历了认知过程后，审美的人产生了自我意识，形成具有主观倾向性的审美态度和情绪体验,由此进入审美心理的情感过程。

情感过程包括审美的态度、情感、共鸣与感受等情绪的活动。

一、设计的审美态度

(一)审美态度的概念

审美态度是指人们在审美活动之初的特性的心理状态,如肯定或否定、旁观或介入、积极或消极、重理智或重情感等态度。

审美态度是挖掘审美对象的感情特征,直接从对象的感性特征的直观中去体味与人生相系的情调、意味、精神境界等。

审美主体采取审美的态度看世界,才能发现客观世界存在的美。所以,审美态度既不考虑审美对象的实用功利价值,对自己或其他人有什么利害关系,也不对审美对象进行科学上的抽象的分析与思考,而是用审美的态度去看世界。

研究审美态度的意义在于,使人们认识日常审美中的主观心理的巨大能动性,扩大审美的视野和欣赏的范围。

(二)设计的审美态度

设计者与艺术家都应知道,他们与普通人的重要区别就是善于用审美的态度去看世界,能在一般人看不到美的地方敏锐地发现美。

庄子在《庄子·知北游》中所论:天地有大美而不言,四时有明法而不议,万物有成理而不说。是指美存在于大自然之中,为天地所有。人要了解美,寻求美,就要到天地间去寻找。设计者与艺术家也应从这段论说中受到启发,借鉴"道"的自然无为的根本物性,作为审美态度的出发点,一切顺其自然,不为利害得失所累,这样,设计与创作的天地才有自然那种大美。

设计活动中的审美态度包括设计者与创作者看世界的态度,也包括使用与欣赏的审美态度。客观环境,如时间、地点、对象与主体的关系等到每个人的主观心理因素,如审美观念、需要、爱好、志趣、情绪等都影响审美态度的趋向。所以,设计中应当考虑到对同一种设计成果,不同的人会有不同的甚至完全相反的审美反应。

二、设计艺术的审美情感

(一)审美情感的概念

普通心理学告诉人们,情感是人对客观现实的一种特殊的心理反应。其中也包括审美领域中的情感,审美情感是人对客体审美特征是否符合自己生理、心理需要而产生的独特的、带有本质性、恒常性,又有变易性的主观体验和态度。

一场英雄模范报告会,在英雄的壮举与事迹的诉说中,报告人与听众都有激昂的情绪,也有悲痛或惋惜,是情感的传递与心灵的震撼。这种喜、爱、敬或悲、恨、痛的情感体验与表现是由于大脑皮层和皮层下神经的协调活动,在呼吸节律、心率、供血状况、分泌腺机能以及外部表情、动作、语言上具有的表征,是情感的生理机制。

情感的客观基础在于对象的审美特质与主体的需要以及实现需要的活动之间的效用关系、价值关系。

情感的心理基础是主体的审美目的、理想,对审美对象的认识、评价,以及审美经验,审美观点、性格、气质、能力等。

对审美情感有不同的解释，如天赋本能说：孟子持"性善说"，认为仁、义、礼、智等道德情感都是天生的本性；还有"感物致和说"，如《乐记》所论，感于物而动，性欲也；物至知知，然后好恶形焉，所以主张"理以节情、理以导情、理以养情"；还有主观说，认为情感是主观的，如诺尔曼·丹森认为"情感是自我的感受"；还有格式塔心理学认为的情感同形同构或异质同构等论说。

马斯洛把审美情感体验称为高峰体验，也叫超越性的快乐，生命的快乐，是一种超越功利的自由快乐，也是对审美情感的一种解释。

可见，人们平时所说的"人禀七情，应物斯感"，"触景生情"，"情以物兴"，"情由境发"等都是对审美情感的理解与概括。

（二）设计艺术的审美情感

在设计的审美创造活动中，审美情感是审美活动的出发点，是审美动机的内核，是审美认识与创造行为的驱动力量。它在审美活动中的作用是一般心理活动所不能替代的。设计者与艺术家要研究这种情感表达、传递的方法，拓宽情感交流的渠道。

第一，要以审美主体精神需要为衡量标准，审视情感的效应关系与价值关系，使设计与创作的成果既饱含设计者的情感，又满足使用欣赏的精神需要，实现审美情感的交融。

第二，满足精神需求，展开情感活动。促进审美认知活动和创造活动向纵深发展，以审美情感使审美创造活动思路开阔、回忆宽广、思维敏捷、判断准确、灵感活跃、创造力旺盛。

第三，学会自我调节审美情感。审美活动中经常出现这种现象：审美主体原有的认识、思想、观念与情感模式受到新的感染和震撼后，审美唤起的情感促使原有情感的更新与变化。此时，要善于自我调节，产生和强化新的情感。

第四，释放情感，寻求愉悦。为了突破传统设计中的情感拘谨状态，设计者要寻求自身情感与设计审美对象的情感的同化，借助设计成果的情感表现，释放自身的情感。

第五，净化审美情感。设计的审美创造活动，需要美好的、崇高的对象所感召，唤起与增进健康的积极的情感、情趣、情操，冲淡或驱除消极的情感情绪，使审美情感得到净化。

第六，善于情感交流。人们对美的感受，体验有共享与交流的愿望。当设计与创作享受到美时，便有与使用与欣赏的人交流情感体验的愿望。情感交流使他人了解自己，自己也了解他人，从而强化了自己的情感体验。

第七，升华情感，激发审美创造。当审美认知在大脑皮层留下形象记忆和观念记忆，在记忆中融入情感以后，构成了审美对象与审美主体的牢固联系，跃升为理智的情感深深印于脑际，成为心灵深处的美好，久久不能忘怀。这种情感的提炼与升华促动着创造的需求与自我表现的欲望，使审美心理活动发生了由认识、接收到创新意志的升华。

20世纪中期，在中国诞生了很多以革命斗争为背景的小说，是作者们深受情感与激情的促动创作的结果：曲波以亲身参加的剿匪战斗经历，完成《林海雪原》大作，书中第一页便满怀对战友的怀念，写道："本书献给我最亲爱的战友高波、杨子荣同志。"用炽热的创作激情刻画出杨子荣等感人至深的英雄形象。时任记者的穆青，在兰考县为乡亲们纪念县委书记焦裕禄的场景所激励，写出了《人民的好儿子——兰考县委书记焦裕禄》的报道后，掀起了学习焦裕禄的热潮。从审美角度出发，这些都是审美情感的巨大驱动与强烈震撼的结果，是创作者难以按捺激情，进行的情感传递的创作。

三、设计艺术的审美共鸣

(一)审美共鸣的概念

物理学中讲解共振现象,都要列举一个实例:历史上,法国一队士兵齐步走在桥上,结果使大桥坍塌。这是由于两个物体振动频率相同时,引起了共振。如果声音的共振成为共鸣,两种音质不同,但频率相同的声波交混回响,却会产生韵味和谐的和声共鸣效果。而人世间的审美情感共鸣更是最高境界的生命气息的对接与相通。

审美共鸣是指审美主体与审美客体的思想、情感契合相通,和谐一致的心理现象,是一种鲜明强烈的情感态度。

古来就有"心有灵犀一点通""心心相印""心灵感应"等说法,都是对审美共鸣的描绘。

审美共鸣的客观条件是情志具有震撼心灵的感染力量,扩散并震撼审美的人;主观条件是审美主体具有相应的审美心理结构,有相似的实践经验,相通的思想、情感、情绪和相应的审美能力,对审美对象产生肯定的评价、态度等;审美共鸣的过程是认识过程与情感过程、意志过程的统一。审美主体在认识中理解审美对象,通过联想、想象沟通物我的联系,缩短、消除心理距离,激起自身的审美意识,将自己的情感扩散,与审美对象、审美主体及审美客体之间达到心心相印、物我合一的审美境界。审美共鸣表现的形态有三种:一是全身心的共鸣,主客体的情境、情志达到高度和谐一致的状态;二是求大同、存小异的共鸣,是主客体之间局部间的协调统一;三是主客体在情感上的共鸣,是以情感为核心的呼应与震荡。这些都是审美共鸣感染力形成的主要因素之一。

图4-19是罗中立的《父亲》,以领袖画的尺幅方式表现饱受艰辛的中国农民形象,画家对老农(尊称为"父亲")布满皱纹的面容,手上结着厚厚的老茧,脱落的牙齿,深陷的眼睛,带着企盼的目光,有些发呆的表情,以及用粗糙的手端起一碗水,等等,都进行了较为细致真实地刻画,无不显示出"父亲"的勤劳、善良、纯朴,使画面具有一种悲剧性的震撼力。他所激起的不只是观者对老农个人身世的悬想,更是对整个中华民族命运的深深思索,借其唤起我们对农民命运的关心,产生不要忘记世世代代养育着我们的中国农民的感受。

(二)设计艺术的审美共鸣

设计者或艺术家的最大心愿莫过于以设计艺术创作成果为纽带,引起与使用者或欣赏者的审美共鸣,审美共鸣是考核审美创造成败的标志之一。一种新产品掀起抢购的热

图4-19 《父亲》,罗中立

潮，反映了设计与使用的审美共鸣；电视节目讲究收视率、电影统计上座率与票房价值、一部著作是否热销、艺术展览观众多少等，都反映审美共鸣的成与败。设计艺术创作要注意以下方面。

在设计艺术创作的成果上下功夫，使其蕴涵生动而独特的美，真挚而丰富的情感，明晰而深刻的哲理，强大而炽热的精神感召力。并与使用及欣赏者的心理律动频率协调，在生理、心理上引起感应，在理智上给人启示，在情感上激起波澜，唤起生命的感情，掀起设计创作与使用欣赏间的审美共鸣。足球本无生命，也无所谓美，但运动员的拼争、撞击展示了力量与意志的阳刚之美，召唤观众全身心的介入与参与，形成了审美共鸣的冲击与高涨。审美创造的成果一旦能够引起人们心中的喜、怒、哀、乐共同进入无我、忘我之境，由物及己，由己及物，同感、同情、强烈的审美共鸣就会由此产生。

追求审美共鸣的艰难之处在于，人们对创造成果的欣赏往往只停留在是否满足审美需求的表层状态下，很难促发心灵深处的审美共鸣。设计艺术创作如何以成果为媒介，让欣赏者了解设计艺术创作的良苦用心，历尽磨难煎熬的艰苦卓绝的创造过程，使欣赏的人由赞美、钦佩转化为情感与心灵的震撼，感受到设计艺术创作的伟大，由喜爱、崇敬升华为心心相印、息息相通，这是每一个设计者或艺术家都要考虑的问题。

四、设计艺术的审美感受

（一）审美感受的概念

审美感受是指审美主体对事物审美特性的直感、选择、判断所形成的感知、体验、接受和灵魂震撼，如对优美、壮美、喜剧、悲剧的审美感知与接受。

审美感受是审美活动的结果，也是审美创造的开端。审美感受的客观基础是正在感知的对象与以往经历过的对象之间的相似性，而这种相似性已被审美主体所认识，并在大脑中加以沟通。

审美感受的生理机制是大脑皮层各区域之间通过纵横交错的神经通道所形成的内在联系和复杂的对应关系，是大脑皮层各区域间相互作用，同时兴奋的结果。

审美感受的心理基础是主体在审美实践中积累的生活经验、审美经验和在此基础上展开的联想、想象、情感活动、创造活动的结果。

既然审美感受是审美活动的结果，又是创造活动的开端，审美创造的主体首先应对审美形态有丰富的审美感知与接受，扩大审美的范畴，进而为审美创造敞开大门。

（二）设计艺术的审美感受

设计者或艺术家与常人的审美感受不同的是，审美感受不仅仅停留在欣赏与愉悦的心理状态上，而是透过表象，感受审美形态所蕴含的无形的艺术的本质精神。比如，普通人参观工厂或车间，可能被沸腾的劳动场面所感染，产生钦佩与敬仰的审美感受。但如果是诗人或散文作家，则会在纷繁丰富的劳动场面中，选择反映对象本质的材料加以集中、概括和提炼，形成独特的审美感受。如同唐代司空图所言"博观约取，取一于万"那样，超越常人去感受劳动创造世界的伟大内涵，这样才能凝神遐想，使艺术家的"意"与审美感受的"象"契合无间，最后创做出歌颂劳动的优美诗篇。

设计艺术的审美感受意味着审美创造的开始，设计师们对"钢花四溅，机声隆隆"的生产

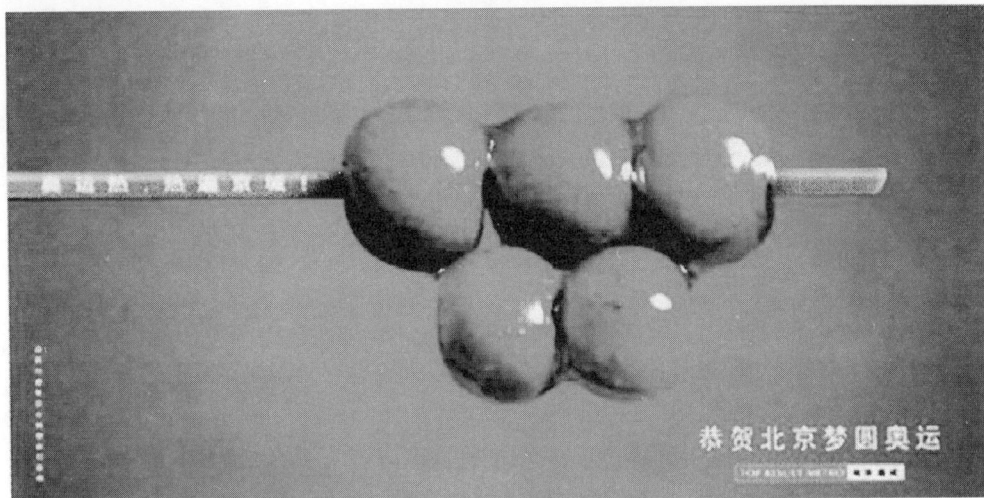

图4-20　《恭贺北京梦圆奥运》系列招贴之一

劳动场面已司空见惯,不再是感受钢花的美丽,而是在一直思考,设计什么样的工具及防护设备来保证高温作业工人的安全。比如,让钢铁及铸造工人穿上防护鞋,每人佩一把刀子,万一高热的金属颗粒钻进鞋里,工人们都能用刀迅速割断鞋带,将鞋脱掉,减轻烫伤的程度等等。

设计艺术的审美感受使设计师和艺术家们积累了生产经验和生活经验,并由此展开联想、想象和情感活动。这样,他们的审美创造活动才永不停息、永无止境。

图4-20为《恭贺北京梦圆奥运》系列招贴之一,运用具象的、传统、富有中国色彩的北京特色的红冰糖葫芦为图形元素,无论是色彩、造型,还是本身蕴涵的意义,不加修饰就能完美、准确地表达招贴的主题,给人视觉上的完美享受。申奥成功的第二天清晨,"五环糖葫芦"高挂在京城的地铁站,让早起的人们从这些灯箱旁匆匆而过的时候,分明感受到一些挡不住的甜意。

第四节　设计艺术审美心理的意志过程

审美心理过程经历了认知过程、情感过程后,进入意志过程。在审美活动中,人的审美认识与审美情感活动,需要有一种内在的力量来控制、调节,这种力量便是审美的意志。

审美心理的意志过程包括审美意识、审美理想、审美经验、审美价值与审美意志。

一、设计艺术的审美意识

(一) 审美意识的概念

审美意识指客观存在的审美对象在人的头脑中的反映,引起感知、理解、想象等因素的综合,支配人的审美、创造美活动的思想、情感、意志等心理现象。

审美意识的生理基础是人的感官与大脑功能。审美意识的心理基础是审美的感知、想象、情感、意志等一系列心理活动与心理形成。

审美意识的心理规律是人在实践中对审美形象信息、审美经验经过分析、概括和通过学习、借鉴、训练等思维阶段后,通过感知对象特征,唤起时空意识、整体意识、关联意识;对事物的认识由感性到理性，由局部到整体，从本质上把握对象的审美特性，丰富了人的精神世界，形成审美意识。

审美意识成为人的自觉意识后，又转化为人的内在力量，反作用于客观世界的美，将其打上人的精神印记，推动人按美的规律去改造世界，创造美和发展美。

审美意识包括显意识和潜意识两种形式。

（二）设计艺术的审美意识

无论设计还是创作，都存在创造成果是否被更多的人接受与欣赏的问题，所以，设计艺术创作、设计成果与使用欣赏之间存在着审美意识的沟通与和谐。

第一，设计者或艺术家在自己与对象、与他人的比较中，探索自己与对象、与他人审美意识的区别、差异或相似、相同之处，从而正确认识自身的审美意识心理。

第二，通过了解他人对自己审美观念、审美态度、审美评价来认识自己。审视自身的审美意识是积极、进取，还是消极、保守。

第三，通过反思自身的实践和审美心理活动来认识自己的审美心理状态和行为。

在审美实践中，应将这三者结合起来改造自身，完善审美的心理结构。面对今天人类社会多极化、瞬息万变的审美意识，设计的审美意识关系着审美创造、艺术创造的独特个性与风格，关系着设计艺术创作的生存与发展。

二、设计艺术的审美理想

（一）审美理想的概念

人们期待、憧憬和追求的最高最美的境界，人的社会理想、人生理想的组合即是审美理想，又称美的理想。

其实，每一个人的理想都属于审美理想，因为都期待着未来是美好的，尽善尽美的。人类的生活、劳动和创造，都希望生存的环境越来越好，而且为了这个目标，都想依照美的规律去改造世界，使审美理想成为人的一种心理动力，促成人的意志行为。不用说整个人类为了理想的实现进行的轰轰烈烈、艰苦卓绝的活动，即使一位天真的孩子，也常常按照心中的美好理想，画一幅儿童画，以表达对未来的憧憬。

（二）设计艺术的审美理想

审美理想不但对人的审美活动有召唤与驱动作用，也是审美创造的最高标准。

设计者在设计活动中，通过设计成果来寄托与展示他们的审美理想；艺术家在创作活动中，是以艺术形象抒发与张扬他们的审美理想。追求理想成为审美创造活动的永恒。每一个人都应当确信：审美理想总是驱使人们去追求，但在现实里永远不能完全达到。所以，才有"得不到的，才是最好的""只有更好，没有最好"的说法。审美理想的这种特征与规律，是人类创造的驱动力，是追求美好境地的召唤。所以，才有设计者孜孜不倦的追求，更新设计，不断提高产品的档次；才有艺术家锲而不舍的探索，推陈出新，求得艺术创作的完美。

三、设计艺术的审美经验

（一）审美经验的概念

审美经验是指审美主体在感受、体验、创造美的过程中积累的经验。

审美经验的生理机制是人在头脑中对审美的实践、习惯、知识与方法的记忆与积累，包括审美实践活动中获得的直接经验，以及通过学习、借鉴、训练中获得的间接经验，构成了系统的审美经验。

审美经验的心理基础是审美主体通过思维，将审美对象的美与审美感受加以概括与内化的结果。其中，不乏每个人的个性心理特征。人的审美经验有两种：一种是感官直接接触审美对象，获得的未经理智加工的经验，是感性的审美经验；另一种是在实践中积累的，又经理性概括或习惯的理性的审美经验。

审美经验的作用是加深审美的感受、体验、想象、理解等心理活动的敏锐程度和深广程度，直接影响着审美创造。

（二）设计艺术的审美经验

普通心理学告诉人们：人的知识、经验愈丰富，思维能力愈强，对事物及其联系的认识愈清晰、全面、深刻，记忆就愈巩固，储存的信息就更处于活跃、游动状态，而回忆也就更加敏捷、准确，更能把握事物之间的本质联系，从而也就更能激活联想与想象。

设计艺术的审美创造活动需要审美经验，只有依靠自己积累的审美经验，并学习借鉴前人的审美经验，才能创造出新颖独特、鲜明生动的设计成果及艺术形象。设计活动究竟应该积累哪些审美经验，可参考美学界的两种观点。一种是克莱夫·贝尔和罗杰·弗莱等人认为的：审美经验是独特的，不同于一般经验，甚至与一般经验毫无关系；另一种观点是杜威、理查什等人认为的：审美经验不过是日常生活中各种普通经验的完善化与综合化。这两种观点都有合理的成分，它们都提出了一个审美的心理结构问题。只不过前者突出了审美的成果和状态，后者突出了审美的组成和来源。设计艺术创作从中受到的启发是：积累设计的审美经验，要以日常经验和生活经验为基础，同时，不满足于仅有的种种生活经验的感受，而是将一般经验纳入审美心理结构中，形成设计艺术的审美经验。

在实践中，以逻辑思维为主的工程设计，要补充感性经验，增强形象思维的训练，以提升设计成果的艺术档次；而以形象思维为主的艺术创作活动，则应补充理性经验。是现在提倡的科学与艺术的结合，其实质是主张审美创造活动中的审美经验应更加系统与全面。

四、设计艺术的审美价值

（一）审美价值的概念

审美对象对人所具有的审美意义和心理效能，称为审美价值。审美价值主要取决于人对美的需求，满足人的精神需求的程度，所以不同于实用价值或科学价值，而是取决于事物审美特性同人的精神需要、审美需要的功效关系。

人类一开始对工具的价值认识主要是使用的实用价值。生产力发展了，审美意识逐渐萌发了，才开始打磨工具，除了使用外，还可以作为一种饰物。这时，人类才逐步形成相对独立的审美价值。

审美价值的发生机制来源于人的精神需要、审美需要，在审美对象中，凡是对人的实践有益的，内容形式独特的，有显著审美功能的，都具备一定的审美价值。

审美价值的物质基础是审美对象客观具备的美。只有审美对象在人的实践中充分地证明了人的本质力量的丰富性，使人从审美对象中直观自身，审美对象才有特定的审美价值。

图4-21 《早春图》，北宋，郭熙

图4-22 《星夜》，凡高，1889

审美价值的观念因时代、民族、阶级不同而不同。审美价值受到审美态度和审美创造的制约，而且与人的审美修养、观念、趣味、价值取向等都有直接关系。

比如，一幅古色古香的字画，年岁较大的人出于怀旧，寻求淡雅清静的审美需求，很有欣赏的审美价值；而在年轻人眼里却不如文体明星的大幅照片来得刺激。如今，年轻人崇尚西方的洋节，老年人依旧固守着民族的传统节日，都反映不同的审美需求决定了同一对象的审美价值截然不同。审美价值也因需求不同而评价不同，如图4-21，图4-22。

（二）设计艺术的审美价值

设计艺术的审美价值是指以设计艺术成果为审美对象，对人所具有的审美意义和心理效能。研究设计的审美价值，目的是面对现代社会中人的审美价值多极化的取向与发展，如何满足人对美的需求，对精神的需求，而满足人的自我实现需求与情感宣泄需求，以及获得精神自由。设计艺术符号是审美艺术的载体；审美价值是审美意义的功能，设计艺术符号又通过审美意义的中介而获得审美价值属性。三者紧密结合而构成完整的设计艺术作品。

（1）设计艺术要创造审美价值。现代科学技术和生产的发展美化了人们的生活，但也产生了很多负面效应，如人们的心理压力剧增，社会环境紧张。所以，用户在审美活动中崇尚和谐、返璞归真、励志精神成为人的审美趋向。

精神美是人生的航标，指引着每个人的前进方向。今天，每一个人都应当深思一个问题：谈论前辈们的崇高精神，人人都能如数家珍，滔滔不绝；写一篇论崇高精神的作文，都可以文思泉涌，洋洋洒洒。但是在行动中，为什么有的人做起来却又是那么艰难？比如，论述一下"少壮不努力，老大徒伤悲"的道理，实在太容易了，而付诸行动，有的人又实在太难了；又比如，足球、围棋本来是中国的发明，而今天，较量起来为什么如此艰难？这些，都告诉人们一句话，人要有精神，并终身追求与塑造精神。

艺术作为一种特殊的社会意识形态和特殊的精神生产形态，以其审美的性格区别于宗教、哲学等其他意识形态，即它是以审美的方式掌握世界、反映和认识社会生活，并以审美的手段生产产品、创造精神成果。世界上伟大的建筑很多，或为宗教奉献、或为宗物国威，或为炫耀帝王功绩，唯有泰姬陵（图4-23）是为了永恒爱情的象征，不论外观或内涵，都深深吸引着世人，受到世人的推崇与喜爱，被列入现代的"世界七大奇迹"之一，一度与4000多年前的古埃及金字塔比肩。

（2）设计艺术的审美创造。不妨把设计的审美创造活动称为设计美。是运用美学原理与常识、美的规律进行设计艺术的审美创造活动。法国艺术大师说："美是到处都有的。对于我们的眼睛，不是缺少美，而是缺少发现。"（《罗丹艺术论》，人民美术出版社，1978，第6页）由此可知，设计美的范畴也很广博。所以，为了使设计发现美、应用美，从和谐与美、自然与美、社会与美及未来与美等四个方面进行了研究。

第一，设计艺术美是创造和谐。配合得当和匀称为和谐，和谐是美的精髓。客观世界美，因为"美是和谐"。尽管人类在探索，然而客观世界为何如此和谐，始终令人困惑不解。尽管宇宙最广袤，但每个星球都有自己的轨道；原子最小，但电子绕原子核运动的规律极为严格。既然客观是和谐的世界，所以，追求设计美，首先是创造和谐。中国苏州古典园林（图4-24）在设计上追求与自然和谐，并与文学、艺术、绘画充分结合，文化意蕴极为丰富，是中国文化最精妙的部分。它是中国文人发展出的特殊建筑形态，住宅、花园合一，可居、可赏、可游，精致淡雅、意境高远，人文气息浓厚。

第二，设计艺术美是与人和谐。人的一双手，十指配合极为灵巧，准确和谐的动作让自己莫名其妙，即使是专门研究双手的生理学家，解释也未尽其然。谁也不知道手能做出多少种动作，手除了抓、握、拔、弹、挠外，还有盲人凭手感获取感知，聋哑人以手势代替语言进行交际和交流思想，书画家的手迹，匠人的手艺，舞蹈演员的手势，演奏家与运动员的手技等。仅仅一双手，就给设计留下了几乎解决不完的课题。因为至今为止，还没有见到一双机械手能如同人的双手一样，摆弄筷子或刀叉，自由自在地完成吃饭的动作。所以，设计与人的和谐是设计美的最高境界。

第三，设计艺术美是与客观和谐。天体运动中，若哪个星球脱离了轨道，就可能出现灾难；机器设备中，若哪个零件不按规定动作，就会产生故障。客观世界中，也是以严格的规律在发展：能量可以转移但总是守恒；水可以变成蒸汽但总在循环；物体可以运动但总是改变速度；四季昼夜交替但总是周而复始；设计美要与客观和谐，必须严格遵守客观固有的规律，而揭示这些规律的，是自然科学，也是设计美的理论基础。

第四，设计艺术美是与物的和谐。设计的成果最终要以"物"的形式来体现。如生活用品、劳动工具或生产设备，都由各种各样的物质材料构成。在设计过程中要根据产品零部件的功能、运动与受力的分析、工作环境与安全、使用寿命及材料的成型与工艺性能等因素来选择材料。所以设计美也要与物质材料和谐。比如，运载火箭和宇宙飞船在发射及返回的过程中，穿

图4-23　印度泰姬陵，1654

图4-24　拙政园（局部）

越大气层时与空气剧烈地摩擦，需要抗高温的材料；即使是最常用的生活用品也要求使用无毒副作用的材料；而机械加工中的刀具则要求材料不但坚硬耐磨，而且还要抗冲击，有韧性和抗高温性；在有化学反应或腐蚀性的工作环境中，要求材料的化学性能稳定，耐腐蚀；用于飞行器械的材料要求不但要轻，而且强度还要高等，不同产品对材料都有专门的要求。设计可以构想出各种最完美的产品，但必须考虑是否有对应的物质材料做基础。可见要实现设计美，必须求得设计的物质材料的和谐。在传统设计中，物质材料取自于大自然的天然宝库。然而，大自然的恩赐是有限的，而人类的设计开发活动是无限的，于是，今天人类面临着一种致命的危机：生存发展与资源枯竭的矛盾。比如，目前世界各国都在研究与应用的纳米等材料，为设计提供了广阔的物质材料资源。由此，设计美与物的和谐具有现实意义，设计既要满足人类生存与发展的物质文明需求，又要缓解物质材料日益短缺的矛盾，于是出现了可持续发展的战略目标。

（3）设计艺术维护自然美。今天，谁都知道要保护大自然，因为人类对自然的过度开发已经遭到大自然的惩罚，每个人都深受其害：2008年春节期间，中国南方冰雪灾害是全球气候规律受环境影响而变化的结果；人类生产与生活产生的二氧化碳造成地球的温室效应，人们饱尝了"桑拿天气"的难耐，出行要用伞或防晒霜来减少紫外线的照射；食品要选择"绿色食品""无公害食品""天然食品"，甚至饮水要饮用"纯净水"。保护大自然是全人类的责任，也是设计活动应负的责任。

所以，设计活动首先应更新观念，承担保护大自然的责任。设计必须系统地认识与遵循客观规律，理性地对待设计的开发，保护了自然，维护了自然美，同时也就是保护了人类自己，让设计艺术活动体现审美价值和社会美。

第一，减少污染。在设计构想中，要运用逆向思维，反过来站在自然生态的角度，思考设计可能对自然造成的危害。要首先设计防止污染、减少危害的方案。否则，坚决终止设计。比如，造纸要消耗木材，要产生废水，不如反过来节省纸张。

第二，治理污染。运用扩散性思维，对一种设计方案可能出现的各种危害自然的因素进行列举，并对应找到解决的方法。比如，手机看起来便捷了联系及信息传递，但权衡利弊，已知的危害是受电磁波辐射引发疾病、损伤视力、产生电子垃圾、干扰航行信号等。其实，还有更多危害自然的因素尚未发现。因为任何一个新事物必然具有对人类、对自然利弊的两重性，设计活动有责任预先评价设计方案，尽量依靠自然科学的相关研究成果，发现潜在的不利因素，发挥设计防患于未然的新职能。

第三，创建设计生态链：自然界以系统严格的生态链保护生态的平衡，人类的设计活动不妨模仿自然规律，构建设计活动的生态链。比如，设计制造一种产品产生的边角余料、废旧材料可能是另一种产品的原料：热力发电中发电机的冷却水温度升高后，可以用于取暖或洗涤；钢铁冶炼产生的废渣是航天设备防护层的最佳原料；煤渣是制造砖瓦的原料；生活垃圾是产生沼气用于取暖做饭的能源；正在研制的氢动力车，尾气是水，可以直接喷洒路面；空调、冰箱等制冷设备产生的热量直接循环到热水器中，变成加热冷水的能源等，用以创建设计中的生态链。如果实现这个目标，那么，设计对人类、对自然都将产生新的价值与意义。

第四，设计引导人们保护自然。从设计做起，停止开发污染严重、殃及生态的产品，增强人的环保意识，可能有很强的号召力。比如：停止木材造纸的设计项目，转为废旧材料造纸设计的新项目；包装用纸设计成循环使用方式，并在包装盒上注明"节约用纸，回收再用"的字样，使人们意识到节省许多不必要的浪费，不只是个人节省开支，而且具有环保的意义。如果设计从根源上防止危害自然环境的行为，为人类的各种活动做出榜样，设计体现的保护大自然的意识会通过产品送到千家万户，使全人类为保护共同美好的家园而努力，这才是设计的审美创造。

　　建筑大师弗兰克·劳埃德·赖特1935年设计的"流水别墅"（埃德加·J·考夫曼住宅）（图4-25），造型流畅，优美生动并通过简洁、平和但又不可思议的手法让人置身于自然之中，这让它在世界建筑史上拥有了一席重要之地。赖特曾经一反常态地自我吹捧说："流水别墅是上帝的恩赐——它是众多神恩之一，人们在这里可以体会到它的不凡。我觉得没有什么能比运用协调和谐的手法来表现沉静这一主题更为重要了。在这里森林、溪水以及所有的建筑元素都是那样宁静地交融在一起，除了溪水叮咚，你其实再也听不到其他的喧嚣。不过，对于乡村的那种宁静你是如何去感受的，那么也要用同样的方式去感受流水别墅。"

　　事实上，他经常表述自己对流水别墅的"羡妒"：任何人都可以给有钱人设计一所大房子，但是想要给中等收入的人士设计一栋漂亮的房子——啊哈——这就要看建筑师的素质了。（[美]戴维·拉金、布鲁斯·布鲁克斯·法伊弗编：《弗兰克·劳埃德·赖特：建筑大师》，中国建筑工业出版社，2005，第115页）

图4-25　[美]考夫曼住宅（流水别墅），赖特

五、设计艺术的审美意志

（一）审美意志的概念

　　审美意志是人在审美中自觉控制、调节自己的心理、行为去克服主观障碍以实现预定目的的心理活动过程。

　　人在审美中开展认识活动和情感活动时，需要有一种内在的力量来控制、调节这种活动，而当人积累了丰富的审美意象后，又产生了将自己的审美感受、体验和创造的审美意象表现出来的欲望，这种控制、调节的力量和表现的目的、欲望即为审美意志的行为表现。也是审美心理过程的第三个阶段。

　　审美意志包括审美活动中的意志和美的创造中的意志，如目的、动机、志向、计划、克服客观与心理障碍的毅力等。

　　审美意志的产生是由于人的社会实践、审美实践的需要，是人的精神需要，属于审美心理、审美意识中的理性部分。

　　审美意志行动一般要经历两个阶段：一是审美意志的心理形成阶段，分析审美创造对象，明确目的、动机、构想行动的计划、方法；二是行动的操作阶段，开始审美创造的实际行动，以决心和毅力克服困难的障碍。

人的审美意识、审美情感等心理特征对审美意志的坚定性与行动性都有直接的影响，审美认识的程度越深广，审美情感越强烈，审美意志驱动下的行动就越果断、越坚定。可以说，世界上所有美的事物都是在人的审美意志的策动下而被发现、被挖掘的，而美的创造物更是审美意志作用的结果。

（二）设计艺术的审美意志

现代社会中，人的审美价值取向呈多元化、自由化的特征，因而决定了人们的审美意志的行为特征。不同的人，审美意志行为有不同的内容、性质与表现。甚至同一个人在不同情况下，审美意志也有不同的表现方式。面对审美意志的复杂性，设计艺术的审美意志的形成与操作，应从以下几个方面进行思考。

扩大审美意志空间，进足人类的意志自由。人有审美的意志自由，对同一审美对象或设计艺术创造成果，有的人喜欢，有的人不喜欢，说明审美意志不同于一般意志，而是有更大的自由度。每个人都有各自的审美目的、需要、动机、理想，自由地选择审美对象，自由地联想、想象、评价。所以，在人类享有的一切自由中，审美的意志自由是很大的自由。比如，祝贺亲友的生日或看望病人，有的人可能以人力财力相助，而有的人可能用祝你生日快乐的歌曲与鲜花来表示。

设计的审美意志是以人们的意志自由为基础，根据人们的审美目的、需要和审美的理想，遵循人类社会发展及人的心理运动规律，来思考和确定审美创造的意志行为。如同恩格斯所说："意志的自由，不是别的，只是由于认识事物而能做出决定的那种能力。"可见，设计艺术的审美意志最大的自由是广泛容纳人们的审美意志的多元化趋向，将设计艺术与审美的意志辩证地统一起来，在主客观条件下坚定设计艺术的审美意志，锻炼设计意志，调节审美创造活动。

设计艺术离不开审美的意志，意志来源于设计艺术的实践和认识，来源于情感的凝聚与升华。磨砺设计艺术的审美意志，在于设计者与艺术家的躬身实践，在于知识与经验的积累，在于投身激越的情感活动中，铸造符合客观规律的坚强意志。面对设计的未来，可以肯定地说，设计艺术要永远面对困惑，应对挑战；设计艺术要承受失败，甚至是倒转；设计艺术是磨难与煎熬；设计艺术是甘心地奉献。

每一位设计者与艺术家都应该以这样博大的胸怀，让创造做桨，以意志为舵，扬起理想的风帆，亲历设计艺术的远航；"天地有大美而不言"，设计艺术不为利害所累，天高地广，"可欲之谓善，有诸己之谓信，充实之谓美"。美在天地中，美在设计者与艺术家的心田中。

第五节　设计艺术的审美创造

一、审美创造的心理过程

审美是一个动态的心理过程。设计艺术的审美创造是指设计活动中的审美心理过程，是一种创造性的思维活动。在该认知、情感、意志的一般过程的各个阶段中，各种心理因素既有所侧重，又彼此错综交融地发生着作用。

（1）准备阶段，即审美态度形成阶段。这是审美主体对审美客体由日常态度向审美态度的转化过程。所谓日常态度，就是对客体的实用功利态度；而审美态度，是摆脱了实用意识而达到非功利、只观照审美属性的态度。在这种态度下，集中审美注意力，观照审美对象，满怀深情地准备感受对象的感性形式。

（2）初始阶段，即审美感受阶段。真正的审美活动是从审美感觉、知觉开始的。在这个阶段，审美对象以其形、色、质、声向主体传送审美形象，主体初步有选择地感受这些信息，并积极形成知觉，即形成对象的整体形象，亦即构成头脑中的表象，同时会在情感上获得悦耳悦目的快感，亦即感性的愉悦。

（3）深入阶段，即审美体验阶段。在这个阶段，审美感受向主体化、内在化深入，审美主体的审美想象全面展开，从对象的外在感性形式进入内部的意蕴层次，逐步领悟对象的形式意味，获得更深层的审美愉快，即悦心悦意。实际上审美体验就是对审美对象意味、意蕴的直觉性领悟。在此阶段，主体起着决定性的作用，其经验、想象、领悟等因素得到充分的调动和发挥，渐渐达到物我同一、物我两忘的境界，获得的是会心的愉快。例如我们在欣赏《梁祝》乐曲时，就会用自己的亲历去体会乐曲所表现的爱情主题和旋律，深切地领会到爱情的欢乐、痛苦、曲折、残酷、美好、高尚等复杂的内涵。

（4）豁然阶段，即审美领悟阶段。在此阶段，审美领悟起决定性作用，它不仅是对审美对象有了更深层次理解，而且对审美对象的最深层意蕴有了真正领悟，即心领神会，仿佛达到了"柳暗花明又一村"那种豁然开朗的境界，情感犹入悦志悦神的佳境。譬如，我们对某些古典诗词名句，可能早就烂熟于心，但其个中滋味却不曾深切领会。忽然某一刻，眼前景、心中意，与诗中情、词中味达到了高度融洽契合，霎时间心旷神驰，犹入仙境，顿觉妙不可言，获得了审美真谛，有一种"悦志悦神"的快感。

（5）升华阶段，即审美超越阶段。这是由审美的大彻大悟的体验向精神的无限自由的升腾、升华，产生一种新的追求，一种对彼岸、对美的理想的追求，也即对"至美至乐""大美""极美"的追求。审美超越，可使审美主体获得最高的审美真谛和审美情感，使审美对象实现最高的审美价值。由于审美之人超越了自身存在的时空，似乎窥见宇宙本体，发现到人生价值的永恒，从而表现出人格的超越、心灵的洗涤和精神的升华。

（6）表现阶段，在设计与创作的成果尚未诞生之前，设计者或艺术家以图形、模型及语言为媒介，用来表达设计思想与方案的过程，是设计的审美表现过程。

由于设计艺术的形态范围相当大，平面设计艺术有字体设计、标志设计、广告设计、包装设计、书籍艺术设计、CI设计等等；现代设计艺术有影视动画设计、网页设计、个人形象设计；环境设计艺术有建筑艺术设计、园林景观设计、室内设计、展示设计；工业产品设计有产品造型设计、家具设计、玩具设计、服装设计等；以及类似陶瓷工艺、染织工艺、陈设工艺的工艺美术设计。所以在设计领域中，大多是以图样、设计说明书等设计文件来表达；艺术领域则根据各自的艺术门类，采用不同的表达方式。

然而，由于各专业的关联因素影响，又使其各分支之间常常发生接触、融合的关系。设计艺术的意向从平面二维空间转向思维空间，进入了多元化的环境和空间设计的领域。设计表现从类别上分，有如下几种主要方式：①语言表达（口头）；②文字（文案、图表）；③画类（臆想图、效果图）；④成品类（样品、模型）；⑤影视动画。这几种主要设计的表现方式，在设计实践中，在一定条件下是可以相互作用、相互融合来共同完成设计表现任务的。其中画类（包括成品类）是一个重要的方面和环节。这里，依据设计艺术行业对人才的需求信息，提出

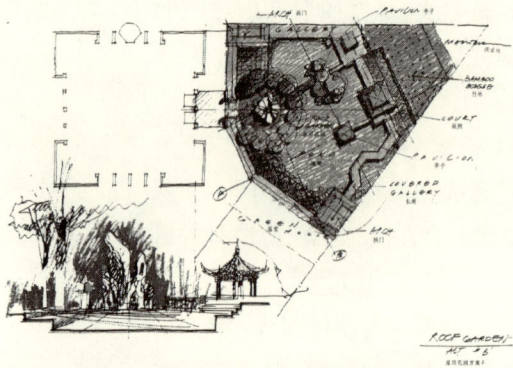

图4-26 屋顶透视（平面图和剖面透视图）
技法：用彭特尔记号笔和彩色铅笔绘制在白色描图纸上
来源：〔美〕都塔宾斯联合公司、王氏国际联合公司

关于设计艺术审美表现的主要技能，即设计外观图（又称效果图）的创作方法的一些思考。

（一）手绘外观图备受欣赏

在设计人才招聘中，许多业内人士认为：使用计算机绘制的外观图缺少新意与独特的风格，因为只要学会使用一种绘图软件，就能取得相同的效果，很难考查设计者的艺术造诣与个性。相反，手工绘制的外观图，各有千秋，禀赋个性，能有效地表达设计思维，引发美感，大有欣赏价值，如图4-26、图4-27（a、b）、图4-28。于是，注重手工绘图表现手段的设计人才，备受欢迎。

图4-27a 底层商铺效果
来源：广东景园设计工程有限公司

图4-27 卫生间效果（针管笔、麦克笔、水溶性铅笔）Drawn by TOWAS

a. 外观

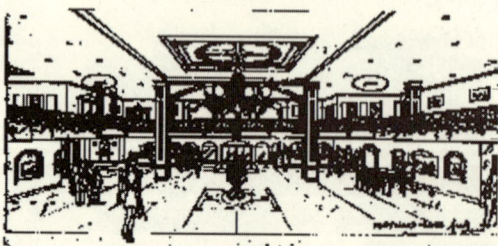

b. 室内大堂

图4-28 湖北冰晶城堡 （针管笔、硫酸纸），许劲艺，1997

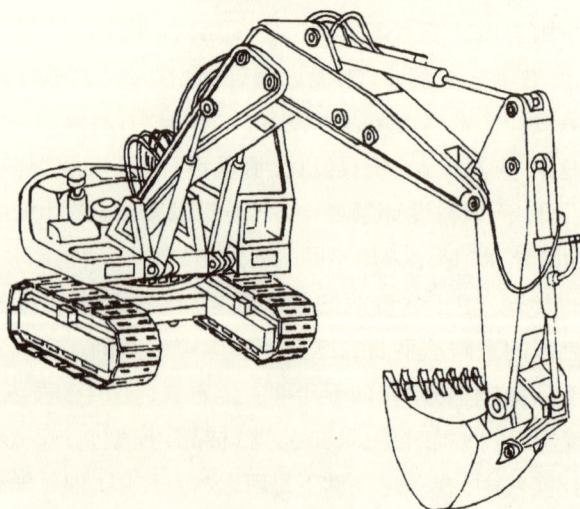

图4-29 白描画法

(二)手绘图技法简介

(1)白描画法,如图4-29所示,这是借鉴中国花鸟绘画的白描技法,只画物象的轮廓,不渲染或润饰。这种画法的特征是突出表现对象的形态构成,使欣赏者感到清晰简捷。白描技法是学习中国画,尤其是工笔画的入门练习方法,要求初学者用毛笔为工具,训练手的控制能力,使墨线流畅均匀。在设计表现中应用,是集素描、图案、技术绘画以及书法于一体的一种手工画法。

(2)单色润饰画法。如图4-30、图4-31中的物象,是使用圆规、直尺、鸭嘴笔等工具,手工点、线润饰的技法。画法简单,只用墨汁,但质感强,反差明显。书籍中的插图常用此画法,印刷后的效果很好。

(3)水粉画法,如图4-31用水粉颜料,借用绘画中的水粉技法,绘制物象外观图,给人十分逼真的视觉感受,是目前介绍产品较高级的手工技法。

(4)彩色铅笔画法,如图4-32所示,用彩色铅笔绘制外观图,是一种很容易掌握的技法。由于彩色铅笔易于控制,可以按预想的效果进行描绘,而且视觉效果很好。不但是设计表现的一种快捷方式,也是设计专业学生训练的一种有效方法。

二、设计艺术的审美标准

(一)审美标准的内涵

审美标准是指人们用来衡量、判断客体审美价值的尺度、范型或模式。它不同于熟知的物理标准,也不同于一般的社会标准,如法律标准、道德规范等。审美标准不能用统一的量纲、条文形式明白准确地表示。审美标准是审美主体的内在尺度、范型或模式,也就是常说的审美需要、审美情趣、审美理想等。审美标准一般指人类群体的标准,但也包括个人的标准。具体的审美活动总是以个人作为审美主体来进行的,但是个人又总是生活在社会群体之中,其审美活动也是一样。个人的审美标准在总体上总是与社会群体的审美标准趋向一致。

审美标准是由人的审美需要和"本质力量的性质"所规定的。从人的生理性的物质需要发展到高级的精神需要,是人自觉、自由地追求对自身的生命、力量、本质的观照。因此,人们在审美中是以审美对象的感性形式,是否已表现自身的生命、本质为尺度来衡量对象的审美价值。当富有美感的审美对象在人类生活中出现以后,人们便反复感知它、体验它、领悟它、把握它,而其形式构成和韵律、形象和内蕴,便在人脑

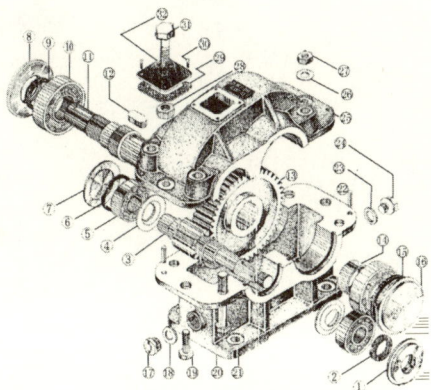

图4-30　单色润饰画法

图4-31　摩托车效果图
(水粉、白板纸)

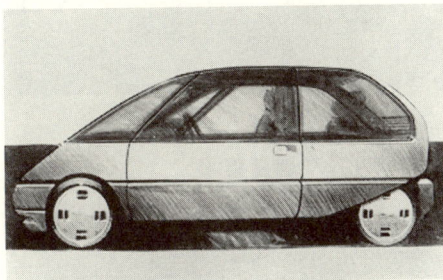

图4-32　面包车效果图(彩色铅笔、白板纸)

中逐步形成具有普遍性的某种形式观念或经验模式，最终成为人的内在的审美尺度、范型或模式。在以后的审美活动中，就以这种内在的尺度、范型或模式来衡量、判断对象，凡是合乎这种尺度、范型或模式，或与此相似的，就认为是美的。

（二）审美标准的类型

审美标准作为主体的特殊的内在尺度，可归纳为三方面的类型，即对形式构成及其韵律的审美标准、对形象及其蕴涵的审美标准，以及对审美快感及其层次的审美标准。

1. 形式美法则

即对形式构成及其韵律的审美标准。这种标准，是人们经过长期审美实践提炼、概括出来的能引起审美快感的形式的共同特征。其中主要有整齐、对称、比例、节奏、韵律、调和、对比、和谐、统一等。

（1）对称与均衡：对称是指图形或物体对某个中心点、中心线、对称面，在形状、大小或排列上均具有一一对应的关系。如人体、飞禽走兽、车、船、飞机等的左右两边，在外观或视觉上都是对称的；均衡则是不对称形态上的一种视觉平衡。两者都是取得良好的视觉平衡的形式，但给人的美感不尽相同。

对称能给人以庄重、严肃、规整、条理、稳定、大方等美感，富有静态美或动态美、条理美。但只有对称，会在人的心理上产生单调、呆板甚至恐怖的感受。如图4-33a、b，为二战时期德国法西斯政府的军备部长施佩尔设计。他受军事集权的纳粹思想影响，强调庄严、恐怖和铁的纪律，使军队装备和仪容形成绝对的高度统一与规则的形态，所以他是最受希特勒宠爱的建筑师。这些场所对个别人或组织也许有特殊的意义，可没有什么英雄气概，只有险恶的杀气腾腾，特别是挂在立面的一排长方形的纳粹党党旗，这些场所给人的印象是压抑、单调和死气沉沉，好像是一排手持冲锋枪的党卫军鸦雀无声地站在那里担任警戒。这是设计艺术纳粹化的必然结果，不可能出现别的良性效应。

均衡来源于力的平衡原理，具有"动中有静，静中有动"的形态，体现出活泼生动的条理美，可以克服对称形式的单调、呆板等缺憾。

（2）对比与调和：对比是对两个并列在一起的极不相同的东西做比较，诸如曲直、黑白、动静、厚薄、高低、大小、方圆、粗细、明暗、虚实、红绿、刚柔、轻重、浓淡、远近、冷暖、横竖、正斜等等。对比可以形成鲜明的对照，使主次分明，重点突出，形象生动，产生变异、新颖、奇特等美感。但是，过分

a. 纽伦堡纳粹党代表大会会址

b. 德国纳粹党成立5周年会场

图4-33 二战时期德国施佩尔设计的纳粹化作品

的对比会出现刺眼、杂乱等感受。

调和是对各种对比因素所做的协调或渐变处理，能给人带来和谐、柔和、温驯等美感。

对比与调和是相辅相成的。对比使审美对象形象生动、个性鲜明，避免平淡无奇；调和则使对象显现柔和亲切，避免生硬或杂乱。自然界就是一个既有对比又有调和的和谐的大世界，而人的创意创造，更为自然界平添了许多动人的美感。

（3）安定与轻巧：安定是指审美对象所形成的视觉上的稳定性和安全感。而轻巧则指对象的体量小、质感轻，给人一种轻盈、灵巧的美感。比如奔驰在城镇中的轿车，翱翔环宇的人造卫星、宇宙飞船等。

轻巧与安定之间，常常难以量化，往往要凭审美者或设计师的视觉感受。一般体形小、质轻的，要特别关注、处理安定；而形体大、质重的，就要注重轻巧处理。

（4）节奏与韵律：节奏是指有序、有规律的周期性变化和运动，如自然中的日升日落、月圆月缺、四季循环、寒暑交替、潮起潮落、花开花谢等；音乐中交替出现的音之高低、强弱、长短；动物和人的呼吸、走路或飞翔等等，都是有节奏的，破坏正常节奏，就会缺乏应有的美感。节奏性越强，就越具有变动的条理美、秩序美，即生动的节奏美。

图4-34　古希腊雅典卫城女神庙

韵律，是在节奏基础上呈现的更深层次的形式上抑扬节度多变的规律性的和谐统一。"节奏"强调的是变动的规律性，而"韵律"显示的变化多端、生机勃勃的态势和律动美。古典音乐、舞蹈既有强烈的节奏，又有多变的韵律，极富节奏感和韵律感，因而流传至今。

（5）尺度与比例：尺度是指世界各种事物各自应有体量的范围。孔雀有孔雀的尺度，山鹰有山鹰的尺度，不可能统一。自然物是这样，人造物也是这样。不同事物有不同的尺度。各种产品的尺度都受人的体形、动作和使用要求的制约，不能随意超越。例如居民楼的层高以不低于2.7米为宜，否则会给人以压抑感，房间越大，层高也应越高；楼的走廊宽度不应窄于1米，否则不利两人对行，等等。

比例是事物整体与局部，以及各部分之间的尺度对比关系。任何美的事物，都有其恰当的比例。比例美是规律美的一种形式。常见的比例有：黄金分割比例、相加级数比例等。黄金分割比例在造型艺术中有很高的审美价值，应用很广。例如古希腊雅典女神庙（图4-34）、维纳斯女神像（图2-100b）、巴黎圣母院等（图4-35），都采用了这种比例。自然物都有其比例，人造物的比例则是人根据各种比例美来创

图4-35·巴黎圣母院

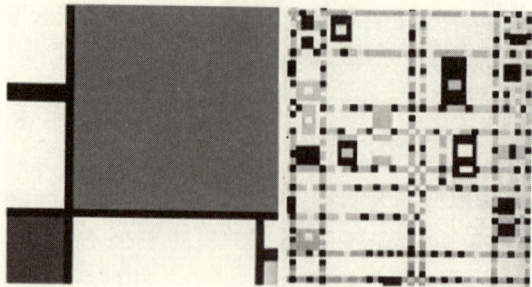

图4-36 构图 蒙德里安

意创造的。

尺度美、比例美都是一种规律美，即匀称美。古代宋玉有所谓"增之一分则长，减之一分则短"之说，讲的就是对人的尺度美。中国画很讲究事物各部分匀称的比例。例如画人物有"立七、坐五、蹲三"的比例，是以头部大小为尺度定出的人体三种姿态的身高比例；而画山水，则有"丈山、尺树、寸马、分人"之说等。

（6）多样与统一：多样能体现不同事物个性间的千差万别，以及丰富多彩；统一或一致则是多种事物共性的协调和谐或整体、局部间的一律、融合。单有多样或繁多易有杂乱无章、涣散无序之感，而仅存统一或一致，又会觉得单调、死板、乏味。多样与统一相结合，才会给人以丰富和谐的美感。图4-36是荷兰几何抽象画派（风格派）重要代表人蒙德里安的构图系列作品中的2幅。整个画面三原色的搭配浓重，黑色直线的分割，使观者在视觉上产生一种色块之间前后运动的心理反应。可见画家的色块并不是随手填充，而是为了控制和统一画面，努力在营造一种和谐统一的秩序。

著名的苏州园林占地不多，但精心多样的布局，却使人感到迂回曲折、错落有致的美。园中有园，山外有山，小中见大，做到了既丰富多样，又和谐不乱。至于北京颐和园，更是集中全国美景于一体，山水相映，优美和壮美相结合，构成缤纷迭出的丰富和谐之美（图4-37）。

图4-37 北京 颐和园谐趣园秋景

多样与统一，在优秀的文学艺术作品中，往往得到极佳的体现，诸如施耐庵的《水浒传》、罗贯中的《三国演义》、曹雪芹的《红楼梦》、巴尔扎克的《人间喜剧》、托尔斯泰的《战争与和平》等，不但都有众多的人物美、景物美、情节美，而且有其整体和谐美。

（7）过渡与呼应：通过渐变把强烈对比的部分形成和谐自然的形态，即是过渡；呼应，则是将某些相同或相似的形式要素（形、色、声、质等）恰当置于不同部位，形成"遥相呼应""相互照应"的美的效果。

在很多的人文景观和优秀的文学艺术作品中，常有过渡与呼应的完美的体现。

（8）重点与一般：杰出壮观的城镇建筑物的布局、大型的建筑群、工业产品的整体造型、优美的人文景观、文学艺术的巨作，都讲究重点与一般的恰如其分的处理，做到重点

突出、层次分明，犹如"红花配绿叶"，别有一番美感，令人心旷神怡。

2. 意蕴尺度

即对形象及其蕴涵的审美标准，一般表现为观念性的审美理念、审美理想，侧重于形象所蕴含的社会意义的内在尺度。它直接或间接地与真、善，与社会功利目的、伦理道德等理性观念相联系。

首先表现为对某些意蕴美已形成相对稳定的形象模式。中国传统艺术形式如中国画、诗词、戏曲中经常出现红梅、青松、翠竹、奔马等形象模式，它们都突破了象征性的性质，而带有直觉性的意蕴。人们一看到青松，就会联想到了坚贞不屈、万古永存；看到红梅，便想到傲雪斗霜、不为俗屈、敢于面对挑战的精神与气节等等。再如戏曲舞台上的"三五步""七八人"，戏迷们看到"三五步"，就意味着跋涉过千山万水；看到"七八人"，就意味着千军万马。

其次表现在文学艺术作品的情节发展，也形成了相对稳定的套路、模式。人们在读小说、看戏剧、赏影视时，往往会如临其境，关心人物的命运，对情节发展的线索和结局会产生种种猜测。在这方面，不同民族也有不同的传统、模式。在中国就有"善有善报、恶有恶报""好事多磨""有情人终成眷属""英雄不死"等基本套路、模式。所以中国的悲剧虽悲，但悲而不惨，突出悲壮，往往是幻化为美好的结局，不像西方的悲剧常大悲大惨。例如《梁山伯与祝英台》和《罗密欧与朱丽叶》，同样是爱情悲剧，罗朱以双方殉情告终，而梁祝却以化蝶比翼双飞而收场。不同套路、不同模式，反映了不同的审美理想。

形象及其意蕴的审美标准，具有较强的历史具体性，主要体现在时效性、地域性和阶层性等方面。

3. 快感层次

即对审美对象的感染性的衡量标准。审美对象的外在形式美和内在意蕴美，都会引起人的精神上的愉悦感，即快感。依据快感的层次和深度，可区分为悦耳悦目、悦心悦意和悦志悦神三种。

审美快感层次和审美心理历程有关，如图4-38所示，随着审美心理历程的步步深入，审美快感的层次也就由低向高步步递升。

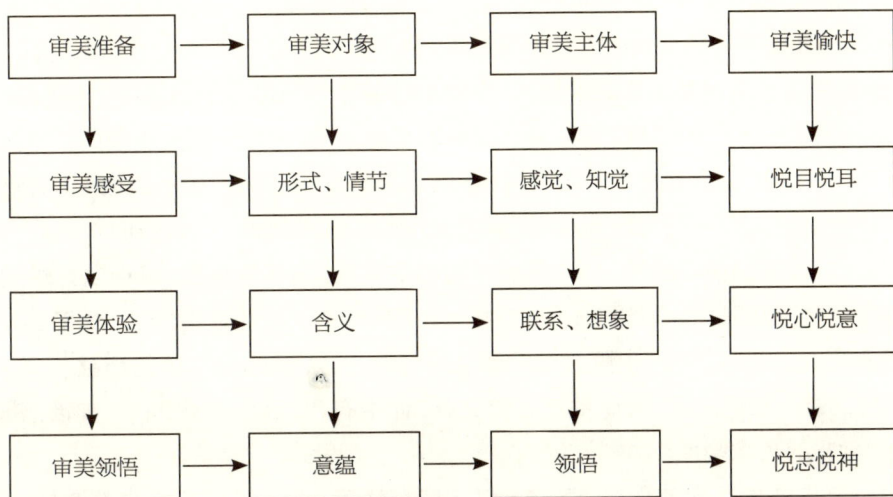

图4-38　审美心理过程与快感层次

（三）审美标准的个体差异性

现实的审美活动总是由具体的个人作为主体来进行的，尽管个体的审美标准会折射出群体审美标准的共性，但也必定呈现这样那样的个体差异性。如你喜白，他爱红，我钟蓝；你爱山峰伟岸，他赏小溪潺鸣，我慕大海浩瀚，等等。

审美标准的个性差异的形成，与人的个性特点直接相关。人的个性特点是先天因素和后天因素铸成的"合金"。所以，影响审美个性差异的因素有先天生理、心理素质，后天文化教育、生活实践的陶冶和训练，以及偶然因素（如偶发的情绪、心境或兴趣等）。

三、设计艺术的境界创造

从本质上看，境界是审美主体的精神创造。在中国，艺术创作十分讲究艺术的意境。即在艺术创作中，通过形象来刻画与描写所表现的境界和情调，是艺术形象触发审美联想，引发美好情思的审美境界。设计者应当学习艺术创作的风格，也像艺术家那样，从主观情思的抒发，探索如何移植艺术意境的创作方法，使作品具有深邃的真切感人的艺术意境。

（一）艺术意境的设计尝试

1. 意境的简述

意境的原意是指文学艺术作品通过形象描写表现出来的境界和情调。意是指艺术家的主观意识，境是指客观存在的世界。

外界事物能传达出生活精髓神趣的形象，是构成意境的基础。在有限的传神形象中，表现艺术家对社会人生的真切而深刻的理解的无限情感，是开拓意境的关键。

意境是情景，即艺术家的感情与客观存在的景象交融、生机盎然的艺术形象，又能在有限中孕育无限，在具体意象中蕴涵味之不尽的境外之意。意境是中华民族特有的审美与艺术创造方式，设计中借鉴移植，对丰富产品的艺术内涵，提高产品的文化价值极为重要。意境是情与景、意与境的统一。在设计艺术创造、欣赏和评价中常常以"意境"作为衡量审美价值的一个标准。

2. 意境是设计者最高的境界

（1）物境。艺术创作中的物境，是创作者对物象实体的再现，以形、线、色、声的刻画与描绘，做直观感想的描写，成为作品中的有形之象，即物境。

物境是直接的形象描绘，是写实的手法，具有鲜明的感知性。物境外露是实，是实景实物，是提供生动具体审美形象的素材，所以物境的艺术创作是有形的基础。作诗讲究诗境，那么，设计也要讲究产品的物境。首先设计产品的有形之境，为用户奠定审美的物象基础。

（2）情境。物境毕竟是有形之象，还不能成为真正的艺术。因为审美主体对物境的认识与对普通生活的认识并无明显的差异。只有当审美主体感物而生，触景而兴缠绵悱恻之情与物境交融时，才有情境和情思。所以情境作为境中之意，虽不见其形，是难以凭感知看到或听到的情感意向，但却是艺术创作的情感寄托，情思融合的活跃生命的传达。情境实现了创作者与欣赏者情感的交融，使人感悟艺术作品中的境中之意，感悟创作者的情感与情思。由此产生的言外之意与弦外之音，使欣赏者心物交流，你中有我，我中有你，心旷神怡，进入驰骋自如，思索回味的艺术境地。

设计者应该像艺术家那样，寄产品以情感与情思，让产品蕴涵丰富的激情与深刻的情谊，使用户从产品的有形感悟，进而获得设计的情感、思想与生命，由此推动用户从有形之象进入对生命意识、情感的把握，突破产品有形实体的局限，达到品味产品的弦外之音、味外之旨的艺术境地。

（3）意境。艺术创作不但给人以情感，还能引发人的理想与憧憬，使审美主体获得最高灵境的启示，超越物境中的象，情境中的情，达到神圣的意境的境地。

意境是撤去物我间的藩篱，以心通物的重要心理过程。艺术创作往往在似与不似之间，达到有虚有实，虚实结合，既有艺术思维的空间，又有自由遐想的空白。艺术作品的含蓄，使人只可意会、不可言传，更有引人的魅力。艺术作品的气韵，是静中求动，动静结合，能引人反复思索与回味，不仅从中领悟到深邃的意，而且能从具体的境飞跃到憧憬中的境，用自己的生活体验与情感体验去丰富去补充审美意境的内涵，这才是意境的最高旨归。如中国画家作画的目的在于"抒情写意"，笔下所塑造的形不是简单的物象之形，也不是纯粹自我的主观的抽象之形，而是充分体现了主体思想感情的艺术之象。他们主张"主象以尽意""得意而忘象"，"妙在似与不似之间"，意为"象外之象"，也就是境，即境与象都是表现意的，意与境的结合便是意境。《虾》（图4-39）是齐白石老人的作品，据说他从年轻时就潜心研究画虾，历40余年，至70岁后才有所成，所画之虾已能舍去虾的次要部分，而突出主要特征。至此，白石所画之虾始成一绝，难怪后人评价说："百年中无人可与伦比。"此幅虾图，白石老人画出了虾的悠然游水之态。虾的身躯透明，水墨浑化，头部"戟"状之壳亦具有薄硬之质。虾体分布有聚有散，疏密分明，形成了一定的节奏感，并产生构图动静平衡感。值得叫绝的是，他在图中不画水，但却有水的感觉，虾的四周空白，却使画境更开阔、明豁，突出了主题，达到极美的境界。

现代设计讲究产品的艺术物化，就是运用形式美的各种要素，如形态、色彩、线条及装饰，来设计产品的形象，这是引导人们走进产品艺术意境的第一步，去接触产品，感受物境。同时，产品是传递设计者情感的媒介，设计者用情感创造产品的情景，才能引起人的情思。产品情境展现的是观看产品而生的情与思，又将情与思融化在产品中，从而获得了情感、情思，并由此推动人们从产品的物境进入到情感的把握，进而由产品引发理想与憧憬，进入产品艺术境界的意境。产品的意境是设计者追求意境设计的最高境界。只有产品都如同建筑一样充满深邃的意境，才能使人的理想与憧憬有所寄托。下面介绍张剑先生的设计产品，也许你会从中体会到设计师关注生活的难得品质，以及设计意境的追求足迹（图4-40）。（资料来源于张剑：《情趣的设计世界——张剑产品设计作品选》，福建美术出版社，2005）

设计者应当坚信，既然艺术创作可以创造出物境、情境与意境

图4-39　《虾》，中国画，齐白石

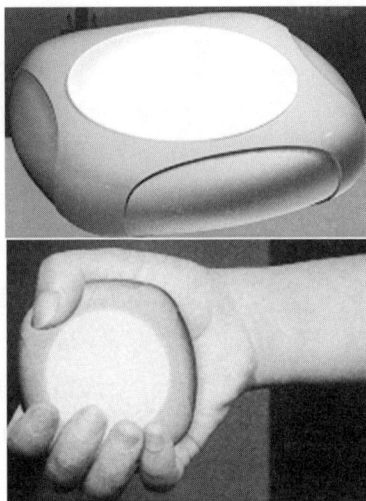

图4-40 能感受恐惧的手电

这是一款为女孩走夜路回家设计的手电。它的创意在于当女孩握住它时，因黑暗的恐惧而握得愈紧，手电就愈亮，通过手的握力来调节光的亮度。

材料：握力感应器（愈用力愈亮）、其他手电的材料

的三境界，那么，吸收艺术的精华，同样可以创造设计与产品的艺术意境。为了这个目标，无论设计者还是用户都要加强自身的艺术修养。

（二）设计活动中的艺术修养

艺术修养是指对艺术感悟的灵性，对艺术知识的积累及对艺术鉴赏的能力，是创造艺术形象的本领所达到的程度。

设计者需要艺术修养来提高产品的艺术档次；用户需要艺术修养来提高生活与生产的质量。为此，设计者与用户首先要追求艺术的心理，学会审美，以既能科学地掌握世界，又能艺术地掌握世界，还能像艺术家那样尽抒胸臆，张扬艺术个性。

1. 做一个善于审美的人

设计者与艺术家要做到按照美的规律来塑造自己、主导生活，就必须不断丰富自身，把审美的艺术活动当成生活中不可缺少的修养，并变成一种内在的心理需要。不断优化包括知识的深度与广度、思维的质量、人格修养、审美鉴赏能力、情趣、情调、气质等个性心理因素，完善智力结构。每一个人都有追求美、占有美的心理，都希望有更高层次的艺术鉴赏与艺术创造的能力。所以设计者与用户应当学会做一个善于审美的人。

学会审美，是艺术创造的前提。古往今来，艺术大师们都是从审美中汲取自然、社会的艺术养分，获得艺术创作的灵感。同样，设计要受艺术的滋润，也要像艺术家那样，为了审美需求去观察、去亲历，积累素材，提高自身的艺术素质。

要做一个审美的人，设计者要充分利用自身在实践中的优势，不断挖掘与积累实践中可以开展艺术创造的素材。如同柏拉图在《理想国》著作中所言：把美描绘出来，使我们的青年像置身于风和日丽的天地里一样，环顾美好，天天耳濡目染，像从一种清幽境界呼吸一阵清风，使他们不知不觉地培养起对美的爱好，并且养成融美于心灵的习惯。

当然，作为设计者，从事的是设计实践活动，艺术创造与艺术修养方面不可能达到艺术家的程度。比如，艺术家们崇尚达·芬奇的智慧、米开朗基罗的力量、拉斐尔的优美、肖邦的高雅、柴可夫斯基的深沉、贝多芬的奔放，还有李白的激情与杜甫的悲壮。这些艺术先哲与大师们的艺术风格是艺术家们奋斗的目标，对于设计，不必着力追求与效仿，而是借鉴或启发，开阔艺术欣赏的视野。

2. 认识科技美、创造艺术美

科学与技术不但是巨大的生产力，而且成为人类追求美好的强大动力。人们不但享受着艺术家们创作的艺术作品，而且也在享受科学与技术创造的美好成果。现在人们都知道"科学与艺术相结合"这句话的含义，是说明有的人在从事科学技术活动，有的人在从事艺术创作活动。今天科学与艺术发展都很快，科学能给艺术带来新的思想与方法，反过来艺术也能给科学新的启发与借鉴。科学与艺术正向着你中有我，我中有你的互补共融的方向发展。为了弘扬这种思想与趋势，科学家李政道博士与艺术家吴冠中共同创意，从科学与艺术角度，创作了体现科学与艺术交融的雕塑（图4-40）。

图4-41a是李政道博士的"物之道"创意，图4-41b是吴冠中的创意"生之欲"，并由卢新华、张烈创作设计。由此可见，科学工作者与艺术家要携手并进，共同为人类创造生活，创造美好。所以作为科学技术群体中的设计者不但要了解科学技术活动中的美，而且也应当了解艺术创作活动中的美。也就是既要科学地掌握世界，又要艺术地掌握世界。

艺术地掌握世界，是通过艺术作品的物境、情境与意境的创造，给人以精神的享受，所以艺术家们必须艺术地掌握世界。艺术能升华人类的社会生活，能以艺术的手法让人从悲剧的悲怆中得到净化心灵及美的享受，能以幽默批判的方式化丑为美，在潜移默化中实现道德的教化功能。艺术修补了现实社会中的欠缺与不足，将人引入美好高尚的境地。艺术地掌握世界是感性的、灵感的创作方法，所以有艺术求美的说法。如图4-41所示，是人类追求艺术美的探索印证。

艺术为人类的设计活动开启了大门，技术设计与艺术创作结合，科学与艺术结合，成为设计的全新理念。昨天，工程曾借科学的优势，实现了"工借理势"；今天，工程又汲取艺术的滋润，实现了设计与艺术的共融。设计者不再为产品的艺术魅力而冥思苦想，人们也不再有物质产品极大丰富，而精神追求却无家可归的荒漠的感觉。因为今天的设计，不但有科学实力的支撑，还有艺术魅力相依相伴。

3. 借鉴艺术的风格，张扬设计个性

人们羡慕艺术家充满自信的创作风格，更钦佩艺高胆大的创作精神。艺术家敢于冒天下之大不韪，大胆创新，因为艺术家往往不顾及有无知音。艺术家的自信，来源于丰厚的艺术修养的功底与炉火纯青的技艺。在艺术领域内，有"胸有成竹"的说法，有"读书破万卷，下笔如有神"的体会，还有"十年磨一剑""台上一分钟，台下十年功"的磨炼等。没有艰苦的学习与磨炼，就没有艺术创作的自信心。所以，"胆大"是艺术成功的表现，而"艺高"是自信心的内涵。历史中有"滥竽充数"的典故，它告诉人们不磨砺不修炼难成艺术的大师。所以，设计者学习艺术家树立自信心，首先是学习那种为了艺术而刻苦磨炼的精神与意志。成功来自自信，而自信的基础在于实力。无论艺术家还是设计者培养自信心的实力基础是锲而不舍的勤奋与执着。

艺术家敢于张扬个性，是因为善于扬长避短，并在扬长中创作与探索。创造的潜能往往潜藏在人的特长与个性之中，而且每个人都有长处，也有短处。充分发挥优势能激发求知的欲望，调动主观能动性，能始终以饱满的热情，高昂的情绪，摆脱自卑心理，不单纯依赖外界因素，不专门等待他人的支援与帮助，自强自立，专注于目标。

设计者也要追求设计的个性，这是保证产品有独特性的重要心理因素。设计的个性不仅表现在人与人之间的差异上，而且还表现在对同一产品有不同的思路与造诣上。设计者要锻炼稳定的心理品质，不仅要有需要、动机、兴趣和信

a. 物之道

b. 生之欲

图4-41　象征科学与艺术交融的雕塑

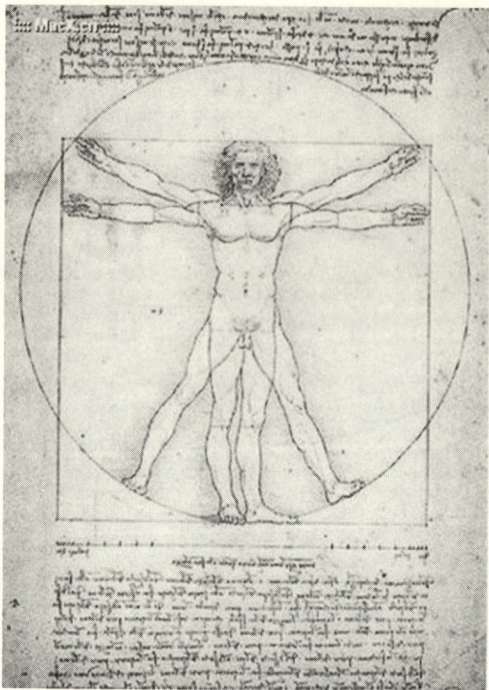

图4-42 人体黄金分割图，达·芬奇

图4-43 像艺术家一样思考

念的个性倾向，用来决定设计的态度、趋向与选择，还要有独特的个性心理特征，以能力、气质与性格统领设计活动中的行为方式与风格。

当然，艺术家的灵感也不是凭空而来的，而是艰苦探索、深思熟虑的结果。俄国画家列宾说：灵感是对艰苦劳动的奖赏。中国的古人也告诫我们：悟人必自工夫来，人悟中皆有悟，必工夫不断，悟头如出，如石中皆有火，必敲击不已，火光始现。古今成大业、大学问者都是历经创造和探索的艰辛，才有可能有灵感的到来（图4-43）。

设计的灵感可以引发设计的新思想、新方案与新思路，同时也张扬了设计者的个性。

但是科学与艺术毕竟有所不同。设计者学习艺术家，借鉴艺术创作的风格，目的在于提高产品的审美与文化价值，而不是成为艺术的行家里手。 设计者也应学习艺术家的创作风格，活跃设计思维，张扬设计的个性，这是产品竞争的需要。人们常说的人无我有、人有我优的产品竞争优势，产生于像艺术家那样敢于挑战世俗偏见的创作风格。因此，设计师应追求设计与美的结合，设计与艺术的结合。

四、未来设计艺术的审美创造

谁都很难预料未来是什么样子，但从设计的角度可以从现实预见未来。设计在已取得的成果基础上，要求设计思维的质量会越来越高，这是由于不断应用基础科学的研究成果，使产品的科技含量不断增加，设计的水平也必须随时提高的结果。设计的物质材料选择越来越难，因为自然资源有限；设计制造使用后的垃圾会越来越多，因为人工合成的材料分解速度缓慢，总是滞后于设计速度及寻找分解废旧材料的方法。所以，在设计的审美创造中要探索未来。

（一）设计艺术要加强对自然科学的支持

随着科学与技术的越来越深入的发展，自然科学的应用基础研究与设计技术的界限变得越来越模糊和难于划分。两者在根本上是相互依存的：自然科学的研究成果为设计注入了新理论、新知识及新方法，提高了产品的科技含量并加速研究成果的转化与应用，加速自然科学对生产力的推动。可以预见，设计将越来越显示桥梁的联系作用，使自然科学以设计为桥向生产力转化。由荷兰建筑师雷姆·库哈斯设计的中央电视台总部大厦（图4-44）的是巨大体量是我们不能忽视的结构问题。每个看见央视大楼的人都会被它独特的形体所吸引：整个建筑由六个近似平行六面体的体块组

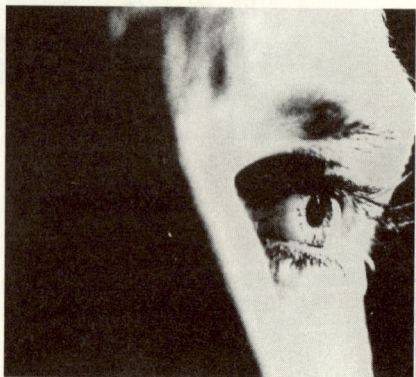

成，两两相邻的体块组成L形。整个建筑结构也表现为近似的平行六面体，它的中部被掏空，成为一个有棱角的"环"。建筑没有曲线，却动感十足，即这个不规则形体带来强烈的不稳定感。这对设计师来说，实际上是提供了新的结构科学技术研究方向问题。

（二）设计艺术将是人类未来文化的重要组成部分

与人类社会共生的设计活动凝聚着人类的智慧，承载着人类的需求、愿望与理想，积淀着人类智慧与能力的结晶。设计正在走出纯技术、纯功能的传统界限，必将成为人类未来文化的重要组成部分。设计活动体现了人的本质力量，书写了人类生活与生产工具的发展历史；设计活动应用了自然科学的研究成果，并吸收社会科学、人文科学的营养；设计活动综合了人类的文化，也成为人类文化的重要组成部分。20世纪90年代以来，随着东西方文化之间的交流日渐频繁，也有很多中国的设计师和艺术家选择到海外发展，并且在欧美艺术界获得了很高的荣誉。他们在一个相对开放的环境中，明显突破本土环境所面临的某些观念上的创新，能够从一种广阔的（例如装置艺术、行为艺术等）视角关注人类文化中的一些带普遍意义的问题。如图4-45所示，是某会场入口侧的点心厅，名为《天坛》。设计艺术家用从300多家理发店里收集来的人发，书写成四国伪文字，装置出一间发幔围成的大会堂。在发幔帐内，放置了特制的中国明式木桌椅，12把椅子的座位被凿空，镶进小电视的荧幕。设计艺术家在此提供了一种东方情调与泛国际文化相结合的装置艺术给一般观众。

（三）设计艺术要探索生命意识

科幻小说对未来世界进行了丰富的探索。比如，未来高度自动化的世界中，人类无须使用感觉器官去感知世界，无须进行各种劳动，只要用一个手指启动按钮，便可以实现衣食住行等全部活动。也许最终人类进化为球形生物体，所有感觉器官全部消失，只留下一个手指，完成按钮动作。这个神话可能引起设计者对未来的思索，对设计与人的生命意识的思考。人们曾有一种比喻，"越是得不到的东西，越是珍贵"；还有"度过严冬的人倍觉春天的温暖"，这都说明，懒于思考，人会平庸无奇；懒于动手，人会迟钝笨拙；懒于追求，人会索然无味。试想：全自动汽车使人丧失了驾车的兴趣；高度自动化的生产设备使人产生枯燥单调的感觉；计算机代替了手工绘画、书法、演奏乐器，或者充当音乐指挥家；用塑料做成的鲜花绿树和高架桥梁与水泥建筑，由于没有

图4-44　中国中央电视台总部大厦（西南面效果）

荷兰，库哈斯

图4-45　天坛，装置艺术，谷文达

生命,没有生命的活动,使人在心理上产生了空旷、荒漠、无情的感受,干扰了人们对生命价值的追求。

生命在于运动。设计艺术要给人留下手工与体力劳动的空间,体验生命运动的乐趣。比如:钳工、木工、铸造工人等都喜爱自己制作手工工具,使用得心应手,而且也是展示技艺的一种形式。现在,许多手工技艺都已失传。设计专业的学生根本不了解工程字的书写规范,甚至教师在讲授中也只是提及一下,自己也不会书写;中国古代建筑靠手工技艺,建筑材料只有砖木,但古韵风采让现代人赞叹不已。古代建筑历经风雨和地震灾害仍岿然不动,现代钢筋水泥的房屋却在地震中一片狼藉。建筑技工被称为"泥瓦匠",现在能继承他们技艺的人越来越少。所以,为了人类的生命运动,设计要给予极大的关注。

人类对美的追求是无限的,在未来的设计艺术活动中,审美创造的永恒主题仍是:设计改变生活,设计创造和谐。

思考与作业

1. 美的本质和人的本质有什么关系?

2. 简述美诞生的过程。

3. 试述设计审美一般心理过程。

4. 根据所学专业的实践,阐述形式美的规律对专业学习的作用。

5. 何谓设计美?它具有哪些规律?

6. 美的形态主要有哪几种?并具体阐明。

7. 社会美有什么特点?为什么人物形象的美侧重于内容?

8. 自然美在审美中有什么积极意义?

9. 设计艺术审美心理的认知因素主要有哪些?其具体表现如何?

10. 试述审美创造的心理过程。

11. 试分析自己本身的资源条件,谈谈如何提高自己的设计表现水平。

12. 设计艺术的审美标准包括哪三方面的类型?阐述其规律及特征。

13. 谈谈自己如何移植艺术意境的创作方法,使作品具有真切感人的艺术境界。

14. 怎样提高自己的设计修养?

15. 如何理解未来设计艺术的审美创造的永恒主题是"设计改变生活,设计创造和谐"?

16. 为什么说现代设计是满足人的高层次精神需要?

第五章　设计师职业素质与创造心理规律

第一节　人的创造心理、能力与设计

　　创造既是设计的目的又是设计的手段,并在设计活动中处于核心地位。创造为设计艺术注入了新的生命力,在市场竞争日趋激烈的今天,设计的创造力成为企业取得竞争优势的重要条件之一。创造心理是设计心理的重要组成部分,是研究设计创新、拓宽设计思路的重要突破领域。把握产品创意心理、突破设计思维对于设计艺术而言具有较为深远的意义和作用。

　　创造活动与心理密切相关,是创造心理的外在表现行为。设计的创新思维是设计的灵魂所在,设计的创造力表现是决定企业是否成功、是否具有长远竞争力的关键因素。

　　设计创造过程中无法回避的一个现象就是模仿或仿样,但它有存在的必要性和合理性。

一、人的习惯定势与设计仿样

　　人们常说"习惯成自然",其实是说习惯是一种省时省力的自然动作,是不假思索就自觉地、经常地、反复去做了。比如每天要刷牙、洗脸、吃饭等。习惯不是一般的行为,而是一种定型性行为,是人在一定情境下自动化地去进行某些动作的需要或倾向。例如,儿童养成在餐前、便后或游戏后一定要洗手的习惯后,完成这种动作已成为他们的需要。这种习惯形成就是指长期养成的不易改变的行为方式。习惯形成是学习的结果,是条件反射的建立、巩固并臻至自动化的结果。

　　结合《现代汉语词典》对"习惯"一词的解释,"常常接触某种新的情况而逐渐适应,在长期里逐渐养成的、一时不容易改变的行为、倾向或社会风尚",不难看出,习惯具有个体和社会群体两个层面的意义。从个体层面来看,习惯是个体后天习得的自动化了的动作、反应倾向和行为方式,它是条件反射在个体身上的积淀。从社会群体层面看,习惯是人们在长期的生活中形成的共同的、相对稳定的行为方式和反应倾向。习惯具有简单、自然、后知性、可变性、情境性的特征。

(一)习惯定势

　　习惯是人们在既定情境下的固定反应。有些习惯是人类先天具有的,或者说是人类在漫长的进化过程中逐渐形成,固定下来,并内化在神经系统中的。这些带有先天倾向的习惯被称之为"本能",例如不靠近悬崖峭壁,不接近火源等;而更多的习惯是一种对外界刺激熟悉化的过程,即人们不断接受同样的刺激和信息,做出类似的反应。这些习惯不是与生俱有的自动行为,而是多年特定文化习俗所造就的,并从人诞生起不断学习形成的习惯。同样是进食,动物可能只是在饥饿驱动下的本能反应,而人类就不得不以习惯的方式烹饪,使用符合习惯的餐具,遵守习惯的用餐礼仪。并且，特定文化、习俗、政治势力还可能对于已形成的习惯加以强制，不断强化这一文化背景中人的习惯。例如中国古代艺术设计常是在固定样式基础上的精耕细作，一方面是由于多年的文化传统和社会活动所塑造的人的习惯，另一方面是由于当时的统治者为了维护其统治权力的神圣不可侵犯，而将某些礼教习俗通过国家机器制定成法律和规范，使那些涉及礼教的器具的样式被固定下来，而导致工匠不得不按照规范不断仿效下去。

柏拉图在《理想国》中引用的一句古话"习与性成，始为模仿，继为习惯"很好地说明了习惯与模仿之间的关系，即人的性格是习惯形成的，习惯又以模仿为开端。多次模仿形成了习惯，习惯形成之后，又成为指导人类行为的重要规范，影响着人的一举一动。美国早期心理学家威廉·詹姆斯认为：生命存在物的习惯现象应归因于其身体所由以组成的有机物质的可塑性。（［美］威廉·詹姆斯：《普通心理学原理》，田平译，中国城市出版社，2003，第143页）他认为这种可塑性似乎在人脑中留下了某种不易消失的通道，习惯就是在这些通道中实现的"连锁释放"。习惯的形成比较难，需要在神经物质中建立所谓的通道，而通道形成后，"人们就会期待神经流遵循大部分我们已经知道的通道的法则，被挖掘开来并且比以前更容易通过"，这就是记忆被加深并最终形成习惯的过程。"习惯能减少我们的动作所由以做出的有意注意"，也就是说，习惯首先是因不断地模仿所导致的，形成后，人又往往会按照其"习惯"的流程执行行为，并且往往是一再地模仿。习惯形成后，人们的行为会变得"自动化"。心理学意义上的"自动化"是特指人们的行为熟练，行为高速度、低差错，思维干涉水平较低，不需要或只需要少数意识作为指导。习惯一旦形成，要想更改，通常是非常困难而不舒服，它使人有时不勤于思考，忽视某些需要和意识，例如不饿而吃，不累而睡，将他人忠告置之不理。

因此，习惯一方面是人赖以生存的必要生理机制，使人们以有限的心脑资源从事更多更复杂的行为成为可能，这对于设计师把握用户心理，提高设计的满意度具有重要意义，这点将在下面加以详细阐述。另一方面，习惯是创造的对立，它阻碍创造力的发挥，正如詹姆斯说道："事实上，天才只是以非习惯的方式去理解事物的能力而已。"如果设计师本身囿于习惯势力的支配，而总沿着前面的惯性进行设计，那就违背了设计的本质———一种创造性的活动。

（二）设计仿样

1. 设计仿样的定义和类别

仿样，是模仿的一种，即有意识地按现成的式样造物。《说文》中说："仿相似也。"样，即式样，形状或模样，是可供人效仿的样式或标准。仿样，是设计艺术中的一种现象，也是艺术设计的重要手段。贡布里希在《秩序感》中专门就设计中的模仿现象进行论述，他将后代设计模仿历史中的设计样式的现象叫作仿样（minicry），例如壁纸模仿绸缎或木板的式样，泥灰墙模仿大理石的式样等。在手工艺的时代，艺术设计往往通过一定的样式、效仿的规则、口诀、典籍在师徒、同行间传承，例如建筑设计中所谓的营造法式，装饰设计艺术中的各式图案、图谱等。那时艺术设计的主要方式类似于所谓的"先制作，后匹配"，"先图式，后矫正"的过程，设计仿样是艺术设计的基础，多数工匠往往是在原有样式的基础上，通过个人高超的技艺将器物的原有样式做到极致，因此手工艺的几千年时间内，设计艺术演变非常缓慢。到了19世纪中期，工艺美术运动前夕，技术的发展使模仿那些原本需要非常高超的技艺才能实现的复杂式样变得极易实现，以莫里斯为首的设计革新者们厌恶当时对贵重工艺品及贵重材料的"仿样"，从而提出若干设计改革的重要准则。他们旗帜鲜明地呼吁"设计不应盲目抄袭旧有样式,而应师法自然,从自然中吸取养分",这种思想一直伴随着设计艺术的现代化进程而深入人心,直至现在仍根深蒂固。仿样被视为一种虚荣、不诚实的行为,受到现代设计师以及高阶层消费者的唾弃,因为也是新样式的首创者和消费者,支配着流行趋势。但现代设计同时也相应从内部生出了一对矛盾,即,一方面创造者需要不断造出新样式来维持其趣味支配权;另一方面,这些新样式又不断被大众所追随和崇尚,成为仿样的对象。这样设计创新被作为评价设计的最重要标准,而设计仿样这一重要的现象被设计界有意无意地忽略不计。而事实上,仿样作为设计艺术一个重要的、无法回避的现象,即使可能带来某些负面效应,也有它存在的必要性和合理性。

仿样在设计艺术中大致可以分为三类,一类是对自然样式的模仿;第二类是对已有人造物样式的模仿;第三类是综合性仿样。其中综合性仿样是在同一设计中综合运用前两种仿样。

(1)自然仿样的历史最为悠久。原始时代,造物之初,那时并没有像后来那样多的样式或人工物的形式可供造物者效仿,因此造物(包括符号的创造)的形态基本上都是对自然物的仿样。整个设计艺术史中自然仿样的例子数不胜数,不论是陶器、瓷器还是装饰纹样,最初基本都来自对自然直接或间接的模仿。例如中国的造字,古代有所谓的造字之本——"六书",其中的象形、象事、象声、象意谓之"四象";转注、假借谓之"两用",其中的四象都是以象形象事为本而创造的,转注和假借则是"用字之法",在四象造字的基础上的引申新义或另表他义。现代设计将对自然物的模拟发展成为仿生学。模仿的内容不仅包含造型意义上的模仿,还包含对结构、内在生命机制的模仿,而仿样(对样式的模仿)仍是设计艺术中仿生学的主要运用方面。

(2)自从有了第一件人造物以后,对人造物的仿样也相应开始,并且随着人造物种类的越来越丰富,设计仿样更多的已是对其他人造物的模仿。对人造物的设计仿样按照时间和空间的维度可以简单区分为以下三种情况。

第一,对历史上已有的同类物的形式或样式的仿样如图5-1所示,这是设计仿样中最

图形基本模仿造型不同

中国传统装饰图案 盘长 · 中国联通标志

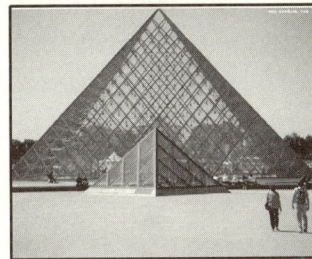

材料不同

埃及金字塔 · 法国卢浮宫扩建玻璃金字塔入口

外围结构和质感特征相似体积变化

加拿大蒙特利尔博览会 美国厅 · 中国北京国家游泳中心"水立方"

图5-1 典型仿样设计作品

典型、最普遍的现象，也就是所谓的"产品造型演变"。唐纳德·A·诺曼在《设计心理学》一书中提出设计是一种"自然演进"的过程，即产品随着技术的发展、社会的变化自然而然地发展，不断地找到产品中的不足之处，消除这些瑕疵，把设计合理的部分保留下来。也就是说设计仿样具有选择性，是对原有样式的扬弃，正是这种沿时间轴线不断扬弃构成了设计演变的全部过程。

那么究竟什么是可供效仿的、设计中合理的部分？设计演变中的生存法则是什么呢？贡布里希通过对装饰纹样演变及仿样现象的分析，提出那些具有灵活性的纹样更易于生存。此类纹样能通过装饰设计师的变化适宜用在任何空着的区域上，即"纹样的基本骨法是确定的，但设计师仍然可以巧妙地调整图形和基层之间的关系，增大或缩小纹样和构框成分之间的轻重对比度"，"为装饰设计师的所有基本活动提供了发挥技艺的机会"。这说明了"仿样"的样式之所以为这种，而非那种，其中一个很重要的原因是，那些具有灵活性、兼容性、适应性及易理解性的样式或样式中的要素容易流传下去。这一点在设计艺术符号的仿样中尤其显著，留意一下不难发现，那些经历漫长历史仍为设计师和艺术家所钟爱的符号或图形都具有此类的特性，它们权变性强，能随着历史发展和社会文化变迁，融入人们的生活方式中。

另外，我们再通过工业设计中一个最有代表性的产品——汽车的造型演变史来看看设计物究竟如何在仿样中不断前进。图5-2表明了汽车造型历史演变的过程。从这个例子中，我们发现，在造型演变过程中仿样是基础，任何已经存在的产品的造型更新都不可避免地受到原有造型的影响和制约，即便某些设计师为了追求创新而故意与主流的产品造型背道而驰，也是对原有样式的逆向效仿。从这个意义上说，设计是部分要素的演变。汽车造型虽然经历马车形、箱形、流线形、船形、鱼形和楔形6个阶段，出现不计其数的各种车款，但每一时期对比前一时期，只是对其中的少数要素的革新；此外，重大的造型演变往往由技术驱动，这5次阶段性的变更无一不是始于对某些使用性重大缺陷的修正，而那些单纯为了造型而做的设计，诸如增加尾鳍此类的设计并不能对产品的演变起到决定性作用。也许一些设计师会设计出某些与原有设计大相径庭，具有跳跃式的样式，即所谓的"概念车"，但这些概念车几乎不可能直接投入批量生产，最可能的只是根据大众的反应逐步将部分创新点加入新车设计中。

第二，对已有的、具有类似功能、结构或其他相似之处的物品设计的仿样。

这种效仿常常是那些新器物样式和形态的基本来源。当新技术、新工艺、新材料带来了新产品的时候，人们为了让这个设计能恰如其分地表现出它的功能，向大众传递正确的物品信息，往往会借鉴以往具有类似功能、结构的产品。例如最初的电灯模仿了煤油灯的样式，汽车模仿马车的样式，电脑键盘模仿打字机键盘的样式、Windows的界面模仿人们熟悉的办公用品形式作为相应功能图标等。不仅如此，现代科技对物的作用常常表现在原有功能的拓展、不同产品功能的相互移植。例如手机原本只是一种通讯的工具，而随着激烈的市场竞争，产品不断升级以争取高端市场，它的功能被拓展，能够作为通讯录、计算器、收音机、MP3播放器、上网浏览器、游戏机、数码相机等使用。新功能的添加带来对新结构、新样式的需求，这种需求往往导致对其他原功能产品的仿样，产品的面目变得模糊起来（图5-3）。还有一种情形也非常有趣，即由于人们日常习惯、习俗或文化传统而导致的设计仿样。某些产品，特别是高科技的数码产品，电子芯片是唯一必不可少的部件，而形式上它具有无限可能和任意性，正如Ezio Manzini所说："高技术产品仍然需要一种表面或是一种皮肤，在这种皮肤上仍然需要充斥'情感的和符号的张力'。"许多设计师认为最富有情感的肌肤应是为人们所熟悉的、深入生活的、符合文化习惯的，因此高科技的产品中常见的一种仿样方式就是人们日常习惯的、具有

左：1883年[德]戴姆勒1号　右：1886年[德]奔驰1号

这个时期的汽车车身造型基本模仿马车的形式，人们称之为"无马的马车"。这时汽车作为一种崭新的交通工具，历史上没有任何可参照的现成样式，因此设计者将仿效的目光转向具有悠久历史、功能类似的其他交通工具——马车。

1920年[美]福特T形车

箱形车基本上是在马车形汽车的基础上改良而来。最初马车形汽车一般是敞篷或布篷，很难抵挡风雨的侵袭。特别是在车速提高到50公里/小时的情况下，驾驶员难以抵挡迎面的强风，迫使人们改进汽车的外观以克服缺陷，因此设计师模仿当时马车包厢的形式设计出箱车，1915年福特公司设计的T形车专为城市行驶设计，车身像一只开有门窗的箱子，因而区别于马车型汽车。除此以外，早期的箱形汽车的车室造型还效仿当时欧洲贵妇人出游时人抬"轿子"式的轻便座椅，因此从那开始箱车也被称为"轿车"。

1934年[美]克莱斯勒公司气流牌小汽车　左：1938年[德]大众牌甲壳虫汽车

右：1998年[德]大众牌新甲壳虫汽车

　　流线形汽车造型来源于空气动力学实验，1922年德国人保尔·亚莱成功进行了对飞艇的空气阻力研究，发现类似鱼和鸟的那种前圆后扁的流线造型阻力最小；1934年，美国密执安大学教授雷依用汽车模型做风洞试验，测量出各种空气阻力，随后此类研究成果被运用在汽车造型设计上。1934年克莱斯勒公司生产的气流牌小汽车率先采用流线型车身，此后德国设计师波舍尔设计的"大众牌甲壳虫汽车"也是流线型汽车的典范。从样式来看，这些流线车的造型延续了箱形车的基本构成形式，同时吸收了某些动物的形态特征，是设计仿生学的成功案例。例如甲壳虫汽车的设计模仿了昆虫的形态，动物经自然选择生存下来，不仅能在地面爬行，还能飞行，形体阻力很小，对它的模仿使得甲壳虫汽车成为汽车史上产量最多、生命力最强的车型。直到现代，新甲壳虫轿车仍是最诱人的车型之一。

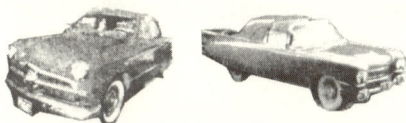

左：1949年[美]福特V8型汽车

右：1959年[美]凯迪拉克Eldorado汽车

从20世纪50年代开始，汽车造型逐步定型，其基本的样式就是所谓的船形车。船形车与前面的流线型车的最大区别在于车身两侧形成了一个光滑的平面，车室位于车的中部，四个车轮基本与车身侧面呈一个平面，从而使车身更加紧凑、造型更加整体简洁。到了60年代，美国各大汽车公司开始在船形车增加鸟翅那样的尾翼，这些尾翼没有多少实际价值，而更多只是提供某些新样式以刺激人们的购买欲望，由此我们可以推论，此时的汽车造型基本已经定型，设计师发挥的余地不够大，不得不靠增加新的装饰物来进行样式的创新。

1952年[美]通用汽车别克牌小轿车　1964年[法]保时捷911

鱼形汽车是在船形车的基础上发展而来的。由于船型车尾部呈阶梯状，高速行驶会带来较强的空气涡流作用，为了弥补这一缺陷，设计师将汽车后窗逐渐改为倾斜，最后发展为斜背式造型，看上去像是鱼的脊梁，也就是"鱼形汽车"。鱼形汽车在造型上保留了船形汽车的长处，例如车室宽敞，侧面平滑减小风阻，还加大了后面行李舱的容积。

左：1968年[意]izzarrini Manta轿车

右：1999年[意]法拉利跑车

虽然鱼形车具有前面几种车型所不具备的多项优点，但仍存在一些缺陷，最大的一点就是由于车身横断面近似飞机的机翼端面，在高速行驶中会产生浮升力，致使车轮与路面的附着力降低，易发生偏离路线的危险。因此，在它的基础上又设计出了楔形车，这种车型整个车身向前下方倾斜，车身后部像刀切一样平直，这样的造型能有效地克服上升力，从造型上看更加灵巧轻捷，成为当前的主流车型。

图5-2　汽车造型自然演变的过程

图5-3 手机式样

a. 突出数码相机功能的三星SPH-v4400手机
b. 仿样女士化妆盒的NECN916手机;
c. 具有掌上电脑特征的NOKIA 7700手机

某些类似点的物品的模仿。例如女士使用的手机可能效仿粉盒或口红的样式，因为它们都是被赋予了女性特质的物品；而电子书的设计却不断向传统的纸质书的样式靠拢，因为设计师认为手持书本与电子书相比，即使功能上各有所长，但显然前者比后者冰冷的金属或塑料外壳具有更多的文化意味和人情味。

第三，对同一时期的先进的或层次较高的同类设计的效仿。

前面两种类型的仿样对设计而言似乎是自然选择的结果，同时也是设计艺术发展、演进的积极要素，第三种类型的仿样则似乎不那么受到认可，因为从物的受众心理角度看，它往往是受两个方面的因素所驱使的：一是对上层文化的追随和膜拜；二是从众效应，这两点所伴随的往往是"虚荣"与"盲从"，以及文化大众化及层次下坠的趋势；另一方面从设计者及仿样物的生产者来看，其背后又是以经济利益为导向的，即模仿或部分模仿那些成功的、先进的设计，不仅能减少设计研发的成本，还能降低这些设计大批量投入市场后的风险。

还需要指出的是，这里所谓的成功、先进的设计，不仅仅是指那些被行业专家推崇或是受到市场好评的设计，也包括那些带有新概念、新技术的新设计，这些设计可能预示着此类设计未来的发展方向。因此，这种仿样并非总像第一种情况那样，仅仅是小厂商向实力雄厚的大企业、一般大众向文化精英的单向效仿，事实上大企业也常常效仿和采用小企业设计中领先或具有潜质的要素，这些要素不仅是造型和样式上的，也有技术和工艺上的，但最终都不同程度地体现于物的形式之上。例如前面谈及汽车造型演变中楔型车的出现，其实第一辆楔型车是1963年由司提倍克·阿本提设计出来的，但当时这种车型超出时代鉴赏力，虽然在汽车外形设计专家中获得好评，可是销量很差。而到了1968年通用公司继承了这一超越时代的设计，迅速获得成功。同类的例子还有最早的计算机操作系统图形界面并非比尔·盖茨的首创，而是施乐公司的科学家率先研发出来的，但由于没能看到这一创造的运用前景而束之高阁，直到被苹果公司购买并运用于个人PC的平台上获得成功，并通过Windows界面而成为一种通用标准。

2. 设计仿样的产生机制

通过前面对设计艺术中仿样现象的详细分析，可见设计仿样是人造物之产生、发展的一种固有的现象，它对设计艺术的发展，直至整个人造物的发展都具有举足轻重的作用，其背后具有深刻的生成机制。

首先，设计仿样是设计中的现象，也是设计艺术的方式和手段，与任何设计方式相似，它必须符合设计的"合目的性"或者说"功能性"这一基本特性。因此，设计仿样的目的与一切设计活动相同，应是为所设计的物寻找符合其目的性需要的样式或形式，当设计师有意识地采用某种样式时，首要的还是由于这个样式符合该物品使用的基本要求。例如我们设计一只茶杯的时候，无论是效仿自然物的样式还是从其他盛水器皿的样式，首先它应能较好地满足"盛水"这一基本目的性的需要。

其次，设计仿样作为一种特殊的设计现象，特指设计艺术中有意识地对已有样式和形式的模仿，一项设计之所以在"合目的性"的基础上选择对已有样式的模仿，而非直接进行"针对问题的求解"的率先创新，或者在同样能较好解决其目的性需要的若干样式中，设计师有意识地选择了某一特定样式，而非其他样式，这背后具有一些特殊机制。简单地分为生理及心理机制、社会文化机制以及经济机制三个主要方面，其中习惯的延续性，即仿样的生理、心理机制是最重要的生成机制。

（1）生理及心理机制。习惯势力往往引导着人们的行为，人造物作为人们日常生活的组成物，要符合人的目的性常常不得不以人的习惯作为设计前提，因此，效仿人们所习惯的设计样式，对艺术设计具有重要意义。这就解释了前面所说的为什么新创造的物品总喜欢效仿旧有产品的样式，这通常是为了顺应人们的习惯，为人们逐渐接受新的物品以及其可能带来的新的生活方式提供了必要的缓冲。比如新材料刚出现的时候会在表面做上传统材料的纹样，如果它不是为了那些人造材料看上去与传统天然材料一样高雅而有格调，那么基本上就是为了给人们提供一种熟悉的感觉，以适应人们的习惯。图5-4是法国早期的一台电暖炉，模仿了壁炉的样式，虽然它是当时最先进的技术产品，但传统的样式暗示着人们所习惯的生活方式。

此外，从认知心理学及人们的信息加工过程来看，设计仿样能降低人们的认知负荷，为人们再认提供必要的提示，提高设计物的易学性。动物的许多行为都是本能驱动的，与它们基本不对自身行为进行思索、选择、判断和推理而不同，人的许多行为都是有意识的，是动机驱动的有目的的行为，因此人的多数行为需要通过一定的信息加工和处理，占用一定的神经资源。如果人的每个行为始终都需要有意识参与，进行周详的思考，那么人有限的信息加工能力很可能只能应付少数的几种行为，幸运的是采用熟悉的样式和形式能减少神经系统的有意注意，降低人们信息处理的复杂程度。

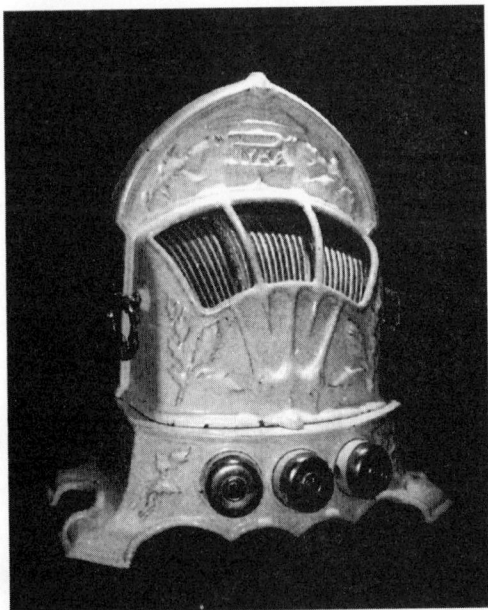

图5-4 Pyra家用电暖炉(1900年)

此外，熟悉样式还能为人们再认提供线索。再认是人们将在的信息与储存在大脑中的信息匹配确认的过程。我们都有这样的体验，如果凭空让我们回忆熟悉的面孔或者环境，我们只能再现一个模糊的轮廓；如果出示一组照片让我们从中做出识别，这个过程就容易多了。这说明熟悉的样式能为我们提供再认信息的必要线索，降低大脑检索、选择和做出推理、判断的复杂程度。

（2）社会与文化机制。除了人的生理、心理的作用，社会及文化机制也是设计仿样产生的重要根源，这里基本可以包括以下几个方面的原因：共性文化自觉、优势文化崇拜和文化生产需要等。

第一，共性文化自觉是指同一文化群体中的个体或是文化具有类似性的不同群体之间对于某些共性文化的觉察和崇尚，文化自觉在设计艺术中常反映为对共性文化中器物的仿样。

第二，优势文化崇拜是社会阶层较低的文化群体对于层次较高的文化群体以及弱势文化群体对于强势文化群体的崇尚与模仿。

第三，仿样也是文化生产的需要，这在当今这个消费社会中表现得非常显著。图5-5中均为由丹麦设计师设计的座椅，每把椅子都模仿了其他文化的座椅形态，从左至右依次为：雅各布森，餐椅（1935），受到中国明式家具的强烈影响；Mogens Vohelen，哥本哈根椅（1936），源自西班牙的传统椅子设计；Ole Wanscher，埃及凳（1960），根据古埃及的一款凳子设计；Gunnar Aaerrae Anderson，站椅，这款椅子是设计给站立的人撑靠休息用的，想法源于日本传统的一个装置；Jqrgen HQJ，休闲椅（1952），这款椅子特殊的结构是基于一把非洲部落椅子造型。

（3）经济机制。最后一个方面，也是设计仿样形成的一个非常重要的方面，特别是对于产品制造者而言，效益最大化是导致仿样最直接的要素。经济领域中，有学者提出所谓的"模仿创新"或"创造性模仿"，即企业以率先创新者的创新思路和行为为榜样，并以其创新产品为示范，在此基础上对率先创新进行改善和完善，进一步开发和生产富有竞争力的产品，这一理论本身就包含了设计领域的模仿，即设计仿样。

从宏观的市场来看，设计仿样能降低某些设计由于样式率先创新带来的附加价值，加速设计的普及化进程，最终能降低产品的成本，提供能适应更多人购买能力的大众产品。最知名的成功案例就是福特的T形车了，奔驰率先发明了汽车，但由于手工敲制，价格昂贵，一直为富有阶层所垄断；福特通过大批量生产，模仿并开发了自己的车型，使汽车消费得到普及。

从企业的微观角度来看，仿样具有资本投入少、技术要求低、创新时间短的优势，能降低设计开发的成本，降低风险。需要强调的是，知识产权保护对模仿，包括设计仿样具有约束

图5-5 座椅设计：从异文化吸收设计的符号和样式

性,设计仿样只能作为设计的一种基础,而能否在模仿的基础上得以发展和创新是企业模仿型创新成功的关键所在。

综上所述,仿样不是创造,而设计的本质是一种创造性的活动,乍看去两者处于对立的两端,而通过以上分析,我们认为设计艺术的创新归根结底离不开仿样。完全脱离原有样式或形式的设计不一定是好的设计,其原因在于文中所论述的设计仿样背后的心理、文化和经济机制。首先,好的设计必须是"合目的性"的设计,可用性是设计不可或缺的要素,为了赋予当前正变得越来越复杂的产品一种熟悉性,便于人学习和使用,设计应考虑人习惯的延续性,按照人对物质世界的基本认识和心理原型进行设计;其次,文化、社会、经济等方面的要素对于设计艺术具有重要的影响和制约作用,这些相关机制也决定了设计仿样存在的必然性,虽然随之也导致商业设计在一定程度上的盲目性和庸俗化,但作为设计师应客观对待这些现象,以设计伦理和道德感来平衡这些消极的作用,将仿样作为创新的起点而非重点和终点。总之,设计艺术中,创新仍然是其中最核心的部分,而仿样则是一种固有的、不可忽视的重要组成部分,它具有积极和消极的两面性,设计师应在充分注意这一现象的基础上加以合理利用。

二、创造、创造力和创造性思维的概念

（一）创造

创造一词在《韦氏大字典》中被解释为"无中生有"或"首创"之意,在《辞源》中被肢解为先"创"(意为伤、惩、始等)后"造"(意为建设、制备等)。可见,"创造"在《辞源》中指打破旧的、构建新的,是两者的统一。

关于创造活动可界定如下:"按照本来的意义讲,凡是能给予新的、独创的、有社会价值产物的活动,都可称为创造活动。"

创造具有如下一些基本特征:

(1)首创特征。"无"是创造产生的前提,创造产物应该是前所未有的。

(2)个体特征。个体特征也称主体特征,即指创造的个体属性。创造、创造力及创造性思维均以个人为主体,但并不代表创造活动无共性可言。

(3)功利特征。创造产物应该实现其创造的价值、对需求的满足、对社会价值的肯定,使创造活动的出发点和归宿集结于此。

（二）创造力

创造活动的顺利完成依靠创造力,创造力是一种特殊的能力,"是在人的心理活动最高水平上实现的综合能力"。心理学对创造力做出如下定义:根据一定的目的和任务,运用一切已知信息,开展能动思维活动,产生出某种新颖、独特、有社会或个人价值的产品的智力品质。这里的产品是指以某种形式存在的思维成果,它既可以是一种新概念、新设想、新理论,也可以是一项新技术、新工艺、新产品。

学术界对创造性本质特点的探究主要通过三种方式,即通过对创造行为的分析、对创造主体个性模式的分析、对创造性产品的分析来进行的。创造力作为一种心理综合能力,被视为内隐状态。创造性产品是创造活动的产物,是创造力的外显物质形。新颖性和适当性成为衡量其创造性的两大标准。创造性导致了某种新颖和结果,这个新的产品是有目的、立之有据的,或令人满意的,代表了一种非同寻常的"飞跃"。

（三）创造思维

创造性思维不同于一般思维活动，它不仅具有一般思维活动的特征，即对客观事物的本质和规律性的把握，同时还要在此基础上，发挥积极的主观能动性。因此，创造性思维是指主体在探索未知领域的过程中，发挥认识的能动作用，综合运用逻辑和非逻辑的思维方法，为了明确的目标，获得对社会和个人具有较大影响的新成果的思维活动。

创造性思维建立在一般思维之上，又不同于一般思维。人们大多易于把创造性思维与发散性思维等同起来，认为一谈到创造性思维，就是指宽思维、广思维，并将思维多元化。事实上，发散式思维只是创造性思维的常用思维之一，创造性思维既存在发散式的广度，还存在思维深度。

扩大范围，增宽思维视野，把对象放在更广阔的背景中加以考察、分析和理解，创造才更有可能性。有一位企业家说："靠气象发财也是一门学问，市场经营者应该掌握温度的上升下降和产品销量增减之间的函数关系。"日本经营电冰箱和空调器的厂商，都有研究和测算气象的专门机构。它们搜集大量数据，得出了气温变化与产品销售额浮动之间的关系：在盛夏，30摄氏度以上的天气每延续一天，空调的销售量就能增加4万台。而据德国的一些啤酒公司分析，当气温高于24摄氏度的时候，啤酒开始畅销；在盛夏季节，气温每升高1摄氏度，啤酒将增加230万瓶的销售量。澳大利亚有一位经营水果的商人，与当地气象台签订了长期合同，以便及时得到短期、中期和长期的气象预报，作为自己调整水果的进量、销量和价格的重要参数。

思维的深度就是指思维的深入程度、深刻度。哲学认识论中的原因和结果，现象和本质，正是创造性思维的核心所在。比如你开办了一家公司，但是缺少资金，怎么办呢？还有没有其他办法呢？如果把"需要资金"这个问题抽象到更高层次来看的话，你就会发现，你所真正需要的并不是资金，而是办公用房、生产设备、原料、职工的劳动等，你不过是想用资金来换取这些东西罢了。沿着这条思路，你解决"缺少资金"的问题，就会有许多种其他办法：不在月初而在月末付未付房租；购买设备分期付款；还可以让消费者预先付款（采取会员制、订金制、预付优惠等）等，也许比"借钱"更能解决问题。

三、创造力的动态结构成分

创造力是一种解决特殊问题的能力，是异于常规的求解之道。个体创造力具有完整的结构模式，这是由物质世界的整体性和统一性决定的。创造力本质上是一种影响创造活动效率，保证顺利完成创造任务的个性心理特征。我们将创造力结构分为静态结构和动态结构两种结构模式，还可以从解决问题的行动性角度考虑，就信息加工的观点分析创造力的动态结构成分。

（一）发现问题的能力

发现问题的能力是指从外界众多的信息源中，发现自己所需要的、有价值的问题的能力。发现问题和提出问题是创造活动的有效开始。问题就是指"事物的矛盾"，是社会实践活动的预期效果或理想效果与实际效果之间的差距，存在差距就存在问题。

发现问题是一种能力，这种能力是设计师的基本功之一。设计应源于生活，从生活中去发现问题。设计艺术不仅仅是图形和造型，而要考虑到更贴近生活，让使用者在使用中得到乐趣和享受。设计师的任务也不仅仅是要美化生活，更确切地说是要去改善生活。那么设计的第一步就应该从发现问题开始。

除了要有强烈且敏锐的问题意识，在发现问题的活动中还必须进行资料收集及整理的工作。发现问题是一个对客观情况进行分析和研究的过程，尤其是对设计群体来讲，设计师主观意识上对接收到的客观事物所发出的信息存在感性认识，但设计师更要确保采集到的数据和资料的真实性，所以必须将感性认识转化为科学的、逻辑的理性认识，力求找出事物的内在规律性。正如爱因斯坦强调的那样："发现问题和系统阐述问题可能要比得到解答更为重要。"

（二）明确问题的能力

明确问题就是将获取的新问题纳入主体已有的知识经验中存储起来。创造主体通过收集和整理与问题相关的资料，组建起具有个体差异性质的知识经验库存。如果对这些问题信息采用科学的方式进行编码，并与知识经验相联系，包括问题信息和知识信息在内的整个信息系统就容易由于问题的不确定性而被激活，所有的相关信息能有效地被提取并应用，使得问题信息始终处于活跃状态去诱发创造者产生灵感。

（三）阐述问题的能力

阐述问题的能力即指用已掌握的知识理解和说明未知问题的能力。问题就是还没有解决的矛盾，阐述问题是指用矛盾分析方法去识别矛盾、分析矛盾，抓住创造客体或创造对象的主要矛盾和矛盾的主要方面，即问题的症结所在。同时，还要对旧有知识和经验进行筛选和过滤，转化为与问题相一致或相关联的新信息。阐述问题是将旧有知识运用联想和想象对"新"问题进行再理解和再加工的过程。

（四）组织问题的能力

组织问题的能力即指对问题的心理加工和实际操作加工的能力。这是创造活动的关键，直接影响创造成果产生的效率。组织问题的心理加工意指在思维上构建设想模型，要调动创造个体所有的智慧，运用联想、类比等创造多种解决方案的思维形象，并对其进行进一步概括性的修改、完善。思维需要实践充当其行为的支撑和验证，"实践是检验真理的唯一标准"。

心理加工和实际操作在创造过程中需要相互配合，两者相辅相成，要经历思考、修改、再思考、再修改的复杂过程，才能确保创造成果的可行性和有效性。

（五）输出问题的能力

输出问题的能力是指将解决问题的方案，用文字或非文字的形式呈现出来的能力。是否能将解决方案准确地进行表达和再现是创造力转化成创造成果的有力保障。

四、创造活动的过程模式

1926年，英国心理学家华莱士（Wallace）提出了创造过程的"阶段论"，他提出将创造活动的全过程划分为四个阶段，他认为任何创造活动都包括准备阶段、酝酿阶段、明朗阶段和验证阶段。

（一）准备阶段

准备阶段的前提是已经确定了思维目标，明确自己所要解决的问题，掌握矛盾所在，明晰问题属性，同时也已经进行了相关资料的收集，创造主体形成对该问题的知识体系。准备阶段不排除创造主体提出问题的初步解决方案，但解决方法并不成熟，正确性不高，确切地说只是一种肤浅的计划或预见。

（二）酝酿阶段

酝酿阶段是思维的过程阶段。在这一阶段中，显性思维也就是我们可以意识到的自己的思维处于惰性状态；隐性思维即潜意识处于积极活动期，创造主体主观认为自己的思维几乎停滞不前，问题处于被"搁浅"的境地。这一阶段处于准备阶段和灵感出现之间，是两者的过渡期，也是灵感产生的潜伏期。酝酿阶段既有理性的逻辑思维活动，如对信息进行分解重组，反复地剖析、推断、假设等，又有不可被感知的思维活动，如潜意识的参与。

（三）明朗阶段

此阶段也被称为顿悟期或豁朗期，在这一阶段问题解决的途径和方法被找到。问题的明朗化有赖于创造主体的灵感思维或顿悟思维，这种思维是潜意识向显意识的瞬间过渡，是突然的、跳跃的和不能预见的。解决问题的方案既可以依靠直觉、灵感来获取，也可以通过需要进一步验证。

（四）验证阶段

验证阶段是保证灵感的思维成果具有可行性的关键阶段，是从思想层面向物质层面或行动层面转化的过程。创造产物的可实施性、可推广性，其社会影响力、存在价值是否符合预定目标，何种方案的创新价值最高，何为最佳方案，都是需要进一步考核和验证的问题所在。

图5-6为美国Frog（青蛙）设计公司的设计模式，它直观地体现了设计的过程活动所表现的阶段性，从最初提出问题进行的研究到落实专案计划直至批量生产（即进入市场验证阶段），从静态的问题角度和动态的创造角度阐释了设计这种创造行为的过程。

设计行业本身就是创造性的行业，设计从无到有，从有到优，从优到精的过程无不体现了设计师的创造本质。设计的主题很多，市场、用户、社会需求、技术突破、文化革新等都可成为设计的突破口。

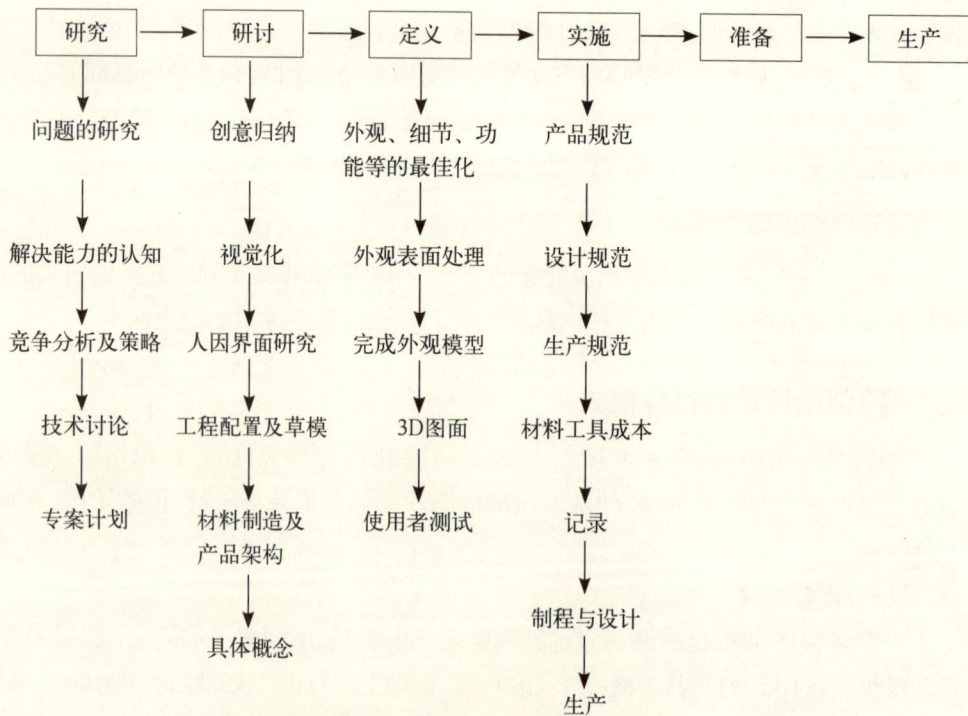

图5-6 美国Frog(青蛙)设计公司的设计模式

五、设计创造的渠道

（一）满足行为

诺曼（Donald. A. Norman）将设计分为三类：本能水平设计、行为水平设计、反思水平设计（见图1-8）。前两种层面上的设计主要是针对工业产品设计而言，"优秀的行为水平的设计应该是以人为中心的，把重点放在理解和满足使用产品的人的需要上"。当然，行为水平的设计主要是针对在操做过程中的产品的功效性，即操作的功能和操作效率。设计师应该清楚怎样才能达到预期目的。就行为满足而言，安全性是前提，实用性是基础。

1. 设计的安全性

安全性是操作的基础，设计成果的安全性是其经济性、可靠性、操作性和先进性的综合反映，是设计实现其经济目的的前提条件。设计中的安全化过程，既需要设计中的专业技术知识，又需要相关的安全技术知识。产品如果存在安全隐患，就会直接危及产品的使用者，对人构成伤害或存在伤害可能的产品都是不符合设计原则的。

2. 设计的实用性

设计应当符合人类不同实际活动的需要，为人们提供舒适方便地使用"环境"，保证使用目的的实现并不会引起歧义。

如图5-7、5-8所示，这是耐克公司在2004年推出的4款新技术、新概念运动鞋之一——男跑鞋"NIKE FREE 5.0"。这是一个极为有趣的概念，非常强调穿着的"裸足感"，就是让你的脚像是裸露的，而不是穿着鞋子的，这个概念让人想到了天足概念。新技术的采用让鞋变得更加柔软舒适，可以完全切合脚部活动弯曲的需要：刻纹深，鞋底自由弯曲度上升。该设计是实用性和安全性相结合的优秀设计案例。

图5-7　NIKE FREE 5.0

设计的通用性值得设计师重视，对于产品和环境的考虑应该是尽最大可能面向所有的使用者，而不该为一些特殊的情况做出较为勉强的迁就，设计的最大限度应该是满足不同层面的使用者的共同要求。因此，通用设计也被称为全民设计，它所传达的意思是：如果能被功能有障碍的人使用，就更能被所有的人使用。也就是说，通用设计是一种包容性设计。

同时设计师也要关注残障设计问题。在日本、欧洲及美国20世纪50年代提出"无障碍空间设计"。70年代，欧洲开始采用"广泛设计"的概念，旨在解决行动不便的人士在生活环境中的所有需求，而不仅仅只是产品。1987年，美国

图5-8　NIKE FREE 5.0鞋底

图5-9 第一部手机

图5-10 第一部电视手机

图5-11 IBM第一台笔记本计算机

设计师朗·麦斯（Ron Mace）开始普及"通用设计"一词，但他比较倾向于"全民设计"这种说法。他认为"全民设计"应该是一个目标和设计方向，设计师要做到努力在每项设计中加入各种特点，让它们能被更多人理解和使用，并在约10年之后制定了"全民设计"的原则。

（二）改进技术

技术进步是设计艺术发展的前提和基础，就产品设计而言，科技的发展促使产品不断更新换代，提高了人们的审美观念，同时也极大地改变了设计手段和设计程序，使设计观念发生革命性的转变。计算机的诞生标志着产品设计进入了另一崭新领域，并行的设计系统结构应运而生，设计、工程分析与制造的三位一体化使设计师的道德意识、团队意识及知识结构的调整都面临新的挑战。

技术进步必然牵动产品设计的创新，并大致分为以下三种类型：

（1）全新产品，在设计中也称为原创型设计创新。全新产品的开发主要是针对设计概念的开发和技术研发。这种产品设计与开发周期较长，承担的风险也较大，但新产品研发的成功也会伴随巨大的经济效益而开辟出一个全新的市场领域。这种对市场份额的占领几乎是垄断性的，所以才诱使企业尤其是电子消费品类生产商聚焦于此。

图5-9所示的是世界上第一部手机——摩托罗拉Dyna TAC 8000X电话（1983年上市）。这部手机重2磅，通话时间为半小时左右，销售价格为3995美元，是名副其实的"砖头"。Dyna TAC 8000X的开发周期超过了10年，耗资1亿美元。而研发人员之一的Krolopp对此谈道："我们庞大的开发小组创造了历史。"

图5-10所示的是第一部电视手机——三星电子于1998年推出机型为SCH-M220的便携电视手机，它同时具备了电视播放和手机通话功能。它的出现，使人们一边行走接听电话，一边观看体育、电视剧、综艺表演及其他各种电视节目的"异想天开"变成现实。

IBM第一台笔记本计算机诞生于1986年，名为IBM PC convertible 5140，拥有9.5千克的惊人重量，如图5-11所示。

它的配置如下：

8080低功耗处理器；4.77MHz主频；256KB内存（可扩充至512kb）；两个3.5英寸软驱；LCD显示器（附加）。

虽然在现在看来，上面的配置根本无法想象，但在当时，5140型笔记本计算机的确称得上是一款采用最强配置、性能强劲的便携计算机。

科技进步是促使新产品出现、老产品退出历史舞台的最终决定因素，企业的投入在长远眼光和正确预测的指导下会带来巨大的利益回报。相反，固守现状只会使企业缺乏竞争力，最终会破坏企业实力甚至带来毁灭性的灾难。

我们在惊叹基于新技术的产品开发在社会生活中掀起革命性风暴的同时，往往忽略掉了"第一次"的产品通常只是聚焦于工程技术方面的需求，用户的生理体验和心理体验被淡漠了。技术的革新解决了特定的时代问题，却也产生了新的需求问题，由此引发了产品改良。

（2）现有产品的改良和发展，也叫次生型设计创新。这是一种纵向发展模式，目的是使产品克服既存问题，趋于性能完整和完善。当然，这种改良设计是建立在原有产品被受众认可的优良功能基础之上的，并且创新的目的主要是为了解决用户的反馈问题。如表5-1所示。

表5-1 IBM笔记本计算机概述

型　　号	产出年份	改　良　点
IBMPCconvertible5140	1986	
ThinkPad 770	1997	14.1寸彩色液晶显示屏，内置DVD驱动器
ThinkPad A31P	2002	All in one增大机身体积、减少厚度
ThinkPad T42P	2004	15寸显示器
ThinkPad Z60m	2005	圆角设计，线条更加流畅圆润，推出具有银色钛合金顶壳的Titanium版本，全新MaxBright技术带来的高亮度、高解析度、高对比度宽显示屏

（3）产品的联盟与合并。这是一种横向联合的过程，通过设计和制造系统的整合达到创建新产品的目的。经济的全球化必然带来企业生产和制造机制的改变，效益、效率、市场份额在遍布全球的各分散点的合力"组装"过程中孕育而生。一个专门生产汽车的企业可以同时在几十个国家生产其零部件，使每个生产单位得以充分发挥其内在优势，产生明显的技术和竞争优越感。我们可以肯定和预见的是，"世界工厂"已经在信息时代安家落户了。

（三）捕捉流行、从众

流行，是指一个时期内在社会上流传很广、盛行一时的大众心理现象和社会行为。在设计领域中研究流行心态常常涉及许多学科，如社会文化学、历史学、民俗学等。但是在设计心理中研究流行现象是设计心理学作为应用心理学存在的内容之一。流行与市场及文化等紧密相连，这种社会导向性质的设计（与资源导向性质的设计相对）成为设计师构思专案的必需渠道。

流行是多个社会成员对某一事物的崇尚和追求，所以流行具有群体性，但它却是一种以个人方式展现的社会群体心理，因此也具有个体性。

1954—1958年建于纽约的西格拉姆大厦是国际风格代表建筑之一，如图5-12所示。这座仿佛凌空生起的摩天大楼无疑是纽约最精致的建筑之一，这种精致不是来自楼里楼外充斥的

图5-12 纽约西格拉姆大厦，密斯·凡德罗

图5-13 香港中国银行大厦，贝聿铭

图5-14 诺基亚极具特色的5110"随心换"手机

图5-15 iMacG3计算机，苹果公司出品，1998

雕花线脚，而是来自其精巧的结构构件，茶色玻璃和内部简约的空间。一时之间，世界范围内刮起了强劲的玻璃幕墙大楼之风。香港的中银大厦就是其风格的典型代表，如图5-13。

新奇性是流行三大特征的首要特征，也是最显著、最核心的特征。设计师通过创造反映时代特色的新奇来满足人们的求异心理。新奇具有时空属性，与传统风格不同的新奇具有时间属性，与社会其他个体不同的新奇具有空间属性。通过时间属性创造的新奇感会带来空间上的创新，复古风就是其中一例。比如，复古的唐装会使现代着装群体眼前为之一亮，并开始寻找唐装独特的典雅、端庄和高贵之美。

设计具有极强的社会属性，设计活动需要服从于社会机制。不论设计师是怀旧的传统派还是前卫的先锋派，其创做出发点都是对受众求新、求异心理的捕捉。流行的强烈的暗示性和感染性会将群体的引导性或压力施加在个人的观念与行为上，使个人向多数人的行为方向变化从而产生相一致的消费倾向。这种从众心理带来的直接后果就是从众消费行为。人们对名牌店、品牌商品的热衷，对明星的效仿都是从众心理的直观表现。同时，个体之间也会相互作用和影响，使"感染"群体中的个体行为表现出相对的同一性或共性。流行不能以理性去揣度，不过，它具有自己的生命和存在的理由。设计师应该具备获取并及时调整和引导流行诱因的能力，对公众的求异心理及行为倾向进行深度剖析，及时捕捉创新元素，并借助于一定的传播媒介引导公众共同创造流行。1998年，诺基亚推出了极具特色的5110"随心换"手机，为追求个性化的现代人提供了多种色彩的外壳，可以方便迅速地随时换装，使高精尖的技术成为一种流行的时尚（图5-14）。同时，苹果公司1998年在年轻的设计师乔纳森·伊维（Jonathan Lve）的支持下，推出了iMacG3计算机，在设计界引起了轩然大波。它采用了半透明塑料机壳，色彩则采用了诱人的糖果色，造型雅致而略带童趣，完全打破了先前个人计算机严谨的造型和乳白色调的传统，立刻引起了透明风格在数码产品中的广泛流行（图5-15）。很快，市场上就出现了大批透明糖果色、略带童趣的设计风格的PC、MP3机、CD机、电话，甚至还有订书机和插线板。据说当时苹果公司还以侵犯其外观专利为由将几家公司告上法庭。2000年，当许多数码、IT产品都呈现一种透明的玩具式的外形风格的时候，作为这一风格创导者的苹果公司却开始推出一种崭新的设计风格——优雅、简洁的乳白色设计。事实证明，这个设计也是非常成功的，该系列产品迅速得到了消费者的青睐。

单纯的绝对从众行为又称为追随性从众，具有一定的盲目性。现代设计所针对的从众并非指此，而是指竞争性从众，即在共同规范和文化习俗的基础上追求个性和独创性。流行在本质上就是一种不断追求变化的循环过程，流行具有周期性。具有一定新式样的产品投放市场后，会在一段时间内引起消费者的新奇感和兴趣。这种新奇感会随着人们对它的适应逐渐减弱，适应的直接后果往往是习惯到"视而不见"的程度，甚至最终会产生厌倦心理。厌倦心理的产生并非偶然，当设计享用者对于刺激逐渐丧失敏感性，也就是说，当他们的感知、情绪、思维等对刺激效能的敏感度降低时，必然会引起心理适应并达到极限，厌倦心理随之产生。厌倦心理对设计师来说既是机遇又是挑战，这种心理情绪的产生表明人们需要新的刺激物，这是对新设计的一种隐性需求，是设计创新的又一突破口。它提醒设计师需要通过在创意和推陈出新当中再一次引起受众的兴趣和喜爱。当然，这种反复接受受众感受的挑战是比较有难度的。

图5-16　卢浮宫入口

　　图5-16所示的是著名的卢浮宫，正门入口建筑的设计者就是著名的美籍华人建筑师贝聿铭。贝聿铭设计建造的玻璃金字塔，高21米，底宽30米，4个侧面由673块菱形玻璃拼组而成，总平面面积约2000平方米，塔身总重量为200吨，其中玻璃净重105吨，金属支架仅有95吨。换言之，支架的负荷超过了它自身的重量，因此行家们认为，这座玻璃金字塔不仅是体现现代艺术风格的佳作，也是现代科学技术的一次独特尝试。贝聿铭在建筑中借用古埃及的金字塔造型，采用了玻璃材料，不仅表面面积小，可以反映巴黎不断变化的天空，同时还为地下设施提供了良好的采光，从而创造性地解决了把古老宫殿改造成现代化美术馆的一系列难题，取得极大成功，并享誉世界。这样的建筑很难引起观赏者的视觉疲劳，它充满了无限的新奇和美感。正如贝氏所称：它预示将来，从而使卢浮宫达到完美。

　　流行产生的新奇、刺激效应会在人们的适应、习惯心理之中日渐减弱，进而产生心理厌倦。但是，人们的心理厌倦是不可消除的，这在某种程度上会让设计师感到沮丧，但它却客观地表明受众的接受水平在不断改变。也许这种改变未必是线性的、直线上升的，但综观历史我们该意识到，大众的认知和审美水平最终会呈现上升趋势，继而向新的突破迈进。从众现象表明审美的社会属性，但审美个性更要引起设计师的足够重视。现代设计的情感化特征导致了市场更加明确的细分，个体的认知差异、审美差异、文化价值差异被提到前所未有的高度，这就要求现代设计产物的形式语言也要与之同步。

　　强烈的视觉张力在平面设计、广告设计、招贴设计等设计中是与受众"交流"的奠基石和"敲门砖"，设计需要吸引人们的注意力，这是不容置疑的。

　　图5-17所示的海报是利用二维的空间原理创造出并显现三维的视觉空间，巧妙地运用了日本国旗中的"太阳"图形这一具代表性的特征，展现图形的立体形象和崭新的设计理念。而在图5-18中，

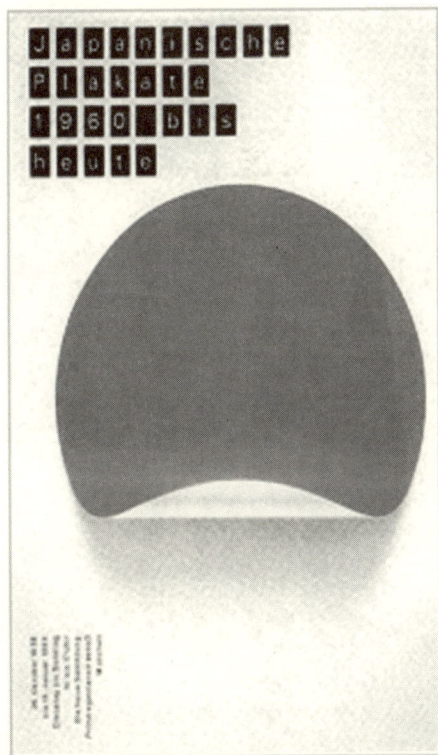

图5-17　《日本招贴展览》海报

设计者运用渐变构成的效果增强了视觉冲击力，强化视觉刺激性和新鲜感。

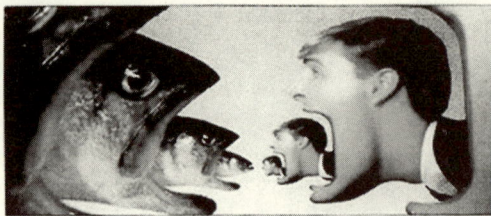
图5-18　招贴设计之渐变

我们所说的设计的形式个性，主要立足于其表现性，在设计产物中表现为设计的艺术性。设计的表现不可避免地要与审美直接相关，但其不同于纯艺术的表现，它是在实用、经济、材料、科技等客观要求制约下表现出的艺术性，是在标准化前提下从美学、心理学角度解决多元化问题。美国著名未来学家奈斯比特（Naisbitt）提出"技术越高级，情感反应也就越强烈"。他说人类社会在不久的将来（其实也已经实现）必将发展成"从强迫性技术向高技术与高情感相平衡的转变"。设计师越来越意识到设计的个性化需求的必然性和不可逆转性。

设计的形式个性是一个合成过程，是上述限制因素与设计师主观条件（审美认知、文化内涵、设计思想及个人情趣等）相协调和制约的产物。形式个性与设计师个体的直接相关性决定了设计往往具有独特的情趣和审美倾向，有时甚至是诙谐的、幽默的。也许这就是设计存在风格的本质条件，它深深地打上了设计师、设计环境、设计国度的烙印。这种异己的特质有可能深深地打动观者，使之在情绪上做出反应。由伯托亚（Harry Bertoria，1915—1978）设计、诺尔家具公司（Knoll）生产的这款座椅，看上去更像是一件雕塑作品。它采用金属丝制作，体现了伯托亚追求视觉透明感的思想。尽管这把完全由手工焊接的钻石形态的钢丝椅十分昂贵，但它体现出一种战后设计的美感：新材料、轻盈新颖的造型以及对未来的乐观与希望（图5-19）

图5-19　"22号钻石椅"，伯托亚设计，1952

图5-20所示的是意大利设计师Patricia Urquiola设计的Lazy系列单人座椅中的产品之一，以金属为支架，采用一种或两种高纯度色彩，绚丽鲜艳，非常引人注目。

（四）转化情感

托尔斯泰说过：我们的创作没有激情是不成的。一切作品要写得好，它就应当是作者心灵里唱出来的歌。情感是全身心投入的流露，情感上的共鸣使感受者和作品创造者融洽地结合在一起，以致感受者觉得艺术作品所表达的一切正是他很早就已经想表达的，是感受者心声的外显。设计师将人类特有的情感转化为有形产品，这种产品并非特指工业产品或艺术品，一切物质世界客观存在的、通过一定的维度（二维、三维、四维）表现出来的物质实体都可以成为承载设计师创造的载体，并且是有意义的载体。

1. 隐喻

隐喻本出自希腊语，第一个明确谈及"隐喻"的是古希腊的亚里士多德（Aristotle），恩斯特·卡西尔（Emst Cassirer）进一步发展了对隐喻的理解，指出隐喻包含着一种创造的意蕴，是一种意义生成过程。隐喻不再仅仅是一种语言学中的修辞方式，更成为

图5-20　Lazy系列单人座椅

被重新认知的另一种思维方式，"由此及彼、由表及里地描绘未知事物、新的关系、新的事物、新的观念、新的语言表达方式由此而来"。

心理学隐喻的存在并非偶然，精确性、客观性和明确性的逻辑思维和科技理性一直统治着心理学科学的发展，然而心理学不仅仅停留在可感知的心理现象层面上，其自然属性的强大化并不能阻碍其对社会属性和人文属性的深度挖掘和探讨。心理现象可以用标准的逻辑语言表述，而心理生活却不可直接进行理性描述。心理生活世界中的情感、认知、知觉等已是不可忽视的心理学研究对象，不论是针对研究者还是被研究者。这种认知、情感是人类直接体现其内心现实的一种心理属性，是心理学研究的基础，同时也是设计艺术心理学研究的不可或缺的前提和基本条件。

产品外延意指即产品表达其使用机能时所借助的形态原则或事物。符号的外延即符号与其所代表、指示的事物之间的关系。在产品设计的过程中，设计者常以产品使用机能性为依据，运用某些与该机能相关的形态或事物，使作为符号载体的产品所指示的功能具体化、物质化。外延意指表现的是直观的、理性的、具有确定性的外显式信息，产品的结构、功能、操作、人机界面等，平面中的构成要素、色彩、比例等，建筑、景观等的格局、构成要素尺度等，都直观地表明设计的显性含义，直接说明设计的具象信息。

与产品外延意指相对，产品内涵意指即指产品作为一种信息的载体，在表达其物质机能的同时，亦在一定时间、地域、场合条件下，对解码者呈现出一定的属性和意义。在符号系统中，符合内涵是精神的法则、规律，思维上认知、联想的一部分。产品设计中，常以编码者传播、解码者认知的需求赋予产品特定的属性。内涵意指传递的是一种感性的、具有不确定性的信息，需要通过人类特有的认知系统来发掘其超出具象物质内容的信息。它是一种"弦外之音"，需要参观者的主观精神参与，但由于个体存在主观能动性的差异，因此，内涵意指就具有了无限性、开放性和动态性的特点，也就是我们通常所说的"只可意会，不可言传"。

设计中的隐喻穿过表面具象形态，直接指向深层内涵。诺曼将产品设计分为三个层次，即本能水平的设计、行为水平的设计和反思水平的设计。其中反思水平的设计源于感性的互动与沟通，同时对文化意义的再认识赋予产品功能设计要素以外的附加价值，强化了主体情感、主体精神的意识。我们可以在诺曼的观点的基础上将其适用范围扩大至各类型的设计，将隐喻泛化为设计的情感性、主体个性、民族性、文化性、社会性。

2. 文化情结

创造在心理学中被视为一种心理活动，是对问题情境的思考萌生过程的阐释。创造离不开思维，离不开思维主体——人。创造与人的独立性息息相关，人的性格、智力、意志等都将深刻影响着人的创造机制。人的社会属性表现为非自然因素对人产生的影响，其中，心理学的文化因素是人性特质形成和创造行为的决定因素之一。

设计本身就是一种文化，同时也创造着新的文化。设计师通过其自身的创造活动——设计，将文化特性具象化、实体化。设计与文化在各民族发展历程中从来都是同步前进的。设计师已经充分意识到，文化是设计的灵魂，是设计的隐性语言之一，优秀的设计总是体现着文化精神，民族、地域的文化特色成为设计师创意的一大价值出口。设计师所从事的设计行为是一种文化创造行为，文化与设计关系的紧密程度好像是"根与植物"的关系或"地基与高楼"的关系。通常优秀的设计作品不仅具有简单明了的外在形式，而且一定蕴涵了深层的文化内涵。

福娃是北京2008年第29届奥运会吉祥物，其色彩与灵感来源于奥林匹克五环，来源于中国辽阔的山川大地、江河湖海和人们喜爱的动物形象。福娃向世界各地的孩子们传递友谊、和平、积极进取的精神和人与自然和谐相处的美好愿望（图5-21）。

福娃的造型融入了鱼、大熊猫、藏羚羊、燕子以及奥林匹克圣火的形象，每个娃娃都有一个朗朗上口的名字："贝贝""晶晶""欢欢""迎迎"和"妮妮"。在中国，叠音名字是对孩子表达喜爱的一种传统方式。当把5个娃娃的名字连在一起，你会读出北京对世界的盛情邀请——"北京欢迎您"。中国自古以来就有通过符号传递祝福的传统，表达了北京奥运会向世界传递的最真最美好的祝愿：繁荣、欢乐、激情、健康与好运。福娃的生态原型造型及叠印称谓体现了深厚的本土文化底蕴。福娃代表了梦想及中国人民的渴望。它们的原形和头饰蕴涵着其与海洋、森林、火、大地和天空的联系，其形象设计应用了中国传统艺术的表现方式，展现了中国的灿烂文化。

文化存在地域差异性，文化的地域性决定了设计的地域性。所谓"本土文化"，就是指"个人或团体在成长历程中足以影响其知觉、思维、价值观等与之形成的文化环境"。民族精神的设计符号同样会使不同背景文化的信息接收者震撼，"在剥离了元素与符号及造型风格之后的传统，已无法让我们再依赖它的外部表象了，但剥离后显露了我们更深一层次值得利用的精髓，这就是我们常说的观念和精神，也许利用它表现你的设计，会丝毫没有传统的影子，但细细品味之后，一股由内而外的渲染力会让你变得激动不已"。因此，我们有理由说，只有民族的才是世界的。

中国银行的标志整体简洁流畅，极富时代感，标志内又包含了中国古钱的形状，暗含天圆地方之意，中间一个巧妙的"中"字凸现中国银行的招牌。这个标志可谓是靳埭强融通东西方理念的经典之作。"中"字代表中国，古钱币代表银行业，中线象征联系，外圆象征全球发展。简洁的现代造型，表现了中国资本、银行服务、现代国际化的主题（图5-22）。图5-23为劭艺机构设计的奔牛投资公司标志：以海南区域文化"牛头"装饰图形为设计元素，利用古钱币作为反衬背景，添上展翅，凸现奔牛投资有限公司的"牛市"神气，巧妙地融合了中西投资文化，表现出企业的理财行业特性和顺风昌盛的经营吉象。

设计的实质是创造一种更健康、更崭新的生活方式，是一个将抽象概念转化为具象美感实物的过程。在理念物化的过程中，设计师将"终端"客户（设计享用者）与文化联系在一起。当然，这种互动和沟通的过程能否成功进行，取决于设计师的文化情感能否在客观物质世界中被很好地激发。设计师的文化背景深刻地影响着设计行为，也直接影响到设计元素的组合架构。不容置疑，很多的设计作品都是由于设计师的情感和灵魂被伟大的民族文化所深深吸引和震撼，进而将这种对文化的依附情感通过设计符号传达给最终的设计享用者。文化承载着设计师

图5-21 奥运福娃

图5-22 中国银行标志

的文化情结,并通过设计符号完成传递过程。

图5-24所示的上海金茂大厦共88层,高420.5米,单体建筑面积达29万平方米,是中国传统建筑风格与世界高新技术的完美结合。它的外形就像一座具有古代建筑风格的宝塔,古朴的外形和一流的现代设施,为现代大都市增添了浓厚的文化色彩,成为上海一道靓丽的风景线。

中华民族五千多年的历史,不仅拥有优秀的造型艺术累积,也有着优秀的文化传统。中华民族特有的传统文化是我们开发现代文化和现代设计的巨大资源和宝贵财富。艺术设计师需要真正理解和消化我们的传统艺术,追根溯源地把握传统文化的精神内核,并将其融入我们的设计产品之中,在重新整合的基础上注入新的形态艺术元素,以创造出更具民族精神和美感的设计作品来。一件产品如果要更贴切地反映时代或引领时尚,必须以传统文化为源点,清晰了解其来龙去脉,并预测其趋势走向。民族文化为设计提供丰富的源泉,从民族文化中撷取创意元素定会给用户带来意外的惊喜。"复古是找寻风格的捷径。""复古"就是整体或局部模仿过去时代的样式或组合方式。20世纪50年代至60年代,在我国大城市出现的大屋顶式建筑,就是模仿中国古典样式的建筑。

设计史告诉我们,"复古"的潮流并不是在设计发展过程中的倒退,精神观念在流行过程中总是会呈现出一定的反复和轮回。然而这种轮回并不是简单的、绝对的重复,而是在新的环境中以设计师的审美和认知倾向对过去的式样进行再度审视。正如美国设计史学家费雷比指出的那样:现在的一代人探寻、吸收早期的式样并对它们进行分类,从而创造出表现他们独特的生活经验的新式样。

设计师的复古设计风格出于以下动机:一是追求与众不同。前代人与当代人在审美趣味上存在的差异有可能成为激发当代人好奇心及热情的索引,于是,重新回顾流金岁月也许会带来意想不到的效果,古风古貌成为设计师们的创意关注点和效仿主题。二是重新分析审视。这与哲学中的认识论是相符的,当然,这种认识过程是前进的、上升的,是一种"波浪式"或"螺旋式"的运动。曾经的造物要素再度出现在受众面前时,这种似曾相识之感恰好可以充当引起注意并激发认同心理的客观条件。将传统融入现代,在两者之间寻求平衡使设计师不断向创新的方向迈进。

（五）激发灵感

人脑接受信息分为有意识和无意识两种方式,两者都是心理智能活动。有意识的接收是指有知觉地接受外在刺激

图5-23　奔牛投资公司标志

图5-24　上海金茂大厦
美国SOM设计事务所设计

并获取信息,无意识的接收则是指无知觉的情况下对信息的获取。著名心理学家弗洛伊德(Sigmund Preud)曾经用"海上冰山"来形容意识和潜意识的关系,两者之间似乎界限分明,这个界限就是"意识阈"。与较明显的认知世界的意识相对,潜意识是"隐藏在人的大脑深层的各种奇妙的心理智能活动",是人类具备但却似乎忘记了的自身能力,换句话说,是未被开发和利用的能力。

潜意识思维主要指的是直觉思维和灵感思维。直觉与灵感像艺术创作和科学研究活动那样以感性为主导,虽然不能像科学研究那样严格以逻辑分析作为活动准则,但设计的形象生成,设计问题的求解,都离不开灵感在特定瞬间的爆发,灵感是设计者创新欲望的"喷射口"。

俄国心理学家柯·柯·普拉图诺夫对灵感做出如下定义:"灵感是一个人在创造性工作进程中的能力的高涨,它以心理的明晰性为其特征,同时是一连串思想,以及迅速与高度有成效的思维相联系的。"由此可见,灵感具有突发性,是突发式的顿悟,灵感的到来和消失是不可预见的,不为人的意志和意识所控制。灵感具有创造性。灵感作为一种思想意识的飞跃,它将感性认识(储存在头脑中的感性材料)直接转化为理性认识,使潜伏于"冰山"下的潜意识迅速"浮出水面",转化为显性意识,通过将潜意识中的信息进行解构组合,迅速以一种异常思维模式拼接成有新信息和新概念的形象或意象。

1826年7月的一天下午,音乐家舒伯特与友人在维也纳郊外散步。归途中到一家饭馆就餐。在等待饭菜的短暂时间中舒伯特随手翻阅友人手中的一本诗集。突然,他被一首诗吸引,乐兴在胸中涌起,像大海的怒涛不能自已,可惜找不到谱纸,情急之下便在菜单的背面,在饭店的嘈杂喧嚣声中,不到20分钟就谱就了世界名曲《听哪,云雀!》。

赫尔巴特指出,一个观念若要由一个完全被压抑的状态进入一个现实观念的状态,便须跨过一道界限……这个界限就是我们提到过的意识阈。越过了意识阈这个分界线,潜在认识和思维就可以转为可感知的认识,即被认知。当然,意识观念也可转化为潜意识。设计师在提出问题、分析问题的过程中,常常苦于不能寻求问题解决的最终方案。尽管在不断地搜寻、整理、运用、整合个体意识领域中的材料,充分运用意识中形象思维和抽象思维,但都无法完成任务,达到预期目的。意识中的双思维此时会在设计师无法感知的情况下与潜意识中的灵感思维相联合,灵感思维开始继续"工作"。灵感思维模式与意识中的思维存在很大差别,它是对感性和理性材料的"另类"加工和分析综合。当意识感知到某"触媒"(不论是外触媒还是内触媒),获取该触媒(也许可以比喻为"催化剂")的本质特征,并与潜意识灵感思维中加工的信息产生一致性时,灵感思维的"工作成果"便跃然脑中,灵感活动基本完成。

灵感是一种奇妙的、具有强大创造力的心理现象,同时具有强大的探索和开发功能。激发灵感首先需要构建、丰富并完善自己的信息系统,积累知识和生活经验作为信息储备。这是灵感产生的基础。黑格尔对此曾说过,最大的天才尽管朝朝暮暮躺在青草地上,让微风吹来,眼望着天空,温柔的灵感也始终不光顾他。构建自己的知识体系和信息结构对设计师来说是至关重要的,这不仅涉及灵感的产生、创意的爆发,还关系到设计能力、技巧和个人品格的完善。

信息、源文化统称为"现有素材"。敏锐的观察力、执著的思索、平时的关注在大脑里早已进行了分解、整合、重组,成了一种潜意识,是奇珍异宝。一旦设计时,它们就会源源不断地被激发出来,厚积薄发,成了属于设计师自己的宝贵财富。优秀的设计师作品源于设计师具有"良好的职业自觉+深厚的文化底蕴+巧妙的表现方式"。善于发挥个性的设计作品,才能充满艺术魅力。对于灵感或创意的可以说没有固定的方法和方式，只能认为是素材收集、处理、孵化、突发或迸发出智慧（构思）火花的过程。在这里笔者根据多年的设计艺术实践，建议设计师在整体构思中最好由个人单独思考与描绘。虽然我们反复强调策划设计活动需协同作战，群策群力，集思广益。但是，那指的是在局部或某个阶段的构思上应采取的方式，而在没有形成大构思之前，与大家在一起边商议边构思，倒不如由某一个人单独进行。因为策划设计工作毕竟是系统性很强的，人多分歧多，系统的构思想法的逻辑倾向无法冷静、稳妥推进，出现遗漏差错的可能性较大，为了避免策划设计方案在整体上出现支离破碎的情形，最好把构思方案交付给灵感源者更为合适。

图5-25　凡高·文森特，《自画像》，典型的艺术家人格，其超凡的创造力也伴随着病态的精神状态

第二节　设计师的个性心理

　　每个从事艺术设计职业的人都梦想成为设计大师，即最富有创造力的设计师。可是除了通过多年的专业训练和技能培养之外，究竟是什么造就了设计大师？作者认为最重要的决定因素之一就是其本人的人格因素。人格即比较稳定的对个体特征性行为模式有影响的心理品质，简单来说就是个人的特性。许多学者将人格特征作为定义创造力的依据。

一、设计师的人格与创造力

　　有一些心理学家分别从不同领域展开创造力人格的研究，研究表明，非凡的创造者通常都具有独特的个性特征，但是不同类型、不同领域的创造者的人格特征也具有其独特性，其中几种典型的人格特征研究如表5-2、图5-25、图5-26所示。

图5-26　达·芬奇，自画像，虽然同为艺术大师，达·芬奇也是一位伟大的科学家、设计师，其人格特征更接近设计师（建筑师）的人格特征

表5-2　不同领域具有创造力的人的典型人格特征

职业类别	研　究	人格特征概括
发明家	Rossman1935年对710位拥有多项专利品的发明者进行调查。	具有创新性、能自由接受新经验、有实践革新之态度、具独创性、善于分析。发明家对于自己成功的因素，多归因于毅力，其后依次为想象力、知识与记忆、经营能力以及创新力。
建筑家	唐纳德·麦金隆（Mackinnon，1965年、1978年）对于40位富创意的建筑家所作的研究。	有发明才能、独创性、高智力、开放的经验、有责任感、敏感、洞察力、流畅力，善独立思考，碰到困难的建筑问题时能以创造性的方法来解决难题。
艺术家	Cross etal（1967年）、Bachtold & Wemer（1973年）、Arnos（1978年）、Gotz（1979年）等人的研究。弗兰克·贝伦（Frank Barron）对艺术学院学生的研究。	内力、精力旺盛、不屈不挠的精神、焦虑、易的罪恶感、情绪不稳、多愁善感、内心紧张。灵活、富有创造力、自发性、对个人风格的敏锐观察力，热情，富有开拓精神，易怒。
科学家	卡特尔1955年对物理学家、生物学家和心理学家的研究。Gough 1958年对45位科学研究者的研究。	更加内向、聪明、刚强、自律、勇于创新、情绪稳定。
作家	Cettell & Drevdanl（1958年）以卡氏16种人格因素测验对作家进行研究。弗洛伊德1908年以精神分析法对于富创造力的作家进行研究。	较为聪慧、成熟、有冒险性、敏感、自我奔放、自负等。发现创造力与白日梦之间高相关。

而美国学者罗（Roe）通过于1946年、1953年所做的关于几个领域的艺术家和科学家的研究，发现他们只有一个共同的特质，那就是努力以及长期工作的意愿。同样，罗斯曼（Rossman）对发明家人格的研究也发现他们具有"毅力"这一个性特征。其中，特别值得一提的，还有心理学家唐纳德·麦金隆（Donald Mackinnon）在1965年对建筑师人格特征进行的研究。（［美］戴维·N·帕金斯：《人格与艺术创造力》，《艺术的心理世界》，中国人民大学出版社，2003，第249页）他认为建筑师具有艺术家和工程师的双重特征，同时还具有一点企业家的特征，最适合研究创造力。因此，他选择了三组被试者，每组40人，其中第一组是极富创造力的建筑师，第二组是与上述40名建筑大师有两年以上联系或合作经验的建筑师。第三组是随机抽取的普通建筑设计师。通过专业评估，第二组的设计师的作品具有一定的创造性，而第三组的创造性比较低，研究发现三组的人格特征如表5-3所示。

表5-3 三组的人格特征

	大师组	合作组	随机组
谦卑	低	中	高
人际关系	低	中	高
顺从	低	中	高
进取心	高	中	低
独立自主	高	中	低
	更加灵活，富有女性气质；更加敏锐；更富直觉，对复杂事物评价更高	注重效率和有成效的工作	强调职业规范和标准

建筑师作为艺术设计师中的典型，反映了设计师创造性人格的基本特性。

从其研究看来，当艺术设计师从更高层次来要求自己的创作，那么，他们的人格特征往往更接近艺术家，表现出艺术家的典型创造性人格，我们可以将其称为"艺术的设计师"。在他们看来艺术设计是一门艺术，与其他纯艺术的创造没有根本的差别，因此他们受到某种内在的艺术标准的驱使，设计作品较为个性化，显得卓尔不凡，但有时并不一定能为大众所接受或者更加经济实用。另一个极端则是那些将艺术设计视为一门职业的设计师，他们比较注重实际条件和工作效率，但并不期望个性的表达或者做出经典之作，设计对他们而言更多是一种技能，这类设计师明显创造力不足，可以称为"工匠的设计师"。中间则是那些具有一定创造能力的设计师，他们的个性特征介于两者之间。

此外，设计师还需要具有一定发明家的创作性人格特征。例如沟通和交流能力、经营能力等，这些虽然对于艺术设计创意能力并没有直接影响，但是却能帮助设计师弄清目标人群的需求、甲方意志、市场需要等，间接帮助艺术设计师做出既具有艺术作品的优美品质，又能满足消费者、大众多层次需要的设计。

二、设计师"天赋论"

创造性思维能力能训练吗?孔夫子曾说"人生而知之"，"不学而能"即说一个人的才智和能力是先天形成的。用现代的语言归纳为"天才论"。天才论在西方很有市场，因为很多科学家，通过许多实证研究发现，人的很多能力确实与天赋有关。例如：美国一些科学家曾做过这方面的研究，发现有19项内容与人的天赋有关，其中有：

（1）性格：是否以自我为中心；

（2）数目：识别数字和记号的能力；

（3）思想：具有创造性的想象力、表现力；

（4）构造视觉的能力：以视觉形式表现事物；

（5）色彩辨识力：区分相近的颜色；

（6）分极推论：分析事实的各个组成部分；

（7）手的灵活性：手指进行灵活操作；

（8）手的灵巧性：准确使用小工具的能力；

（9）观察力：从视觉获得信息的能力；

（10）图案记忆力：记住较为复杂的图形；

（11）发音记忆力：听懂并记住音乐作品；

（12）音调辨别力：辨识不同的音调；

（13）节奏识别力：归纳和识别不同的节奏；

（14）音质识别力：识别不同的音质和音量；

（15）数字记忆力：记忆相互不联系的事物；

（16）鉴别比例的能力：把握事物之间的比例关系；

（17）演绎能力：进行演绎和举一反三的类推；

（18）归纳推论：从个别事实中推论出一般原理；

（19）预测能力：把握事物未来的发展。

在上列19种能力中，相当一部分是与创造性思维密切相关的，比如构造视觉，创造性想象等。

在中国，曾经有很长时间曾把"天才论"称为完全的谬论，人们完全不相信这些"唯心主义的怪论"。最近几年，生物科学的技术发展，无可辩驳的证据对天才论很有利。"天才论"在中国又抬起了头。不可否认，天才论对科学界的发展起了很大的推动作用，但由于很多人对天才论仅仅是基于字面上的理解，并不明白其真正的含义，因此，难免对其产生很多误解。人们无心努力，把自己的失败归因于自己天生就如此，再加上一些宣传中特别是对众人的宣传有明显的"具有天生伟大"的倾向，这使得人们相信"我天生就……"，人们开始逐渐忽视努力的作用。不可否认，"天赋能力"在一个人的发展中起很大作用，有时甚至令世界为之惊叹。究竟是什么力量促使"天才"兑现呢？那就是创造力。

创造力是设计师能力的核心，而另一方面，设计艺术的类似艺术创作的属性要求设计师具有较高艺术感受力，这些事实使得许多人产生了这样的看法，认为设计能力主要是一种天赋，只有某些人才可能具备，即"设计师天赋论"，这种设计能力"天赋"究竟是否合理呢？

从理论上而言，天赋是个体与生俱来的解剖生理特点，尤其是神经系统的特点。这些特点来自先天遗传，也可以是从胚胎期就开始的早期发展条件所产生的结果。英国心理学家高尔顿在19世纪时就通过族谱分析调查的方法，在《遗传的天才》一书中提出天赋在人的创造力发展中起着决定的作用。可是天赋条件虽然重要，但不应过分夸大它的作用，美国学者推孟（Terman）等人20世纪20年代起通过长达半个世纪的追踪观察，发现良好的天赋条件并不能确保成年后也能具有高度的创造力，他们认为最终表现出较高能力的人往往是那些有毅力、恒心的人。美国社会心理学家艾曼贝尔（T.Amabile）提出了创造力的三个成分：有关创造领域的技能、有关创造性的技能以及工作动机。

有关创造领域的技能，包括知识、经验、技能以及该领域中的特殊天赋，它依赖于先天的认知能力、先天的思维能力、运动技能以及教育，这个部分是在特定领域中展开行动的基础，决定了一个人在解决特定问题、从事特定任务时的认知途径。

创造性的技能是个体运用创造性的能力，包括了认知风格，有助于激发创意、概念的思维方式——启发式知识以及工作方式。这个部分的能力依赖于思维训练、创造性方法的学习和以往进行创造活动思维的经验，以及人格特征。

工作动机，主要包括工作态度，对从事工作的理解和满意度，这是一个变量，取决于对特定工作内部动机的初始水平、环境压力的存在或缺乏，以及个人面对压力的应对能力。

我们将以上理论运用于设计艺术实践中，可以将那些有益于从事艺术设计的能力分为三类：第一类与艺术才能相关的感知能力，它表现为精细的观察力，对色彩、亮度、线条、形体的敏感度、高效的形象记忆能力、对复杂事物和不对称意象的偏爱、对于形象的联想和想象力等，这些能力通常是天赋的能力。第二类主要是以创造性思维为核心的设计艺术思维能力，它与先天的形象思维和记忆的能力相关，但是需要通过系统的设计思维方法训练，积累获得的设计经验以及运用适当的概念激发组织方法来显著提高这个方面的能力。第三类就是设计师的工作动机，美国心理学家布鲁姆（Bloom）的研究也发现，能在不同领域中获得成就的人通常具有三方面的共同特征：①心甘情愿花费大量时间和努力；②很强的好胜心；③在相应领域中能够迅速学习和掌握新技术、新观念和新程序。前两条都说明了动机要素对于创造性的重要作用。因此，如果设计师单纯是在工作责任、职业压力的驱使下进行设计，那么只能到达前面"设计师人格和创造力"中提到的三类设计师中最一般设计师创造能力的级别；而那些设计大师的设计动机则更多的是一种发自内心的通过设计活动获得满足的愿望。

此外，如前面所论述的那样，某些遗传而来的人格特质对于从事设计工作是有益的，这一点也毋庸置疑。遗传学的研究表明，几乎所有的人格特质都受遗传因素的影响。（[美]理查德·格里格、菲利普·津巴多：《心理学与生活》，王垒、王甦译，人民邮电出版社，2003，第390页）的确，某些人与生俱来的人格特质使其更适合于艺术设计的工作，例如较高的灵活性、好奇心、感受力、自信心，自我意识强烈等。

从总体上来看，成为艺术设计大师对于个体的天赋要求较高，需要相当的艺术感知能力，形象思维与逻辑思维得到完美配合的艺术设计思维能力，并且具有某些创造性人格特征。但天赋固然是一个优秀设计师成长的必要基础，但是后天形成的性格特质和工作动机却决定了天赋是否能真正得以发挥和转化成现实创造。艺术设计师在既定的天赋基础上，如何能增进个人从事艺术设计活动的能力，取决于两个方面的因素：一是通过学习和训练进行设计思维能力的培养，提高创意力；二是个人性格的培养和塑造，通过性格的磨砺以提高动机方面的因素。

三、促进设计师创造能力的性格特征

性格是一个人对现实的稳定态度以及与之相适应的习惯化了的行为方式，人们的主导性格表现了他对于现实世界的基本态度，很大程度上也决定了人们的行为。

某些性格特征对于设计师的天赋具有促进和保障的功能，具体如下：

（一）勤奋

设计活动本身就是一项非常艰苦、探索性的、长期性的工作，与纯艺术重自我表现的特质相比，设计师需要不断探索、检验、修正、完善设计创意，一个新奇特别的设计创意最终是

否能成为一项适宜的设计成品，需要长时间的辛勤工作。此外，勤奋能使设计师的观察范围、经验累积、思维能力、想象能力、实现能力都得到极大提高。

（二）客观性

这一性格特征也是设计师区别于纯艺术创作者的重要方面，有学者认为：创造性的艺术家是一些不关心道德形象的放浪形骸者；而创造性的科学家则是象牙塔中冷静果断的居民。（［美］戴维·N·帕金斯：《人格与艺术创造力》，《艺术的心理世界》，中国人民大学出版社，2003，第246页）如果说这一归纳有一定的准确性，那么艺术设计师恰好介于两者之间。艺术设计师既不能像艺术家那样肆意宣泄个人情感，表达主观感受；也不能像科学家、工程师那样一丝不苟，在相对狭窄专一的领域中不断探索下去。也许只有创造才是艺术设计的唯一标准。人本主义心理学家马斯洛将那些在各行各业中做出独创性贡献的人称为"自我实现的人"，他指出：自我实现者可以比大多数人更为轻而易举地辨别新颖的、具体的和独特的东西。其结果是，他们更多地生活在自然的真实世界中而非生活在一堆人造的概念、抽象物、期望、信仰和陈规当中。自我实现者更倾向于领悟实际的存在而不是他们自己或他们所属文化群的愿望、希望、恐惧、焦虑、以及理论或者信仰。赫伯特·米德非常透彻地将此称为"明净的眼睛"。（［美］马斯洛：《动机与人格》，许金声、程朝翔译，华夏出版社，1987，第180页）明净的眼睛就是这里所说的客观性，用一种不偏不倚的眼光去审视周围的人和事物，这就是创造的真谛。总之，客观性既是设计师理性思维的集中显现，使设计师能够对自身及自己的设计进行客观评价，自我批评，完善设计创意，使创意与外在条件，如生产工艺、市场需求、人们的实际需求和审美取向等要素结合起来，纠正设计创意中不足的方面。同时客观性还能够帮助设计师跳出一般思维、习惯、常理的束缚，开拓思维，这也是设计师更好创造的重要条件。

（三）意志力

意志力是人自觉确定目标，并为了实现目标而调节自身行为、克服困难，实现目标的能力。意志力可以体现为自觉性、果断性、坚持性和自制力等性格特征。意志力能帮助主体自觉地支配行为，在适当的时机当机立断，采取行动，并顽强不懈地克服困难完成预定目标。意志力包含两个方面，一方面是对行为的促进能力，另一方面则是对不利目标实现行为的克制能力。近十年，一些设计院校或设计行业组织为培养合格的设计人才，促进设计艺术经济的健康发展，举办各种形式的设计赛事和设计交流活动。2007年海南省包协设计委举办的全省"设计师20岁——与大师面对面巡回设计沙龙"和"海南，有设计师！"签名活动（图5-27、图5-28），邀请当今设计大师到各设计院校和师生们以及当地设计师进行面对面的交流，畅谈

图5-27　海南省"设计师20岁——与大师面对面巡回设计沙龙"（首场局部情景）

图5-28　"海南，有设计师！"全省签名活动

他们年轻时的求学生活和从业经历,从对话中透露出大师们独一无二的鲜明个性,坦率真诚的人格力量以及他们对设计艺术的执著热爱,影响和引导广大设计师生和各地设计师认准自己的设计职业目标,以意志激发动力,将逆境作为一种享受,追求艺术的审美胆识就会不断增强,从而坚定成功的信心。这两项活动得到广大师生和业内人士的欢迎,以及社会各界的认同和好评。

(四)兴趣

兴趣是影响天赋发挥的重要因素,它是人对事物的特殊认识倾向,使得认识主体对于认识具有向往、满意、愉悦、兴奋等感受,能促使人们关注与目标相关的信息知识,积极认识事物,执行某些行为。兴趣对于任何职业的从业者的工作绩效都具有重要作用。设计师往往对于创造、艺术、问题求解等方面具有浓厚的兴趣,有时甚至那些没有受过正规艺术设计教育的人们,受强烈而持久的兴趣的驱使,也能做出很好的设计作品。古代的文人雅士为自己设计园林、布置居舍、设计家具设备都是出于对艺术化生活的热情和渴望;今天互联网上到处流传的许多Flash动画、电脑图片也是这样一些业余设计师所创造出来的,因此说"人人都是艺术家"似乎略微有些夸张,而所谓"人人能做设计师"倒更合情合理。

第三节 设计创造性思维的培养和激发

创造力是一种心理现象,是人脑对客观现实的特定反映方式,而设计艺术心理学中创造力研究的主要目的就是帮助设计师充分挖掘和发挥其创造力,提高设计师的设计创意水平。

一、设计师的创造力培养与激发

设计师创造力的培养和激发包括两个方面的内容:一是设计师的设计思维能力的培养,主要侧重于培养设计师思维过程的流畅性、灵活性与独创性;二是通过某些组织方法激发创意的产生。

(一)设计师设计思维能力的培养

正如前面创造力的结构部分中所提到的,创造力与许多个人素质和能力密不可分。例如好奇心、勇敢、自主性、诚实等,因而,对设计师的培养中非常重要的一点就是要鼓励他们大胆地表达自己别出心裁的想法和批评性的意见。20世纪以来,现代主义使大批量、标准化的生产模式渗入人们生活、文化的方方面面,使整个社会形成了一种"协调统一"的氛围。典型的言论就是亨利·福特在降低汽车的价格、采用标准化制造体系时声称的:消费者可以选择任何他们想要的颜色,只要是黑色的。他所指的是,通过减少色彩的差异,私人轿车的价格可以降到95美元,而代价就是消费者必须说服自己黑色是最合他们心意的颜色。美国学者拉塞尔·林斯对建筑中类似的现象提出批评:现今的建筑,无论造价如何昂贵,都像是盒子,或一系列连在一起的盒子。([美]保罗·福塞尔:《格调》,梁丽真等译,社会科学出版社,1998,第109页)标准化带来了较高的生产效率,更大限度地满足消费者的需要,但同时长期受这样的氛围影响,学习设计专业的学生很可能已经缺乏创造性思维所需要的一些个人素质,虽然"限制"是设计的基点和出发点,但当设计师将自己的思维禁锢于各种限制时,则只能不断制造标准模式的派生物,设计应从问题出发,而非从固有模式出发。因而,创造性培养的首要任务就是创造自由宽松的设计环境,解放设计师的思维,让他们大胆想象,让思维自由漫步。例如在设计任务书中应尽可能避免直接定义设计任务,而采用一种比较宽松的定义,这样有益于减少设计师的创意思维约束。比如说"设计一种盛水的工具",而不是说"设计一只水杯";"设计一种可移动的、随身携带的个人通信工具",而不是说"设计一部手机"等。

其次,提高设计者的创造性人格。例如培养设计师的想象力、好奇心、冒险精神、对自己的信心、集中注意的能力等。

再次,培养设计者立体性的思维方式。立体性的思维方式又称为横向复合性思维,它是强调思维的主体必须从各个方面、各个属性、全方面,综合、整体地考虑设计问题,围绕设计目标向周围散射展开。这样设计者的思维就不会被阻隔在某个角度,造成灵感的枯竭。

最后,培养设计者收集素材、使用资料和素材的能力,增强他们进行设计知识库的扩充和更新能力。

(二)创造力的组织方法培养

一些有效的组织方式已经被设计出来,它们能提高设计师的注意力、灵感和创造力的发挥。比较著名的方式有头脑风暴法(brain storming)、检查单法、类比模拟发明法、综合移植法、希望点列举法等。

头脑风暴法:也称"头脑激荡法",由纽约广告公司创始人之一的A. 奥斯本最早提出,即一组人员运用开会的方式将所有与会人员对某一问题的看法聚积起来以解决问题。实施这种方法时,禁止批评任何人所表达的思想,它的优点是小组讨论中,竞争的状态促使成员的创造力更容易得到激发。

检查单法:也称"提示法"或"检查提问法",即把现有事物的要素进行分离,然后按照新的要求和目的加以重新组合或置换某些元素,对事物换一个角度来看。

在工业设计中,主要变换的角度包括:

①现有的产品的用途是否能扩大,例如手表是否能作为MP3、照相机或手机。

②现有产品是否能改变形状、颜色、材料、肌理、味道、制造工艺、内部结构、部件位置等。

③现有产品的包装是否能得到改进。

④现有产品是否能放大(缩小)体积、增加(减轻)重量。

⑤现有产品是否能拆分、模块化,易于拆分、组装或者是否能组合起来,形成系列产品。

⑥是否能用其他产品来代替它,例如用PDA代替笔记本、通讯录和手机。

⑦颠倒过来会怎样,冷气机颠倒过来就出现了暖风机,而再变换角度,还可以得到换气扇。

类比模拟发明法:即运用某一事物作为类比对照得到有益的启发,这种方法对于以现有知识无法解决的难题特别有效,正如哲学家康德所说:"每当理智缺乏可靠论证的思路时,类比这个方法往往能指引我们前进。"(康德:《宇宙发展史概论》,上海人民出版社,1972,第147页)这一方法在艺术设计早已广泛运用,常见的几种包括:

①拟人类比:模仿人的生理特征、智能和动作。

②仿生类比:模仿其他生物的各种特征和动作。例如设计中常用的"生态学设计",就是从动物身上寻找设计的灵感。

③原理类比:按照事物发生的原理推及其他事物,从而得到提示。比如世界上的事物往往对称出现,如果出现单个的现象,可以考虑是否还有与其相对的事物,比如Windows的桌

面、图标设计就类比了一般办公桌的工作原理，电子邮件的发信模式也类比了普通信件的工作模式。

④象征类比：使用能引起联想的样式或符号。比如汽车使人联想到"交通"、钱币使人联想到"银行"等。

综合移植法：就是应用或移植其他领域里发现的新原理或新技术。（俞国良：《创造力心理学》，浙江人民出版社，1996，第358页）例如"流线型"最初来源于空气动力学的实验研究，而由于它的流畅、柔和的曲线美，在20世纪30—40年代成为风靡世界的流行设计风格，被广泛地运用在汽车、冰箱，甚至订书机上。

希望点列举法：将各种各样的梦想、希望、联想等一一列举，在轻松自由的环境下，无拘无束地展开讨论。例如在关于衣服的讨论中，参与者可能提出"我希望我的衣服能随着温度变薄变厚""我希望我的衣服能变色""我希望衣服不需要清洁也能保持干净"等。

二、创造性思维能力的障碍及克服

（一）走出思维定式

在一所名牌大学的知识竞赛中出了这么一道思考题：

有一只蜗牛，住在一棵梧桐树下面。一天清晨，太阳刚刚升起，蜗牛便开始从树根向树梢往上爬。它爬得忽快忽慢，有时还停下来四处望一望，躲避可能的危险。直到太阳落山的时候，这只蜗牛终于爬到了梧桐树的树梢上睡了一觉。

第二天清晨，也是太阳刚刚升起的时候，蜗牛开始从树梢向下爬，它沿着昨天爬行所留下来的印迹，忽快忽慢地朝树根爬去。有时它也停下来望一望，或者吸食一点树汁；总的来看，朝下爬要比朝上爬轻松多了，所花费的时间也少一些。这样，当太阳还没有落山的时候，蜗牛就已经爬到了梧桐树的根部，也就是昨天清晨它出发的地点（图5-29）。

现在请问：在蜗牛上下爬行的途中，会不会存在着这样的一个点：蜗牛第一天上树时经过这一点的时刻（几时几分几秒），和蜗牛第二天下树时经过这一点的时刻完全相同？

解答这个问题，首要的是确定正确的思路。思路正确，问题便会迎刃而解，否则就会一筹莫展。在这里，正确的思路有许多种，其中较简单的一种是，利用头脑中的视觉形象，把第一天和第二天重合起来，把上树的蜗牛和下树的蜗牛设想为两只蜗牛，它们从树根和树梢同时出发，沿着同一条路线相对爬行；两只蜗牛肯定要在中途相遇。显然，相遇

图5-29　蜗牛与路径

的那一点就是问题的答案。

但当这个问题提出后，出现了短暂的沉默，有的选手开始在纸上画图，想通过画图法解决，有的选手设置了一些变量，开始忙于计算。这些曾在高考中过关斩将的"将中之将"们在这个问题前显得手忙脚乱，如堕雾中。

这些大学生们怎么了？难道是他们的智商不行？这显然不是。到底是什么原因呢？有些心理学家做了一些跨国研究。对比了中国与美国一些学生之间的差异，对比中发现，中国儿童与美国儿童在各种能力上没有什么差异，有的还显示：在某些能力上中国儿童比美国儿童更强。但同时又发现随着学龄的增长，中国学生在许多方面的创造力逐渐不如美国学生。这是为什么呢？回忆一下我们所经历的教育，我们就不会感到奇怪了。

（二）反思我们接受的教育

我们这一代青年人大部分接受的是一种封闭式的教育，我们从小到大被灌输的东西很单一，我们所接受的思维方法训练也很单一。

中学期间，我们常常通过阅读来进行思维训练。阅读是一种理解、吸收、鉴赏、评价文章的思维过程。完成这个思维过程，则需要经过认知、分析、理解、综合、记忆、感受、判断等程序。心理学，特别是最近些年兴起的心理学主流——认知心理学很重视对人的阅读的研究，认为人的阅读能力在各种能力中显得更为重要。中国儿童真正具有阅读能力进入独立阅读是在小学三四年级，比英文国家晚。这对于整个中华民族的发展很不利。研究中国人通过汉字进行阅读的过程，从而解决儿童阅读上的障碍和正常人阅读时遇到的困难，提早中国人开始进行阅读的年龄，这是心理学担负的一个很艰巨的任务。

从技巧上看，阅读可以分成搜寻性阅读、理解性阅读、评价性阅读、创造性阅读等等。但由于以"考"为纲的教学目的，老师训练学生更多的是进行搜寻性阅读。即使要我们进行归纳综合，也常常是按老师给我们的一个模式去套。我们要做的就是"填鸭"（图5-30）。

例如：1992年高考语文第29题：简要概括出第二个自然段的内容。阅读材料第二自然段如下：

宋代涌现了更多的竹画家。苏东坡就是一个画竹的艺术大师。他画竹气魄极大，"从地起一直到顶"，线条和笔力都很强劲。元代文人画兴起后，画竹更为盛行。四大家之一倪云林的画，大都是修竹数竿，意境萧疏，具有独特的风

图5-30填鸭式教学

格。明代竹画家蜂起。王绂画竹驰名天下，邵二泉题他的《墨竹》诗说："萧萧数竹不胜看，到此方知画竹难。谁信由书曾放笔，片时行尽楚江下。"谱出了他画竹的高超技艺。徐渭（字文长）创画雪竹的方法，所画极为精绝。有人评论说："徐文长先生画雪竹，纯以明代瘦笔、破笔、燥笔断笔为之，绝不类竹；然后以淡墨水勾染而出，枝间叶上，罔非积雪，竹之全体，在隐约间矣。

按照老师讲的，我们要做的就是先划分出有三个层次。这段话有三个层次，一讲宋代多竹画家，笔力强劲；二讲元代画竹更盛，风格独特；三讲明代竹画家蜂起，技艺高超。虽无中心句，却中心同一，综合起来可归纳为：宋元明时代竹画家蜂起，风格独特，技法高超。

语文的学习是这样，数学等其他学科的教学中也同样很容易使我们形成习惯性思维。一个定律或理论后面的例子可以帮助我们去更好地理解此定律或理论，但我们的教学由于很多客观原因的存在，从而不得不为应付考试而教、而学，为考试的分数而教、而学。这样，书中的例子就显得比理论、定律更重要。例子成了一种模式，一种解决问题的模式。一切其他复杂问题仅仅是这些例子的延展重组，解决它们的办法也就可以套这个模式。我们的创造性思维虽然可以时不时地冒些火花，但更多地却没有被提倡甚至被压抑。

教学中的"题海战术"给我们带来很多的好处，它让一些人获得了进一步学习的机会，但同时也给我们带来了很多的弊病。它可能使我们仅仅成为一个个按部就班的"专家"。

走出思维定势，打破旧框框，这是进行创造力训练的第一步。

在日本的某工厂，为了让工人能在明亮的条件下进行工作，厂房的屋顶很多地方用玻璃代替了不透光的瓦。但使用了一段时间的玻璃后，由于厂房的灰尘很多，因此玻璃很快就脏了，厂房自然就变暗了，不得不进行打扫。打扫完后，发现清洁费相当高，工厂无法承受。大家为此绞尽脑汁，但仍然想不到好的方法。 后来，有一位工人突然思路一变，他认为可以不去考虑顶棚，而在每个工人的身边安一盏灯，就可以解决照明与清洁费高的矛盾。从此该厂改用灯，发现果然省钱。

（三）创造性思维的又一障碍——从众

恐怕对于每个中国人来说，"枪打出头鸟""利刀子先钝"这些"名言"应当很熟悉。中国人的这种中庸之道自古到今都相当盛行。

社会心理学家所罗门·阿希做过这样一次实验。他找来7名大学生坐在一起，请他们判断两张卡片上的线段长度。第一张卡片上画着一个"标准线段"，其余的每张卡片上画这三个线段，其中只有一个线段a与"标准线段"长度相等。阿希要求大学生们找出其余卡片上的线段"A"，并且按照座位顺序说出自己的答案。

其实，那7位大学生中，只有倒数第二位是蒙在鼓里的受试者，其余6位大学生事先已经串通好了，他们的答案保持一致，但三分之二都是错误的。以此来测试那位受试者能在多大程度上不受周围人的影响，坚持自己的正确答案。

实验的结果是，有33%的受试者由于屈服于群体的压力而说出了错误的答案。

有趣的是，不但人类有"从众"的倾向，其他的群居类的动物也都有"从众"的习惯。法国的自然科学家法伯曾经做过一个有趣的实验。

把一群毛虫放在一个盘子的边缘，让它们一个紧跟着一个，头尾相连，沿着盘子排成一圈。于是，毛虫们开始沿着盘子爬行，每一只紧跟着一只，既害怕掉队，也不敢独自走新路。它们连续爬了七天七夜，终于因饥饿而死去。而在那个盘子的中央，就摆着毛虫们喜欢的食物。

思维上的"从众定势"使得个人有一种归属感和安全感，能够消除孤单和恐惧等有害心理。另外，随大流也是一种比较保险的处世态度，你想，自己跟随着众人，如果说得对，做得好，那自然会分得一杯羹；即使说错了、做得不好也不要紧，无须自己一人承担责任，况且还有"法不责众"的说法。

林语堂在《吾国与吾民》一书中谈中国人的人生理想时就谈到了中国人的中庸之道。"中庸的精神在生活与知识各方面随处都表现出来；逻辑上，人都不应该结婚，实际上，人人要结婚，所以孔子学说劝人结婚；逻辑上，人人平等，而实际则不然，故孔子学说教人以尊敬尊长；逻辑上男女并无分别，而实际上却地位不同，故孔子学说教人以男女有别。……"

中庸之道在中国很有市场。中庸之道给中国人带来了不少好处，人们灵活地运用它处人处事。我们被告知少出格，少出风头，少说怪话，少说不合潮流的话。这些劝说本来是有针对性的，但人类在学习方面有一种天生的能力——能够"举一反三"。因此，人们潜意识中就有了在任何时候任何地方尽量地"从众"的思想（图5-31）。

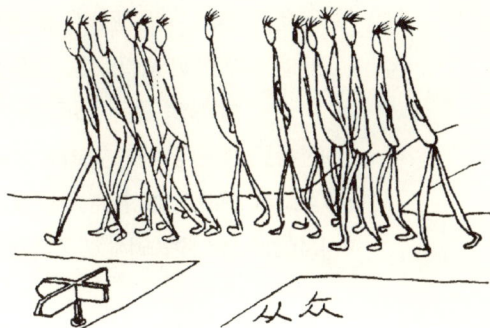

图5-31　从众心理

大原总一郎是日本一家纺织公司的董事长，他的父亲常对他说：一项新事业，在十个人当中，有一两个人赞成就可以开始了，有五个人赞成时，就已经迟了一步；如果有七八个人赞成，那就太晚了。

当我们面对一些实际问题时，如果一味地从众，不动脑筋，我们就很难获得成功。

（四）自信——创造性思维的力量源泉

有志者事竟成，这是创造性思维的关键。要有这种信念，才能使你的大脑运转，去寻求解决问题的方法。创造性思维是与常规性思维相对的一种思维方式，它是人们在已有知识基础上，从某种事实中寻找新关系，找出新答案的思维活动。

据说爱因斯坦（图5-32）小时候是个十分贪玩的孩子，他的母亲彼林经常为此而忧心忡忡。母亲的再三告诫对他来说毫无用处。直到16岁那年的秋天，一天上午，父亲将正要去河边钓鱼的爱因斯坦拦在屋子里，并给他讲了一个故事，而正是这个故事改变了爱因斯坦的一生。

父亲说："我昨天同咱们的邻居杰克大叔一起去清扫南边的一个大烟囱，那烟囱只有踩着里面的钢筋梯才能上去。你杰克大叔在前面，我在后面。我们抓着扶手一级一级地爬上去了，等到我们下来的时候，你杰克大叔依旧走在前面，

图5-32　阿尔伯特·爱因斯坦(1879—1955)

我还是跟在后面。后来，钻出烟囱，我们发现了一件非常奇怪的事情：你杰克大叔的后背、脸上全被烟囱里的烟灰蹭黑了，而我身上竟连一点烟灰也没有。"

"是吗？"爱因斯坦一下子来了兴趣。爱因斯坦的父亲继续微笑着说："是啊！你知道吗？我当时看见你杰克大叔的模样，心想我一定和他一样，脸脏得像个小丑，于是我就到附近的小河里去洗了又洗。然而，你杰克大叔呢，他看我钻出烟囱时干干净净的，就以为他也和我一样干干净净的，因此，只在那里胡乱洗了洗手就上街了。结果，街上的人都笑破了肚子，还以为你杰克大叔是个疯子呢。"

爱因斯坦听罢，忍不住和父亲一起大笑起来。父亲笑完后，郑重地对他说："你知道吗？孩子，我给你讲这些，其实是想提醒你一下，无论任何人，都不能做你的镜子，只有自己才是自己的镜子。拿别人做镜子，即便是白痴都有可能把自己照成天才的。"爱因斯坦终于明白了父亲的良苦用心，从此发奋学习，最后成了世界知名的科学家。

人之所以为人，就是人具有自我意识，能够形成自我知觉，能够在头脑中勾画现实的我是什么样的，理想的我又是什么样的。人类从来没有停止过对自我的追寻，正因为如此，人常常迷失在自我当中，"不识庐山真面目，只缘身在此山中"。人难以脱离自己，以局外人的身份来审视自己，只能参照周围的人来认识自己，因此很容易受到周围信息的暗示，并把他人的言行作为自己行动的参照，从而出现自我知觉的偏差，即"巴纳姆效应"。美国著名杂技师肖曼·巴纳姆在评价自己的表演时说，他之所以很受欢迎是因为节目中包含了每个人都喜欢的成分。所以他使得"每一分钟都有人上当受骗"。人们常常认为一种笼统的、一般性的人格描述十分准确地揭示了自己的特点。所以心理学上将这种倾向称为"巴纳姆效应"。"巴纳姆效应"主要表现在两个方面：①更相信他人给自己的评价；②容易相信一个笼统的、一般性的人格描述特别适合他。

巴纳姆效应在生活中十分普遍。拿算命来说，很多人请教过算命先生后都认为算命先生说得"很准"。其实，那些求助算命的人本身就有易受暗示的特点，再加上算命先生善于研究人的内心感受。稍微能够理解求助者的感受，求助者立刻会感到一种精神安慰。算命先生接下来的无关痛痒的话便会使求助者深信不疑。说到这里，想起一个耳熟能详的小故事：三个秀才结伴进京赶考，路上遇到一个算命先生，于是三个人就求教算命先生，到底三个人谁有机会金榜题名呢？算命先生半晌伸出一根手指。三人不解，再细问，算命先生说是天机不可泄露。三人见问不出来，只好似懂非懂地走了。考试过后，三个秀才都说算命先生好厉害，算得真准。其实呀，这一根手指大有玄机，可以表达"三个人中只中一个"的意思，也可以表达"只有一个不中"，或者是"一起中了"，又或者是"一起不中"，三个秀才可能出现的四种情况都可以包括其中。所以，不管秀才们最后的考试结果如何，算命先生都不会算错。算命先生只不过是另一个巴纳姆先生而已。

其实早在2000多年前，古希腊人就把"认识你自己"作为铭文刻在阿波罗神庙的门柱上，可是直到今天，人们却只能遗憾地说："认识自己"的目标距离我们依然还很遥远。我是谁？我从哪里来？我要做什么？这些问题人们从远古问到了现在，却一直得不到令人满意的结果。正因为这样，人很容易迷失自我，也很容易受到周围信息的暗示，甚至把他人的言行作为自己行为的参照，从众心理便是典型的证明。可是，设计艺术工作者的职业本质首要特征则是创造。没有个性哪来创造？创意直接体现设计的生命力。

设计艺术创造性思维存在着顿悟、直觉和灵感。这就必须与人的个性与自信有密切的关系。人要想真实、客观地看待自己，显出个性风格，就应该避免巴纳姆效应在其中作祟。要做到这一点，人首先要勇敢地面对自己，正确看待自己，理性了解自己，处理好"以己为镜"与"以他人为镜"的辩证关系，就是说要自信，但绝不是自负。自信是一种积极的自我体验，是确定自我能力的心理状态和相信自己能够实现既定目标的心理倾向，也是创造性思维的力量源泉。如果意志战胜的是设计过程中的种种难题，自信则是战胜自己的一种自我超越。自信能保持设计师乐观的工作态度和不断拼搏挑战、求实进取的精神。设计师一定要坚信自己的个人信仰、经验、眼光和品位，推崇个性化，创造作品的艺术价值。

三、怎样提高设计的创造能力

创造能力虽然是一种复杂的、高级的心智活动，充满艰难与风险，但绝不是神秘莫测、不可触及、仅为少数天才人物所能的专利。陶行知先生说过：人人是创造之人，天天是创造之时，处处是创造之地。创造能力是人类普遍具有的素质，绝大多数人都有创新的天赋，都可以通过学习、训练得到培养与提高，都应树立信心，不断开发与强化创造能力。

（一）延伸与综合是创造的一条捷径

延伸可以创造，综合可以突破。今天，试图像牛顿那样创造科学定律，或像瓦特那样用蒸汽机引起一场工业革命，要想创造一种全新的成果仍有可能。设计的创造发明，可从不同领域的成熟技术中进行延伸与综合，可能创造出独出心裁的新技术。将电话向影视延伸，诞生了可视电话；冰箱与空调结合，可以冷热互补，节省电能；电视机、计算机、打印机、音响融为一体，扩大了用场，缩小了空间体积。

今天，不但各种技术相互延伸与综合，在理论知识领域的不同学科也在延伸与综合。物理学与化学综合产生了物理化学，数学与工程综合产生工程数学，甚至社会科学与自然科学、人文科学交叉综合，产生全新的科学。传统的设计活动，融入了美学、创造学、心理学，形成了全新的设计理念，将科学与艺术纳入设计的轨道。

可见，一门经典的科学，一项成熟的技术，要想求得重大的突破与发展，速度毕竟受到限制，因为在已经很完善的领域内已经从不同的角度进行了探索，所以很难找到创造的突破口。但是一旦实现不同领域的科学交叉，技术综合，就可能为古老的科学或完善的技术带来新的活力，开拓出广阔的创造空间。比如，设计专业学生也需要接受艺术的熏陶，而艺术熏陶的最佳捷径是将设计专业的学生在《工程图学》中学到的知识与技能延伸到艺术教育中，用图学理论指导艺术教育，以科学的理性代替艺术的悟性，能有事半功倍的效果。《图学延伸的一种教学模式试验》《图学艺术底蕴延伸的艺术教育试验》及《图学奠基的艺术教育内容与方法》等探索与研究，为古老的《工程图学》开创了新的应用领域。图学界专家们评价，这种观点与方法，目前国内无人想到，国外也无人研究。这都告诉人们，延伸与综合是创造的一条捷径。

（二）思维交错是一种创造手段

人们思维总是以交错的方式进行，思考问题几乎没有单一的思维方式。创造活动中的想象心理阶段，是创造性思维与创造性想象十分活跃的过程：抽象逻辑思维、形象思维、发散思维、收敛思维、逆向思维、经验思维及理论思维等逻辑思维方式相互交错，并穿插直觉、灵感等非逻辑思维，进行综合想象，达到解决问题的目的。牛顿发现万有引力定律的思维过程，是运用思维交错方式及高度想象力的典型例证。牛顿看到苹果从树上落下，想到苹果为什么

图5-33 你真的在乎那套衣服吗

下落，而不飞上天？这说明重物会下落。如果苹果树长得很高，苹果是否还会下落？肯定会下落。假若苹果树与月亮一样高，苹果还会下落吗？如果下落，为什么月亮不会落到地面上？牛顿的想象层层推进，是逻辑思维的方式。从苹果想到月亮，是一个想象的飞跃。当这种思维方式难以破解迷惑时，在思维受阻的状态下，牛顿更换了思维方式，开始运用逆向思维，从相反的方向思考。如果在山顶上平射一发炮弹，炮弹会沿着一条曲线落向地面。如果增加炮弹的速度，炮弹会落到更远的地方。如果炮弹速度非常大，炮弹可能会绕过大半个地球。当炮弹的速度增加到更高时，炮弹会环绕地球旋转，永远不会落向地面。由炮弹联想到月亮，炮弹与月亮围绕地球旋转，原来是离心力使它们不能落向地面。但是它们为什么不离开地球飞走呢？一定是它们与地球之间存在着相互吸引的力量，这种力量与离心力相互平衡，所以月亮既不像苹果那样落向地面，又不离开地球而飞走。进而想到水星、金星与太阳。许多行星围绕太阳转，说明天体之间都有一种相互吸引的力量。在科学发现上有杰出成就的人，常常都能灵活地改变思维的方式，使各种思维交错在一起，获得重大的发现。如图5-33所示，你能说明这位美女为什么脱掉外套吗？

（三）把握信息是创造的根本依据

设计者的发明创造主要是准确掌握本专业技术领域的信息，包括国内外同行业相关的技术发展动态等技术情报为启发与借鉴，面向生产的迫切需要，解决主要技术关键。所以，准确地掌握信息，是设计者科学研究与发明创造的根本依据。对于同行业已经出现的新技术、新方法，没有必要做重复的劳动，而应当进行交流或移植。同时，工程实践中的创造活动不同于基础研究，不是纸上谈兵与空中楼阁，而是生根于生产实际，创造的成果又实实在在地用于生产实际。要取得这种立竿见影的创造效果，创造的主题必定是生产中的具体问题，而且可以根据主、客观条件的论证是可行可及的。并从实际出发，明确创造中的有利条件和不利因素，而且具备创造的基础条件，有信心通过主观努力，化解不利因素，才能有的放矢地开展创造活动。

（四）培养良好习惯是提高创造力的有效途径

开展创造活动，应该自觉地培养一些有助于提高自身创造力的良好习惯，如细心地观察，勤学多想，多记实干等。

细心地观察是发现生产问题、引发创造的起点。往往在熟视无睹、习以为常的现象中，一丝不苟，明察秋毫，才会发现完善中的未尽人意之处。所以，创造的思想火花往往都是由细心地观察的人来点燃。

勤学是根据生产实际需要，有明确目的的学习。许多生产第一线的工人，发现问题后，带着问题学习，将自身丰富的实践经验与学习的知识理论相结合，创造出有重大价值的成果。所以设计者勤学的特点与学生或研究人员不同：既要吸收营养，又不被束缚；既要钻研理论，又要综观理论。勤学读书的方式可能一目十行，快速浏览，也可能仔细品读，融会贯通，为我所用，勤学又是博采众长的一种学习方式，既学失败之所长，又学成功之所短。多想出智慧，勤于思考，才有联想。设计者的深思熟虑，应当达到"思之外延需广，想则内涵要紧"的程度。

多记是设计者的职业习惯，提高创造能力，更需要占有准确的创造素材为依据。不少创造发明的灵感经常产生在闪念之间，瞬息即逝，只有及时捕捉记录，才能以备后用。

实干是设计者必须完成的创造程序。实干是在创造活动中解决问题，加速发明创造进程的推动力量。动手实干是设计者发明创造的最大优势。

设计者要充分发挥实践经验丰富、动手操作能力强的创造条件，一是能运用以往积累的经验与知识来分析创造中尚待解决的问题；二是解决问题时能产生新的创造性设想；三是锻炼用创造性思维与创造性的想象解决问题。

（五）尊重规律是创造的基本原则

发明创造的实质是向客观规律的探索与贴近，人类一切活动领域中出现的问题、事故与失败都是源于对客观规律的违背或忽视。所以，发明创造要尊重客观规律。

第一是择优律。人们能在百业待举的创造性劳动中，瞄准主要矛盾，是实现创造意图的择优律。择优律是人类创造发明史上应用最早的规律，也是最基本的规律。比如：企业生存的主要矛盾是产品的竞争力，把主要精力用在产品的创造开发上，才是创造的主题。图5-34，是专家提出创造活动的最优过程模式。

第二是相似律。相似律是对客观存在的大量相似现象的研究与应用，丰富创造的素材。比如类比法、仿生法、模拟法等。既能在原有基础上一步一步地改革、继承与发展；又能以相似为借鉴，将其他领域已有的发明成果，引入自己的创造领域中，成为一种新的创造。比如氢气从化学实验室中被制造出来后充入气球，使氢气球升空，只限于一种狭小的使用范围。现在研究以氢气为燃料的氢动车，是在对氢气性

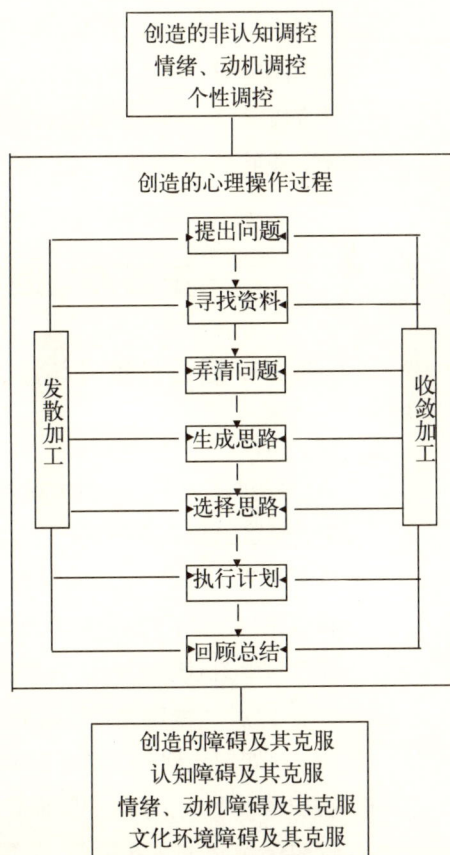

图5-34 创造策略式图

质研究的成果上，进行的新的创造。

第三是综合律。综合律是将单一功能或单项发明进行重新组合。发明创造有单项的突破，有的是对已有的发明进行新的组合。要善于不断引进新技术、新工艺、新材料，综合用于产品的创造与开发。尤其善于把表面看来毫无联系的发明创造成果综合起来，就可能是一种创造。比如："水火不相容"是千真万确的道理，表面看来毫无联系，但可能有这样的设想：将水冻成冰，把透明的冰块磨成凸透镜，聚集阳光而产生热量，点燃可燃物质而取火。于是将水火不相容变成水中取火。尽管这是受各种条件限制的一种设想，但说明了事物内在的联系性。学会运用综合律，能开阔创造的思路。

第四是对应律。对应律是按照事物对立与对比的规律，思考创造的方向。比如同类产品的对比中，要有独特性；在竞争对手之间，要独出心裁，战胜对手；有矛则有盾，是对立规律的产物。延续至今，有用于杀伤的枪弹，随之产生防弹的装备。而随着防弹装备的升级，又出现了威力更大的穿甲枪弹。在创造活动中，既要把熟悉的事物有意识地看成是陌生的对象，再按新的设想去探索；又要把陌生的事物当成熟悉的事物，用熟练的方法去研究，可能会找到一条新的发明途径。

不同的人共同参加一种创造活动，是恰当运用对立规律的创造方式。从使用与操作的角度，能对产品提出很多设计者没有想到的实际问题与建议。人的专业、层次水平不同，各自可从不同的角度思考问题。有时可能由于外行人对设计的技术领域的规范陌生，反而不受条条框框的束缚，为设计者提出良策。苏联火箭专家库佐廖夫为解决火箭的飞行推力费尽心思，始终找不到可行的设计方案，陷于迷茫与痛苦的悬想折磨中。妻子知道后，感到这个问题简单得像吃面包一样，一个不够再加一个。一位名声盖世的火箭专家，却在根本不懂火箭是什么的外行人的启发下，产生了多级火箭的构想。可见创造要运用对应律，受益于更多人的别出心裁的创意，甚至不着边际的幻想，能产生综合转移的神奇效果。

第四节　设计效果心理评价与设计师的职业自觉

一、后设计管理与设计师职业自觉

前设计管理理论以了解、发掘消费需求为出发点，以满足消费需求为归宿点。它强调以人口特征的方法，按照年龄、性别、职业、地理区域等将消费者进行市场细分，针对目标消费群，描绘出相关的消费环节。针对各消费环节进行调查，找出产品的使用者，尽最大可能确定他们是谁、购买什么、如何购买、何时购买、在哪里购买等，寻找可以吸引消费者从其他消费链转移过来的因素；了解消费者忠诚度的动向，发掘尚未被满足的消费者需求。然后，据此设计有别于竞争对手的差异化产品，并实施有效的促销整合手段对消费者进行吸引。

后设计管理理论以现有消费者的满足为出发点，以现有消费者满意度的变化为评价手段，以如何让现有消费者对本企业和设计师的产品和服务感到满足为目标。它通过一系列的客户管理手段，不断消除消费者的不满或抱怨，极大地提高消费者的满意度；尽可能给他们提供最大化的顾客价值，与现有消费者的关系不断固化，提高消费者的忠诚度，促使消费者不断地重复购买。上述理论的比较见表5-4。

表5-4　前设计管理理论与后设计管理理论比较

比较内容	前设计管理理论要素	后设计管理理论要素
设计管理内容	短期跨越	长期渐进
操作表现特征	说服性特征、少数人炒作	维持性特征、团队运作
服务侧重点	全新客户为主	现有客户为主
设计管理范围	新产品、新市场开发为主	老顾客巩固和提升为主
设计决策过程	单向、相对封闭	双向、互动开放
市场信息支持	缓慢、延滞、不足	迅速适时、充分
策划组合重心	强调推销的轰动效用	强调服务要素的整合
企业价值链管理	设计后的各个环节	设计前、中、后的各个环节
设计效果控制	起伏波动	稳步提高
设计要素特征	大众标准化	一对一个性化
设计竞争特征	局部、短期	全局、长远
理论支持背景	4P和6P理论	6C和6A理论
设计思维中心	了解消费者新需要	需求不满意的解决方案
设计效果评价	一次消费者满意度为准	消费者满意度动态评价

　　不难看出，前、后设计管理观念在企业发展的不同阶段有不同的理论内涵，在产品设计的导入期和成长期中，设计管理可以表现出极强的"说服性"特征。这种设计管理前期活动的对象，重点放在吸引新消费者上，主要关注的是革新者和早期使用者，对相当数量的大众消费者是重视不够的。后设计管理观念是一种"维持性"策划，它指导下的设计活动，是为了使现有消费者对企业和设计师的产品和服务不断地长期地感到满意，形成忠诚和惠顾的行为，以期实现他们与企业和设计师之间良好的长期关系；通过惠顾消费者的口碑效应带动潜在消费者，扩大市场占有率，促进他们对产品和服务的重复购买。有的放矢地使用各种设计管理的手段，创造新的消费理由，满足消费者已有和未知的需求，引导和创造消费者的消费，避免企业资源和顾客资本的流失。

　　另外，设计师必须不断加强直觉力、觉察力、亲密力的培育，以至提高自己的职业的成熟力。如今的世界，生活节奏的加快，信息量的空前增多，使人必须加快节拍以适应时代，能够以小见大、以心见性、敏捷独到的感情能力和觉察力来洞悉彻悟事物的发展规律，更好地与人建立一种良性的、融洽的亲近关系，以达到一种心灵上的共鸣，产生亲密感。这样，设计职业成熟度慢慢加大，设计职业的成熟是一个艺术设计者的最高境界，因为真正的设计职业成熟是设计理性、设计智慧、个性风格和职业道德的统一（图5-35）。

图5-35　设计大师的职业自觉状态

二、设计效果心理评价的一般方法

为了使现有消费者对定义和设计师的产品和服务感到满意，必须依靠后设计管理策略导向产品设计，采取设计效果的心理评价以降低新产品研发的风险。

设计效果心理评价一般常用的研究方法有观察法、访谈法（焦点访谈法、深度访谈法）、问卷法、投射法、实验法、总加态度测评法、语义分析量表法、案例研究法、心理描述法、抽样调查法等多种方法。这些方法可以分属两类：其一是定性分析法，包括观察法、案例研究法、心理描述法、访谈法（焦点访谈法、深度访谈法）、投射法（间接访谈）等等；其二是定量分析方法，包括问卷法、实验法、总加态度测评法、语义分析量表法、抽样调查法等。访谈法（焦点访谈法、深度访谈法）、问卷法和抽样调查法，使用频率较高，被大家看好，我们将重点讨论这几种方法。

三、设计效果心理评价案例分析

（一）图形测验评分标准

例一：请你根据下面的图形，想象它和什么东西相似或相近，想象出的东西越多越好。

流畅性：写出确切的物体、现象、人物均可以记1分。

变通性：

（1）理解为水平线上两个相同的物体现象或人物：如两个馒头，两条彩虹，两个插秧人等。

（2）想象为水平线上两个不同的物体：如，海上日出、峭石等。

（3）从不同方向想象的物体：如侧向：驼峰、乌篷船；反向：倒放的水缸；转向：B字、两面旗子在竿上，等。

（4）运动的物体或现象：如，两条抛物线。

（5）其他。

独特性：（3）、（4）、（5）答案中某些新颖独特的可以得分。

（二）语义测验评分标准

例二：请你写出"铅笔"的各种用途，越多越好。

流畅性：写出"铅笔"用途正确答案的全部数量。

变通性：

（1）书写工具写字、绘画等。

（2）测量工具，做直尺等。

（3）做实验材料，铅心导电试验等。

（4）做礼品、商品等。

（5）改变形状做其他用途。如雕刻、笔芯作滑润剂等。

（6）其他用途：做模型、玩具、道具、成捆铅笔当小凳子等等。

独特性：（2）~（6）之中的新颖、独特用途可以得分。

比如某一大学生样本测试的结果分析：

流畅性评分：

（1）写字、绘画、改稿件、木工画线、描眉、拓碑文、印图案、涂墨、做标记、彩色铅笔上色等。

（2）做物理实验、做杠杆、做钟摆、做电极、抽去笔芯当吸管、两支铅笔做光的衍射实验等。

（3）做火箭模型、电动机模型、电刷木架、船模，做弹子枪、跷跷板、拼字游戏（11+1=111, 11−1=1等）、当作二胡码子、鸟笼等。

（4）支撑物（填台/凳脚），铅心做塞孔、直尺、当滚筒（卷录音磁带、卷纸），废铅笔头当燃料、筷子、魔术道具、教鞭，做圆规（两支）、当书签等。

（5）礼品、奖品、纪念品、艺术观赏品、商品、展览品、作信物、刻字做纪念品。

（6）演员折断笔表示愤怒之极。

（7）公共服务处放铅笔方便群众提意见。

（8）口袋中的铅笔是工程师的标志、铅笔是木工的标志。

变通性评分：

（1）书写工具。

（2）实验材料。

（3）模型、玩具。

（4）做各种各样的工具。

（5）做精神方面的工具。

（6）抒发感情的工具。

（7）职业标志的工具。

独创性评分：

（1）描眉、拓碑文、着色。

（2）当吸管等。

（3）拼字游戏等。

（4）铅笔芯塞孔等。

（5）做信物、纪念品等。

（6）抒发感情的工具。

（7）职业标志的工具。

（三）符号测验评分标准

例三：请你以1、2、3、4四个数字进行运算，要求最后等于8，排出的算式越多越好。

A. 可用"+−×÷"，"平方"，"开方"运算；

B. 每个数字在式子中只用一次，而且必须用一次。

流畅性：符合题目要求的正确算式可得分。

变通性：

1）用+−运算。

2）用×÷运算。

3）用+、−、平方、开方运算。

4）用多种符号运算。

5）其他。

独特性：在（4）、（5）两类中有独创性者。

例四：请创造各种不同的符号系统（即代号、标记）来代替下列句子，越多越好。"太阳落山前，课题组在田野里散步。"

流畅性：符合题意的各种符号系统均可得分。

变通性：

（1）中（外）文代号。

（2）数字符号。

（3）发音代号。

（4）抽象图形代号。

（5）各种密码（电报、自编密码等）。

（6）音乐符号。

（7）象形文字。

（8）逻辑符号。

（9）其他（图画等）。

独特性：（4）～（9）中某些新颖、独特的答案。

思考与作业

1. 试选择一款轻工业产品，分别从三个水平层次上的设计角度对其进行评述。

2. 结合设计作品，谈谈设计仿样的产生机制以及在艺术设计中的作用和危害，设计师应如何对待"模仿"。

3. 简要论述设计艺术中的情绪、情感的特点。

4. 设计活动中表现设计个性问题的途径有哪些？

5. 设计艺术作品与纯艺术作品有什么不同？

6. 试分析情绪的评价理论与认知论的不同，以及它们在艺术设计中的应用。

7. 移情心理现象在设计艺术中有何作用？

8. 怎样用设计艺术唤起人们的情感？

9. 结合自己的学习实际，谈谈怎样克服自己的不良习惯定式，提高自己的设计素质。

10. 结合你的设计过程，论述艺术思维和科学思维在设计思维中的表现。

11. 怎样正确理解"天赋论"？

12. 结合创造力理论和心理学研究，谈谈艺术设计师应如何提高创造力。

13. 怎样克服创造性思维能力的障碍？

14. 从设计管理的角度，谈论设计师的职业自觉。

15. 做一次啤酒品牌消费心理问卷调查，并写一篇1000字以上的调查报告。

16. 你打算如何提高设计的创造能力？试举例说明。

参考文献

1. 奚传绩. 美术欣赏[M]. 北京：高等教育出版社，2002.

2. 熊云新，梅国建. 艺术鉴赏[M]. 北京：人民卫生出版社，2007.

3. 许劭艺. 组织文化设计主义[M]. 香港：中华文化出版社，2005.

4. 焦成根. 设计艺术鉴赏. 长沙：湖南大学出版社，2004.

5. 常怀生. 环境心理学与室内设计. 北京：中国建筑工业出版社，2000.

6. 西蔓色研中心. 关心色彩[M]. 北京：中国轻工业出版社，2006.

7. 权宁杰，金英仁. 设计师谈成功企业色彩营销案例. 北京：电子工业出版社，2006.

8. 弗雷德·波普. 创意·制作·展示——世界百家超级公司最新广告剖析. 大连：大连出版社，1994.

9. 蔡军，徐邦跃. 世界著名设计公司卷. 哈尔滨：黑龙江科学技术出版社，1999.

10. 舍尔·柏林纳德. 设计原理基础教程. 上海：上海人民美术出版社，2004.

11. 刘国联. 服装心理学. 上海：东华大学出版社，2007.

12. 香港理工大学纺织及制衣学系. 服装舒适性与产品开发. 北京：中国纺织出版社，2002.

13. 朱铭，荆雷. 设计史. 济南：山东美术出版社，1995.

14. 王受之. 世界现代设计史（1864—1994.6）. 北京：新世纪出版社，1995.

15. 王受之. 世界平面设计史. 北京：中国青年出版社，2002.

16. 朱和平. 中国设计艺术史纲. 长沙：湖南美术出版社，2003.

17. 李立新. 中国设计艺术史论. 天津：天津人民出版社，2004.

18. 赵平，吕逸华，蒋玉秋. 服装心理学概论. 北京：中国纺织出版社，1995.

19. 郑应杰，吴晓燕，张媛. 现代设计美学——服装设计美学. 哈尔滨：黑龙江科学技术出版社，2000.

20. 陈鸿俊，刘芳. 中外工艺美术史. 长沙：湖南大学出版社，2005.

21. 方光罗. 消费心理学. 北京：中国物资出版社，1996.

22. 欧阳康：广告与推销心理——打开市场的钥匙. 北京：中国社会出版社，2000.

23. 司金銮. 消费心理学（修订版）. 北京：中国商业出版社，1996.

24. 刘亮如. 广告心理学. 北京：中国商业出版社，1996.

25. 杨中芳. 广告的心理原理. 北京：中国轻工业出版社，1999.

26. 樊志育. 广告效果研究. 北京：中国友谊出版公司，1995.

27. 马谋超. 广告心理——广告人对消费行为的心理把握[M]. 北京：中国物价出版社，2002.

28. 汤明，罗雪明，陈战胜. 心理素质，超人一等. 北京：中国纺织出版社，1999.

29. 甘华鸣等. 创新的策略. 通用方法指南. 北京：红旗出版社，1999.

30. 爱德华·德·波诺. 严肃的创造力——运用水平思考法获得创意. 北京：新华出版社，2003.

31. 贝蒂·艾德华. 像艺术家一样思考. 海口：海南出版社，2003.

32. 高鹏. 像达·芬奇一样工作. 北京：京华出版社，2006.

33. 泰勒·哈特曼. 色彩密码——性格分析新概念. 海口：海南出版社，2001.

34. 杰克·斯佩克特. 艺术与精神分析——论弗洛伊德的美学. 北京：文化艺术出版社，1990.

35. 陈晓华. 工艺与设计之间——20世纪中国艺术设计的现代性历程. 重庆：重庆大学出版社，2007.

36. 马尔科姆·巴纳德. 艺术、设计与视觉文化. 南京：江苏美术出版社，2006.

37. 唐纳德·诺曼. 设计心理学. 北京：中信出版社，2003.

38. 大卫·布莱特. 装饰新思维——视觉艺术中的愉悦和意识形态. 南京：江苏美术出版社，2006.

39. 柳宗悦. 工艺文化. 南宁：广西师范大学出版社，2006.

40. 张殿元. 广告视觉文化批判. 上海：复旦大学出版社，2007.

41. 唐纳德·诺曼. 情感化设计. 北京：电子工业出版社，2005.

42. 唐纳德·诺曼. 好用型设计. 北京：中信出版社，2007.

43. 张剑. 情趣的设计世界——张剑产品设计作品选. 福州：福建美术出版社，2005.

44. 黄希庭，郑涌. 心理学十五讲. 北京：北京大学出版社，2005.

45. 章利国. 现代设计美学. 郑州：河南美术出版社，1999.

46. 赵惠霞. 广告美学. 北京：人民出版社，2007.

47. 郭力宣，胡世发等. 创意学全书. 北京：中国城市出版社，1997.

48. 詹姆斯·韦伯·杨. 创意——并非广告人独享的文字饕餮. 北京：中国海关出版社，2004.

49. 王多明等. 广告创意思维78法. 成都：四川大学出版社，1998.

50. 劳伦斯·明斯基，埃米莉·桑顿·卡尔沃. 如何做创意. 北京：企业管理出版社，2000.

51. 陈火金. 策划方法学. 北京：中国经济出版社，1999.

52. 凌继尧等. 艺术设计十五讲. 北京：北京大学出版社，2006.

53. 墨顿·亨特. 心理学的故事. 海口：海南出版社，1999.

54. 刘吉昆，习玮. 设计艺术概论. 北京：清华大学出版社，2004.

55. 张成忠，吕屏. 设计心理学. 北京：北京大学出版社，2007.

56. 任立生. 设计心理学. 北京：化学工业出版社，2005.

57. 张穗华. 艺术之光. 北京：中国对外翻译出版社，2003.

58. 贾晓伟，蓝强等. 艺术部落. 北京：五洲传播出版社，2007.

59. 徐复砚. 中国艺术精神. 南宁：广西师范大学出版社，2007.

60. 王受之. 世界现代建筑史. 北京：中国建筑工业出版社，1999.

61. 热尔曼·巴赞. 艺术史. 上海：上海人民美术出版社，1989.

62. 辛艺华. 工艺美术设计. 北京：高等教育出版社，2000.

63. 张夫也. 外国工艺美术史（修订版）. 北京：中央编译出版社，2004.

64. 杭间. 中国工艺美学史. 北京：人民美术出版社，2007.

65. 李彬彬：设计心理学. 北京：中国轻工业出版社，2006.

66. 彭妮·斯帕克. 设计百年——20世纪现代设计的先驱. 北京：中国建筑工业出版社，2005.

67. 杰里米·安斯利. 设计百年——20世纪平面设计的先驱. 北京：中国建筑工业出版社，2005.

68. 冬竹. 开始设计. 北京：机械工艺出版社，2007.

69. 保罗·克劳瑟. 20世纪艺术设计的语言：观念史. 长春：吉林人民出版社，2007.

70. 丁宁. 图像缤纷——视觉艺术的文化维度. 北京：北京大学出版社，2016.

71. 李彬彬：设计效果心理评价. 中国轻工业出版社，2005.

72. 钱凤根，舒艳红主编. 设计概论. 广州：岭南美术出版社，2004.

73. 李立芳. 设计概论. 长沙：湖南美术出版社，2003.

74. 河西. 艺术的故事——莫里斯和他的顶尖设计. 上海：华东师范大学出版社，2004.

75. 曾耀农. 艺术与传播. 北京：清华大学出版社，2007.

76. 林少雄. 新编艺术概论. 上海：复旦大学出版社，2007.

77. 高千惠. 当代艺术思路之旅. 南宁：广西师范大学出版社，2003.

78. 杭间，张丽娉. 清华艺术讲座. 北京：中央编译出版社，2007.

79. 王春雨. 艺术领导人们前进. 近代艺术的理性与浪漫. 北京：北京大学出版社，2005.

80. 赵农. 设计概论. 西安：陕西人民美术出版社，2002.

81. 张燕珍. 艺术概论. 北京：知识产权出版社，2005.

82. 范正美. 经济美学. 北京：中国城市出版社，2004.

83. 凌继尧. 美学十五讲. 北京：北京大学出版社，2003.

84. 陈望衡. 当代美学原理. 武汉：武汉大学出版社，2007.

85. 王文博. 现代应用美学入门. 北京：中国纺织出版社，2001.

86. 庞景平. 实用美学. 北京：地质出版社，1995.

87. 王淼龙，马驰. 新编美学教程. 北京：百家出版社，1993.

88. 杨辛，甘霖. 美学原理. 北京：北京大学出版社，1983.

89. 易健，彭漱芬. 成语典故与美. 广州：南方出版社，2000.

90. 潘知常. 美学的边缘. 在阐释中理解当代审美观念. 上海：上海人民美术出版社，1998.

91. 郭廉夫，张继华. 色彩美学. 西安：陕西人民美术出版社，1992.

92. 张平治. 美学趣谈. 郑州：黄河文艺出版社，1986.

93. 威廉·荷加斯. 美的分析. 桂林：广西师范大学出版社，2002.

94. 张微. 广告美学. 武汉：武汉大学出版社，1996.

95. 吴风. 艺术符号美学. 北京：北京广播学院出版社，2002.

96. 维塞尔. 活的形象美学——席勒美学与近代哲学. 北京：学林出版社，2000.

97. 艾黛. 感觉之美. 北京：民族出版社，1999.

98. 潘知常. 反美学——在阐释中理解当代审美文化. 北京：学林出版社，1995.

99. 陈望衡. 环境美学. 武汉：武汉大学出版社，2007.

100. 陈望衡. 艺术创作美学. 武汉：武汉大学出版社，2007.

101. 朱良志. 中国美学十五讲. 北京：北京大学出版社，2006.

102. 朱光潜. 西方美学史. 西安：中国长安出版社，2007.

103. 刘岱. 中国文化新论：艺术篇·美感与造型. 北京：生活、读书、新知三联书店出版社，1992.

104. 宋家珍, 李小丽. 影视美学. 北京：中国广播电视出版社，2007.

105. 彭珍. 影视心理学. 上海：上海交通大学出版社，2006.

106. 汪正章. 建筑美学. 北京：人民出版社，1991.

107. 王世红，刘托，沈阳. 建筑美学. 北京：科学普及出版社，1991.

108. 阿兰·得波顿（Alain de Botton）：幸福的建筑. 上海：上海译文出版社，2007.

109. 沙莲香. 社会心理学. 北京：中国人民大学出版社，1992.

110. 丁峻. 知识心理学. 上海：生活·读书·新知三联书店，2006.

111. 刘国防. 营销心理学. 北京：首都经济贸易大学出版社，2007.

112. 单凤儒、刘宏. 商业心理学（修订本）. 北京：中国商业出版社，2005.

113. 吕景云，朱丰顺. 艺术心理学新论. 北京：文化艺术出版社，2005.

114. 李强等. 管理心理学. 北京工业大学出版社，2002.

115. 毕重增，董希庭. 消费心理学. 上海：华东师范大学出版社，2007.

116. 周昌忠. 创造心理学. 北京：中国青年出版社，1983.

117. 胡敏中. 非理性. 创造认识论解读. 北京：北京师范大学出版社，1998.

118. 李品媛主编. 销售心理学. 大连：东北财经大学出版社，1993.

119. 冯川. 文学与心理学. 成都：四川人民出版社，2003.

120. 秦俊香. 影视创作心理. 北京：中国广播电视出版社，2004.

121. 秦俊香. 影视接受心理. 北京：中国传媒大学出版社，2006.

122. 朱孝岳. 艺术设计纵横谈. 南昌：江西美术出版社，2002.

123. 孟国华，宋杨. 艺术设计基础教育的革新. 济南：山东美术出版社，2004.

124. 凌继光，徐恒醇. 艺术设计学. 上海：上海人民出版社，2006.

125. 高宏德. 直觉与经营. 成都：西南财经大学出版社，1998.

126. 艾伦·派普斯. 艺术与设计基础. 北京：中国建筑工业出版社，2007.

127. 南云治嘉. 视觉表现. 北京：中国青年出版社，2004.

128. 邱正伦. 艺术美学教程. 成都：西南师范大学出版社，2002.

129. 许书民. 设计概论. 上海：上海科学普及出版社，华东理工大学出版社，2005.

130. 刘瑞芬. 设计程序与设计管理. 北京：清华大学出版社，2006.

131. 刘和山等. 设计管理. 北京：国际工业出版社，2006.

132. 尹定邦. 设计学概论. 长沙：湖南科学技术出版社，2004.

133. 章利国. 现代设计社会学. 长沙：湖南科学技术出版社，2005.

134. 尹荣久庵宪司等. 不断扩展的设计. 长沙：湖南科学技术出版社，2004.

135. 荣久庵宪司等. 不断扩展的设计. 长沙：湖南科学技术出版社，2004.

136. 柳沙. 设计艺术心理学. 北京：清华大学出版社，2006.

137. 李砚祖. 外国设计艺术经典论著选读. 北京：清华大学出版社，2006.

138. 侯章良，陈赣峰. 视觉营销. 北京：中华工商联合出版社，2006.

139. 张春河，方芳. 产品形象形成与线索理论的研究. 北京：中国时代经济出版社，2007.

140. 贝思特·施密特,亚历克斯·西蒙森. 视觉与感受. 营销美学. 上海:上海交通大学出版社,1999.

141. 钱学渝. 视觉心理学——视觉形式的思维与传播. 北京:学林出版社,2006.

142. 布朗·科赞尼克. 艺术创造与艺术教育. 成都:四川人民出版社,2000.

143. 滕守尧. 审美心理描述. 成都:四川人民出版社,1998.

144. 鲁道夫·阿恩海姆. 艺术与视知觉. 成都:四川人民出版社,1998.

145. 马尔科姆·巴纳德. 理解视觉文化的方法. 北京:商务印书馆,2005.

146. 玲木绿. 非设计不生活. 北京:中国人民大学出版社,2007.

147. 阿德里安·肖纳西. 怎样成为一名设计师. 长沙:湖南美术出版社,2007.

148. 谢伦灿. 艺术产业运营学. 北京:人民出版社,2007.

149. 马永建. 现代主义艺术20讲. 上海:上海社会科学院出版社,2005.

150. 马永建. 后现代主义艺术20讲. 上海:上海社会科学院出版社,2006.

151. 白莹. 视觉地图. 重庆:重庆出版社,2007.

152. 李汉松. 心理学的故事. 北京:中央编译出版社,2006.

153. 拉里·谢佛,马修·R·麦论斯. 普通心理学研究故事(第二版). 北京:世界图书出版公司,2007.

154. 深堀元文. 图解心理学. 天津:天津教育出版社,2007.

155. 刘青:生活中的心理学. 北京:机械工业出版社,2007.

156. 吴金岭. 心理学图解入门. 北京:海潮出版社,2007.

157. 朱彤. 日常生活中的心理学. 北京:金城出版社,2007.

158. 筱原菊纪. 30种大脑训练方法. 提高你的注意力. 北京:电子工业出版社,2007.

159. 教育部人事司组编. 高等教育心理学. 北京:高等教育出版社,1999.

160. 理查德·豪厄尔斯:视觉文化. 桂林:广西师范大学出版社,2007.

161. 杨公侠. 视觉与视觉环境. 上海:同济大学出版社,1985.

162. 德卢西奥——迈耶. 视觉美学. 上海:上海人民美术出版社,1990.

163. 吴学夫. 设计思维训练. 北京:中国传媒大学出版社,2005.

164. 王强,李玉波. 图形语境:北京:上海三联书店,2007.

165. 马克·维根:视觉思维. 大连:大连理工大学出版社,2007.

166. 白石和也. 平面造型与错觉艺术. 北京:机械工业出版社,2008.

167. 汪向东. 心理学的100个故事. 北京:新华出版社,2008.

168. 罗渝民. 青少年成长必知的心理学定律. 北京:中国时代经济出版社,2008.

169. [荷]斯丹法诺·马扎诺:飞利浦设计思想. 设计创造价值. 北京:北京理工大学出版社,2002.

170. 姜凡. 实用美术设计基础. 平面、构成、设计. 沈阳:东北师范大学出版社,1986.

171. 诸葛铠. 图案设计原理. 南京:江苏美术出版社,1991.

172. 吕道馨. 建筑美学. 重庆:重庆大学出版社,2001.

173. 贡布里希. 艺术与错觉. 杭州:浙江摄影出版社,1987.

174. 保罗·阿尔布. 经济心理学. 上海:上海译文出版社,1992.